학교에서의 동기강화상담

부모 · 교사 · 학생들을 위한 매력적인 전략

Motivational Interviewing in Schools

Strategies for Engaging Parents, Teachers, and Students

Keith C. Herman · Wendy M. Reinke
Andy J. Frey · Stephanie A. Shepard

신성만 · 김동일 · 정여주 · 신정미 옮김

박학사

Motivational Interviewing in Schools:

Strategies for Engaging Parents, Teachers, and Students

Keith C. Herman · Wendy M. Reinke

Andy J. Frey · Stephanie A. Shepard

역자 서문

매년 많게는 고등학생 3만 5,000명 정도와 중학생 1만 6,000여 명이 중도에 학업을 포기하고 학교를 떠나고 있다. 다양한 이유가 있겠지만 대부분 여러 가지 문제적 상황 아래에서 학업을 중단하는 것이리라. 이처럼 많은 청소년은 학업에 대한 동기를 잃어버리고, 학교나 교사의 위상이 하락하고 있으며, 교사도 학부모도 사회도 더 이상 청소년들에게 미래에 대한 희망과 동기를 가지도록 도와줄 수 없는 것이 오늘날 우리의 현실이다.

청소년들은 삶의 질이 높아지면서 고통을 감내하면서까지 학업을 이어 가야 할 이유를 찾지 못하고 선택 가능한 다양한 대안을 기웃거리고 있다. 정상적인 발달 단계에서 낙오한 수많은 젊은이들은 우리나라의 미래를 암울하게 하고 있다. 이들이 더 이상 돌이킬 수 없는 상태에 이르기 전에 우리의 학교 장면에서는 무언가 근본적인 접근 패러다임의 변화가 있어야 할 것이다. 학생들이 내적 동기를 강화하여 학업을 이어 나갈 수 있도록 돕는 전문적이고 효과적인 접근이 더욱 절실해졌다.

변화 동기의 강화를 목적으로 하는 대화 방법의 대표적인 것은 동기강화상담(Motivational Interviewing)이다. 역자가 처음으로 동기강화상담을 번역하여 우리나라에 소개한 지도 벌써 10여 년이 되었다. 그 동안 이 접근은 동기가 필요한 다양한 분야로 확장되었으며 중독, 이상행동의 변화뿐만 아니라 건강행동, 직장에서의 대화, 사회복지 기관이나 직업재활, 교정재활 등의 분야에서 이전과는 다른 새로운 접근 패러다임을 전파하면서 적용되고 있다. 미국에서는 학생들의 학업 적응과 자기주도적 학습의 동기를 강화하기 위해 학교 장면에서 적용되기 시작하면서 교육계에 널리 알려져 이제는 교사들이 보편적으로 적용하는 접근 중 하나로 자리 잡게 되었다.

이 책은 학생의 학업 동기를 강화하기 위해 학생 혼자 집중해서는 안 되며 교사, 가족, 학교, 지역사회가 함께 학생을 지원해야 한다는 관점을 견지하고 있다. 실제로 효과성이 검증된 동기강화상담의 방법을 학교 장면에서의 다양한 관계를 상정한 학업 동기 측면으로 집중시키면서 매우 실질적이고 현장에서 바로 사용할 수 있도록 매뉴얼화하여 제시하고 있다. 현직 교사는 물론 예비 교사 지도용으로 적절하며, 학부모와의 첫 연락 시 무슨 말을 어떻게 꺼낼지, 첫 대면에서 어떻게 해야 할지, 미팅을 마무리할 때의 효과적인 전략까지 아주 세세히 친절하게 안내해 준다.

이 책은 학부모, 교사, 학생과의 동기강화상담에서 특히 부모에 대해 많은 비중을 두어 다루었는데, 이는 변화가 가장 잘 일어나지 않고 대하기 어려운 대상이 부모라는 사실을 충분히 고려한 것이다. 그리고 정서적 문제나 행동 문제를 가진 아동, 청소년에 대한 돌봄에서 가장 효과적인 방법이 이제는 아동 중심의 중재보다 가족 중심의 총체적인 개입이라는 전 세계적 추세를 최대한 반영하고 있다. 학교 교육과정에 대한 부모의 참여와 행동변화는 학생의 성공에 매우 중요한 요소로 영향을 미친다는 것이 저자들의 입장이다. 또한 이 책은 교사에게 적용할 때 발생할 수 있는 고유의 난제를 응용하여 제시함으로써 교사 자문용으로도 손색이 없다.

존경하는 서울대학교 교육학과의 김동일 교수님과 한국교원대학교의 정여주 교수님, 연세대학교 상담코칭학 박사 과정 신정미 선생님의 적극적인 지지와 도움으로 이 책을 번역해 내어 매우 기쁘게 생각한다. 번역 과정에서 도움을 주신 박학사의 구본하 사장님과 편집부에도 감사의 마음을 전한다. 그리고 전체 진행 과정에서 도움을 준 한동대학교 심리학 대학원의 이하림, 박준영, 최유리 선생에게도 고마움을 전한다. 아무쪼록 이 책이 학업 장면에서 많은 사람을 변화시키고 그 변화를 돕는 데 유익하게 사용되기를 기도한다.

내가 변화에 대해 마음이 열려 있지 않으면 다른 이에게 변하라고 말할 권리도 없다.
—Martin Buber

2015년을 보내는 겨울의 문턱에서
역자 대표 신성만

저자 서문

이 책이 나오기까지의 과정을 되짚어 보면 1990년 후반 로드아일랜드 주의 프로비던스에서부터 시작된다. 당시 Keith Herman과 Wendy Reinke는 브라운대학에서 일련의 연구 프로젝트를 함께 수행하고 있었는데, 동기강화상담(Motivational Interviewing, MI)으로 10대의 금연을 장려하는 연구가 그중의 하나였다. Keith는 동기강화상담 훈련자 연합(MINT)의 초기 일원인 Jacki Hecht로부터 MI 훈련을 받은 바 있어 이 연구의 치료자 역할을 담당하고 있었다. 동기강화상담을 배우는 초심자들이 대부분 그렇듯 Keith 역시 동기강화상담 중 흔히 접하는 문제에 봉착하게 되었는데, 그것은 일단 동기강화상담의 정신과 접근을 진정으로 받아들이면 자기가 하는 모든 것의 변화를 경험하게 된다는 것이었다. 즉 세계관과 사고방식이 변하게 된다는 것이다.

시간이 흘러 Wendy와 Keith는 뉴올리언스의 학회에서 만나 식사를 하면서 이야기를 나누게 되었다. Wendy는 그 당시 오리건대학 대학원에 재학 중이었고, 동기강화상담을 가족에게 적용하여 가족 체크업(FCU)이라는 프로그램을 개발한 Tom Dishion의 지도를 받고 있었다. 학교심리학자로 일하면서 Wendy는 학교 교사를 위해서도 이와 유사한 도움이 되는 프로그램이 있어야 한다고 생각하던 중이었다. Wendy와 Keith는 식사를 마치고 길을 걷는 내내 이와 관련된 아이디어를 모았는데 이 과정에서 탄생한 것이 바로 학급 체크업(CCU)이다. 이 학급 체크업은 현재 효과가 입증된, 동기강화상담을 적용한 교사 자문 모델이다.

Wendy가 이 모델을 구상하던 무렵 Stephanie Shepard는 오리건대학에서 Tom Dishion과 일하고 있었다. 하지만 Wendy와 Stephanie는 오리건에서 만난 적이 없었다. Wendy가 Tom에게 훈련을 받기 시작할 때 Stephanie는 보스턴대학에서 인턴십을 끝낸 직후였다. Stephanie는 그 후 브라운대학에서 연구원으로 일하게 되었는데, 이곳은

Wendy가 오래전에 몸담았던 연구소이다. Stephanie는 브라운대학에서 교수로 일하면서 가족 개입에 가족 체크업을 통합한 '놀라운 날들(Incredible Years, IY)'과 같은 양육 프로그램을 개발하며 그 분야의 전문가로 자리 잡고 있었다.

다시 몇 년이 흘러 Wendy와 Keith는 존스홉킨스대학의 초기예방중재센터(Center for Prevention and Early Intervention, CPEI)에서 일하게 되었고, 여기서 학교 장면에서의 효과적이고 통합적인 개입 방법을 연구했다. 이들은 Stephanie가 개발한 프로그램이 국립정신건강연구소(NIMH)로부터 우수 연구개발 상을 받았다는 소식을 접하고 그녀를 연구소로 초청했다. 이렇게 만나 대화를 나누던 중 셋은 자신들이 서로 모르는 사이에 얼마나 깊이 연관되어 있었는지, 그리고 그동안 각자 유사한 관심사를 가지고 노력해 왔다는 것을 확인하게 되었다.

이 연구팀에 마지막으로 합류한 연구자는 Andy Frey이다. 오리건대학에서 Wendy와 함께 일했던 Hill Walker가 소개해 주었는데, Hill은 후발 연구자들을 연계해 주고 지원하는 데 남다른 관심과 열정을 지닌 사람이었다. 그는 어느 날 갑자기 전화를 걸어 정말 소개해 주고 싶은 연구자가 있다면서, 자기 생각에 두 사람이 같이 연구하면 더할 나위 없이 좋을 것 같다고 했다. 그의 예상은 그대로 들어맞았다. Andy는 Hill과 함께 '성공에 이르는 첫걸음(First Step to Success)'에서 학부모의 참여를 증진하는 연구를 했고, 교사의 참여와 관련된 연구를 한 적도 있었다. Hill은 Wendy의 학급 체크업 작업을 잘 알고 있었으며, Andy가 그 일을 더욱 효과적으로 도울 수 있으리라 생각했던 것이다.

이렇게 만난 네 사람은 동기강화상담이 학교 중심의 개입 서비스에 대한 연구와 실제 사이의 간극을 상당 부분 줄여 줄 수 있는 중요한 접근이라는 데 동의했고, 학교에서의 동기강화상담 매뉴얼의 필요성에 대한 의견을 나누게 되었다. 동기강화상담이 개발되고 전파된 지 20여 년이 넘은 지금에야 우리는 이 접근의 중요한 가능성을 학교 장면에서 가늠해 볼 수 있게 되었다. 우리 네 사람은 각자 다양한 방법으로 학교에서의 개입 방법을 연구하고 자문을 해 왔기에 그 경험을 바탕으로 책을 써 보기로 마음을 모았다. 우리의 목적은 학교 장면의 실무자들이 정말 쉽게 사용할 수 있는 자료와 자원을 개발해 제공하는 것이었다.

이 책을 읽는 독자들도 동기강화상담을 통해 생각과 행동이 변화되기를 진심으로 바란다. 이 기법의 이면에 있는 단순하면서도 진정한 접근의 핵심을 경험하고 전율을 느껴 보기 바란다. 타인에게 영향을 주고자 시도했던 이전의 방법 중 잘못된 것이 있다면 그것이 무엇인지 깨닫고, 이 책을 통해 새롭게 시도해 보고 이 접근이 얼마나 효력이 있는지 체험했으면 좋겠다. 동기강화상담에는 사람들로 하여금 스스로 삶의 중요한 변화를 불러일으키도록 돕는 강력한 무언가가 있다. 이 책을 통해 그 여행을 향유하고 누군가의 변화를 돕는 기쁨을 만끽할 수 있을 것이다.

저자 소개

Keith C. Herman, PhD

미주리대학 상담심리학과 교수이자 미주리예방센터의 센터장이며, 동기강화상담 훈련자 연합(MINT)의 회원이다. 오리건에서 학교심리학자로 일하기도 했으며 80여 편 이상의 연구논문과 책을 저술했다. *School Psychology Quarterly*와 *Journal of Counseling Psychology*의 편집위원이었으며, *Academic and Behavior Supports for At-Risk Students: Tier 2 Intervention*(2012)과 *Motivational Interviewing for Effective Classroom Management: The Classroom Check-Up*(2011)을 공동 저술했다. 그의 연구와 활동은 청소년을 위한 효과적인 환경을 만들기 위한 교사와 가족의 동기강화상담 사용에 초점을 맞추고 있다. Keith는 또한 존스홉킨스대학 초기예방중재센터의 공동 투자자이며, 주 역할은 동기강화상담을 기반으로 교사, 부모, 학생을 대상으로 일하는 학교 전문가들을 위한 상담 전략을 개발하는 것이다. 이러한 방법이 잘 전달되도록 학교 전문가들을 훈련시키고, 그 방법을 사용했을 때 교사, 부모, 학생의 결과물에 미치는 영향력을 평가한다.

Wendy M. Reinke, PhD

미주리대학의 학교 심리학과의 부교수이자 미주리예방센터의 공동 센터장이다. 다양한 학교상담 환경에서 근무한 경력이 있으며, 초등학교에서 학교심리학자로, 볼티모어 시립 학구에서 행동상담가로 일했다. 학급 차원의 교사 상담 모델을 기반으로 하는 교실 검사를 측정도구로 개발했다. Wendy는 아동의 파탄적 행동 문제 예방과 증거 기반의 실습을 학교 상황에서 실행하는 데 관심을 가지고 있다. 수십 편의 연구논문을 썼으며, *Academic and Behavior Supports for At-Risk Students: Tier 2 Intervention*(2012)과 *Motivational Interviewing for Effective Classroom*

Management: The Classroom Check-Up(2011)을 공동 저술했다. 그녀는 또한 미국 교육과학기관으로부터 수백만 달러를 지원받아 교사의 교실 관리 및 개입의 효과를 평가, 연구하는 기관의 수석 연구원이다. 그리고 초기예방중재센터의 공동 투자자로서 학교 참여를 향상하는 동기강화상담의 방법을 개발하고 평가하는 책임을 맡고 있다.

Andy J. Frey, PhD

1994년 미시간대학에서 석사 학위를, 2000년 덴버대학에서 박사 학위를 받았고 현재 루이빌대학 사회복지학과 부교수로 재직 중이다. 루이빌대학 교수가 되기 전에는 학교 사회복지사로 일했고, 콜로라도 주에 있는 더글러스 카운티 학교에서 행동상담사로 일하기도 했다. Andy는 30여 편 이상의 연구논문과 책을 썼으며 *Children and Schools*의 편집위원으로 활동하고 있다. 주요 관심 영역은 긍정적 행동 지원, 취학 전 아동의 사회·정서적 능력, 조기 개입, 학교 사회복지 서비스의 제공 등이다. '성공에 이르는 첫걸음(First Step to Success)' 프로그램에 동기강화상담 전략을 통합하기 위해 미국교육과학기관이 제공하는 발달 보조금을 지원받고 있다. 이 프로젝트의 일환으로, 가족과 교사에게 동기강화상담을 사용하는 학교 교직원들을 훈련하고 잘 실행되었는지 점검하는 프로토콜을 개발했다.

Stephanie A. Shepard, PhD

브라운대학 의과대학원의 조교수로 재직 중이다. 동기강화상담을 기반으로 하는 가족 체크업과 그 외 다른 전략을 '놀라운 날들(Incredible Years)'에 통합하여 국립정신건강원으로부터 Career Development Award를 수상했다. Stephanie는 30여 편 이상의 연구논문과 책을 썼으며, 부모와 교직원의 참여와 동기를 향상하기 위해 미국 전역의 학교 전문가 간부들에게 이러한 방법을 사용하도록 훈련하고 있다.

차례

제2부 학교 장면에서의 구체적 적용

학교에서의 동기강화상담

제1부

동기강화상담의 개관

CHAPTER 1

배경 및 근거

새로운 행동이나 태도를 익히기까지 얼마나 지난하고 고된 노력이 따라야 하는지 우리 모두 경험을 통해 알고 있다. 이미 굳건히 형성된 개인의 행동이나 습관, 일상을 바꾸기 위해서는 대단한 헌신과 인내가 필요하다. 학교나 가족은 오랜 시간 동안 지속·축적되어 강화된 개인의 선호와 습관으로 구성되어 있기 때문에 이러한 복합적인 체계에 변화를 일으키려는 우리의 시도가 반발이나 저항을 만나는 것은 전혀 놀라운 일이 아니다. 단순히 변하는 것이 옳고 타당하다는 이유만으로 행동의 변화를 기대하는 것은 행동 패턴의 흐름에 부합하지 않는 것이며, 의도한 변화가 일어나지 않을 때는 좌절감만을 맛보게 될 뿐이다. 우리는 많은 교육이나 정보의 교환 없이 격려만으로도 사람들에게서 어떤 지속되는 변화를 이루어 내기에 충분한 경우를 흔히 보기도 한다.

> 개인적인 수준에서만 보더라도 우리는 행동변화라는 것이 단순히 원한다고 해서 쉽게 되는 일이 아니라는 것을 알고 있다.

대부분의 학교 관련 전문가는 교사의 사기를 진작하거나 격려하는 등 무엇인가 다른 행동을 시도함으로써 학생들의 성과를 향상하는 것이 자신의 임무라고 여기는데, 이로 인해 또한 궁지에 빠지기도 한다. 행정관, 학교 심리자문관, 특수교육교사, 수업코치와 행동자문관은 자신의 업무가 이러한 변화에 어느 정도 영향을 미쳐야 한다는 부담감을 지니고 있다. 단지 학부모들에게 연구 자료를 제시하면서 교육에 대한 부모의 관심이 얼마나 자녀의 학습 참여도를 높이고 향상을 가져올 수 있는지 설명하거나, 교사들에게 구체적인 칭찬이 학급에서의 긍정적·부정적 상호작용 변화에 중요한 영향을 미친다는 것을 말해 주는 것만으로 충분하다면 좋을테지만, 그러나 이것이 이렇게 쉽고 간단한 문제였다면 우리가 직면한 어려움이 학교 현장에서 선두를 차지하고 있지도 않았을 것이다.

우리는 사실 학생들의 학습과 적응을 증진하는 건강한 유형의 환경들을 많이 알고 있다(Biglan, Flay, Embry, & Sandler, 2012 참조). 아이러니한 것은 대부분의 학문이나 연구가 그러한 양육적인 환경의 특징을 밝히고 명시하는 데 이바지해 왔지만, 정작 어떻게 그러한 환경을 조성할 수 있는가에 대한 연구는 턱없이 부족하다는 점이다. 그럼에도 불구하고 변화가 일어나는 것이 논리적으로 마땅하기 때문에 우리는 그저 사람들이 변할 것이라고 가정해 왔다. 이런 관점에서 본다면 과학은 일반 상식보다 뒤떨어져 있다. 개인적인 수준에서만 보더라도 우리는 행동변화라는 것이 단순히 원한다고 해서 쉽게 되는 일이 아니라는 것을 알고 있다.

다행히 이러한 변화의 중대한 측면에 초점을 두는 것으로 지난 20년간 연구의 가닥이 잡혀 가면서 동기에 대한 새로운 관점과 변화 준비를 약화시키는 일반 요소에 대한 이해, 그리고 변화를 향해 나아가도록 돕는 접근법이 나오게 되었다. 동기강화상담(motivational interviewing)이라고 불리는 이 접근은 동기의 장애물을 다루면서 서비스에의 참여와 이행을 촉진하고 긍정적 변화가 일어날 것이라는 가능성을 증대하는 방식으로 발달해 왔다. 이 책은 바로 동기강화상담을 학교 현장에 어떻게 적용할 것인가에 관한 것이다.

좋은 소식과 나쁜 소식

좋은 소식은 만약 사람들이 변화를 원하기만 한다면 그들이 성공적으로 변할 수 있도록 돕는 광범위한 행동 기술을 사실 우리가 가지고 있다는 것이다. 안타깝게도 20세기 전반에 걸쳐 심리학자들은 변화에서 가장 중요한 전조 중 하나인 동기에 관한 연구를 그다지 많이 하지 않았다. 말하자면 행동변화 기술에 대한 연구는 사람들이 변화할 준비와 의지가 있고 또 변할 수 있다는 가정하에 흔히 시작된다는 것이다. 그러나 무엇인가를 하려는 동기는 시간이 흐르면서 높아지기도 하고 낮아지기도 하며 동요되는 것이 실상이다. 또한 대부분의 사람들은 그들의 행동변화에 대해 양가감정을 지니고 있다.

좋은 소식은 만약 사람들이 변화를 원하기만 한다면 그들이 성공적으로 변할 수 있도록 돕는 광범위한 행동 기술을 사실 우리가 가지고 있다는 것이다.

다음의 예를 고려해 보자.

- 학교 심리학자가 어떤 교사를 대상으로 학급에서의 행동 지지 계획에 얼마나 진보를 보이는지 검토하고 있다. 그러나 그 교사는 "죄송해요. 하지 못했어요. 지금은 학기 말이고 한창 시험기간 중이거든요. 이 검사지를 채우는 게 제가 해야 할 목록의 최우선순위는 아니라서요."라고 말한다.
- 특수교육교사가 가정과 학교 간 의사소통 시스템을 만들기 위해 한 학생의 부모에게 연락하고자 한다. 이전에 그 학부모와 작업해 본 경험이 있는 동료 선생은 그녀에게 다음과 같은 귀띔을 해 준다. "행운을 빌어요. 그 학부모는 전혀 협조적이지 않았어요. 제가 말할 수 있는 건 그저 그들이 아무 관심이 없다는 거예요."
- 한 행정관이 어떤 여학생의 부모를 만나 학교가 어떻게 그들의 자녀를 지원해 줄 수 있는지 그 방법을 논의하고자 한다. 그러나 두 번이나 약속했는데도 부모는 한 번도 참석하지 않았다.
- 한 교사가 몇몇 학생들이 노력하지 않는 것에 대해 실망하고 있다. 그녀는 학생들에게 학교에서 성공적으로 해내지 않는다면 어떤 꿈도 성취하지 못할 것이라며 현실을 직면시켜 준다. 그러나 학생들은 교사의 경고에도 아랑곳 않고 여전히 숙제를 하지 않는다.

위에 제시된 각 상황은 동기의 요소를 포함하고 있다. 학교 심리학자에서부터 특수교육교사, 교사, 행정관에 이르기까지 모든 성인이나 학생이 실행하기만 한다면 효과가 있을 것이라고 믿는 계획을 가지고 있다. 그러나 그것은 마치 우연에 내맡겨야 하는 것과 같고 교사, 부모 또는 학생이 정말 변화를 원하도록 기다리는 것 외에는 그들이 할 수 있는 일이 없다. 달리 말하자면 학교 전문가들은 자주 다른 사람들이 서비스에 적극적으로 참여하도록 동기화하는 데 무력감을 느낀다는 것이다.

동기에 대한 현대적 관점

그러나 동기에 대한 현대적 관점은 이전에 머릿속에서 추측했던 변화의 이유와 방법을 뒤집어 버린다. 현대적 접근에서는 동기를 단순히 두 가지로 양분하지 않는다(예: 사람은 동기화되거나 동기화되지 않는다). 그보다는 동기를 역동적이고 점진적으로 변해 가는 것으로 본다. 다음의 예를 생각해 보자. 아침에 심각한 규칙 위반 문제로 4명의 학생을 학생처에 의뢰한 교사라면 아마도 그날 정오까지는 학급관리 기술을 개선하려는 데 상당한 의욕을 보일 것이다. 그러나 하루를 마감할 때가 되면 교사는 지쳐 있을 것이고, 학급환경을 개선하는 방법에 대해 덜 생각하게 될 것이다. 이와 유사하게 부모의 경우, 자녀가 정학을 당한 직후에는 학교 문제에 많은 관심을 보이며 가담하려 할 것이나 며칠 내로 그 상황을 바꾸는 데 기울이던 에너지를 직장일이나 일상적인 가정일에 쏟게 될 것이다.

> 동기는 단순히 한 사람의 내면에 머물러 있다기보다는 상호 관계적이며 생태학적인 맥락 안에 있는 것이다.

이러한 개념에서 본다면 동기는 단순히 한 사람의 내면에 머물러 있다기보다는 상호 관계적이며 생태학적인 맥락 안에 있는 것이다. 우리를 둘러싼 세상은 변화에 대한 우리의 바람을 형성하기도 하고 그것에 영향을 미치기도 한다. 우리 모두는 어느 정도 이것을 알고 있다. 어떤 사람들은 다이어트나 운동을 하기 위해 해변가 사진을 거울에 붙여 놓는가 하면, 어떤 이들은 주방에 소품을 두거나 메시지를 통해 건강식을 먹도록 자극받고자 한다. 이와 같이 특정 사진이나 이미지는 우리에게 동기강화적 반응을 이끌어 낸다. 다른 사람과 대화하는 방식 또한 우리가 변화하고자 하는 동기에 영향을 미친다. 학교에서 잘하라고 매일같이 성가시게 잔소리하는 부모를 두었지만 기계적으로 그 반대로만 하는 10대 청소년을 생각해 보자. 이처럼 변화를 고려하고 있는 사람들과 갖는 의사소통의 유형은 그들의 변화에 대한 흥미와 관심을 증대하거나 감소시키는 데 막대한 영향력을 지니고 있다. 동기에 대한 현대적 관점은, 변화하고 싶은 이유와 가능한 변화로부터 오는 이점을 이끌어 내는 말을 많이 하면 할수록 더욱 동기가 지속된다는 것이다. 반대로 대화가 현재 상태를 방어하도록 자극한다면 변화에 반하는 언쟁이 필연적으로 일어나며, 이것은 결국 변화가 일어날 가능성을 희박하게 만들어 버린다.

동기강화상담이란?

동기강화상담은 이러한 동기에 대한 현대적 관점을 대표한다. 동기강화상담은 사람들로 하여금 가치관과 행동 간의 불일치를 부각시킴으로써 행동변화에 대한 양가감정을 해결하도록 돕는다. 이는 사회심리학 연구와 인간중심상담의 원리에 바탕을 두고 있다. 이 접근의 기본 신조는 사람들은 자신이 들은 것보다 말한 것을 더 행하는 경향이 있다는 것이다. 자문관의 역할은 교사나 부모에게 무엇

> 이 접근의 기본 신조는 사람들은 자신이 들은 것보다 말한 것을 더 행하는 경향이 있다는 것이다.

을 해야 하는지 말하는 데 시간을 할애하기보다 그들이 변화에 대한 말(변화대화)을 하도록 질문을 던지는 것이다. 효과적인 질문은 현재 상태의 문제에 대해 물어보기("지금 어떤 점 때문에 선생님의 학급이 걱정스러운가요?"), 변화할 경우 얻게 되는 이점("학급에 방해가 되는 행동을 줄인다면 삶에서 어떤 점이 더 나아질까요?"), 변화하지 않을 때의 손해("아무 시도도 하지 않을 때 일어날 수 있는 나쁜 점은 무엇인가요?"), 변화에 대한 의도("다음 주까지 이 계획대로 따를 것이라고 얼마나 확신하나요?")와 같은 것 등이 해당된다. 반대로 부모와 교사 또는 학생과 변해야 할 이유에 대해 논쟁하는 것은 역효과를 가져온다. 만약 당신 자신이 변화에 대한 논쟁을 펼치고 있다면 무언가 다르게 해야 한다. 부모, 학생 혹은 교사로 하여금 이런 논쟁을 펼치도록 해야 하는 것이 이 접근의 중요 규칙이다.

넓은 의미에서의 동기강화상담 접근은 단기적인 상호작용에 효과적이며 그 원리는 FRAMES로 축약하여 표현할 수 있다(Miller & Rollnick, 2002). 이 원리는 사람들이 변화에 더 동기화되도록 돕는 데 유용하며 다음의 내용을 포함한다. 첫째, 사람들은 자신의 행동에 대한 구체적이고 개별화된 피드백(Feedback)에 동기화된다. 설정한 목표를 향해 매일 행동 실천에 대한 피드백을 해 주는 것이 그 예가 될 수 있다. 예를 들어 부정적인 상호작용보다 긍정적인 상호작용 비율을 높이려는 교사가 있다고 하자. 교실에서 직접 관찰한 것을 근거로 교사가 학생에게 한 칭찬과 질책의 빈도수를 제공해 준다면 그 교사는 보다 향상되고 싶어 하거나 성과로 인한 만족감을 더 얻고 싶어 할 것이다. 둘째, 각 개인에게 책임(Responsibility)이 있음을 명시하는 것 또한 중요하다("이 문제에 대해 무엇인가 하길 원하는지 아닌지, 그것은 궁극적으로 당신에게 달려 있습니다."). 셋째, 조언하기(Advice)는 허락하에 선택적으로 할 때에만 변화 과정을 시작하는 데 도움이 되는데, 특히 협력적 관계라는 맥락 안에서 전달되었을 때 그렇다. 넷째, 개인이 행동 변화에 관심을 표현할 때 선택 사항 메뉴(Menu of options)를 제시하면 그의 동기를 유지하는 데 보다 도움이 된다("수업에 지장이 되는 것들을 좀 줄이기 위해 다른 선생님들이 해 본 성공적인 방법이 몇 가지 있는데 말씀드려도 될까요? 그리고 괜찮다면 어느 것이 선생님께 가장 잘 맞을 것 같은지 말씀해 주세요."). 다섯째, 이러한 논의를 하는 가운데 공감(Empathy)을 표현하는 것도 그들을 전진하게 하는 데 반드시 필요하다. 여섯째는 개인의 자기효능감(Self-efficacy)을 지지하는 것인데, 이는 개인이 그렇게 하기로 선택한다면 의도한 변화를 일으킬 수 있다는 자신에 대한 믿음이다. 이는 자문을 효과적으로 만드는 또 다른 요소이기도 하다. 자기효능감을 지지하는 방법에는 두 가지가 있는데, 하나는 현재 변화를 이룬 것을 지목하여 말하는 것이다("어떻게 그렇게 하실 수 있었죠?). 그리고 또 하나는 과거에 도전이 되었던 상황을 성공적으로 다루었던 경험에 대해 물어보는 것이다("지난번에는 방해가 많아 집중이 안 되는 수업을 어떻게 통제할 수 있었는지 말씀해 주세요.").

체크업

최근에 동기강화상담에 근거하여 학교에서 적용할 수 있는 구체적인 자문 모델이 개발되었다. 이 모델은 1990년대 물질 사용 상담에서 시작된 고전적 체크업 전략(예: Drinker Check-Up)이 확장된 것이라 할 수 있다. 체크업은 동기증진 접근과 같은 것으로 특정 기능 영역에 따라 개인 피드백을 전달하기 위해 동기강화상담과 관련된 모든 전략을 사용하였다. Dishion과 Kavanagh(2003)는 서비스 참여와 접근에 대한 부모의 동기를 촉진하기 위해 가족 체크업(Family Check-Up)을 개발했는데 이를 통해 간단한 평가와 맞춤형 피드백의 토대를 마련할 수 있었다. 이 초기 모델은 학교 장면에서 활용하기 위한 것으로 가족과 함께 작업할 수 있는 전반적인 학교 모델의 한 부분으로 사용되었다. 최근에는 Reinke와 동료 연구진(2011)이 학급 체크업(Classroom Check-Up)을 개발했는데, 이는 교사에게 학급에서의 행동관리 기술과 관련된 자문을 주기 위한 것으로, 간략화된 동기강화적 개입이라 할 수 있다. 체크업은 명시된 틀 안에서 동기강화상담을 활용하여 교사, 가족, 청소년과 작업할 수 있는 방법을 제시해 준다. 가족 체크업과 학급 체크업 모두 두세 번의 만남과 생태학적 사정, 개인 피드백과 그 피드백을 기초로 한 행동 계획 수립하기를 포함한다. 두 방법 다 변화를 일으키는 데 기본이 되는 것은 협력적 관계라고 보며, 동기강화상담에서 강조하는 것들을 포함하여 동기를 촉진하는 확실한 요소에 주의를 기울인다.

효과가 있는가?

동기강화상담이 가진 직관적인 매력과는 별개로, 사람들의 변화를 돕는 방법으로서의 동기강화상담에 대한 방대한 근거가 축적되면서 그 활용이 지난 20여 년간 광범위하게 증대되었다(Miller & Rollnick, 2013). 중대한 분기점은 1990년대 중반에 실행된 대규모 심리치료 연구인 MATCH 프로젝트로, 이 연구에서 수행된 세 가지 치료 중 하나로 동기강화상담이 사용되었다. 다른 두 치료에 비해 훨씬 짧은 회기를 실행했기 때문에 연구진은 동기강화상담을 받은 내담자들 중 문제가 그다지 심각하지 않은 사람들을 제외하고는 모두 결과가 더 나빠질 것이라 예상했으나 사실 문제의 심각성과 무관하게 동기강화상담을 받은 내담자들은 다른 치료를 받은 사람들과 비슷한 결과를 보였던 것이다. 동기강화상담의 간결성으로 인해 연구원, 임상가, 정책 입안자들은 동기강화상담을 혁신적인 방법으로 여기며 관심을 갖고 주목하기 시작했다. 이후 동기강화상담에 관한 연구는 200개가 넘는 무작위 연구로 급속하게 확산되었고 현재는 매우 다양한 장면에서 그 효과성을 지지하고 있다(Miller & Rollnick, 2002, 2013). 더구나 동기강화상담은 건강관리, 교정 시스템, 교육에 이르기까지, 다루는 문제 영역에 한계가 없는 것처럼 보인다. 가장 새로운 적용 중 하나로는 Thevos(2000)의 연구를 들 수 있는데, 그는 동기강화상담이 식수를 정수하는 사업의 문제를 개선하는 데 활용될 수 있음을 보여 주었다. 일반적인 적용 범위는 준수냐 고수냐와 같은 문제가 발생하는 영역으로, 다르게 말하자면 인간변화를 요하는 거의 모든 상황이라 할 수 있다.

지금까지 교육 장면에서의 몇몇 연구는 학부모와 교사, 학생들을 대상으로 한 동기강화 기반의 개입이 효과가 있었음을 보여 주었다(Reinke, Herman, & Sprick, 2011, 2010; Stormshak & Dishion, 2002; Strait et al., 2012 참조). 더욱이 동기강화상담을 단독으로 사용하거나 부모, 교사, 학생들을 그 외 다른 근거 중심 개입에 연결해 주는 수단으로 사용할 수도 있다는 점에서 이는 부가가치적인 방법이다. 단순히 양질의 서비스(교사 또는 부모 교육 프로그램)에 참여하려는 동기를 촉진함으로써 참여도를 높이는 것 그 자체만으로도 가치 있는 성과이다. 마지막으로 복리 현장에서 조력 관계의 중요성에 관한 많은 연구는 동기강화상담이 변화에 대한 일상대화를 촉진할 수 있는 전략으로 활용될 수 있음을 지지한다. 지난 반세기 동안 실행된 1500여 개가 넘는 연구는 성공적인 자문 혹은 상담에 있어서 가장 중요한 결정 요인이란 자문관과 피자문관 간 관계의 질이라는 것을 거듭 확증해 주었다(Bergin & Garfield, 1994 참조). 이것은 연구들이 가장 지속적으로 일관되게 말하는 결론 중의 하나이다. 관계의 질이 결과에 미치는 영향을 고려해 볼 때, 모델 혹은 접근의 유형(예: 행동주의, 인지, 정신역동)과 같은 다른 요소들의 영향은 왜소해 보이기마저 한다. 앞으로 알게 되겠지만, 협력하며 존중하는 관계를 기본으로 하는 동기강화상담은 이러한 연구 결과에 부합하는 접근이다.

이 책의 목적은?

이 책은 학교에서 변화와 관련된 일상대화를 촉진하기 위한 것으로, 학교 기반의 지원과 서비스에의 참여를 구축하려는 학교 관련 전문가들에게 실제적인 안내를 제공하기 위해 고안되었다. 여기에서는 성공적인 결과를 얻기 위해서라면 학부모, 학생 또는 교직원의 참여가 필요한 것으로 보았고, 학교 기반 지원 팀에서 하는 모든 전문적 작업이 이에 해당된다. 즉 자문에 유용한 모델을 제공하여 학교에서의 효과적인 활용을 증대하는 것이 우리의 목적이다.

추가적으로 이러한 기술과 전략을 놀라운 날들 시리즈(Incredible Years Series), 긍정적 행동 지원(Positive Behavior Interventions and Supports), 성공에 이르는 첫 걸음(First Step to Success), 안전한 공립학교 시리즈(Safe and Civil Schools Series)와 같이 이미 수립되어 있는 행동 지원 및 부모 교육 프로그램에 연동할 수 있는 방법으로 기술하고자 한다. 이와 같은 전략으로 동기강화적 원리를 학업 및 교육 프로그램과 병합하는 데 사용할 수도 있을 것이다.

1부에서는 동기강화상담에 대한 개관과 이와 관련된 전략을 소개할 것이다. 2장에서는 자문 미팅이나 각종 모임에 참여하려는 의지를 증진하기 위한 전략을 살펴본다. 동기강화상담은 실제로 사람들이 모임에 참여하거나 기꺼이 대화하려는 의지를 필요로 하므로 2장에서는 어떻게 피자문관에게 성공적으로 다가갈 수 있는지 그 방법을 제시한다. 3장에서는 학교 정황에 맞게 사용할 수 있는 구체적인 동기강화상담의 기법을 소개한다. 동기강화상담을 지지해 주는 근거 중심을 간략히 제시하고 동기강화상담과 관련된 구체적인 전략을 살펴볼 것이다. 더불어 참여 증진을 돕우는 데 효과적인 피드백과 계획하기를 하는 데 중요한 요소를 상세히 보여 줄 것이다.

2부에서는 구체적 대상자를 위한 동기강화상담의 적용을 기술하였다. 학부모, 교사, 학생과의 동기강화상담을 각각의 장에서 다루고, 구조화된 동기강화상담 기반 모델의 예로 학부모와 교사, 학생의 관점을 통합한 가족 체크업을 상세히 보여 줄 것이다. 8장에서는 동기강화상담을 활용하여 학교 기반 문제해결 팀의 활동을 지지하는 모델이 추가적으로 제시된다.

3부는 실행과 보급이라는 측면을 논의하면서 다른 근거 중심의 기법 및 프로그램과 동기강화상담을 통합하기 위한 노력을 보여 줄 것이다. 또한 교직원이 동기강화상담 전략을 바르게 이행하는지 확인하기 위한 실행 충실도 측정법을 제시한다.

이 책은 다음과 같은 다섯 가지 주요 결과를 도출하고자 한다. 첫째, 학교 기반 서비스에 교사, 학부모, 학생의 참여를 구축하기 위한 연구 기반 전략을 설명한다. 둘째, 동기강화상담과 관련된 자문 기술을 명확히 제시하여 객관적인 피드백을 주고 데이터를 활용하여 학부모, 교사, 학생의 특정 필요와 욕구에 따른 맞춤형 개입을 할 수 있도록 한다. 셋째, 교사와 학부모, 학생을 지원하기 위해 동기강화상담을 기반으로 하는 효과적인 자문 모델을 상세히 명시적으로 기술한다. 넷째, 다른 학교 기반 개입 모델에 동기강화상담을 투입하는 방법을 밝힌다. 다섯째, 학교 내 혹은 전체 교육 지구에 어떻게 동기강화상담을 실행할 수 있는지 그 가능성의 구축 과정을 보여 준다.

누구를 위한 책인가?

이 책은 동기와 참여가 중요하게 여겨지는 학교 내에서 개인별로 대화해야 하는 교육 종사자들(학교 심리학자, 자문관, 특수교육교사, 행동 전문가, 교사 등)을 위한 책이다. 뿐만 아니라 지역구 혹은 관내에서 학생들을 위한 자원과 효과적인 행동 지원 체계를 고안하려는 학교 기반 팀과 행정관에게도 유익할 것이다.

우리는 이 책이 동기강화상담의 기술 발달과 관련하여 두 단계로 유용하게 쓰이길 바란다. 첫째, 학교 전문가들이 변화와 관련된 일상대화를 보다 효과적으로 할 수 있도록 돕고자 한다. 우리의 관심사는 동기강화상담의 원리가 행동변화를 위한 모든 상호작용에 적용되는 것이다. 학교 전문가들이 동기강화상담의 원리를 무시하거나 그것에 반대되는 행동을 한다면, 그들은 변화에 대해 점점 더 불만족스럽고 비효과적인 대화를 하게 될 것이다. 그러나 비록 아주 작은 방식으로라도 그것이 동기강화상담의 원리에 들어맞을 경우, 그들이 하는 대화는 긍정적인 방향으로 전환될 것이다. 이런 점에서 볼 때, 학교 전문가들은 동기강화상담의 정신과 그 정신에 맞게 세워진 전략을 읽고 적용해 봄으로써 도움을 얻을 수 있을 것이다. 우리는 이 책 전반에 걸쳐 변화에 대한 일상대화(Everyday Conversations About Change)라는 활동지를 넣어 평범한 학교생활 중 일어날 수 있는 상황에서 어떻게 동기강화상담의 원리를 간략하게 활용할 수 있는지 예를 들어 설명하고 있다.

> 이 책은 학교 관련 전문가들이 변화에 대해 보다 효과적인 일상대화를 할 수 있도록 돕고자 한다.

둘째, 많은 학교 전문가들은 기본적인 경청 기술과 효과적인 자문에 대해 이미 단단한 기반을 가지고 있을 것이다. 이러한 전문가들을 대상으로 자신이 목표로 하는 영역의 전문성을 보다 더 발전시키기 위해 자문 기술을 더 예리하게 갈고닦을 수 있도록 돕고자 한다. 이러한 학교 전문가들 중에는 동기강화상담적 요소로 구성된 자문을 하는 데 능수능란해지길 원하거나 혹은 이를 구조화된 임상 기법으로 사용하기 위해 더 많은 시간을 투자하고 싶은 사람들도 있을 것이다. 그와 관련해서는 여러 가지 다양한 체크업에 대한 상세한 설명이 구조화된 동기강화상담을 적용할 수 있도록 유용한 틀을 제공해 줄 것이다. 그 외 임상 기법으로서의 동기강화상담을 능숙하게 하기 위한 추가적 단계와 보충 자료는 11장에 기술되어 있다.

주의 사항

동기강화상담으로 이루어진 우리의 작업을 배운 후, 한 동료가 우리에게 어떻게 하면 사람들이 무엇인가를 하도록 동기화할 수 있는지에 대한 책을 써 보라고 권했다. 우리는 그러면 유용할 수도 있겠다 싶었지만(베스트셀러처럼), 한편으로는 세상을 지배하려는 은밀하고 교묘한 여타 접근이 될 수도 있겠다는 생각이 떠올랐다. 이 책에 설명된 방법은 마술적인 만능약도, 모든 문제를 해결하기 위한 것도 아니다. 그보다는 광범위한 자문 관계의 어느 한 부분으로 사용하는 것이 가장 바람직할 것이다.

이 책 전반에 걸쳐 반복적으로 말하겠지만, 동기강화상담의 전략은 반드시 지지적 관계라는 맥락 안에서만 효과가 있다. 동기강화상담의 효과는 '동기강화상담의 정신'에 그 근거를 두고 있는데(Miller & Rollnick, 2013), 이 정신 중에는 당신이 자문하는 그 사람이 자신을 위해 최선의 결정을 할 것이라는 신뢰가 포함된다. 외골수적으로 자기가 세운 목표(예: 학부모가 학교 모임에 참석하도록 하기)만 지나치게 붙잡는 것은 동기강화상담 접근에 반대되는 것이며 관계를 해치는 것과 같다. 동기강화상담의 정신 중 또 다른 중요한 것으로는 연민을 들 수 있다. 이는 당신이 자문하고 있는 그 사람의 복지와 흥미에 대한 변치 않고 지속적인 관심을 의미한다. 동기강화상담의 이러한 부분은 판매나 광고와 같이 자기본위적으로 타인을 교묘하게 다룰 수 있는 수완과는 다른 점이다.

> 동기강화상담의 전략들은 반드시 지지적 관계라는 맥락 안에서만 효과가 있다.

동기강화상담의 구체적 기법 외에도 효과적인 자문을 위해 필수적으로 요구되는 기본 자질과 기술이 있다. 위에서 명시했고 조력 분야의 문헌에서도 반복적으로 볼 수 있듯이, 자문이 도움이 될 것인지 아닌지를 예측할 수 있는 변수는 어떤 특정 방법이나 유형이 아니라 바로 관계의 질이다. 돕고 협력하는 동맹 형식이든 아니든 개인의 태도나 특성, 일하는 방식, 스타일이 주요 역할을 한다는 것은 놀라운 사실이 아니다. 이는 상담을 하거나 가족을 지원하는 것, 교사에게 자문하는 것, 혹은 학생들을 지도하는 것 등과 같은 모든 성공적인 자문 관계에 있어서도 사실상 마찬가지이다. 따라서 모든 자문 유형에서의 시작점은 이와 같은 관계 형성의 특징을 알아차리는 데 있다고 볼 수 있다.

우리는 이러한 관계의 질이 얼마나 많은 부분에서 효과적인 자문이 될 수 있도록 용이하게 해 주는지 이 책 전반에 걸쳐 상세히 다룰 것이다. 기본적이며 토대가 되는 것부터 점차 복합적인 기술에 이르기까지 이러한 요소들을 위계적으로 개념화하여 보여 줄 것이다.

동기강화상담 그리고?

마지막으로 강조하고 싶은 것은, 동기강화상담 그 자체로도 사람들이 변화를 향해 전진하도록 돕기에 훌륭하지만 이것으로 충분하지 않을 수도 있다는 점이다. 많은 사람들의 경우, 이 가벼운 손가락 끝의 터치만으로도 대단하고 의미심장한 행동변화를 보일 수도 있다. 그러나 명심해야 할 것은, 원하는 변화를 이루기 위해 많은 사람들의 도움도 필요로 한다는 것이다. 다른 말로 하자면, 변화에 대한 동기와 의도가 물론 아주 중요하기는 하지만 고려해야 하는 여러 가지 요소 중 한 부분일 뿐, 변화가 실제로 일어나기까지는 이 외에도 여러 기술이 필요하다는 것이다. 예를 들어, 동기강화상담을 통해 교사로 하여금 강의법을 개선하고 싶은 마음이 들게 할 수 있으나, 정작 교사는 그것을 어떻게 해야 하는지 모를 수 있다. 따라서 효과적인 자문을 위해서는 그들이 보기 원하는 변화를 만들어 내도록 어떻게 도울지 아는 것도 필요하다. 따라서 사람들이 일단 결심한 변화를 이룰 수 있도록 돕는 최선의 방법에 근거가 되는 이론과 뒷받침하는 연구 자료를 이해하는 것이 훌륭하고 균형 잡힌 자문에 필수적이다. 행동 기술에 관한 기본 지식은 포괄적이라 이 책에서 다루는 범위를 넘어선다. 하지만 그와 관련된 기술을 스스로 익히고 개발하고 싶은 자문관이나 교사, 학부모를 위한 유익한 자료가 많이 있기 때문에 각 장에서 다루는 주제에 맞게 추가 자료를 제시할 것이다.

CHAPTER 2

문간에 발 들이기: 동기의 맥락

동기강화상담은 대화가 이루어지는 상황에서 가능하므로 서로 간 사회적인 상호작용에 기꺼이 동참하려는 의지와 능력이 필수적이다. 그러나 안타깝게도 가족, 교사, 학생들 중에는 학교 모임에 참석하려 하지 않거나 참석조차 할 수 없는 경우, 또는 단순히 변화에 대해 이야기하는 것마저 불가능한 경우가 다반사라 그들에게 다가가기 어려운 면이 있다. 이러한 사람들에게 다가가 그들과 더 효과적인 상호작용을 하고 변화대화에 초대하기 위해서는 보다 다양한 것을 고려한 환경 조성이 반드시 선행되어야 한다. 모든 시작 단계에는 당사자들(예: 부모, 교사, 학생 등) 간의 관계를 형성하는 데 협력이 필요하다.

마무리하는 단계에서 보면 성공적인 시작은 상대방이 먼저 행동하기를 강요하거나, 문제가 일어난 후에 관계를 맺으려고 기다리는 것보다는, 체계의 각 단계에서 사전에 어떤 관계를 만드느냐, 의사결정에 당사자들이 가담하느냐에 따라 좌우된다는 것을 알 수 있다. 당사자들과 관계를 형성하기 위해서는 잠재적인 변화와 함께 드러나기도 하면서 각 개인들이 맞닥뜨리게 될 인지적이고 실제적인 그리고 동기가 되는 무수한 장애물에 주의를 기울여야 한다.

이 장에서는 학교 현장에서 변화에 방해가 되는 일반적인 환경적 장애물을 검토하고 그것들을 극복할 수 있는 모델을 제시할 것이다. 이 책에서 반복적으로 다룰 주제이기도 하지만, 무엇보다 학교 자문관 혹은 담당자의 개인 특성이야말로 우호적인 초대장이 되며 변화에 대한 논의로 나아가게 하는 토대가 된다. 여기에서는 그와 관련된 몇 가지 특성을 설명하고 이어질 장에서 이를 다시 논의하고자 한다. 또한 가장 어렵고 곤혹스러운 가족에게 다가가기 위해 주의 깊게 입증된 방법을 제시한 문헌을 소개할 것이다. 이를 통해 우리는 문간에 발을 들이고 변화를 위한 의미 있는 대화를 시작할 수 있을 것이다.

동기에 방해가 되는 환경적 장애물 고려를 위한 모델

동기에 방해가 되는 환경적 장애물은 시스템의 각 단계마다 존재할 수 있다. 동기에 관해 이야기할 때 우리는 보통 개인이라는 하위 체제에만 초점을 두는 경향이 있는데, 이 같은 관점은 한 개인이 무엇인가를 결정할 때 '나는 하기 원한다, 원하지 않는다'처럼 동기에 기여하는 요소가 개인 안에만 있는 것으로 보는 것이다. 1장에서 언급했듯이 동기와 관련된 일반적인 오해는, 동기를 개인 내적 과정으로 보고 변화를 향한 개인의 적극적 결정에 의해서만 달라질 수 있다고 믿는 것이다. 그러나 사실 무엇인가를 하려는 개인의 동기는 역동적이다. 이는 타인과의 상호작용과 구조, 그리고 변화에 대해 전달되는 메시지에 의해 영향을 받는 것으로, 전체 맥락 안에 존재하는 것이다. 동기강화상담은 상대방으로부터 동기를 유발해 내는 상호작용을 통해 이러한 동기의 역동을 활용하고 더불어 변화가 일어날 수 있는 가능성을 증대한다.

학교 현장에서 동기에 방해가 되는 장애물

여러 가지 잠재되어 있는 상황적 · 관계적 · 개인 내적 장애물이 이 새로운 동기강화적 상호작용에 방해가 될 수도 있다. 다음을 보고 각각의 질문에 대해 적어도 2~3개의 대답을 생각해 보는 시간을 가져 보자.

- 학부모가 학교에 관여하지 않기로 결정하는 이유에는 어떤 것들이 있을까?
- 교사가 수업코치와 작업하지 않으려 한다면 어떤 적합한 이유가 있을까?
- 학생이 학교 자문관과 대화하기를 꺼려 한다면 왜 그럴까?

위의 질문에서 '그럴듯한', '적합한' 이유를 생각해 보라고 했는데 이는 사실 '그들은 관심이 없기 때문입니다'를 표현해 주는 각양각색의 대답을 알아보기 위해서이다. 변화가 일어나는 효과적인 대화를 위해서는 자문관이나 경청자가 상대방 또한 이 대화에 관심 있어 한다는 가정을 가진 채 시작해야 한다. 변화에 관한 대화에 누군가를 초대할 때, 이미

저 사람은 전혀 그럴 의도가 없다고 생각해 버린다면 그것은 시간 낭비와 같다. 사람들은 자신이 판단되어지고 있다고 생각될 때, 즉 선입견이 담긴 초대를 받은 경우에는 바로 거절해 버릴 것이다. 이 점을 고려해 본다면, 교사나 학부모, 학생이 변화에 대한 이야기를 하지 않으려고 하는 한 가지 타당한 이유는 대화에 초대하는 사람이 이미 상대방은 변화에 관심이 없다고 결정해 버린 채 형식적으로 초대하기 때문일 수도 있다.

교사나 학부모, 학생이 변화에 대한 이야기를 하지 않으려고 하는 한 가지 타당한 이유는 대화에 초대하는 사람이 이미 상대방은 변화에 관심이 없다고 결정해 버린 채 형식적으로 초대하기 때문일 수도 있다.

그 외에도 적합한 이유가 될 수 있는 것은 다음과 같다.

- 신뢰 부족
- 과거 부정적인 경험(교육 체제 혹은 정신건강 체제와 관련됨)
- 한 팀의 구성원일 뿐 존중받는 것 같은 느낌의 부재
- 언어 장벽
- 가족 구성원과 교사, 친구들의 지지 부족
- 그 시간을 진행하는 제공자의 지지 부족
- 무슨 말을 해야 할지, 무엇을 해야 할지 알지 못함
- 학부모 참여나 학교 성과 또는 코칭의 중요성에 대한 인식 부족
- 상충하거나 모순되는 협의 사항
- 부모, 교사, 또는 자녀 역할에 대한 문화적 신념
- 가능한 시간의 부재와 서로 간(당신과 그들) 요구의 충돌
- 문제 발생 시 문제에 대한 인식이나 이해 부족
- 해결해야 할 문제가 누구의 것인지, 공유한 문제에 대한 명시 혹은 이해 부족
- 부모, 교사, 또는 학생의 스트레스 혹은 정신건강 문제(예: 우울)
- 자신의 참여가 실제 도움이 될 것이라는 기대감 저조

이러한 것들은 변화를 위한 대화를 시작하기 위해 문간에 발을 들이는 데 방해가 될 수 있다. 이 중 많은 것은 지각이나 경험에 의한 것이다. 예를 들어 학부모는 학교에 관여할 것인가 아닌가를 결정할 때 과거 학교 전문가와 가졌던 상호작용을 떠올린다. 그리고 학창 시절에 겪은 자신의 경험, 학교 내 부모의 역할에 대해 사회로부터 받는 메시지, 적극적인 참여가 차이를 만들어 내는가 아닌가에 대한 자신의 신념에 영향을 받는다. 만

약 이전에 교사와 부정적 상호작용만을 경험했던 학부모라면 이 같은 상호작용이 반복되지 않도록 당연히 피하고 싶을 것이다. 학생의 경우, 이전에 학교 자문관과 이야기해 보았으나 별로 유익하지 않았다면 이 또한 앞으로는 자문관과 이야기하려 들지 않는 타당한 이유가 된다. 지각에 의한 장애물을 극복하기 위해서는 새로운 지각의 형성이 필요하다.

다른 장애물들은 시간적 · 금전적 · 재원적인 제약과 관련이 있다. 많은 학부모들과 교사들이 이러한 대화에 기꺼이 참여하고 싶어 하지만 현실적인 생활환경에 가로막힌다. 어느 학부모는 직장에서 휴가를 낼 수 없거나 육아시간 조정을 못할 수 있다. 교사라면 근무시간 중에는 자문관을 만날 시간이 전혀 없을 수 있다. 그 외에 기술이나 정보의 부족도 여전한 장애물이다. 학부모가 학교에 관여하는 방법을 모른다면, 교사가 학부모와 효과적인 관계를 맺는 교육을 받지 않는다면, 학부모나 교사, 학생이 도움을 구하는 방법이나 이용 가능한 자원의 활용법을 모른다면 문간에 발을 들이는 행동을 할 가능성이 거의 없다.

왜 사람들이 변화에 관한 대화를 피하려 하는지 그 이유를 고려하고 그것이 타당하고 그럴 법하다는 것을 앎으로써 우리는 그들의 행동 결정을 야기하는 가장 직접적인 원인을 파악하게 된다. 그 원인을 이해할 때, 장애물을 확인하고 우리의 해결책을 조정하며 맞출 수 있을 것이다.

행동변화 통합이론

이와 같이 행동에 영향을 미치는 여러 요인을 고려하는 데 유익한 방법으로 널리 활용되고 연구해 온 모델이 있는데 바로 행동변화 통합이론(unified theory of behavior change)이다. 오래전에 미국국립보건원이 전문위원단을 구성하여 행동변화와 관련된 기존의 모든 이론을 아우르는 하나의 통합 모델을 나타내 달라고 의뢰했는데 그 결과로 나온 것이 행동변화 통합이론이다(Jaccard, Dodge, & Dittus, 2002; Olin et al., 2010 참조). 이에 따르면 사람들이 행동을 바꿀지 안 바꿀지 결정하는 것, 그리고 종국에는 그들이 결정한 것을 성공적으로 달성할 것인가 아닌가에는 많은 요소가 영향을 미친다는 것이다. 그림 2.1은 행동변화에서 가장 중요한 결정 요인을 보여 준다.

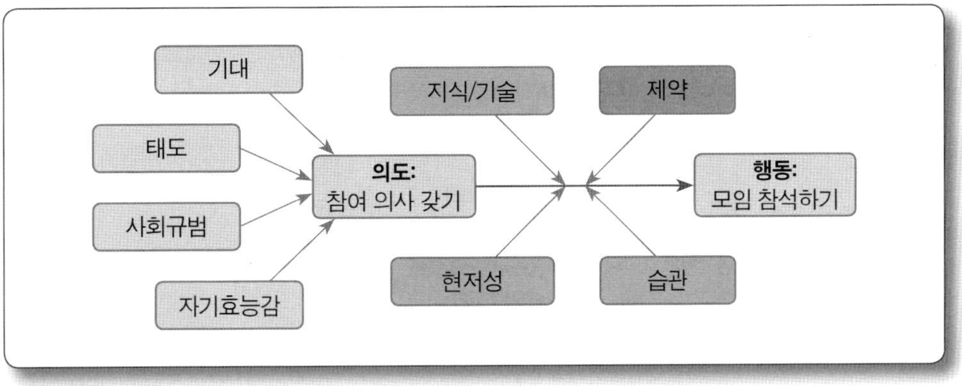

그림 2.1 행동변화 통합이론

❁ 행동하려는 의도 만들기

이 장에서 초점을 두는 것이 문간에 발 들이기이듯이, 변화에 관한 대화를 할 의지가 있음을 보여 주는 행동은 아마도 학교 모임 참석이 될 수 있을 것이다. 모임에 참석하도록 만드는 가장 직접적인 원인은 그 사람의 의도이다. 이 책은 사람들로 하여금 그들이 바라는 행동에 관여하려는 의도를 일으키는 것에 관한 것인데, 이는 나중에 행동을 취할 가능성을 높여 준다. 동기강화상담의 주목적은 변화에의 의도(intention)와 결심공약(commitement)을 촉진하는 것이다. 그림 2.1에서 볼 수 있듯이 왼쪽에 있는 네 가지 요소—기대, 태도, 사회규범, 자기효능감—는 모두 행동으로 옮기려는 개인의 의도에 직접적인 영향을 미치는 것으로 동기강화상담에서 집중적으로 다루는 요소이다.

기대

무엇보다 중요한 것은 행동에 대한 사람들의 믿음과 기대(expectancies)이다. 어떤 행동에 착수하기 전 우리는 그 행동이 가져다주는 유익이 크다고 믿을 때 그것을 이행하려는 의도를 더욱 가지게 된다. 더욱이 지불해야 할 대가보다 기대되는 이익이 상대적으로 크다고 여겨질 때 행동에 관여하려는 의도도 커진다. 따라서 모임에 참석하려는 개인의 의도는 그것이 긍정적인 결과를 가져다줄 것인가에 대한 그 사람의 믿음에 일정 부분 달려 있다. 학교 모임에 참석하기 위해 직장에 반차를 내거나 육아시간을 조정해야 하는 부

> 모임에 참석하려는 개인의 의도는 그것이 긍정적인 결과를 가져다줄 것인가에 대한 그 사람의 믿음에 일정 부분 달려 있다.

모의 경우, 그렇게 해서라도 얻는 이익이 그로 인해 드는 시간, 노력, 비용을 능가할 것이라고 믿을 때 행동으로 옮길 가능성이 크다. 따라서 변화로의 초대를 위한 환경을 만들기 위해 고려해야 할 한 가지 주요 쟁점은, 새로운 행동과 관련하여 지각되는 이점은 커지되 발생하는 손실과 대가를 줄일 수 있는 방법을 모색해야 한다는 것이다. 부모의 학교 모임 참석을 계속 예로 살펴보면, 부모의 비용을 줄이기 위한 조치로서 학교 정규 시간 외에 모임을 소집하고 육아 서비스와 교통편을 제공하는 것을 생각해 볼 수 있다. 유익에 대한 믿음을 구축해 가기 위해서는 가능한 이점을 뚜렷하게 명시적으로 전달하는 것, 이전에 학교 모임에 참석하여 긍정적인 경험을 한 학부모에게 다른 학부모와 소통해 달라고 요청하는 것 등을 시도해 볼 수 있을 것이다.

태도

성공에 대한 기대와 관련하여 어떤 행동에 대한 태도(attitudes) 또한 그 행동에 관여하려는 의도에 영향을 미친다. 만약 어떤 행동이 바람직하고 용인될 만한 것이라면 우리는 그 행동을 더 하려 들 것이다. 학교 모임 참석은 자기가 할 바가 아니라고 여기는 부모라면(문화적 신념이나 과거 경험으로 인해) 아마도 참석하려 들지 않을 것이다. 마찬가지로 학급에서 발생한 문제행동을 다루는 것이 자신의 역할이라고 여기지 않는 교사라면 학급관리 기술 개선에는 노력을 기울이지 않으려 할 것이다. 따라서 대화의 주제 혹은 어떤 행동을 함으로써 나올 수 있는 잠재적인 성과에 대한 우리의 태도 역시 중요하다. 자녀의 문제행동 혹은 정서 조절에 관해 말해 봄으로써 정신건강에 대한 부모의 견해가 어떠한지 또한 알 수 있다. 만약 정신건강이나 치료와 관련하여 부정적으로 낙인 당한 경험이 있거나 정신건강 제공자와 과거에 어떤 부정적인 상호작용을 경험한 부모라면 이런 주제와 관련된 대화에는 더욱 참여하려 들지 않을 것이다.

> 어떤 행동을 바람직하고 용인할 만한 것으로 여길 때, 우리는 그것을 행동으로 옮기는 것에 대해 더 고려해 보게 된다.

사회규범

그림 2.1에서 보듯이 개인이 지각하고 있는 사회규범(social norms), 다시 말해 사람들 간에 전형적이고 용인할 수 있다고 여겨지는 행동에 대한 신념 또한 의도에 영향을 미치는 주요인 중 하나이다. 학교 모임에 참석하는 것이 사회규범이라고 여기는 부모일수록 더욱 적극적으로 참석하려 들 것이다. 이 사회규범에 대한 판단은 부모들에게 큰 영

향을 미치는 주요 집단의 인식에 근거하는데, 학부모들은 주로 친한 친구나 가족의 의견에 따라 판단하는 편이다. 사회규범에 대한 우리의 인식은 보편적인 메시지, 특히 미디어로부터 받는 메시지에 영향을 받는다. 우리가 받는 메시지가 어떤 행동을 두고 바람직하다거나 그럴듯한 행동이라고 전하는 한, 우리는 더욱 그 행동을 하려고 한다. 그러나 사회규범과 관련하여 다수의 사람들이 받는 메시지는 학교 기반의 변화 논의에 참여하려는 의도를 방해한다. 예를 들어 어떤 학부모는 특히 학교 모임에 반드시 참여해야 할 학부모임에도 불구하고 학교에 나가 변화에 관해 이야기하는 것이 일반적이지 않거나 용인할 만한 행동이 아니라고 생각한다.

자기효능감

자기효능감(self-efficacy) 또는 선택한 목표행동에 실제로 관여할 수 있다는 믿음은 행동하려는 의도에 직접적으로 영향을 미친다. 새로운 행동에 관해 성인과 생산적인 대화를 할 수 있다고 믿으며, 그러한 대화를 통해 얻는 결과에 자신이 직접적인 영향력을 행사할 수 있다고 믿는 학생일수록 대화에 더 참여하려 든다. 반대로 대화를 통해 얻는 것이 뻔하다고 여기는 학생(예: 자신에게는 영향력이 없다)이라면 대화에 굳이 참여하려 들지 않을 것이다.

이러한 요소들에 대해 고려하는 것은 변화에 대한 장애물을 이해하여 환경을 재구성하며 변화를 지지하는 방법을 모색하고 실행하는 데 도움이 된다. 이어지는 장들에서 논의할 테지만, 동기강화상담은 의도와 관련된 이와 같은 전조를 목표물로 삼고, '변화대화'라는 용어 안에 포함하여 다룬다.

❁ 제약, 기술, 현저성, 습관

의도가 있을 때조차도 행동에 방해가 되는 몇 가지 잠정적인 요인이 있는데, 이를 그림 2.1에서는 '의도'에서 '행동'으로 가는 화살표에 교차하는 선으로 나타냈다. 이 중 주목할 것은 환경적 제약으로, 이것은 할 수만 있다면 어떻게든 행동변화를 어렵게 만들어 버리는 요인이다. 일례로 대부분의 부모들은 학교 정규시간에 일을 하기

> 우리는 종종 빈약한 기술을 동기가 저조하거나 그려려는 의도가 별로 없기 때문이라고 여기기 쉬운데, 그보다는 학부모나 학생, 교사가 필요로 하는 것은 단순히 행동변화를 위한 새로운 지식이나 기술을 획득할 수 있도록 하는 지원일 수 있다고 가정하고 시작하는 것이 좋다.

때문에 따로 시간을 빼기가 곤란한 상황이라는 것이다. 이러한 환경적 제약은 아무리 학교 모임에 참석할 의도가 있는 학부모라 하더라도 실제로는 그렇게 할 수 없게 만들어 버린다. 부모들이 가진 공통적인 제약이 일, 육아, 교통수단과 같은 것이라면, 교사들의 주요 제약은 시간이 될 것이다. 자기성찰이나 지지적인 코칭대화에 할애할 시간이 점점 더 한정되어 가고 자유시간조차도 문서 작업이나 일정 세우기 등으로 채워지는 실정이라 대부분의 교사들은 학부모와의 관계 향상에 주력할 시간이 거의 없다고 느끼고 있다.

의도에서 변화로 가는 데 방해가 되는 또 다른 잠정적 요인은 기술 혹은 이행력 부족, 현저성, 습관과 같은 것들이다. 말하자면 개인이 행동변화를 결심했다 하더라도 어떻게 그것을 해야 할지에 대한 지식과 기술이 부족할 수 있다는 것인데, 예를 들어 학부모가 학교에 관여하고자 결정했으나 효과적인 참여가 과연 어떤 것인지 그에 대한 바람직한 본보기는 알지 못하는 경우이다. 만약 그동안 학교에 관여하지 않았거나, 관여했더라도 그것이 전혀 효과적이지 않았다면(예: 학교 전문가와의 갈등적 관계, 자녀의 과제물에 대한 성가신 잔소리, 학교에서 발생한 문제로 자녀를 과도하게 처벌) 그들의 좋은 의도마저도 행동변화에 긍정적인 결과를 가져오게 하지는 못할 것이다. 마찬가지로 교사의 경우, 학급관리를 개선하려는 의도를 가지고 있으나 성공적인 변화를 이끄는 지식과 기술이 부족할 수 있다. 학생이라면 자신의 문제에 대해 누군가와 이야기해 보고 싶지만 누구에게 어떻게 접근해야 할지 모를 수 있고, 더 좋은 성적을 받고 싶어도 그러기 위한 조직적인 기술이 부족하여 어려움을 겪을 수 있다.

이처럼 변화할 의도는 있으나 그것이 일어나도록 하기 위한 지식과 기술이 부족할 때, 학교 관련 전문가들은 이러한 것들을 정확하게 평가할 준비가 되어 있고, 그 과정을 촉진하고 용이하게 하는 데 필요한 지원 체제를 제공할 수 있어야 한다(예: 지식 제공하기, 기술 향상 돕기). 우리는 종종 빈약한 기술을 동기가 저조하거나 그러려는 의도가 별로 없기 때문이라고 생각하기 쉬운데, 그보다는 학부모나 학생, 교사가 필요로 하는 것은 그저 행동변화를 위한 새로운 지식이나 기술을 획득할 수 있도록 하는 지원일 수 있다고 가정하고 시작하는 것이 좋다. 기술이나 지식의 부족을 의도가 부족하기 때문이라고 보는 것은 오히려 관계 형성과 변화에 대한 효과적인 대화는 물론 행동변화에 방해가 될 뿐이다.

현저성이란 행동에서 두드러지게 지각되는 것을 말한다. 개인이 어떤 행동에 관여하려는 의도는 있으나 그 행동이 필요한 순간에 다른 것에 대한 의도와 비교해서 상대적으로 그 행동이 본인에게 더 중요하거나 기억할 만한 것이 아닐 경우에는 실제로 그 행동이 일어날 가능성이 거의 없다. 어떤 신호나 알림물 없이 학부모가 솔선하여 주도적으로 학교 모임에 참석한 것은 같은 시간대에 있는 다른 약속이나 일과 관련하여 방해가 되지 않았기 때문일 것이다.

마지막으로 오래된 습관도 의도한 행동을 성공적으로 실행하는 데 방해가 될 수 있다. 학교 모임에 참여하려는 의도가 있는 부모라도 반복되는 일과와 습관으로 인해 이를 잊어버릴 수 있다. 교사 또한 문제행동이 발생했을 때 소리를 지르거나 학생을 꾸짖는 등의 오래된 학급관리 습관 때문에 교습법 변화를 어렵게 만들 수 있다. 이러한 습관을 변화시키기 위해서는 이와 같이 자동적으로 나오고 일상이 되어 버린, 그러나 바람직하지 않은 자신의 행동 패턴을 와해시키려는 인내와 계획이 필요하다.

이와 같은 요인들에 주목하여 주의를 가할 때, 변화를 위한 대화에 더 유용한 방법으로 사람들에게 다가갈 수 있다. 이 모델을 실행하는 데 기본이 되는 것은 우리가 변화에 관한 대화를 더 많은 사람들과 하기 원하는 이상, 우리에 대한 사람들의 인식과 태도, 환경(학교), 목표행동(모임 참석)이나 성공 가능성은 물론이거니와, 행동하려는 의도에 방해가 되는 제약에까지 세심한 주의를 기울여야 한다는 것이다.

이 장의 나머지에서는 변화대화의 방해물을 검토하고 그것들을 극복하기 위한 전략을 세워 나갈 것이다. 대부분을 학부모 및 가족과 관계를 형성하는 데 초점을 맞추어 할애하는데, 이는 그들이 가장 인내를 요하는 대상이라 여겨지기 때문이다. 그러나 원리는 학생과 교사에게도 동등하게 적용됨을 밝힌다.

학부모 참여를 위한 학교환경 만들기

학교는 가족 중심 지원을 보다 적극적으로 제공하여 가족들이 필요한 도움을 얻도록 대상자를 발굴하고 선정하는 데 이상적인 조건을 갖추고 있다. 이런 서비스를 학교 현장에서 제공하는 것은 부모 참여가 일반적으로 잘 이루어지지 않는 원인을 해결해 주는데, 그 이유는 대부분의 부모나 보호자에게 학교가 친숙하고 믿을 만한 기관으로 인식되고 있기 때문이다. 학교에 대한 안전감과 교내에 만들어진 단체는 부모로 하여금 부적절한 선입견을 가지지 않게 하면서 학교의 다양한 서비스에 접근할 수 있도록 돕는 역할을 할 수 있다.

학교에서 제공되는 가족 지원 서비스는 아직까지 저조한 참여와 높은 자연 탈락률이라는 특성을 보이고 있다. 상대적으로 소수의 학부모들만이 관여하며 비일관된 참여, 비협조성, 조기 탈퇴로 인해 더 적은 수만이 끝까지 과정을 완수한다. 따라서 상당한 시간과 자원이 서비스에 충분히 이용되지도 않은 채 허비되고 있으며 학교 현장에서의 이 접근에 대한 전망도 약화시킨다. 게다가 고위험군, 다중 문제를 가진 가정에서 보이는 참석 방해물은 정말로 서비스가 필요한 가정의 참여를 저해하기도 한다. 저조한 학부모 참여야말로 학교 지원 서비스로부터 얻을 수 있는 혜택을 충분히 이해할 기회마저 갖지 못하게 만드는 심각한 장애물이다.

❀ 부모 입장 생각해 보기

학부모들의 동기와 관련된 환경, 상황을 고려하기 위해서는 먼저 일반적인 부모들의 경험을 생각해 보는 것이 좋을 것이라 여겨진다. 자신의 자녀에 대한 걱정이나 질문을 누군가로부터 받을 때 부모는 어떤 느낌이 들까? 잠시 시간을 갖고, 교사가 다가올 때 부모가 느낄 수 있는 (혹은 당신의 경험상 들었던) 몇 가지 감정을 한번 나열해 보자.

부모는 자녀에 대한 염려를 들을 때 아주 다양한 감정을 경험하는데 처음 보이는 정서적 반응은 주로 부정적 반응이다. 일반적으로 보이는 정서는 표 2.1에 제시되어 있다.

부모는 자녀를 걱정하고 잘되기를 바란다. 자녀가 잘하지 못한다는 소식은 강한 정서를 불러일으키는데 이 정서는 대개 복합적이다. 자녀가 걱정스럽기도 하고 동시에 화가 날 수도 있다. 창피해하거나 담임이 자신들을 형편없는 부모로 판단하지는 않을까 곤두설 수도 있고, 자녀가 잘할 수 있도록 도와주지 않았다는 이유로 담임교사에게 화가 날 수도 있다. 이와 같은 소식은 두말할 것도 없이 그들에게 실망을 안겨 주며, 많은 부모들은 어떻게 개선할 수 있을지 몰라 무기력감을 느끼기도 한다.

이제 자신이 살면서 경험한 여러 가지 격앙된 정서를 생각해 보자. 그리고 그 당시 타인으로부터 필요로 했던 것이 무엇인지도 생각해 보자. 대부분의 사람들은 누군가 자

표 2.1 자녀에 대한 염려를 들었을 때 보이는 부모의 일반적인 정서 반응

• 어찌할 바를 모른다.	• 믿기 어렵다.
• 혼란스럽다.	• 걱정스럽다.
• 평가받는 것 같다.	• 화난다.
• 무력하다.	• 창피스럽다.
• 비난받는 것 같다.	• 좌절스럽다.
• 압박받는 것 같다.	• 처벌당하는 것 같다.
• 낙심한다.	• 회의적이다.
• 스트레스 받는다.	• 실망스럽다.

표 2.2 좋은 조력자의 특성

• 비판단적/수용적이다.	• 호기심이 있다.
• 공감적이다.	• 반영적 질문을 한다.
• 보살핀다.	• 정직하다.
• 높은 기대감이 있다.	• 잠재력을 믿어 준다.
• 경청자이다.	• 참을성, 끈기가 있다.
• 진심이다.	• 자신감이 있다.
• 격려한다.	• 신뢰할 수 있다.

신의 상황을 경청하고 공감해 주길 바란다고 말할 것이다. 그 상황을 잘 헤쳐 나갈 수 있도록 지지받고 존중받길 원한다.

> 고통에 처한 사람들이 생각하는 좋은 조력자의 특성은 거의 보편적이다.

고통에 처한 사람들이 생각하고 말하는 좋은 조력자의 특성은 거의 보편적이다. 우리는 실제로 국내 수천 명의 사람들에게 자신의 삶에 영향을 끼친 사람, 어려운 시기를 보내는 데 도움을 준 사람들을 생각해 보고 반영해 줄 것을 요청했는데, 모두 거의 동일한 특성을 제시해 주었다. 우리가 얻은 특성은 표 2.2에 열거하였다.

그렇다면 이제 어떻게 부모들에게 다가갈지, 특히 꺼내기 힘든 이야깃거리로 그들과 논의해야 할 경우 어떻게 우호적으로 다가갈 수 있을지, 그와 관련하여 이것들이 함축하고 있는 바가 무엇인지 생각해 볼 수 있다. 즉 우리가 좋은 조력자의 특성을 더 많이 보여 줄수록 부모들은 더욱더 우리를 신뢰하고 대화하려 할 것이다. 결점보다는 강점에 초점을 두고 부모들에게 협력적으로 다가감으로써 가족들과의 긍정적인 상호작용을 촉진할 수 있다. 동기강화상담에서 제공하는 구조를 통해 끈끈한 관계가 행동변화에 중요하다는 인식과 함께 변화에 관한 대화를 협력적으로 시작할 수 있는 가능성을 증대할 수 있을 것이다.

가족과의 협력적 관계 형성을 위한 전략

학교 현장에서의 부모 참여를 정의하기에 가장 유용한 것으로 우리는 NAEYC(National Association for the Education of Young Children)에서 규정한 것을 따르고자 한다. 이에 의하면 부모 참여는 지속적 · 상호적 · 강점 중심의 협력적 파트너십을 말하는데, 이를 통해 부모는 관찰과 의사결정, 행동에 대한 책임을 더욱 공유하게 된다는 것이다. 학생의 성공적인 학교생활을 지원하기 위해서는 굳센 협력, 가족과의 빈번한 소통이 필요하다. 이 관계의 기반은 학교가 가족과 갖게 되는 첫 연락에서부터 시작되며, 학교 직원들로부터 가족들이 환영받고 지지받는다는 느낌 그리고 학교 단체의 구성원으로서 존중받는다고 느낄 때, 즉 우호적인 환경이 유지될 때 이 관계가 고무된다. 가족들과의 긍정적 관계를 도모하는 것은 좋은 결과를 이루기 위한 효과적인 협력을 촉진하고, 어려움이 닥쳤을 때 중재할 방법을 결정할 수 있도록 기틀을 마련하는 것이다.

신학기 시작하기

교직원은 자녀의 성공적인 학교생활이 부모의 관심과 연관되어 있음을 인식시키고 부모의 참여를 독려하는 데 주 역할을 담당한다. 부모들은 학교가 그들의 참여를 장려하고 환영할 뿐만 아니라 기대할 때 더욱 동참하는 경향이 있다. 이것은 학교 전체 및 전 지역단체의 교내 학부모 참여에 대한 규범을 세워 나가는 데에도 영향을 미친다. 이는 신문을 통해 부모 참여에 대한 기대를 명시적으로 전달하거나 학부모와 대화하기, 참여함으로써 얻게 되는 각종 혜택을 부모들에게 알리기, 효과적인 참여를 위한 지원과 격려를 통해 이루어질 수 있다.

> 부모들은 학교가 그들의 참여를 장려하고 환영할 뿐만 아니라 기대할 때 더욱 참여하려는 경향이 있다.

한 가지 중요한 전략은 부모와 학교 당국 모두가 공유할 수 있는 성공 비전을 세우는 것이다. 부모와 교사는 각각 자녀와 학교 성과라는 동등한 이해관계에 있으므로 이러한 중첩되는 목표에 초점을 둘 때 긍정적인 관계를 구축하고 유지할 수 있을 것이다.

또 다른 전략으로는 학생과 그 가족에 대해 '알아 가기' 방편으로(예: 자녀가 좋아하는 것과 싫어하는 것, 발달사, 일상, 문화적 관습), 가정방문을 하거나 부모를 설문조사하는 것이다. 이를 통해 교직원은 학생과 그 학생의 가정에 관심을 가지고 돌본다는 메시지를 전달하게 된다. 신학기에 학부모와 가정방문 일정을 잡거나 그 외 긍정적 상호작용을 갖는 것은 그 가족으로 하여금 호의적인 대우와 존중, 지지를 받고 있는 듯한 느낌을 갖게 해 준다. 학교 당국은 이러한 가정방문이 시간의 부족 혹은 안전과 관련된 여러 상황을 고려해 볼 때 오늘날에는 가능하지 않다고 종종 말한다. 그러나 우리가 이 같은 노력을 기울여 온 교사들과 이야기한 바에 따르면 거의 모든 교사들이 학기 초 가정방문을 통해 남은 학기 동안 굉장한 유익을 얻었다고 보고한다.

학기 초 이루어지는 가정방문은 가족으로부터 자녀를 지원하기 위한 풍부한 정보와 조언을 유도해 내고, 자녀에 관해서는 그들이 전문가라는 대우를 받게 해 준다. 학교

표 2.3 부모를 위한 웹사이트

서브센터: http://center.serve.org/tt/fp_tips.html
컬러인 콜로라도 읽기 팁: http://www.colorincolorado.org/guides/readingtips
부모집단: http://www.circleofparents.org/parent_resources/index.html
부모-교사 컨퍼런스 예상표: http://www.hfrp.org/publications-resources/browse-our-publications/parent-teacher-conference-tip-sheets-hojas-de-consejos-para-las-reuniones-de-padres-y-maestros
질병관리센터: http://www.cdc.gov/ncbddd/childdevelopment/positive-parenting/adolescence2/html
청소년 양육: http://www.ahwg.net/knowledgebase/nodates.php?pid=80&tpid=4

와 가정 간 의사소통에 방해가 되는 시스템 문제와 그러한 방해물을 극복할 수 있는 문제해결 방법도 논의해 볼 수 있다(예: 선호하는 의사소통 방식, 전화 혹은 인터넷). 학부모의 자발적인 수업 참관을 장려하되 학부모에게 언제, 어디에, 어떻게 참여할지 당신의 구체적인 바람을 알려 주어야 한다. 또한 학급에서 펼쳐지는 자녀의 경험을 결정하는 데 본인들이 영향을 미치고 팀의 구성원으로서 존중받는다고 여기는 가정일수록 어떤 문제 발생 시 더욱 참여적으로 논의하며 궁리한다는 것을 명심하자.

부모들의 욕구와 필요가 채워지도록 지원하는 데 이용 가능한 방책을 가지고 있는 것 또한 도움이 된다. 예를 들어 학부모들에게 교사와 협력적으로 관계를 맺는 방법이라든지 학부모-교사 컨퍼런스를 최대한 활용하는 방법과 같이 어떻게 하면 교내에서 부모가 유능한 참여자가 될 수 있는가와 같은 정보가 방편이 될 수 있다. 유용한 자료가 이미 많이 개발되어 있고 인터넷에서 손쉽게 접할 수 있다(표 2.3 참조). 학부모들에게 유용한 정보를 공유하거나 기여할 수 있는 공간을 따로 마련해 주는 것 또한 그들로 하여금 존중받는다는 느낌을 갖게 하며 학교가 부모와 가정을 지원한다는 인식을 갖게 해 준다. 또한 염두에 두어야 할 것은 많은 가정이 육아나 교통편, 통역 서비스와 같이 참여에 있어 실제적인 기본 장애물을 극복하는 데 도움을 필요로 한다는 점이다.

이와 같은 모든 전략은 다시 동기강화상담의 정신과 연결된다. 학교가 학부모들에게 만들어 주는 환경은 학부모의 참여를 환영하고 장려하는지, 그들에게 기대하는 행동이 무엇인지에 대한 메시지를 전달한다. 잘만 된다면 이것은 변화를 위한 대화가 필요할 때 부모들이 대화에 보다 협조적으로 참여케 하는 무대를 마련해 주는 계기가 될 것이다.

빈번하게 이루어진 긍정적 소통

긍정적인 소식을 공유하기 위해 정기적으로 부모와 소통해 왔다면, 이는 염려되고 걱정스러운 어떤 문제와 관련된 연락을 해야 할 때 지지적인 토대가 될 것이다. 이미 가족과 긍정적 경험을 공유하고 신뢰가 형성된 사이일수록 자녀의 문제를 꺼내고 다루기가 보다 쉽다는 것을 명심하는 것이 좋다. 반드시 학교는 가족들과 부정적인 소식보다는 긍정적인 소식을 더 많이 나누어야 한다. 만약 부모들이 문제가 있을 때에만 학교로부터 연락을 받는다면 학교에 오는 것이 꺼려지고 회의적이게 될 것은 당연하다. 따라서 당신 자신은 물론이고 학교 내 모든 직원들은 각 부모에게 하나의 부정적 소식을 전할 때에는 적어도 두 가지 긍정적 소식을 전해 주는 것을 목표로 삼기를 권한다. 행동변화 통합이론 모델에서는 부모 관여에 대한 부정적인 인식을 새롭고 긍정적인 제휴라는 인식으로 대체함으로써 부모 관여에 대한 과거의 잘못된 인식을 바로잡고 그에 대한 태도를 바꾸려 한다.

Carolyn Webster-Stratton(Webster-Stratton & Reid, 2010)은 학교와 학생 간 상호작용과 관련하여 부정적 상호작용 대 긍정적 상호작용 비율의 중요성에 대해 기술했는데 이는 학교와 가족 간의 대화에도 적용할 수 있다. 각각의 학부모와 갖는 상호작용을 돼지저금통이라 생각해 보자. 학부모와 매번 긍정적 교류를 할 경우는 관계라는 계좌에 저축을 하는 것이고, 부정적 교류나 부정적 피드백을 하는 경우는 인출에 해당한다. 저축보다 인출이 많을수록 당신은 학부모와의 관계에 손상을 초래할 것이고, 학부모는 당신의 현재 혹은 미래의 피드백에 그다지 호응적이지 않게 될 것이다.

> 각각의 학부모와 갖는 상호작용을 돼지저금통이라 생각해 보자. 학부모와 매번 긍정적 교류를 할 경우는 관계라는 계좌에 저축을 하는 것이고, 부정적 교류나 부정적 피드백을 하는 경우는 인출에 해당한다.

긍정적 소통의 예는 규칙적으로 자녀의 진보나 수행에 관해 긍정적 피드백하기, 집에서의 보충학습으로 보이는 진보나 학부모의 수고를 인정하고 메모해 주기 등이 될 수 있다(활동지 2.1 참조). 일반적으로 이러한 피드백을 받은 부모들은 집에서 학습 분위기를 조성하는 데 더 관심을 기울이며 문제 발생 시 그것을 다루는 데에도 더 적극적이다.

가정에서 학교에 대한 이야기가 오고 가도록 장려하기 위해 '오늘의 주제'와 같은 포스트를 활용한다(교실, 학교 앞 승하차장, 페이스북, 일간 이메일). 이를 통해 자녀를 포함한 가족 구성원들이 다 같이 그 주제에 대해 이야기하도록 촉구할 수 있다. 한 가지 효과적인 전략은 가족끼리 식탁에서 담소를 나눌 수 있도록 수업 내용과 관련된 주제가 적힌 활동지를 나눠 주는 것이다(활동지 2.2 참조). 직접 대면하기가 불가능할 경우, 대안적인 의사소통 방식을 마련하여 학급 활동에 관한 정보를 정기적으로 알려 줄 수 있다(이메일, 페이스북/트위터, 24시간 안내전화, 문자, 학부모 블로그, 팟캐스트, 그 외 온라인 미팅 등).

방과 후 활동에도 학부모들이 선택적으로 참여할 만한 다양한 활동과 기회를 제공해야 한다. 우리가 깨달은 바를 예로 들자면, 교내 학부모들 간의 연계를 장려했을 때 그들이 학교를 우호적이고 지지적인 환경으로 바라보게 되었고 학부모들의 참여까지 동기화할 수 있었다. 또한 학부모 리소스센터나 학부모실과 같이 편안하게 만날 수 있는 장소를 마련해 주고, 정기적으로 커피타임을 갖는 것, 흥미로운 가족 활동이나 사교 행사를 진행하거나, 부모 교육 혹은 부모 지도자 위원회와 같은 것을 조직할 수 있을 것이다. 신문에 공고를 내거나 전단지를 나눠 주는 것으로도 학부모 참여를 촉진할 수 있지만, 우리의 경험으로는 교사나 교직원으로부터 개별 초대를 받을 때 학부모의 참여율이 크게 높아지는 것을 보았다. 사적으로 보증한다는 지지가 담긴 전화나 편지("제가 이전에 경험해 본바…" 또는 "이전에 참석한 다른 학부모님 말씀에 의하면…"), 개인적 관련성을 띤 말("지난번 말씀하신 …으로 봐서 좋아하실 것 같습니다." 또는 "…때문에 부모님께 유익할 것으로 여겨집니다."), 혹은 가까운 지인이 참석한다고 안심시켜 주는 것("…도 참석할 것입니다.")과 같은 것들로 학부모들의 변화를 시도해 볼 수 있을 것이다.

교내 지원 서비스에 학부모 참여시키기

학교에서 학업 혹은 행동과 관련하여 문제가 발생하거나 학생들에게 더 많은 지원이 필요할 때 학생 지원 계획에 학부모를 참여시키는 것은 얼마나 그 계획이 성공적으로 달성될 것인가를 판가름하는 주된 요인이다. 학기 초 학부모들과 맺은 협력 관계는 문제에 관한 대화를 나눌 때 도움이 될 가능성을 증대한다. 문제를 다루는 것에 얼마나 준비되었느냐 하는 측면에서는 학부모마다 다를 수 있다는 점을 기억해야 한다. 학부모의 준비도는 문제의 심각성, 문제에 대한 인식, 행동 개시의 필요성에 대한 신념, 학부모 자신들의 역할에 대한 지각[대(vs.) 교사나 체계의 역할], 문제해결을 돕기 위한 부모로서의 능력, 가족과 친구로부터의 지원, 이용 가능한 서비스에 대한 그들의 믿음에 따라 달라진다. 자녀를 위해 권장되는 서비스에 대해 부모들이 어떤 믿음을 가지느냐가 가장 중요한 관건이다. 예를 들면, 교육자나 서비스 제공자를 신뢰할 수 있는가? 서비스가 효과적인가? 참여함으로써 얻는 유익에 대한 기대 수준과 같은 것들이 있을 수 있고, 그 외에도 과거에 도움을 받았거나 요구가 충족된 경험, 부모의 정신건강이나 스트레스 등은 변화를 위한 초기 대화의 진행에 영향을 미칠 것이다.

❁ 지원 서비스에 대한 지역사회의 긍정적 규범과 기대 정립하기

학교는 때로 자녀를 위한 지원 서비스에 학부모를 참여시킬 기회를 놓치게 되는데 이는 그 서비스를 어떻게 홍보하느냐에 달려 있다. 지원 서비스에는 학교 자문관, 심리학자 또는 행동 지원 팀과의 미팅, 품행 및 학업 지원 미팅, 학부모 집단 모임 참석, 그 외 학교 정규시간에 학생들에게 제공되는 특정 집단과 서비스 같은 것들이 포함된다. 지원 서비스를 무엇이라고 명명하는가에 따라 그 서비스에 대한 학부모들의 인상이 좌우되고 서비스에의 참여도에도 영향을 미칠 수 있다. 당신이라면 제공되는 지원 서비스와 그 서비스를 전달하는 사람을 무엇이라고 일컫겠는가? 서비스의 명칭을 고려할 때는 '치료' 또는 '개입'과 같이 문제 중심의 언어나 단어보다는 더 나은 결과에 집중하여 정하는 것이 좋다. 명칭은 '가족 지원'이나 '학부모 자문'과 같이 아이들의 건강과 안녕 증진에 초점을 두는 것이어야 한다.

마케팅 연구 보고서에는 사람들로 하여금 상품을 이용하거나 서비스에 접근하게 하기 위해서는 평판 있는 사람의 추천이 효과적임이 뚜렷이 명시되어 있다.

어떻게 서비스를 홍보할 것인지 고려해 보자. 참여한 학부모들에게 서비스에 대한 긍정적인 기대와 믿음을 전달한다면 학부모 참여에 관한 긍정적인 사회규범과 태도를 정립할 수 있다. 몇 학교에서 성공한 전략으로, 학부모 참여 팀을 구성하여 학부모 참여를 보강할 방법과 교내에서 제공되는 가족 서비스를 효과적으로 홍보할 수 있는 방법을 모색하는 임무를 맡겼다. 이미 학교 기반의 서비스 또는 지원에 참여하여 이익을 얻은 학부모들이 그것을 알리기에 가장 훌륭한 후보자이다.

마케팅 연구 보고서에는 사람들로 하여금 상품을 이용하거나 서비스에 접근하게 하기 위해서는 평판 있는 사람의 추천이 효과적임이 뚜렷이 명시되어 있다. 이것은 아주 간략한 상호작용으로 이루어질 수 있다. 한 프로그램이 성공적이었을 때, 교사들은 특정 서비스에 대해 적극 홍보해 줄 것을 요청받는다. 즉 학부모 자문관이나 학교 심리학자에게 추천한다든지, 그 서비스가 어떤 것인지 5분간 이야기하거나 왜 그 서비스가 유익하다고 보는지, 그 서비스를 받아 본 다른 학부모들의 경험을 말해 준다든지, 이와 같은 서비스 지지 발언을 하게 된다(Winslow, Poloskov, Begay, & Sandler, 2011).

구두 또는 서면으로 다짐을 받는 것 또한 구매에 효과적인 전략이다. 예를 들어 학부모에게 서비스 항목 중 관심 있는 분야를 지정하고 양식에 서명해 줄 것을 요청할 수 있을 것이다. 서비스에 참석하고자 하는 요일과 시간을 명시하고 참석을 약속하는 서명란이 있는 정식 등록서를 작성할 때 그들이 참여하게 될 가능성이 더 높다. 교사나 다른 학부모들로부터 보증을 들은 즉시 등록서에 서명하도록 요청하는 것도 한 방법이다.

학교 서비스가 기술된 소책자나 신문을 발행하는 것 또한 학부모의 참석 여부 결정에 영향을 미칠 수 있다. 서비스의 이점에 대해 다른 학부모들로부터 나온 추천장은 특별히 참여에 대한 학부모의 태도에 영향을 미치고 행동의 규범적 가치에 대한 새로운 관점을 세워 나가는 데에도 설득력이 있다. 이러한 여러 가지 마케팅 원리가 들어간 포스터로 활동지 2.3을 참고하라.

❁ 효과적인 의사소통 기술

학교 서비스에 가족을 동원하려면 효과적인 의사소통이 필요하다. 우리는 Amador와 Johanson(2000) 그리고 Romanelli, Ramos와 Burton(2008; 표 2.4 참조)에서 제시한 기술들을 약자 LEAP(경청하기, 공감하기, 비난하지 말기, 파트너)로 요약해 보았다.

경청하기(Listening)는 학부모의 관점을 진심으로 이해하려는 의지와 존중의 태도를 담고 있다. 경청할 때의 가장 중요한 규칙은 상대방보다 말을 적게 하는 것이다. 또한 자녀에 관한 한 부모가 전문가라는 것을 인정하면서 그들에게 피드백을 요청하며, 진정성을 가지고 부모의 제안을 듣고 그에 반응함으로써 당신이 경청하고 있다는 것을 보여준다. 문제의 규정 및 결정, 그리고 계획을 세우는 과정에서도 자녀의 발달사와 강점, 욕구에 관해 부모의 지식을 존중하며 경청할 필요가 있다.

공감하기(Empathize)는 부모의 관점을 존중하면서 지지하는 것, 그들이 처한 상황에 대한 곤란과 양육의 어려움을 알아주고 이해하는 것을 말한다. 앞서 진술한 효과적인 조력자의 주된 특성과 함께, 자녀나 가족 문제에 당면했을 때 부모가 어떻게 느낄지

표 2.4 LEAP 의사소통 기술

L	경청하기, 정보 수집
E	공감하기
A	비난, 판단, 요구받지 않은 조언을 하지 않기
P	파트너링

표 2.5 가족이 지닌 적응적 가설(출처: 미시간 교육부)

- 모든 가족은 강점을 지니고 있으며 자신들이 소중함을 알아야 한다.
- 모든 가족은 자녀의 교육과 가정 외 보호 서비스에 기여할 수 있다.
- 모든 가족은 자녀의 학습과 발달을 촉진하는 방법을 배울 수 있다.
- 모든 가족은 자녀에 대한 유용한 아이디어와 통찰을 가지고 있다.
- 모든 가족은 자녀에 대해 깊은 관심을 가지고 있다.

그에 대해 반영하는 것을 항상 고려하라. 공감하기에서 중요한 것은 자녀에 대한 부모의 소망과 가족의 문화적 관습을 존중하는 것이다. 가족이 속한 문화를 인식하면서 그에 따른 관습과 의사소통 방식을 존중하는 태도로 접근해야 한다. 가족의 범위를 규정짓고 관련 있는 가족 구성원(예: 형제자매, 조부모, 고모, 삼촌, 사촌 등)을 부양하는 방식에는 여러 가지가 있다는 것을 기억할 필요가 있다. 그들의 자녀를 돌보는 것에만 머물지 말고 가정의 기본적 필요나 당장의 실제적인 문제를 다루는 데에도 지원군이 되어 주도록 한다. 만약 그들의 필요에 당신이 부응할 수 없다면 누가 할 수 있는지 알려 줌으로써 그들을 도울 수 있을 것이다.

협력적인 관계를 촉진하기 위해서는 비난이나 판단, 요구받지 않은 조언을 하지 않도록 한다(Avoiding). 당신의 태도나 신념, 가정이나 편견이 학부모와의 작업에 어떻게 영향을 미칠지 인식하고 있어야 한다. 양육 그리고 특정 부모나 가정에 대한 편견이 있지 않은지 시간을 갖고 자신을 돌아보는 것 또한 필요하다. 한 가지 전략은 사전에 가족에 대한 긍정적 신념을 스스로 상기하는 것으로, 이를 책상에 붙여 놓거나 매번 해당 가족을 만나기 전에 읽어 본다. 적합한 관점을 갖기 위해 미시간 교육부에서 만든 가설을 포함하여 몇 가지 경구를 활용할 수 있다(표 2.5 참조).

또한 성급하게 문제를 해결하려 들지 말아야 한다. 그 대신 적극적으로 경청하고, 조언을 하기 전에는 "그것에 관해 제게 몇 가지 생각이 떠오르는데 들어 보고 싶으신가요?"와 같이 항상 허락을 구한다. 물론 모든 일에 해답을 제시하는 것이 당신의 역할은 아니다. 가족을 위해서 문제를 해결하는 것이 아니라 가족과 함께 고심하고 궁리하는 것이 협력적인 접근이다.

마지막으로 파트너링(Partnering)은 가족과 함께 협력하는 데 노력을 기울이는 것을 말한다. 이는 자녀의 교육이나 돌봄과 관련하여 결정을 내리는 모든 단계에 부모가 관여할 수 있도록 기회를 주는 것이다. 경우에 따라 발달에 대한 지식을 알려 주거나 자녀의 행동을 이해하도록 돕는 것, 의사결정 진행 과정을 알려 주는 것이 해당될 수 있다.

자녀의 학교 학습의 연장선으로 집이나 지역단체에서 가족이 함께 할 수 있는 과외 활동에 대한 정보나 준비물을 제공하는 것 또한 협력의 표현이 된다. 가족들을 환영하는 데 전 교직원을 참여시키는 것도 동료 의식을 전하는 방법이다. 가족 참여는 모두의 책임으로 학교 버스 운전자부터 교내 사무직원, 교사, 학교 자문관, 행정관과 학부모 간에 견고한 파트너십이 요구된다는 것을 기억한다.

❀ 가장 곤혹스러운 가족에게 접근하기 위한 전략

학교와 관련된 문제로 혹은 서비스에의 참석을 위한 초청을 하거나 학생을 지원할 계획으로 가족에게 하는 첫 연락은 부모로 하여금 앞으로 학교 행사에 동참할 것인지 아닌지를 고려해 보게 하는 중요한 계기가 된다. 특히 문제와 관련하여 이러한 첫 의사소통을 시도하는 교직원(예: 교사, 학교 자문관, 교장)은 가족과 매번 갖는 연락의 중요성을 인지할 필요가 있다. McKay와 동료들은 가족 참여의 진행 과정을 광범위하게 연구하여 자녀 지원 서비스에 대한 가족의 참여를 이끌어 내고 유지하는 데 중요한 사항을 명시하였다. 이는 교직원이 학부모와 연락할 때마다 활용할 수 있는 제법 간단한 전략이다.

첫 접촉은 참여가 성공적으로 이루어질지 아닐지 그에 대한 발판이 된다. McKay와 동료들(2004)은 고위험 가족의 참여를 위해 첫 전화 연락에서 체계적 전략을 사용했는데 이를 통해 통화 후 첫 회기 모임 참석률을 30%까지 증진시킬 수 있었다고 보고했다. 그들은 네 가지 주요 전략을 말하는데, 이는 첫 연락이 순조롭게 진행되기 위해 뒤따라야 할 것들로 모두 행동변화 통합이론 구조를 기본으로 변화 의도를 이끌어 낸다. (a) 자녀의 필요에 대한 부모의 생각에 초점을 둠으로써 서비스에 대한 부모의 욕구가 무엇인지 명확히 한다. (b) 연락을 시작하는 데 기울인 노력을 알아줌으로써 첫 회기에 참석하려는 부모의 투자와 효능감을 최대화하고 자녀에게 필요한 것을 제공하기 위해 부모로서 최선을 다하고 있음을 인정해 준다. (c) 이전의 교육 혹은 정신건강 돌봄과 관련된 경험에 대한 태도를 확인하고 다른 학부모들이 생각하는 일반적인 오해에 대해서도 직접적으로 물어본다(예: "어떤 학부모님은 모임에서 나눈 이야기가 다른 사람들에게 노출될까 봐 염려하시던데, 혹시 그것이 걱정되시나요?"). (d) 시간 부족이나 교통, 육아 문제와 같이 첫 모임에 참석하는 데 방해가 되는 실제 고충을 해결한다(McKay et al., 2004). McKay가 명시한 네 가지 목표를 다루는 데 필요한 질문은 표 2.6을 참조하라.

표 2.6 문제에 관한 첫 대화 시 고려할 네 가지 사항

1. 지원 서비스에 대한 욕구를 명확히 한다.
   - 자녀에게 필요한 것이 무엇이라고 생각하시나요?
   - 자녀에 대해 말씀을 들어 보고 싶습니다. 자녀의 강점은 무엇인가요?
   - 저의 지원에 관심이 있습니까?

2. 보호자의 노력과 효능감을 증대한다.
   - 부모의 선택이 현 상황에 영향력을 미칠 수 있다는 관점으로 바라본다.
   - 부모가 최선을 다하고 있음을 알아준다.
   - 문제가 해결될 수 있다는 낙관성을 시사한다.
   - 자녀를 지원해 온 부모의 현재와 과거의 노력과 수고를 인정해 준다.
   - 만나기 전이라도 현재 상황을 다룰 수 있는 구체적인 단계가 무엇인지 파악하도록 돕는다.

3. 자녀를 위한 과거의 지원 서비스에 대한 경험을 논의한다.
   - "저를 만나러 오시려니 마음이 어떠신가요?"
     - "괜찮아요."라고 할 경우 "이전에 어떤 학부모님도 그렇게 말씀하셨는데, 나중에 저를 처음 만난 자리에서는 본인의 염려를 말씀하시기가 불편하다고 하시더라고요."라고 응답한다.
   - "다음과 같은 질문이나 문제가 있다면 말씀해 주세요."
     - 자녀의 행동이나 정서에 문제가 있다면 다음의 내용을 포함한 부모의 정신건강에 대한 관점을 알아본다.
       - "정신건강이라는 말이 자녀가 뭔가 잘못됐다는 의미일까 봐 걱정되시나요?"
       - "정신건강 돌봄자와 이전에 좋지 않은 경험을 한 적이 있나요?"
       - "어떤 부모님은 행동 문제를 논의함으로써 의학 처치를 받게 할까 봐 걱정되신다던데 그게 염려되시나요?"
     - "어떤 부모님은 여기서 논의한 이야기가 노출될까 봐 걱정하시던데 그 점이 염려되시나요?"
     - "가끔 학교가 학부모님들께 우호적이지 않을 때도 있죠. 이전에 그런 일이 있었나요?"
     - "교육자에 대한 나쁜 경험이 있었나요?"

4. 돌봄에 방해가 되는 실제 장애물을 해결한다.
   - 부모의 동의하에 진행되는 다음 단계로의 결속을 요청하라.
   - 결심공약을 실천하는 데 필요한 것을 요청하라(예: 모임 참석).
   - 서비스에의 참여가 성사되기 위해 부모들이 필요로 하는 지원은 무엇인가?

❀ 지속적인 방문

이러한 전략은 서비스에의 첫 동참에 필수적이기는 하지만 참여가 계속 유지되도록 하기에는 불충분하다. 부모 참여에 주의를 기울이는 것은 부모와 접촉하는 매 순간 가장 중점을 두어야 하는 부분이다. McKay의 차후 연구와 다른 이들(예: Nock & Ferriter, 2005)의

표 2.7 지속적 참여를 위한 요소

☞ 내담자에게 조력 과정을 명시한다.
- 기대(당신과 부모가 서로 상대방에게 기대하는 것은 각각 무엇인가?)
- 협력적 관계 만들기
- 자녀의 필요를 채우기 위해 '우리'가 함께 어떻게 작업해 나갈지 이야기를 나눈다.

☞ 직접적이고 실제적인 문제/어려움에 초점을 둔다.
- 첫 미팅을 통해 달라질 무언가를 제공한다.
- 합의하에 놀이를 계획하고 정기적으로 재고한다.

☞ 도움 요청을 방해하는 장애물을 확인하고 해결한다.

☞ 재방문할 것인지 파악한다.
- "다음번에 다시 뵐 기회가 있는지 정말 궁금합니다."

연구는 다음과 같은 요인이 지속적 참여를 유지하는 데 도움이 된다고 말한다. (a) 서비스에 대한 설명과 기대하는 바를 논의함으로써 지원 진행 과정을 분명히 한다. (b) '우리'라는 인칭을 사용하여 협력적 관계를 만들고 가족들에게 그들의 이야기는 하도록 허용하되, "제가 어떻게 도와 드릴 수 있을까요?"와 같은 질문은 삼간다. (c) 놀이를 계획하거나 합의된 목표 및 미팅의 목표에 걸맞은 전략을 지속적으로 공유한다. (d) 즉각적인 변화를 이룰 수 있도록 가족이 가진 실제 문제에 초점을 둔다. (e) 매 회기 마무리 시 도움을 요청하는 데 방해가 될 수 있는 잠정적인 장애물을 파악하고 해결한다. 이 전략의 사용은 시간이 갈수록 가족 참여 지속률을 거의 두 배로 높여 주었다. 주 요인에 대한 예는 표 2.7을 참조한다.

> 부모 참여에 주의를 기울이는 것은 부모와 접촉하는 매 순간 가장 중점을 두어야 하는 부분이다.

❀ 포기하지 않기

학부모가 약속을 지키지 않더라도 그들을 포기하지 말 것을 권한다. 끈기야말로 학교에 무관심한 고위험 학부모를 지원하는 데 핵심이 된다. 학부모에게 꾸준히 다가가는 데 지나침이란 것이 있을 수 있을까? 아니다. 사실 그렇지

> 학부모에게 꾸준히 다가가는 데 지나침이란 것이 있을 수 있을까? 아니다. 사실 그렇지 않다.

않다. McKay는 실제로 접근이 어려운 가족들을 대상으로 인터뷰를 했는데, 그들에게 끈질기게 전화하고 연락하려고 했던 학교와 임상가에 대한 그들의 관점을 알아보기 위해서였다. 그들은 자신들과 접촉하려는 끈질긴 노력을 대부분 긍정적으로 바라보고 있었다. 대부분이 이러한 노력을 선한 의도와 관심으로 여겼다는 것이다. 그러니 포기하지 말라!

학부모 참여시키기에서 지도자의 역할

학부모 참여로 인해 얻는 이점에 대한 직원들의 이해를 구축해 가는 것은 상당히 중요하다. 직원들은 학부모의 동참에 가치를 두고 그들을 파트너로 여겨야 한다. 행정관은 정책이나 실행, 프로그램을 통해 이러한 분위기를 조성할 필요가 있다. 지도자가 학부모 참여에 우선순위를 둔다는 것은 학교 관계자들에게 강력한 메시지를 전달한다. 학교에는 학부모 참여에 대해 서면화된 정책이 있어야 한다. 이를 통해 모든 직위의 직원들은 학부모 참여가 자신들의 목표 중 하나임을 확신하며, 이를 위한 전략적 계획을 세우는 데에도 적극적이게 된다. 학부모 참여에 대한 노력과 목적은 모든 직원의 업무 내용에 서면으로 공식화되어 있어야 한다. 가족 참여를 위해서는 여기에 수반되는 작업을 지원할 수 있는 적합한 시스템을 지도자가 마련해 주고 활성화해야 하는데, 예를 들면 여러 다른 분야 간 의사소통, 가족들의 필요를 충당해 주기 위한 직원들 간의 협력, 자원의 적절한 할당을 촉진해 주는 시스템(예: 안전한 시간, 공간, 가족 연락에 필요한 물질)과 같은 것들이다. 그리고 부모들과의 효과적인 작업을 위해 직원들에게 충분한 교육과 슈퍼비전을 제공해 주는 것이다. 심지어 채용과 관련한 결정 시, 어느 직원이 다문화적인 학교 공동체를 잘 반영할 수 있는지를 고려하는 것 또한 중요하다.

지도자가 학부모 참여에 우선순위를 둔다는 것은 학교 관계자들에게 강력한 메시지를 전달한다.

행정관이 이용 가능한 자원과 지원을 직원과 가족들을 위해 어떻게 보급, 충당해 주는지를 보면 그들의 가치를 알 수 있다. 교사나 그 외 직원들에게는 학부모를 동참시키고 그들에게 연락하기 위한 활동 계획을 짜는 데 전념할 수 있는 시간이 필요하다. 기본적으로 전화, 컴퓨터와 같이 다양한 의사소통 양식을 제공할 수 있어야 하며, 가정방문을 할 경우 거기에 필요한 재정 및 수단도 있어야 한다. 행정관은 또한 교내 여러 역할/분야 간 대화와 조정을 활성화해야 하는데 이는 학부모 동참에 모두가 관심을 갖게 하기 위함이며, 공유하는 관심사가 있어야 서로가 조정에 노력을 기울이게 된다. 예를 들어 좋은 의도로 가족들을 위한 갖가지 이벤트 일정을 세우기는 했으나 다른 것과 시간이 겹친다든지, 다른 직원에게 통보하지 않은 채 이벤트를 계획하거나, 학부모에게 홍보하는 데 도움을 요청하지 않는 경우, 혹은 다른 직원이 동시에 비슷한 계획을 세운 것을 미처 모르는 경우가 허다하다.

교사들에게 들은 바에 의하면 특히 예비교사 프로그램에는 학부모의 참여 및 관계 형성을 효과적으로 하는 방법을 제시해 주는 교육이 없다고 한다. 다수가 그것이 교육자로서 필수적으로 맡아야 할 주 역할이라는 것을 모르며, 자신의 업무 내용에 해당된다고 여기지 않는다. 심지어 학부모 관여의 중요성을 아는 때조차도 자신은 그것을 감당하기에 준비가 덜 되었다고 여기거나 소심하게 위축되어 있다. 따라서 가족 참여를 촉진하는 데 필요한 교육과 슈퍼비전에 참석하는 것이 중요하다. 교육, 슈퍼비전, 지속적인 코칭은 LEAP 기술을 활용하여 가족과 관계 맺는 방법, 특히 이 장 서두에서 말했듯이 부모의 경험이 정서적 반응과 관련된 경우, 이를 고려한 세부 사항을 담고 있어야 한다. 이 외에도 교육 시 아동 발달, 정신건강/정신병리, 가족역동, 그리고 학교에서 아동의 기능에 영향을 미치는 환경을 다룬다.

사실 효과적인 가족 참여를 위해서는 학교 모든 팀이 공동으로 노력할 필요가 있다. 효과성을 최대한으로 올리려면 학부모 참여 팀을 구성할 것을 권장하다. 이 팀의 임무는 학부모 참여를 위한 절차와 정책을 재검토하고 충족되지 않은 욕구나 필요가 무엇인지 파악하며 학교의 능력을 사정하는 것이다. 또한 학부모 참여를 중심으로 공동의 미션을 세우고, 그 미션을 집행하기 위한 정책을 수립하거나 강화하며, 모든 직원들의 참여를 진작하는 계획을 세우거나 시스템 조성, 지원, 기술 확립, 필요한 의사소통 경로를 마련해 준다. 이 집단은 체계의 각 조직으로부터 주요 당사자들(예: 주 행정관, 슈퍼바이저, 정신건강 및 사회복지 직원, 교사, 학부모, 경우에 따라 지역 공동체 대표)을 한 자리에 모아 기획을 집행하는 동안 문제가 해결되도록 지원하고 함께 결정하는 데 동참하도록 할 수도 있다.

학부모 참여 활동

활동지 2.4를 활용하여, 학부모와의 관계 형성을 위해 긍정적인 분위기를 조성한다는 면에서 당신 및 당신의 학교가 현재 잘하고 있는 점은 무엇인지 생각해 보자. 이 점에서 볼 때 당신의 강점 혹은 학교 자산은 무엇인가? 다음으로 이 장에서 제시한 전략과 변화 모델에 기초하여 개선 가능성이 있는 영역은 무엇인지 상고해 보자. 마지막으로 학교에서 긍정적인 학부모 참여 분위기를 조성할 수 있는 당신의 실행 방법을 강구하고 세 가지 전략을 써 본다.

교사와 학생의 참여를 위한 환경 만들기

이 장에서는 상당 부분 학부모 참여에 초점을 두었지만 교사와 학생의 참여에도 동일한 모델과 원리를 적용할 수 있다. 부모의 변화 의도에 영향을 미치는 요인은 교사와 학생의 관점에도 영향을 미친다. 교사나 학생에게 문제를 가지고 접근할 때, 그들은 부모가 보였던 정서적 반응과 동일한 반응을 보일 것이며 선호하는 조력자의 유형 또한 부모와 같은 경향을 보인다(표 2.2 참조). 지원 시스템을 구축하여 신학기에 교사나 학생에게 도움 요청법을 알려 준다. 신학기 교사 모임에 참석하여 자문 서비스에 대해 홍보하고 교사들에게 이를 어떻게 활용할 수 있는지 알리는 것이 예가 될 수 있다. 빈번한 긍정적 의사소통 또한 교사와 학생의 변화대화를 위한 환경 조성에 동일하게 적용된다.

> 부모의 변화 의도에 영향을 미치는 요인은 교사와 학생의 관점에도 영향을 미친다.

앞서 논의한 마케팅 원리를 사용하여 교사, 학생들과 함께 어떻게 하면 변화에 대한 이야기를 잘할 수 있을지 고려해 보면 좋다. 예를 들어 만약 당신이 교사를 코칭 지원 시스템에 참여시키고 싶다면 코칭과 그로 인한 이점에 대한 진술이나 증언이 담긴 안내 책자를 제작할 수 있다. 또는 그 서비스를 추천해 줄 영향력 있는 교사로부터 지지를 끌어낼 수도 있고 서비스에 참여하겠다는 공약을 교사에게 서면으로 요청할 수 있다. 학생의 경우, 학생 참여 팀을 만들어 교내는 물론 관련 서비스에의 학생 참여를 지원해 주는 방법을 찾게 한다. 이는 교사와 학생의 지원 요청을 보다 일반적이고 용이하게 만들어 이에 대한 사회규범에 영향을 미치는 방법을 모색하는 데 도움이 될 것이다. 지원 서비스에 대한 태도나 장애물을 조사하고 지원 요청의 이점을 대중에게 알리는 것은 교사와 학생의 인식이 달라지게 하는 발판이 될 수 있다.

교사 참여와 학생 참여를 위한 활동

활동지 2.5와 2.6을 활용하여, 당신 및 학교가 교사와 학생의 참여를 위해 긍정적 분위기를 조성한다는 면에서 현재 잘하고 있는 것은 무엇인지 잠시 생각해 보자. 이 점에서 볼 때 당신의 강점과 학교 자산은 무엇인가? 다음으로 이 장에서 제시한 전략과 변화 모델에 기초하여 개선 가능성이 있는 부분은 무엇인지 생각해 본다. 마지막으로 긍정적인 교사 참여와 학생 참여 분위기를 조성할 수 있는 실행 방법을 강구하고 세 가지 전략을 작성해 본다.

요약

변화를 위한 대화에 초대하는 우호적인 환경을 만드는 데 필요한 의사소통 기술과 원리는 교내의 모든 담당자들에게 해당된다. 이 장에서는 학교 환경이 개선될 수 있는 방법에 대해 사고하도록 촉구하고자 하였다. 이를 통해 학부모와 교사, 학생들이 다음 장에서 기술할 동기강화상담 유형의 대화에 보다 참여적이 되길 바란다.

활동지 양식

활동지 2.1 학교와 집에서 해 볼 수 있는 긍정적 대화 예시

이번 주에 이룬 것

사랑하는 민수는 이번 주 동안

1.

2.

3. 을(를) 했습니다.

축하합니다!

민수가 다음과 같이
'오늘의 학생' 상을 받았어요!

민수의 일일 성장 보고서

목표 1:		댓글:
목표 2:		댓글:
목표 3:		댓글:

활동지 2.2 **가족과 식탁에서 나눌 수 있는 이야깃거리**

식탁 대화

이번 주는 열대우림에 대해 이야기해 봅시다.
열대우림에 사는 동물을 아이들과 함께 가능한 한
많이 적어 보세요. 가장 많은 동물을 쓴
가족에게 선물을 드립니다!

식탁 대화

학교에서 준비한 인터뷰 질문을 가지고
부모님의 직업에 대해 10분가량 취재할 것입니다.
오늘 부모님에게 들은 이야기는 내일 수업시간에
나누게 될 것입니다.
협조에 감사드립니다!

활동지 2.3 서명란이 표기된 포스터 예제

지금 한발 앞서 출발하세요

학부모 서바이벌 프로그램

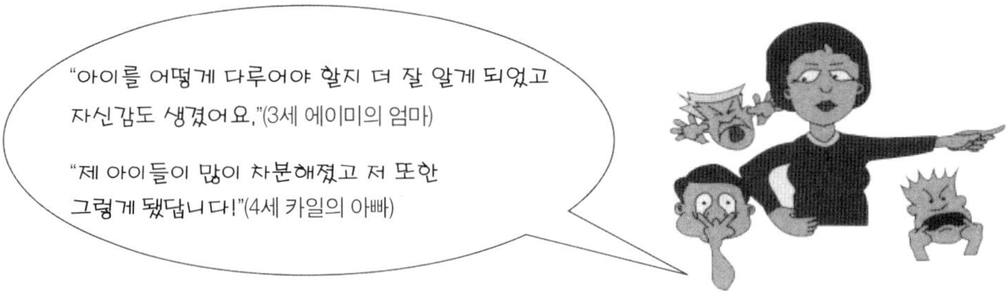

부모 되기란 정말 힘겨운 과정이죠. 도움이 되는 모든 정보와 지원을 아낌없이 드리고 싶습니다!

만약 다음과 같은 도움이 필요하다면 학부모 서바이벌 프로그램에 참석해 보세요.

- 짜증 내는 것과 같은 일상의 문제에 대해 실제적 조언을 얻고 싶어요.
- 아이를 유치원으로 보내는 게 너무 힘들어요. 떨어지려 하지 않아요.
- 우리 아이가 학교에서 최선을 다했으면 하는데, 그러려면 집에서는 무엇을 해야 할까요?
- 소리 지르지 않아도 아이가 말을 듣게 하는 방법은 없나요?
- 스트레스는 덜 받으면서도 부모로서 자신감을 가지고 싶어요.
- 저와 같은 다른 학부모들을 만나서 이야기해 보고 싶어요.

참석 계획

☐ 목요일 오전 9:30～12:00 (점심 식사가 제공됩니다.11:30～12:00)
☐ 화요일 오후 5:00～7:30 (저녁 식사가 제공됩니다. 5:00～5:30)

☐ 모임시간 동안 탁아 서비스가 필요합니다(자녀 나이: ______________).
☐ 모임에 가기 위한 교통편이 필요합니다.

부모 이름 ______________________________ 전화번호 ______________________________
자녀 이름 ______________________________ 학급 ______________________________

부모 서명 ______________________________

* 이 프로그램의 참석 여부를 표시하고 서명한 후 양식지를 제출하시기 바랍니다. 프로그램에 대해 궁금한 점이 있으면 00-000-0000로 연락하세요. 친절히 답변해 드리겠습니다. 모임 전날 알림 문자가 갈 것입니다. 곧 만나 뵙기를 기대합니다!

활동지 2.4 **학부모 참여시키기: 목표 설정**

잘하고 있는 점	개선이 필요한 점

학부모의 참여를 촉진하기 위해 나는 아래 세 가지 전략을 세우고 전념하겠다.

(1) ____________________

(2) ____________________

(3) ____________________

활동지 2.5 **교사 참여시키기: 목표 설정**

잘하고 있는 점	개선이 필요한 점

교사의 참여를 촉진하기 위해 나는 아래 세 가지 전략을 세우고 전념하겠다.

(1) ______________________________

(2) ______________________________

(3) ______________________________

활동지 2.6 **학생 참여시키기: 목표 설정**

잘하고 있는 점	개선이 필요한 점

학생의 참여를 촉진하기 위해 나는 아래 세 가지 전략을 세우고 전념하겠다.

(1) ______________________________

(2) ______________________________

(3) ______________________________

CHAPTER 3

동기강화상담의 원리와 전략

일단 사람들이 문간을 넘어서면 당신과 이야기하려 할 텐데, 이때 당신은 어떻게 할 것인가? 반드시 필요한 경우가 아니라면 학부모, 교사, 학생들은 그들에게 중요한 문제에 대해 관심을 갖고 먼저 대화하려는 의지를 보이지 않는다. 이를 위해서는 2장에서 기술한 환경이 중요하기에 이 장에서는 그 여세를 어떻게 지속할 수 있는지 그 방법에 대해 중점적으로 다루고자 한다. 효과적인 학급환경 또는 가정환경을 만드는 방법 혹은 학생들의 나은 대처법에 관해 당신은 자기 나름의 익숙하고 편안한 기본적 지식을 가지고 있을 것이다. 그러나 동기적인 이슈에 주의를 기울이지 않은 채 그들에게 하는 제안이나 조언은 잘 받아들여지지 않을 것이다.

> 우리의 행동변화 기술은 우리가 제시한 것을 이행하려는 사람들의 순응에 너무 많이 의존하고 있다.

많은 학교 전문가들과 지원 서비스 제공자들(행정관, 교사, 학교 심리학자, 학교 복지사, 학교 자문관, 자료담당교사, 행동 자문관)은 단순하면서도 계속되는 현실로부터 좌절을 겪고 있다. 이는 교내 학업 문제와 행동 문제를 다루는 데 효과적인 실제에 대해 알고 있기는 하나, 정작 사람들로 하여금 이 실제를 이행하게 하는 것은 어렵기 때문이다. 이런 점에서 자문관의 효력은 사람들의 동기와 결정, 행동에 영향을 미치는 능력 여하에 달려 있다고 할 수 있다.

흔히 알고 있듯이 사람들은 이미 알고 있고 편안하게 여겨지는 관습을 계속 유지하려고 한다. 최근까지만 해도 사람의 변화를 동기화하는 예술, 과학에 대해서는 잘 알려지지도, 연구되지도 않았다. 적어도 교육 분야 내에서는 그랬다. 당신이 들어 본 '최고의 실행'이 몇 개인지 생각해 보고, 누군가를 대상으로 목표행동에 관여할 가능성을 바꾸기 위해 의도적으로 쓴 도구적 측면에서의 이들 상호 간의 사용 정도는 어떠한지 고려해 보라. 여러 분야에 걸쳐 수준 높은 실제의 채택과 실행을 검토한 Fixsen과 동료들은 논평에서 기본적 지식이 있음에도 불구하고 복잡한 사회 문제가 최근 수십 년간 기하급수적으로 늘어났다고 말하면서, 충실하게 효과적인 실제를 채택하고 적용하는 데에는 한계가 있다고 결론지었다(Fixsen, Naoom, Blase, Freidman, & Wallace, 2005).

학부모의 경우, 자신의 임무가 자녀의 학업적 달성을 지지할 수 있는 범위에 있을 때 동기적 이슈가 발생한다. 이는 보기에 간단하고 평범한 것(예: 모임 참석, 책가방 확인, 가정통신문에 서명하기)에서부터 보다 복잡하고 시간이 많이 소요되는 임무(예: 친사회적 행동과 순응을 돕는 데 효과적인 가족관리 연습)에 이르기까지 다양하다. 예를 들어 컨퍼런스 참석, 자원봉사, 자녀와 함께 숙제하기, 부모훈련 워크숍 참석 등과 같은 것에 대해 적어도 "좋아서 합니다."라고 말하거나 "필요하다면 최소한 참석은 해야죠."라고 말하는 학부모를 당신은 몇 번이나 만나 본 적이 있는가? 이와 비슷한 역동이 자문관과 행정관 또는 교사들 간에도 자주 나타난다.

우리가 생각하는 '최고의' 피자문관은 우리의 제안이나 조언을 매우 필요로 하고 그대로 실행하며, 우리가 제공하는 워크숍에 성실하게 참석하고 새로운 실제를 쉽게 채택하는 사람들인 것처럼 보인다. 다른 말로 하자면, 유감스럽게도 우리의 행동변화 기술은 우리가 제시한 것을 이행하려는 사람들의 순응에 너무나 많이 의존하고 있다. 만약 이 실태를 바꿀 수 있다면 어떨까? 유순해서 시키는 대로 행할 부모, 교사, 학생을 단지 기다리며 바라는 대신, 최소한 참여 정도는 하려는 그들의 동기에 우리가 영향을 미칠 수 있다면 어떨까?

동기강화상담은 변화의 주요 요소인 동기를 다루는 데 필요한 접근법을 제시한다. 기본적으로 동기강화상담은 효과적인 자문관-피자문관의 관계로 이어지게 하는 접근이므로 변화에 관한 일상대화를 성공적으로 할 수 있게 한다. 학교 전문가는 누구나 동기강화상담의 정신과 기본 기술을 배울 수 있다. 이를 통해 그들이 피자문관의 가치와 목표에 일치하는 행동변화를 지지하며 바람직한 학업적 · 행동적 성과를 진작하는 데 영향을 미칠 수 있다고 믿는다. 학교 측 또한 동기강화상담을 익히는 데 상당한 노력을 들여 전략적으로 적용할 수 있는, 고도의 동기강화상담 기술을 구비한 1~2명의 자문관을 두는 것이 유익하다. 이 장에서는 동기강화상담과 관련된 정신과 기술을 학교 현장에서의 진행 예시와 함께 기술할 것이다. 우리는 독자들이 '동기강화적으로 사고하기'를 장려하면서 동기강화상담 정신의 개관에 이어 네 가지 기본 진행 단계와 기술에 대해 설명하겠다.

동기강화적으로 사고하기

당신의 개인 생활에서 누군가 당신이 변하도록 격려해 준 순간이면서 동시에 당신 또한 변하기를 원했던 때를 생각해 보라. 변하고 싶었던 것이 아마 건강 관련 습관(예: 식습관, 운동)이나 중요한 타인 혹은 자녀와 갖는 의사소통 양식일 수도 있을 것이다. 만약 아무것도 떠오르지 않는다면(그럴 리가 없다고 믿지만!) 축하할 일이다. 이제 당신에게 가장 많이 영향을 미친, 그리고 가장 적게 영향을 미친 사람들을 생각해 보라. 누가 도움이 되었는가? 선한 의도에도 불구하고 당신을 화나게만 했던 사람—아마도 변화에 거의 상관없는—은 누구인가? 직면적 접근을 한 사람—당신이 얼마나 비논리적인지 지적하며 당신에게 '더 나은 길' 또는 '해야 할 것'을 가르친 사람인가? 아니면 판단과 조언을 보류하고 당신 곁에서 당신의 가치와 목적에 걸맞은 최선의 결정을 하도록 그 과정을 촉구한 사람인가?

동기강화상담은 한 사람이 다른 사람과 상호작용하는 방법이 다른 사람의 동기에 강력한 영향을 미치며 이것으로 변화 결과를 최대화할 수도 있다는 가정으로 시작한다.

대부분의 사람들은 후자를 말한다. 즉 행동변화를 시도할 때 우리는 직면이나 판단 대신 열린 마음으로 들어 주며 격려로 지지해 주는 사람들의 영향을 더 받는다. 누군가 우리에게 변할 필요가 있다고 말할 때, 우리 안에는 그와 반대되는 반응이 일어나 왜 내가 변할 필요가 없는지, 변하고 싶지 않은 이유를 늘어놓게 만든다. 왜 그토록 변하기가 힘든지 그 이유와 변화의 장애물로 논쟁하게 된다. 이 단순한 진리는 자문 관계에 변화를 가하고 동기강화적으로 사고하기 시작하는 데 기본이 된다.

동기강화상담은 동기강화적 사고 개념을 바탕으로 한다. William Miller와 Steve Rollnick에 의해 25년간 발전하면서 개정, 평가되어 온 동기강화상담(Miller, 1983; Miller & Rollnick, 2002, 2013; 상자 3.1 참조)은 변화를 위한 대화에 효과적인 방법이다. 동기강화상담은 한 사람이 다른 사람과 상호작용하는 방법이 다른 사람의 동기에 강력한 영향을 미치며 이것으로 변화 결과를 최대화할 수도 있다는 가정으로 시작한다. 동기강화상담의 일반적 정의는 "개인 고유가 지닌 변화에의 동기와 결심공약을 강화하는 협력 대화 방식"이다(Miller & Rollinick, 2013, p. 12). 실무자를 위한 보다 심화된 정의는 이렇다. "변화대화에 각별한 주의를 기울이는 의사소통의 방식으로 협력적이며 목표 지향적이다. 수용과 연민의 분위기에서 개인이 가진 변화에의 이유를 탐색하고 이끌어 냄으로써 구체적인 목표를 향한 동기와 다짐, 결심공약을 강화하고자 한다."(p. 29) 동기강화상담 전략의 이행은 변화대화의 증가와 결부되고(Glynn & Moyers, 2010; Miller, Yahne, Moyers, Martinez, & Pirritano, 2004; Moyers & Martino, 2006), 이 목표 지향적 변화대화는 이어질 행동변화와 결부된다(Amrhein et al., 2003; Miller et al., 1993; Sellman et al., 2001; Sellman, MacEwan, Deering, & Adamson, 2007).

상자 3.1 간략하게 보는 동기강화상담의 역사

『동기강화상담』 제2판에서 Miller와 Rollnick(2002)은 동기강화상담의 단계를 두 단계로 나누어 개념화하였다. 그들이 말한 1단계는 변화 결심 이전으로 양가감정의 해결을 다루는 단계이다. 2단계는 변화 결심 이후로서 변화로의 내적 동기가 활성화되어 협력하에 변화를 위한 계획으로 나아가는 단계이다. 이 개념에서 볼 때, 동기강화상담 환경 및 치료적 맥락은 기저에 흐르는 세 가지 구성요소(유발성, 협동성, 자율성)와 네 가지 일반 원리(예: 공감 표현하기, 불일치감 일으키기, 저항과 함께 구르기, 자율성 지지하기)로 대표될 수 있다. 동기강화상담은 이것들을 능숙하게 결합하여 내담자로 하여금 변화를 향해 나아가도록 안내한다. 제2판에서 거듭 말하는 동기강화상담은 이러한 구성요소와 원리의 활용으로 변화에 결정적으로 요구되는 (a) 중요성과 (b) 자신감에 영향을 미칠 수 있다고 본다.

2003년 이래로 동기강화상담의 적용은 다른 대상과 장면에까지 기하급수적으로 확대되었다. 지금은 2000명이 넘는 사람들이 동기강화 훈련자 연합에서 제공하는 집중 훈련을 받았다. 현재 비영어권 훈련도 제공되며 슈퍼바이저를 위한 지역별 동기강화 훈련자 연합 모임도 있다(Miller & Moyers, 2012). 추가적으로 사정, 임상적 피드백과 슈퍼비전, 동기강화상담의 숙달성을 평가하고(Moyers, Martin, Manuel, Hendrickson, & Miller, 2005), 교육을 평가할 수 있는 (Miller, Moyers, Ernst, & Amrhein, 2008) 충실도 척도가 개발되었다. 또한 동기강화상담과 관련된 서적은 2003년에 대략 50권이었던 것이 2008년과 2009년에 각각 평균 175권이 될 만큼 늘어났다(Miller & Moyers, 2012). 2003년부터 2011년까지 200여 개가 넘는 무작위 연구가 이루어지면서 건강돌봄과 교정 분야에까지 급속도로 크게 확산되었다. 최근에는 Guilford Press가 아동/청소년(Naar-King/Saurez, 2011), 집단(Westra, 2011), 사회복지(Hohman, 2011), 불안치료(Westra, 2011)와 관련된 일련의 동기강화상담 서적을 출판했다. 새로운 교육 DVD도 출간되었다(Miller, Moyers, & Rollnick, 2012). 마침내 2012년 가을에는 『동기강화상담』 제3판이 나오게 되었다(Miller & Rollnick, 2013).

제3판에는 몇 가지 변화가 있는데, 예를 들면 다섯 가지 원리와 두 단계가 빠지고 추가적으로 동기강화상담의 정신 구성이 협동 정신, 수용, 연민, 유발성을 포함하는 것으로 개정되었다. 동기강화상담의 초점이 행동뿐만 아니라 결정, 태도, 결심/수용에까지 확장된 것에 주목할 필요가 있다. 나아가 제3판에서는 지시하는 방식(예: 행동치료, 인지치료) 혹은 따라가는 방식(예: 인간중심)과는 다른 안내하는 방식의 동기강화상담에 대해 전판보다 더 많은 지침을 제공하고 있다. 동기강화상담의 실제에 있어 Miller와 Rollnick은 세 가지 필수 요소—대화, 협력성 구축, 내담자로부터 변화 이유 유발—를 충족시켜야 한다고 말한다. 대화할 때 굳이 설명이 필요한 것은 아니지만, 자문관은 내담자와 관계를 만들어 갈 때 협력이 구현되길 지향해야 한다. 이를 통해 결국 자문관은 대화를 순조롭게 하고 자신이 '전문가 역할'을 하지 않는 대신, 내담자로 하여금 자신에 대해 전문가가 되게 하여 변화에 대한 내담자의 선택과 책임을 부각한다. 유발성은 자문관이 변화에 대한 내담자의 개인적 이유를 적극적으로 이끌어 내는 것을 말한다. 변화 진행 과정에 대한 내담자의 아이디어와 가치가 우위를 차지하며 뒤따르는 대화에서는 내담자가 생각하는 이상적인 자기와 인생에 초점을 맞추게 된다.

제3판에서 제시한 새로운 개념 중 가장 두드러진 특징은 아마도 네 가지의 기본 진행 과정일 것이다—(a) 관계 형성하기, (b) 초점 맞추기, (c) 유발하기, (d) 계획하기. 동기강화상담 실행에서 네 번째 단계는 생략될 수 있다 하더라도 앞의 세 단계는 필수적이라는 것에 주목해야 한다. 제3판과 관련하여 동기강화상담에 노련한 사람들은 이미 핵심 전략에 익숙할 것이다(OARS: 열린 질문 하기, 인정하기, 반영하기, 요약하기). 그러나 네 단계 안에서의 전략적 활용과 추가된 변화대화의 두 단계(예: 변화 준비와 변화 실행)는 보다 더 명료하게 언제 어떻게 이 핵심 기술을 사용할지에 대해 말해 준다.

동기강화상담 이면에 있는 논리는 단순하다. 사람들은 가장 중요한 삶 그리고 일과 관련하여 양가감정을 느낀다는 것이다. 만약 이것이 자극을 받으면 보통 그들은 변화할 수밖에 없거나 변할 수 없는, 그대로 남아 있을 수밖에 없거나 그대로 있어서는 안 되는, 어쩔 수 없는 이유를 꺼내 놓게 된다. 누군가가 그 사람을 위한다고 변화에 대해 논쟁할 경우, 동의보다는 저항[2]을 만나기가 쉽다. 이 현상을 **교정반사**라고 한다. 구체적으로 말하자면, 변화가 대화의 주제일 때 교정반사는 그 사람으로 하여금 변화로 인한 손실과 현재 상태의 이점을 말하도록 부추긴다. 이것은 그 사람이 변화를 시작할 가능성이 더 작아지게 만든다. 반대로, 듣는 이가 교정반사를 자제할 경우, 변화로 얻는 이점은 물론 현재 상태의 불이익에 대해 드러내는 경향이 있다. 이것은 이후에 변화가 일어날 가능성을 더 크게 만들어 준다. 동기강화상담은 이것보다 더 복잡하기는 하나, 직관적으로 느껴지는 매력뿐만 아니라 근거 중심이라는 점에서 폭넓게 확산, 채용되고 있다.

동기강화상담은 본래 상담 접근으로 발달했으나 그 방식과 구체적인 대화 전략으로 다양한 대상과 다채로운 장면에서의 행동변화 증진에 적용될 수 있다. 동기강화상담은 잘 알려진 다른 행동변화 기술 접근과 (a) 변화를 가능케 하는 지지적이고 신뢰로운

2) 양가감정은 정상적이고 일반적인 반응이기에 동기강화상담은 더 이상 저항이라는 라벨을 사용하지 않는다. 이는 양가감정이 병리적으로 여겨지게 하는 용어이기 때문이다. 대신 유지대화라고 표현하는데, 이는 변하지 않거나 현재 상태에 머물기를 지지하는 것을 지칭한다.

성공 이야기

우리가 교육한 사람들 중에서 가장 보람 있는 훈련생 한 명을 말하자면, 30년 동안 특수교육교사로 일한 후 행동코치가 된 사람이다. 그의 경우 교정반사—'바로잡아' 주고 싶은 혹은 조언이나 정보를 주려는 바람—가 심했는데, 이는 다년간의 교사 교육과 전문가적 태도로 인해 강화된 것 같았다. 그러나 그가 조언을 하기 전에 먼저 듣는 법을 배웠을 때 학부모나 교사들과의 관계가 극적으로 바뀌었고, 그들이 자신의 조언을 더 잘 듣고 따른다는 것을 알게 되었다.

관계를 형성하며(예: 인간중심상담), (b) 특정 행동변화에 집중하도록 돕고(예: 인지치료, 행동주의, 해결중심상담), (c) 직면시키지 않는다는(예: 가족체계치료) 점에서 유사하다.

그러나 유발성, 또는 목표행동에 관여하는 사람의 동기와 결심공약에 영향을 미치는 방법의 전략적 사용에 주력한다는 점에서 동기강화상담은 독특하다. 구체적으로 동기강화상담은 다양한 변화대화를 유도, 강화하고 인간중심치료의 전략과 변화준비대화, 결심공약의 실행을 전략적으로 방향성 있게 활용한다(Miller & Rollnick, 2013).

행동변화 통합이론

2장에서는 행동변화를 결정하는 데 영향을 미치는 요소를 고려하기 위해 행동변화 통합이론을 활용하였다. 사람들의 행동 여부를 결정하는 주요인은 바로 그들이 행하려는 의도가 있느냐 없느냐에 달려 있다는 것을 기억하라. 이 시각에서 자문관의 주 역할은 피자문관의 변화에 대한 의도를 튼튼하게 받쳐 주는 것이다. 의도를 증대하기 위해 행동변화 통합이론이 제시한 몇 가지 구체적인 방법은 바로 성공에 대한 기대와 태도, 사회규범, 목표행동과 관련된 자기효능감에 변화를 줌으로써 자문관은 행동에 관여하려는 개인의 의도에 영향을 미칠 수 있다는 것이다. 이 장에서 우선적으로 관심 있게 다루고자 하는 것은 의도대화(language of intention)이다.

> 동기강화상담의 주요 가정은 변화에 대해 의도가 내포된 우호적인 말과 그렇게 하려는 공약을 많이 표현하면 할수록 그 사람이 변할 가능성이 더 커진다는 것이다.

동기강화상담에서는 행동변화에 대한 의도대화(그리고 그것의 전조)를 변화대화라

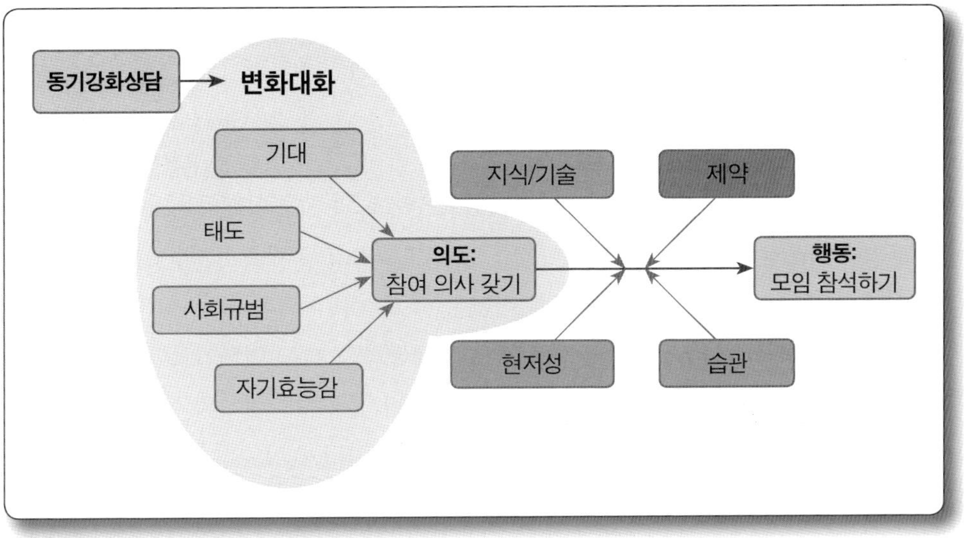

그림 3.1 동기강화상담과 행동변화 통합이론

는 용어 안에 포함한다. 변화에 대해 의도가 내포된 우호적인 말과 그렇게 하려는 공약을 많이 표현하면 할수록 그 사람이 변할 가능성이 더 커진다. 따라서 동기강화상담에서는 자문관이 다른 사람에게 무엇을, 왜 하는지 말하는 대신, 상대방으로 하여금 왜 자신이 변화를 원하는지, 변화와 관련된 열망, 능력, 이유, 필요, 결심공약과 같은 생각을 이끌어 내려고 한다. 그림 3.1은 동기강화상담과 행동변화 통합이론 모델 간의 연관성을 보여 준다.

동기강화상담 정신

동기강화상담은 협력적 관계의 맥락에서만 효과가 있다. 신뢰 관계가 바탕이 되지 않는 이상 동기강화상담의 전략은 단지 조종하는 것으로밖에 여겨지지 않을 것이다. Miller와 Rollnick(2013)은 성공적인 동기강화상담에 필요한 관계 유형의 기반을 마련하기 위해 방대한 분량을 동기강화상담 정신에 할애함으로써 그것을 강조하고 있다. 동기강화상담 정신을 이루는 요소는 파트너십, 수용, 연민, 유발성이다. 파트너십은 동기강화상담이 그와 함께(with), 그를 위해(for) 하는 것이지 그에게

> 동기강화상담은 협력적 관계의 맥락에서만 효과가 있다.

(to) 하는 것이 아니라는 점, 그리고 사람들은 '각자가 자신에 대해서는 누구보다도 전문가'라는 점을 인식하는 것을 담고 있다(Miller & Rollnick, 2013, p. 15). 수용에는 자문관이 피자문관의 행동 또는 신념을 승인하느냐 하지 않느냐에 상관없이 받아들이는 태도가 들어 있다. Miller와 Rollnick이 말한 수용의 네 가치 측면은 (a) 절대적 가치, (b) 자율성, (c) 정확한 공감, (d) 인정하기이다. 연민은 자문관이 피자문관의 복지와 최고의 관심을 추구해야 한다는 것이다. 마지막으로 유발성은 강점 관점의 차용으로 사람들은 자신의 목적이나 가치에 일치하는 변화를 이루는 데 필요한 수단을 이미 가지고 있다고 믿는 것이다. 따라서 자문관은 전문가적 정보를 제공하는 데 연연하기보다 그들이 가진 지식을 불러내는 데 더 관심을 가져야 한다. 이러한 '동기강화상담의 실제에 들어가는 사람들이 가져야 할 마음과 정신'(Miller & Rollnick, 2013, p. 15) 또는 인간중심상담의 기술은 일반적으로 학교 행정이나 교사 교육 프로그램에서는 강조, 부각되지 않아 온 바이다.

안내하기

Miller와 Rollnick(2013)은 조력자의 일반적인 대화 스타일이나 역할을 따라가기, 지시하기, 안내하기로 구분한다. 따라가기는 인간중심치료 접근에 일치하는 것으로 조력자가 단순히 들으면서 상대방이 대화를 이끌어 가도록 하는 것이다. 이 역할에서 조력자는 상대방에게 어떤 방향도 거의 제시하지 않으며, 경청하기를 통해 상대방이 그 자신 고유의 방향성을 찾게 해 줄 수 있다고 믿는다. 지시하는 역할은 따라가기와는 상반되는 입장이다. 지시하기에서의 조력자는 무엇을 논의할지, 어떤 행동을 취해야 할지를 포함하여 상대방이 따를 수 있는 뚜렷한 교훈이나 가르침, 조언을 제공한다. 안내하기는 이 양극단 사이 어딘가에 해당되는데, 따라가기와 지시하기 간의 균형을 수반한다—'너무 많이 또는 너무 적게 도우려 하지 않기'(Miller & Rollnick, 2013, p. 5). 안내하는 조력자는 상대방의 바람과 관심을 경청하면서 대화 중에 그 사람의 긍정적 의도와 행위를 가장 잘 일깨울 수 있는 주요 부분을 체계적으로 이끌어 내고 반영한다.

> 동기강화상담에서 방향은 그 사람이 말하는 변화대화로부터 정해진다.

Miller와 Rollnick(2013)은 효과적인 동기강화상담 사용자의 역할을 가이드가 하는 활동에 빗대어 말하고 있다. 여행 가이드처럼 동기강화상담 자문관은 피자문관의 소망

표 3.1 OARS와 조언

O	열린 질문 하기(Open-ended questions)
A	인정하기(Affirmations)
R	반영하기(Reflections)
S	요약하기(Summaries)
	정보 제공하기와 조언하기

과 바람을 이해하려고 하며 자신의 전문성에 근거하여 피자문관이 선택할 수 있는 여러 사안을 제공한다. 동기강화상담에서 방향은 피자문관이 말하는 변화대화로부터 정해진다. 이 대화가 바로 동기강화상담 자문관이 도출하고 반영해야 할 언어이다.

더 나아가 동기강화상담에서의 안내하기는 네 단계의 진행 과정 혹은 대화 단계를 인지하고 있을 때 용이해진다. 이제부터는 이러한 진행 단계의 개관과 함께 각 단계에서 전략적으로 활용할 수 있는 동기강화상담 기술에 대해 살펴보고자 한다. 학교에서 적용하는 방법이 곳곳에서 예로 제시될 것이며, 더불어 독자는 연습상자를 통해 논의된 개념을 잘 이해했는지 테스트해 볼 수 있을 것이다.

동기강화상담의 기본 단계와 전략

동기강화상담의 네 단계는 관계 형성하기, 초점 맞추기, 유발하기, 계획하기이다. 앞의 두 단계는 다른 상담 접근과 유사한데, 학교에서 자문관 역할을 하는 직원 또는 적어도 타인의 행동에 영향을 미치길 원하는 사람들에게 바람직한 단계라고 생각한다. 유발하기는 동기강화상담의 독특한 단계로서 이 단계에 능숙해지기 위해서는 보다 많은 훈련과 연습, 피드백이 필요하다. 계획하기 과정은 선택적인데, 사람들이 변하지 않기로 스스로 선택할 때는 그들의 자율성을 받아들여야 하기 때문이다. 그 외 우리가 갖는 매일의 상호작용은 이 단계에 이를 만큼 충분한 형식을 갖추고 있지는 않다. 동기강화상담 접근과 연관된 핵심 기술은 모든 네 단계에 적용되며 인간중심상담 접근에 숙련된 사람들에게는 친숙할 것이다. 약자 OARS—열린 질문 하기, 인정하기, 반영하기, 요약하기—로 표현되며, 또한 정보 제공하기와 조언하기도 포함된다(표 3.1). 이 핵심 기술은 각 네 단계 동안 특별하면서도 전략적으로 적용된다.

❀ 관계 형성하기

첫 진행 단계인 관계 형성하기의 목적은 피자문관의 관점에서 문제를 이해하고, 그 문제가 그의 삶의 다양한 측면에 미치는 영향을 파악하며, 그 사람에게 중요한 가치를 도출해 내고 문제와 관련하여 현재 그가 하고 있는(또는 하고 있지 않은) 것은 무엇인지 알아 가기 위함이다. 위에 제시한 핵심 기술을 사용하여 피자문관의 관점에 대한 이해를 키워 나갈 수 있다. 관계 형성하기는 Carl Rogers(1959)에 의해 발전된 비지시적 접근에 기초하며, 변화를 촉진하는 데 자문관이 지니고 있어야 할 중요한 기술에 대해 언급하고 있다. 구체적으로 Rogers는 자문관이 공감과 따스함, 진실성을 표현함으로써 변화를 위한 이상적인 분위기를 조성, 제공해 준다는 내담자 중심 접근을 말하고 있다. 내담자 중심 접근과 같이 동기강화상담 접근을 따르는 사람들은 상대방을 판단하거나 변화를 주장, 촉구하거나 조언하는 것(그렇게 하도록 요청받지 않은 이상; 뒤에서 다룰 것임)을 삼가야 한다.

> 질문을 반영하기와 요약하기로 대체할 수 있는 기술은 대화 시 아주 중요하다.

OARS는 관계를 형성하는 과정을 용이하게 하는 데 도움이 된다. 열린 질문(예: 니나가 과제를 완수하지 않겠다고 했을 때 그분과 다른 자녀들이 어떻게 반응했는지 좀 더 말씀해 주시겠습니까?)은 자세히, 상세하게 말할 수 있도록 하는 반면, 닫힌 질문(예: 니나가 과제를 하지 않겠다고 말할 때 관심을 기울이고 관여하나요, 아니면 모르는 체하나요?)은 한 단어로 대답하든지 아니면 짧게 대답하도록 만든다. 열린 질문은 더 많은 대화로 나아갈 수 있도록 해 주며, 더 깊은 생각과 성찰을 드러내게 한다. 또한 관심과 친밀감이 전달되어 관계를 구축하는 데 도움이 된다. 그러나 대화가 열린 질문으로만 이어질 경우 심문받는 느낌을 줄 수 있으므로 반영하기와 요약하기는 대화하는 기술에서 아주 중요하다.

인정하기는 상대방의 행동, 의도, 신념 또는 가치에 대한 수용과 존중을 전하는 것을 말한다. 이는 말로만이 아닌 시선 접촉이나 끄덕임과 같은 비언어적 행동으로도 표현할 수 있다. 인정하기가 효력을 발하기 위해서는 당신이 믿는 바가 진심이라는 것을 확신하는 진실성이 필요하다. 인정하는 것이 구체적일 때, 사람들은 그 인정이 진실하다는 것을 더욱 믿게 된다. 예를 들면 그저 "잘하셨네요."라는 말보다 "이 문제를 위해서 정말 애쓰시는군요."라는 말이 더 효과적이다.

반영적 경청과 요약하기는 내담자 중심 접근의 한 면모이기는 하나, 이 전략이 변화대화를 지지한다는 의미에서 얼마나 선택적으로 사용되는가가 바로 동기강화상담으로 구별되게 하는 점이다. 여기에는 두 종류의 반영이 있다. 하나는 단순반영으로 상대방이 말한 것을 반복하거나(예: 거울로 비추듯) 다른 말로 바꾸어 표현하는 것이다. 반영은 간략하게 해야 하는데, 무엇보다 중요한 규칙은 당신이 들은 문장보다 반영하려는 문장이 더 간결해야 한다는 것이다. 예를 보자. 피자문관이 "교사로서 제가 가치를 두는 것 중의 하나는 아이들이 자유롭게 모험을 시도해 볼 수 있도록 안전한 환경을 만들어 주는 것입니다."라고 할 경우, 다음의 반응은 단순반영의 예가 될 수 있을 것이다. 각각의 반영은 피자문관이 전달하고자 하는 의도에 아주 가깝다. (a) 안전성이 중요하군요. (b) 안전한 환경을 만드는 것이 교사로서 당신이 가진 책임 중 하나군요. (c) 아이들은 환경이 안전하다고 믿을 때 보다 더 모험하는 경향이 있군요. 단순반영은 대화를 보다 자세하고 정교하게 만들면서 이어 가기에 유용하다. 열린 질문에서도 말했듯이 기본적인 단순반영하기 또한 과도해질 수 있는데, 만약 대화가 진전 없이 빙빙 돌고 있다고 여겨진다면 아마도 당신이 단순반영을 너무 많이 하기 때문일 수도 있다.

복합반영은 전달된 의미를 확장하는 것으로 대화의 표면에서 드러나는 것 이상으로 들어가고자 할 때 활용된다. 이 확대는 대체로 상대방이 현재 말한 진술이나 이전에 제공한 정보로부터 추정하여 만들어지는 반영이다. 좋은 복합반영을 위해서는 그 사람이 어떤 감정을 느끼고 있을지를 포함하여 그가 정말로 말하고자 하는 바가 무엇인지, 그에 대해 어느 정도 지식을 갖고 하는 경험적 추측이 필요하다. 앞의 예에 대한 복합반영은 다음과 같은 것들이 될 수 있다. (a) 안전한 환경이 학습의 기초가 되는군요. (b) 아이들의 교실에서의 모험을 보증할 수 있다면 무엇이든 감당하려는군요. (c) 아이들과의 긍정적 관계 형성을 포함하여 안전한 환경 조성이 선생님에게는 대단히 중요한 가치이군요.

요약하기는 몇 가지 아이디어를 비슷한 다른 말로 표현하는 것인데, 이런 점에서 볼 때 요약하기는 단순반영과 복합반영을 펼쳐 놓은 모음집이라고 할 수 있다. 때로 요약하기는 현재의 대화를 반영하지만 어떤 경우는 이전에 피자문관이 제시한 정보를 통합하거나 종합적으로 다루고자 할 때, 특정 주제를 마무리하거나 새로운 주제로 옮겨 갈 때, 또는 자문관의 중요 주제나 일련의 변화대화 진술로 되돌아가고자 할 때 전략적으로 사용할 수 있다.

끝으로 조언하기와 정보제공하기는 과도하게 사용될 경우 동기에 손해를 가할 수도 있지만, 동기강화상담 정신 안에서 선택적으로 그리고 전략적으로 적용된다면 무리가 없다. 이에 대한 동기강화상담의 구체적 전략은 조언이나 정보를 제공할 때 허락을 구하는 것이다. 또한 조언이나 정보는 피자문관의 관점과 필요, 욕구를 이해한 후에 제공하도록 한다. 조언 또는 정보를 제공한 후 자문관은 피자문관으로 하여금 이것이 그의 상황과 어떤 관련성이 있는지 그로부터 자신의 결론을 도출해 내도록 도울 수 있어야 한다. 이제 연습 3.1과 3.2를 풀어 보면서 OARS를 구분하고 확인해 보자.

연습 3.1

이제 OARS에 대한 자신의 이해를 테스트해 보자. 다음 각 문장이 열린 질문 하기, 인정하기, 반영하기, 요약하기 중 어디에 해당하는지 정하고, 아래 주어진 답과 비교해 보자.

교사: 아이들이 자신들의 환경이 안전하다고 믿는 것이 중요하죠. 잘못될까 두려워하지 않고 모험을 해 볼 수 있는 그런 환경 말이에요.

(1) 아이들이 자유롭게 모험할 수 있는 안전한 환경을 만들겠다는 말씀이 참 좋습니다.
(2) 아이들이 모험을 해도 될 만큼 안전하게 느끼도록 하기 위해 무엇을 하셨는지 좀 더 말씀해 주시겠습니까?
(3) 강인한 교사가 되고자 한다면 아이들이 언제든지 모험할 수 있도록 안전한 환경을 만드는 것이 반드시 필요하겠군요.
(4) 진정한 학습은 아이들이 실패를 두려워하지 않을 때 일어난다고 할 수 있겠네요.

답: (1) 인정하기, (2) 열린 질문 하기, (3) 반영하기(복합), (4) 반영하기(복합)

연습 3.2

아래 학교 자문관이 한 각각의 진술이 단순반영, 복합반영 또는 비반영 중 어디에 해당하는지 정하고 왜 그런지 설명해 보시오.

존: 스미스 선생님은 계속 제롬을 지적해 대요. 내가 제롬이라도 학교 가기 싫을 것 같아요.

학교 자문관:

(1) 스미스 선생님은 항상 제롬의 문제에 관여하시는군요.
(2) 제롬과 스미스 선생님이 함께 교실에 있는 걸 제가 한번 본 적이 있는데 둘이 잘 지내는 것 같던데요.
(3) 스미스 선생님이 제롬을 좋아하지 않는다고 여기시나 봐요.
(4) 제롬이 스미스 선생님에게 시달리는 것 같아 화가 나시는군요.

답: (1) 단순반영—의미가 확장되지 않으며 같은 말을 단순히 다른 방식으로 표현함, (2) 비반영—존의 관점을 이해하려는 시도가 보이지 않음, (3) 복합반영—의미가 확대됨. 존이 말하지는 않았지만 숨어 있는 생각일 가능성이 매우 큼, (4) 복합반영—의미는 확대되지 않았지만 구체적인 감정이 추가됨.

반영하기를 통해 당신은 상대방의 가치와 딜레마에 대한 이해를 보여 줄 수 있으며, 인정하기를 통해서는 존중과 수용을 전해 줄 수 있다. 이는 모두 긍정적 관계를 만들어 가는 데 도움이 된다. 그러나 내담자 중심의 접근과 동기강화상담이 구별되는 점은 효과적인 변화를 시작하기 위해 방향성을 가지고 간다는 것이다. 이러한 기술들은 대화를 진행해 나가는 데 있어 체계적이고 전략적이어야 하는데, 이는 개인의 가치와 변화에의 동기가 대화의 중심이 되게 하기 위해서이다. 이 체계적 · 전략적 적용을 유발성이라고 한다. 동기강화상담의 이러한 지향성과 유발성은 관계를 형성하는 초기 단계에는 상황과 맥락에 많은 영향을 받는다. 따라서 유발성의 사용(혹은 생략)은 이 단계에서 의도적으로 조정되어야 할 필요가 있다. 물론 목표로 하는 행동변화를 점차적으로 명확히 해야 하지만, 관계를 맺어 가는 과정에서는 구체적 행동보다는 더 넓은 것에—다시 말하지만 상황에 맞게—집중해야 할 수도 있다. 어떤 상황에서든 당신은 상대방이 가능한 변화를 결정하고(예: 다른 아이들이 보는 앞에서 화를 낼 것인가 아닌가, 행동을 관리하기 위해 칭찬하기를 사용할 것인가 아닌가, 각별히 좋아하지는 않는 아이에게 지지와 이해를 표현할 것인가) 구체화할 수 있도록 돕고, 현재 상태에 대한 해결 방안(수용)을 지지하면서 그 결단과 가치 간의 연결을 촉진하도록 도와야 한다.

가치 탐색

상대방의 가치와 신념에 대해 알아 가는 데 시간을 할애하는 것 또한 관계를 형성하는 데 효과적인 전략이다. 가치 탐색은 대부분의 사람과 관계를 형성하는 데뿐만 아니라, 그 사람을 고무시키고 자극하는 것이 무엇인지에 대한 정보를 얻는 데도 유익하다. 가치는 우리의 열정과 연결되며, 열정의 이면에는 보통 에너지가 있기 마련이다. 동기강화상담에서 사람들이 변하고자 결정하는 데 이용하고자 하는 것이 바로 이 에너지이다.

많은 사회심리학 문헌에 의하면 인간은 행동과 신념의 일치를 선호한다고 한다. 우리가 하는 것(~인 상태)과 우리가 가치롭게 여기는 것(~이어야 하는) 사이에 불일치감을 인식할 때, 우리는 그것들을 재조정하려는 시도를 하게 된다. 여기에는 두 가지 선택사항이 있는데, 즉 우리의 행동을 바꾸거나 아니면 우리의 가치를 바꾸는 것이다. 가치를 바꾸기는 어렵기에 가치-행동 간의 불일치에 대한 인식은 우리로 하여금 종종 행동을 바꾸도록 한다. 동기강화상담은 그러한 불일치를 드러내고 부각한다. 따라서 상대방과 관계를 형성하는 데 한 가지 중요한 측면은 그의 가치와 중심이 되는 신념을 이해하는 것이다. 우리는 그러한 것들을 직접적으로 물어볼 수도 있고, 이후에 논의될 가치카드와 같은 활동을 통해서 알아볼 수도 있다.

요약을 활용하여 종합하기

관계를 형성하는 동안, 이제는 다음 단계(초점 맞추기)로 이동해야 할 때라고 여겨지는 경우 요약하기를 해야 하는데, 이때 그 사람의 변화동기를 포함하여 앞으로 초점을 두어야 할 변화가 무엇인지, 그리고 그 사람의 가치와 일관되는 방식으로 문제를 해결한다는 것 등 종합적으로 요약해 준다. 변화에 대한 동기는 중요한 약자 DARN—열망(Desire), 능력(Ability), 이유(Reason), 필요(Need)—으로 구성된다(Miller & Rollnick, 2013; Miller & Rose, 2009). 이와 같은 요약은 복합반영을 한 후에 열린 질문을 하는 형식을 취하여 ("자, 이제 어떻게 하면 좋을까요?" 또는 "이 상황을 새롭게 이해하게 되었으니 이제 어떻게 하길 원하십니까?") 피자문관이 초점 맞추기 단계로 옮겨 가도록 안내할 수 있다.

❁ 초점 맞추기

동기강화상담의 두 번째 단계는 초점 맞추기로, 일반적인 변화 결정에서 구체적 목표행동이나 변화하고자 하는 목표에 초점을 두도록 좁혀 가는 과정이다. 변화 목표는 전적으로 그 사람의 관점에서 나오는 것이지만, 학교 현장에서는 환경이나 상황으로 인해 어느 정도 제한이 있다. 법정에서 의뢰된 것이 아닌 이상 상담의 초점은 대체로 삶의 만족도를 높이고 싶은 내담자의 바람에 맞춘다. 반면에 학교에서 동기강화상담 전략을 도입하여 상호작용하는 사람들 간의 경우에는 시작부터 초점 맞추기에 더 집중하는 경향이 있다. 학교 현장에서의 동기강화상담 적용은 목표행동이 아니라 시작하는 협의의 초점이 있다.

3단계 성공에 이르는 첫 걸음(Frey, Walker, et al., 2013)을 예로 들자면, 긍정적 행동을 지지하기 위한 다섯 가지 보편적 원리에 초점을 두고 시작한다—(a) 기대를 명확히 하기, (b) 기대를 직접적으로 말하기, (c) 기대를 드러내도록 지지하기, (d) 사소한 부적절 행동에 대한 집중은 최소화하기, (e) 용인할 수 없는 행동에 대해서는 어떤 결과가 있을 것인지 명확히 하기(Sprauge & Golly, 2013). 따라서 관계 형성은 이러한 맥락 내에서 시작하며, 초점 맞추기에서는 피자문관이 이러한 원리들의 구성을 중요하게 인지할 것을 명확히 한 후 변화 계획하기로 이어간다. 이와 유사하게 학급 체크업(Reinke, Lewis-Palmer, & Merrell, 2008)은 전반적인 학급관리 전략을 위해 일반적인 환경에서 관계 형성하기가 시작되며, 이 일반적인 구도 내에서 특정한 학급관리 전략을 명확히 하는 데 초점을 맞춘다. 마지막으로 Frey, Lee와 동료들(2013a)은 동기강화상담 운영지침(Motivational Interviewing Navigation Guide)이라는 자문 모델을 제안하는데 이는 5단

	현재 상태 또는 선택 A	변화 또는 선택 B
얻는 점(+)	(A) 현재 상태의 좋은 점 또는 선택 A 유지대화	(B) 변화해서 좋은 점 또는 선택 B 변화대화
잃는 점(−)	(C) 현재 상태의 좋지 않은 점 또는 선택 A 변화대화	(D) 변화해서 좋지 않은 점 또는 선택 B 유지대화

그림 3.2 결정저울표.
Miller와 Moyers가 수정(2012).

계로 구성되어 있다. 이것을 통해 피자문관이 근거 중심의 실제를 채용하고 개입에 있어 중요한 특징을 충실하게 실행하도록 돕는다. 이 적용에서도 개입이 초점을 두고자 하는 충실도 요인에 의해 변화 목표를 제한하고 미리 결정한다. 이러한 각각의 상황에서는 합의된 초점을 가진 채 관계가 시작되며, 자문관은 피자문관의 양가성을 특정 방향으로(예: 효과적이라고 알려진 실제를 향해) 해결하기 위해 어떻게 전략적으로 진행하고 조력할지 미리 알 필요가 있다. 그러나 동기강화상담 접근 중 학교 기반의 어떤 적용은 특정 방향으로 가도록 하는 일반적 변화 목표나 미리 결정된 목표 없이 관계를 시작하는 것도 있다. 결정이 중립, 평형 상태라는 것은 동기강화상담 구도 안에서 이를 어떻게 진행할 것인가에 중요한 함의를 지니는데, 구체적으로 한 사람이 목표를 지향하는 입장을 취하든(예: 특정 방향으로 변화가 일어나도록) 반대편을 취하든 대화의 어느 부분을 확대하거나 축소할지는 선택적으로 결정한다.

결정저울표(그림 3.2)에 대해 확실히 알기 위해서는 각 칸이 어떻게 구분되는지 이해하는 것이 중요하다. 대화 중 딜레마와 관련 있는 것은 네 칸 중 하나에 분류된다—(a) 현재 상태의 좋은 점, (b) 변화의 좋은 점, (c) 현재 상태의 좋지 않은 점, (d) 변화하면 좋지 않은 점(Miller & Moyers, 2012). B, C 칸은 행동변화를 선호하는 반면 A, D 칸은 현재 상태를 선호하며 행동변화에 반대되는 입장이다. 전자를 **변화대화**라 하고, 후자를 **유지대화**로 간주한다(Miller & Rollnick, 2013).

자문관이나 자문관의 주요 과업은 균형 있게 모든 네 칸을 오고 가는 대화를 시종일관 촉진하는 것이다. 어떤 이슈에 대해 대화할 때 중립성을 유지하는 사람(예: 변화가 의도치 않은 결과를 가져올 수도 있는 복잡한 상황, 어려운 결정을 내려야 하는 사람) 은 상대방의 관점이 어떠한지 네 칸 모두에 걸쳐 골고루 물어볼 수도 있다. 나아가 자문관의 반응은 어느 칸이 논의되었든지에 상관없이 동일한 태도를 취해야 한다.

다음의 예를 살펴보자. 연애 관계를 끝내야 할지 말아야 할지 복잡한 결정을 해야 하는 학생이 당신의 의견을 구하고 있다. 제시된 열린 질문은 이 네 영역의 균형을 보여준다. 어느 쪽으로도 치우치지 않은 입장이라 여겨질 때 A(관계 유지), B(헤어짐)의 선택 사항을 보다 중립적으로 생각하게 한다.

- 계속 관계를 지속하는 장면을 떠올렸을 때 네게 어떤 이점이 생각나니? (A 영역)
- 헤어졌을 때 좋은 점은 무엇이니? (B 영역)
- 지금처럼 관계를 유지하는 장면을 떠올렸을 때 불리하거나 불편한 점은 무엇이니? (C 영역)
- 헤어질 경우의 단점은 무엇이니? (D 영역)

A와 D 칸에 관련된 대화는 선택 사항 A, 즉 관계 지속에 호의적이며, B, C 칸과 관련된 대화는 선택 사항 B, 즉 관계를 정리하고 헤어지는 것에 호의적이다. 자문관이 2개의 선택 사항에 동등한 무게를 두고 동일한 반응을 보인다면 피자문관으로 하여금 동기에 지시적인 강압을 받지 않고 이슈의 모든 측면을 동등하게 고려하도록 돕는다.

학교를 기반으로 하는 대부분의 동기강화상담은 지향하는 방향성이 있고, 동기강화상담 자문관이라면 특정 방향으로 나아가고자 하는 동기에 영향을 미치는 것이 목표이므로 실제 이를 어떻게 적용하는지, 이 장의 나머지에서는 동기강화상담의 적용에 초점을 둘 것이다. 우선 연습 3.3을 통해 자신의 결정저울표에 대한 이해를 평가해 보자.

연습 3.3

다음은 학교 사회복지사와 교사의 대화이다. 교사는 자신을 힘들게 하는 학생(맥스)에게 화가 치밀어 오를 때 어떻게 할 것인가에 대해 고려하고 있다. 지금까지 교사는 화가 날 때마다 계속 화를 내 왔으나, 교사가 목표로 삼는 행동변화는 화가 날 때 중용을 지키는 것이다. 이에 대한 학교 사회복지사의 반응을 핵심 기술(예: OARS), 네 가지 영역(예: A~D), 이끌어 낸 대화 유형(예: 변화 혹은 유지)으로 나누어 각각 분류하라.

학교 사회복지사: 맥스는 어떻게 하면 선생님을 열 받게 하는지 정말 잘 아는 것 같군요(반영하기). 지난번 선생님이 말씀하시는 도중에 그 아이가 연필로 책상을 탁탁 쳤을 때 선생님이 어떻게 하셨는지 말씀해 주시겠어요?

교사: 전 그 아이를 복도로 내보내 벌 세웠어요.

학교 사회복지사:

(1) 맥스가 짜증 나게 하는 행동을 하는 경우 화가 날 때도 있지만 그 순간에 침착하게 반응하는 것이 선생님의 교육 가치에 더 부합된다고 여기시나 봅니다.
(2) 이 같은 경우에 중립을 지키거나 맥스를 모른 체했다면 어떤 이점이 있었을 것 같나요?
(3) 화가 나서 그를 밖으로 내보냈을 때 발생할 수 있는 부정적 결과는 무엇일까요?
(4) 그를 내보내고 나서야 학급 전체를 제대로 통제할 수 있군요.

답: (1) 요약하기(이전 대화에서 한 내용을 연상시킴), B 영역, 변화대화; (2) 열린 질문 하기, B 영역, 변화대화; (3) 열린 질문 하기, C 영역, 변화대화; (4) 반영하기, A 영역, 유지대화

지향적인 동기강화상담을 적용하기란 쉽지 않다. 자문관은 메타인지적 수준에서 대화 내내 피자문관의 하는 말을 따라가야 하고, 피자문관이 희망하는 변화에 대해 반대되는 말을 하는지 지지하는 말을 하는지 그에 따라 동기강화상담 핵심 기술(예: OARS)을 전략적으로 사용해야 하기 때문이다. 다시 한 번 말하지만, 행동변화를 지지하는 말은 변화대화로 간주하고, 변화에 반하는 말은 유지대화라 한다(Miller & Rollnick, 2013).

❁ 유발하기

지향적인 입장에서 동기강화상담 접근을 하는 자문관의 주요 과업은 변화대화를 증가시키는 것이다. 이 목적을 위해 전략적으로 OARS 기술을 사용한다. 자문관은 일반적으로 사람들이 상대방의 반응이나 이어지는 이야기에 어떻게 영향을 받는 경향이 있는지 이해하고 있어야 한다. 열린 질문은 개인의 생각과 아이디어를 확장해 주는 반면, 닫힌 질문은 대화의 맥이 끊어지게 하는 경우가 많다. 인정하기는 수용과 존중을 말해 주며, 따라서 격려와 강화를 전달한다. 단순반영은 이해하고 있음을 전달해 주지만 대화를 확장하지는 않는다. 복합반영은 더 깊은 이해와 함께 그 사

> 지향적인 입장에서 동기강화상담 접근을 하는 자문관의 주요 과업은 변화대화를 증가시키는 것이다.

> 연구에 의하면 모든 변화대화가 중요하고 동기강화상담의 상호작용 지표가 되기도 하지만, 행동변화가 일어날 것이라는 예측변인으로서는 실행언어가 보다 유력하다고 한다.

람으로 하여금 자신의 말을 연결하게 하여 대화를 확장하는 경향이 있다. 요약하기는 대화 중 중요 부분을 강조하며 논의의 전환을 가져오기도 한다. 이러한 여러 반응 안에서 자문관은 변화대화 대 유지대화가 나타날 때 선택적으로 OARS 기술을 사용한다. 지향성 있게 개인의 변화 동기를 유발해 내기 위해서는 자문관이 변화대화를 인지하고 이끌어 내며 그에 맞게 차별적으로 응답할 수 있어야 한다.

변화대화 알아차리기

변화대화에는 준비와 실행이라는 두 가지 유형이 있다. 변화준비대화는 왜 행동변화가 더 바람직하거나, 변하지 않는 것보다 더 나은가를 표현하는 언어이다. 네 가지 유형의 변화준비대화는 약자 DARN으로 표기한다. 다음의 진술문은 변화준비대화의 예로 자녀에게 다른 사람과 나누는 것에 대해 가르치고 있는 부모의 말이다. 여기서 한 가지 말하고 싶은 것은 우리가 성인의 행동변화와 관련된 준비대화에 관심을 기울이고 있다는 점이다. 변화에 있어 어른의 역할 임무에 대한 논의는 전혀 하지 않은 채 아이들만 변하기를 바란다면 이것은 유지대화로 분류될 것이다.

- 열망: "아멜리아가 다른 아이들과 나누는 것을 배우도록 제가 도울 수 있으면 좋겠어요."
- 능력: "전 아멜리아에게 나누는 법을 더 잘 가르칠 수 있을 것 같아요."
- 이유: "만약 아멜리아가 나눌 줄 안다면 그 애에게 더 많은 친구들이 생길 거예요."
- 필요: "뭔가 다른 걸 해 봐야 해요. 아이를 데려오기 위해 이대로 계속 조퇴할 수는 없거든요."

준비언어는 변화에 대한 피자문관의 관심을 반영한다. 이것은 변화실행대화와 행동변화의 전조이므로 촉진되어야 한다.

변화대화의 두 번째 유형은 변화 실행을 의미하며 이것은 변화에 대한 양가감정의 해결을 반영한다(Miller & Rollnick, 2013). 단순히 변화의 이점을 말하기보다 실행언어는 행동하려는 의도를 알려 준다. 변화실행대화의 네 가지 유형은 약자 CATs—결심공약, 활성화, 실천하기—로 다음과 같은 예를 들 수 있다.

- 결심공약: "이번 주말에 색칠놀이를 하면서 아멜리아가 나누는 것을 도와 볼 계획입니다."

- 활성화: "저는 나누는 법을 가르치는 게 부모 몫이라고 생각해 본 적이 한 번도 없는데 지금은 그럴 준비가 됐어요."
- 실천하기: "하루에 적어도 한 번은 놀이시간을 정해서 아이에게 자기 물건 나누는 연습을 하도록 돕는 게 제 목표예요."

연습 3.4

아래 글을 읽고 각각을 변화준비대화와 변화실행대화 또는 유지대화로 분류하시오.

(1) 제가 학급에서 사용하는 처벌을 재검토해 볼 수 있겠죠.
(2) 아이들을 학생처에 보내기 전에 조금 더 낮은 단계의 처벌을 할 수 있다면 정말 힘든 아이뿐만 아니라 다른 모든 학생들에게도 좋겠네요.
(3) 제 결과 구도를 재검토하겠습니다.
(4) 그 수업은 두 아이에게만 해당이 안 됐지 나머지 모두에게는 유익했어요.
(5) 수업 결과를 위해서라면 당신이 제안하는 것은 무엇이든 해 볼 생각입니다.

답: (1) 변화준비대화(능력), (2) 변화준비대화(이유), (3) 변화실행대화(결심공약), (4) 유지대화, (5) 변화실행대화(활성화)

연구에 의하면 모든 변화대화가 중요하고 동기강화상담의 상호작용 지표가 되기도 하지만, 행동변화가 일어날 것이라는 예측변인으로서는 실행언어가 보다 유력하다고 한다. 이는 앞서 제시한 행동변화 통합이론 모델과 매우 일치한다. 즉 의도가 바로 행동의 직접적 원인이 된다는 것이다.

DARN-CATs 진술은 지향성 있는 동기강화상담을 효과적으로 활용하는 데 반드시 알아차려야 하지만, 이 같은 대화는 명확하지 않고 희미하기 때문에 놓쳐 버리기 십상이다. 어떤 상황에서는 큰 노력 없이도 변화대화가 쉽게 나올 것이다. 하지만 그렇지 않을 경우, 자문관은 그것을 이끌어 낼 수 있어야 한다. 연습 3.4를 풀면서 변화준비대화 대 변화실행대화에 대한 이해를 평가해 보자.

변화대화 이끌어 내기

만약 피자문관이 자발적으로 변화대화를 하지 않는다면 DARN-CATs의 틀 안에서 직접 물어봄으로써 이끌어 낼 수 있다. 열린 질문 하기와 척도가 변화대화를 유발하는 데 사용되는 두 가지 일반 전략이다.

유발질문. 동기강화상담 정신 내에서 반영적 경청에 변화를 줄 때 열린 질문을 통해 조직적으로 변화대화를 유발해 낼 수 있다. 변화와 관련하여 그 사람의 열망이나 이유, 능력, 필요에 대해 직접 물어봄으로써 그가 변화준비대화를 표현할 수 있도록 한다. 위의 결정저울을 예로 들자면, 변할 때의 이점과 변하지 않고 그대로 있을 때의 불리한 점, 단점을 묻고 그에 대한 답을 이끌어 낼 수 있다. 이러한 질문은 대화를 변화대화로 가득 차게 하는 도화선이 될 것이다. 자문관은 "부모로서 아멜리아가 나누는 것을 배우도록 가르치고 싶은 마음은 어느 정도 되시나요?"(열망) 또는 "어떤 점에서 당신은 아멜리아에게 나누는 것을 가르칠 수 있다고 여기시나요?"(능력)라고 물어볼 수 있다. 이유는 아마도 변화대화를 이끌어 내기에 가장 쉬운 영역일 것이다. 이를 물어봄으로써 부모는 아멜리아에게 나눔을 가르치는 것의 이점 또는 부모의 조력 없이 자녀가 학교에서 배우길 계속 바라는 데서 오는 단점을 이끌어 낸다. 이 예시에서는 "만약 당신이 직접 아멜리아에게 나누는 것을 가르칠 경우 생길 수 있는 긍정적인 결과는 무엇일까요?" 또는 "딸아이가 나누면서 성장하길 바라는 당신의 현재 계획이 별다른 결과를 가져오지 않는다면 어떻게 될 것 같습니까?"라고 물어볼 수 있다. 이에 대한 대답은 대부분 변화대화가 될 것이다. 동기강화상담에서 정해진 질문은 없다. 가능성은 참으로 무제한적이다. 큰 개념은 상대방으로 하여금 변화의 이점과 왜, 어떻게 그것이 가능한가를 말하게 하는 질문이라면 무엇이든 변화대화를 유발하리라는 것이다.

> 변화와 관련하여 그 사람의 열망이나 이유, 능력, 필요에 대해 직접 물어봄으로써 그가 변화준비대화를 표현할 수 있도록 한다.

척도질문. 척도질문 또한 동기강화상담에서 변화대화를 유발하는 데 활용된다. 변화 동기를 사정하는 데 사용되는 척도는 일반적으로 두 범주로 나뉘는데, 즉 중요도와 자신감이다. 물론 그 외 다른 범주(결심공약, 우선순위)를 탐색하는 데 이 도구를 사용하지 말라는 법은 없다. 척도질문을 하는 형식은 다음과 같이 다양하다.

- 1점은 '전혀 중요하지 않다'이고, 10점은 '매우 중요하다'는 의미입니다. 당신에게 이 변화가 얼마나 중요한지 점수로 말씀해 보시겠어요?

종종 우리는 대화에 박차를 가하기 위해 형식화된 단어장이나 점수 매기기를 사용하여 대화를 두드러지게 하려고 한다. 그러나 대화는 형식이 있거나 없을 수 있다. 앞에서 제시한 첫 번째 척도질문은 닫힌 질문이라는 것을 알아차려야 한다. 대답은 숫자가 되며, 이는 정보를 제공하기는 하지만 그 자체로는 변화대화가 될 수 없다. 변화대화를 유발하기 위해서는 다음의 질문이 핵심이다. 선택한 숫자가 무엇이든 상관없이 다음의 열린 질문으로 응답하게 한다.

- 예를 들어 내담자가 6점을 선택했다면, "왜 5점(선택한 점수보다 낮은 점수)이 아닌 6점(선택한 숫자)을 고르셨나요?"

이 질문에 대한 대답은 한 가지 혹은 그 이상의 변화대화가 될 것이다. 행동을 바꾸려는 이유는 절대적으로 중요하다. 점수를 선택한 이후에 이어지는 질문에서는 더 낮은 점수에 대해 물어볼 필요가 있다는 것을 주의한다. 만약 경솔하게 왜 더 높은 점수가 아닌지(예: 그 사람에게 왜 더 중요하지 않은가라고 묻기) 묻는다면 대답은 몇 가지 유지대화에 해당하는 설명을 하게 될 것이다(예: "이 행동을 바꾸는 것이 저에게 그다지 중요한 건 아니에요. 왜냐하면…").

다음의 긴 대화를 살펴보자. 다음의 예시에서 교사는 모든 학생들에게 더 많은 칭찬을 하기로 결정하였다. 이에 자문관은 미팅을 마무리하기 전 중요도 척도를 사용하였다.

	대화	주석
자문관:	0점부터 10점까지 점수가 있는데 0점은 '전혀 중요하지 않다'이고 10점은 '매우 중요하다'입니다. 선생님의 경우, 교실에서 이 목표를 달성하는 것은 얼마나 중요한가요?	첫 번째 척도질문
교사:	음, 9점으로 할게요.	
자문관:	와, 9점이면 아주 높네요! 어떤 부분 때문에 5점이나 6점이 아닌 9점을 선택하셨나요?	두 번째 척도질문
교사:	이 미팅의 목적은 제게 중요합니다. 왜냐하면 저는 평등을 중요하게 생각하고 학생들도 자신에 대해서 자긍심을 갖길 원하거든요. 그런데 전 제가 할 수 있는 만큼 제대로 하지는 못하는 것 같아요. 그게 제 강점이긴 하지만 좋은 행동을 더 강화하면 더 잘할 수 있으리라 생각해요. 제가 말한 그 못된 행동을 하는 아이들은 착한 행동을 많이 하는 아이들보다 음, 제 주의와 관심을 더 받게 되니까 좋아하는 것 같아요.	

	그래서 그런지 품행이 바른 아이들조차도 1년에 가끔 벗어나는 행동을 할 때가 있다는 것을 알게 됐다니까요. 그럼 전 이렇게 생각하죠. '행동이 과격한 아이들에게 내가 모든 관심을 쏟으니 저 애들도 그렇게 행동하는구나. 이건 아닌 것 같아.' 그래서 이 문제가 정말 중요하다고 한 거예요. 왜냐하면 전 제가 하라고 말하는 대로 저도 실천하고 싶거든요.	
자문관:	그러니까 어느 부분 실제적으로 교실에서 문제행동을 줄이는 게 선생님이 원하는 바이지만 실은 그 이상의 의미가 있군요. 평등하고 공정한 환경을 만들어 모두에게 긍정적인 관심을 주는 것이 선생님의 핵심 가치이군요.	가치의 불일치를 부각하는 복합반영
교사:	네, 그게 중요합니다. 저는 일관성 없는 사람이고 싶지 않아요. 저는 아이들이 교실에서 제가 어떻게 행동하는지를 통해 옳고 그른 것을 배우길 바라요. 그러니까 제가 공정하지 않을 때는 내가 지금 뭘 가르치고 있는 거지 하며 제 자신이 싫어지죠. 전 바꿀 거예요.	준비대화 실행대화

첫번째 척도질문에서 자문관이 어떻게 말을 약간 바꾸었는지 보라(1~10점 대신 0~10점으로/교사가 말한 숫자보다 훨씬 낮은 숫자로 질문함). 이러한 미세한 변화는 전체 그림에서는 별로 중요하지 않을 수 있다. 여기서의 주요 특성은 중요도를 구체적으로 표현하도록 묻고, 왜 그 사람이 이보다 더 낮은 수를 택하지 않았는지 이유를 묻는 것이다. 그런 후 그가 말한 것을 반영으로 되돌려 준다. 자문관은 이 교사의 현재 행동(모든 아이들이 말한 것을 칭찬하지는 않음)이 그녀의 핵심 가치(평등과 공정)에 어떻게 어긋나는지를 말하면서 복합반영을 하고 있다. 이는 변화대화와 실행대화("이것을 할 거예요.")가 더 나오게 하였다.

변화대화에 반응하기

동기강화상담을 배우는 데에서 중요한 단계는 변화대화를 알아들을 수 있는 단계이다. 이 점에서변화대화(목표행동을 지지하는)를 유지대화(목표 행동에 반대되면서 현재 행동을 지지하는)와 구별해 내고 선택적으로 반응하는 것이 급선무이다. 변화대화를 들었을 때 우리의 목표는 그것이 계속 이어지도록 하는 것

> 동기강화상담을 배우는 데에서 중요한 단계는 변화대화를 알아들을 수 있는 단계이다.

이다.

귀(EARS)로 듣기. 변화대화에 선택적으로 반응하고 그것이 지속되게 하기 위해 약자 EARS를 기억하면 좋다. 변화대화에 반응할 때, 자신감을 나타내는 말을 이끌어 내고 강화하며 EARS—정교화하기(E), 인정하기(A), 반영하기(R), 요약하기(S)—를 선택적으로 사용하면 유지대화가 감소하고 변화대화는 증대될 것이다. 정교화하기란 열린 질문으로 상대방이 얼버무릴 수도 있는 주제나 누가, 언제, 어디서, 무엇을, 왜를 상세히 말하도록 격려하는 것이다. 인정하기는 상대방이 말한 것을 강조하는 것이다. 단순반영은 소극적인 전략인 것 같지만, 이미 관계가 형성되고 동기화된 피자문관이 정교하게 말하게 하는 데는 충분히 효과적일 수 있다. 복합반영은 특히 동기가 낮을 때 피자문관의 행동 또는 아동의 행동과 그의 가치—이전에 말한 희망과 꿈, 변화하고 싶어 하는 열망과 의도, 동기—를 연결시킨다. 요약하기는 피자문관 자신이 말한 것을 들을 수 있는 기회이며, 당신 또한 이를 통해 자신이 이해한 것을 상대방으로부터 확인받을 수 있다. 다음의 예시를 통해 피자문관의 증가한 변화대화를 볼 수 있을 것이다.

학부모: "아멜리아가 다른 아이들과 나누는 것을 배우도록 도울 수 있다면 참 좋겠어요."

자문관: "좀 더 자세히 말씀해 주시겠습니까?"(정교화하기)

학부모: "전 그 아이에게 나누는 법을 더 잘 가르칠 수 있다고 생각해요."

자문관: "그것이 아이 교육에 중요하고 우리 가정이 중요히 여기는 가치이기에 아멜리아가 그것을 배우도록 부모님께서 무언가 더 잘할 수 있다고 확신하시는 거군요."(복합반영, 가치와 연결)

학부모: "딸아이가 나누는 법을 배운다면 아마도 더 많은 친구를 사귈 수 있을 거예요."

자문관: "나누는 것을 배우면 더 많은 친구가 생길 수 있겠군요. 그렇게 되면 학교생활이 더 즐거워지겠죠."(복합반영)

학부모: "뭔가 다르게 해 봐야 돼요. 방과 후에 아이를 데려오기 위해 계속 조퇴할 순 없습니다."

자문관: "아멜리아에게 나누는 법을 가르침으로써 직장생활이 한결 쉬워질 것이고 그 외에 또 어떤 이점이 있을까요?"(정교화하기)

이러한 응답은 단순히 더 많은 변화대화를 일으킬 뿐 아니라 변화대화를 실행하는 방향으로 옮겨 가기도 한다. 변화실행대화가 나왔을 때 자문관이 해야 할 임무는 그것을 지지하며 확인하는 것이다. 앞의 예에 대한 인정하기 반응은 다음과 같다.

학부모: "이번 주말에 색칠놀이를 하면서 아멜리아가 나누는 것을 도와 볼 계획입니다."(결심공약)

자문관: "좋은 생각이에요! 다음에 어땠는지 정말 들어 보고 싶습니다."(인정하기)

학부모: "저는 나누는 법을 가르치는 게 부모 몫이라고 생각해 본 적이 한 번도 없는데 지금은 그럴 준비가 됐어요."(활성화)

자문관: "새로운 역할을 기꺼이 받아들이시겠다니 참 좋네요. 아멜리아의 성장을 향한 부모님의 노력에 감탄했습니다."(인정하기)

학부모: "하루에 적어도 한 번은 놀이시간을 정해서 아이에게 자기 물건 나누는 연습을 하도록 돕는 게 제 목표예요."(실천하기)

자문관: "정말 뚜렷한 계획을 가지고 계시군요. 굉장히 좋습니다!"(인정하기)

자신감 강화하기. 변화에 대한 초기 대화 다음에 자신감을 높이는 것은 능력과 연결된 변화대화를 이끌어 낼 수 있기 때문에 유용하다. 행동변화 통합이론 모델에서 보았듯이, 그렇게 하기로 선택한 이상 자신이 중요한 변화를 이룰 수 있다는 믿음 또는 자기효능감은 행동 의도와 실행을 알려 주는 전조이다. 많은 연구는 자기효능감이 차후 행동변화로 이어지게 하는 예측변인임을 강력히 지지한다. 따라서 동기강화상담은 자기효능감을 지지하는 말을 끄집어 내고 거기에 주의를 기울일 것을 매우 강조한다.

우리는 이야기치료 문헌을 통해 자리잡기와 중첩하기라는 전략이 자신감을 높이는 데 매우 유익함을 알게 되었다. 각 전략은 핵심 기술 OARS와 함께 증폭될 수도 있는 자신감 대화를 이끌어 내기에 알맞다.

동기강화상담 접근과 마찬가지로 이야기치료도 존중과 투명성, 끈질긴 낙관성을 특징으로 한다. 부모가 말한 어느 부분을 독특한 결과로 보며 자세하게 정교화하고 명시, 확인한다는 개념은 동기강화상담이 변화대화에 차별적으로 반응하는 것과 매우 유사하다. 독특한 결과란 목표행동과 일치하는 과거의 경험을 말한다. 변화대화를 심화하는 데 이야기치료 분야에서 쓰이는 자리잡기와 중첩하기 질문을 적용할 수 있다(White, 1988, 1995; White & Epston, 1990). 피자문관의 가치와 일치되는 과거의 변화 예에 중점을 두는 것은 자신감을 구축할 수 있는 요지(일반적으로 과거, 현재, 미래에)를 마련해 준다. 변화에 성공한 경험(예: "다른 자녀[또는 아멜리아]를 가르쳐 본 때는 언제인가요?" 혹은 "나누는 것을 가르쳐 본 성공 사례 중 생각나는 것은 무엇입니까?")에 대해 말하도록 하는 것은 관련된 목표행동에 닻을 내리는 것이다. 일단 성공적인 행동변화의 예가 명시되면 이러한 예의 과정을 물어봄으로써 더 심화할 수 있다(예: "큰아이에게 나누는 법을 가르친 것을 뒤돌아볼 때….", "집에서 형제들과 나누는 것을 가르칠 때 어떤 단계를 거쳤나요?", "처음에 무엇을 했나요?", "그런 다음에는요?", "딸아이를 가르치기 위해 사전에 어떻게 마음먹으셨나요?"). 현재 또는 며칠 전과 같이 가까운 과거에 대해 집중적으로 묻는 것이 좋은데, 이는 변화하기로 마음먹은 첫 선의를 부득이하게 역행할 수도 있는 피자문관의 취약성으로부터 보호하기 위함이다.

중첩하기 질문은 교사/학부모의 현재 삶과 주안점을 둔 사건 간의 근본적 관계성을 구상하게 해 준다(예: 의미, 바람, 의도, 신념, 다짐, 동기, 가치). 변화에 대한 이러한 이야기를 두텁게 하고 자신감을 불어넣기 위해 자문관은 다음을 시도해 볼 수 있다. (a) 상세하게 묻기(예: "당신의 변화 가능성이 가족에게는 어떤 중요성을 가지나요?", "당신이 아는 바를 지금의 삶에 적용한다면 어느 영역이 가장 많이 달라질까요?", "어떤 차이가 있을까요?"); (b) 증인과 같은 다른 사람을 그 사건에 포함하기(예: "다른 사람들은 무엇을 보고 당신이 이렇게 할 수 있다고 믿을까요?", "무엇이 그와 같은 변화를 이룰 수 있도록 [중요한 타인을] 동기화할 수 있다고 봅니까?"); (c) 가치관 포함하기(예: "이러한 경험은 당신의 어떤 특성을 보여 주나요?", "이것을 한다는 것은 한 인간으로서 당신에 대해 무엇이라고 말해 주나요?", "이 새로운 관점은 당신 자신에 대해서 어떻게 말해 주나요?", "이는 당신 삶의 목적이 무엇이라는 것을 보여 주나요?"); (d) 대안적 관점 포함하기(예: "어떤 점에서 이전 방식보다 이 행동 방식이 더 자신에게 어울린다고 여기시나요?", "이 변화가 [중요한 타인에게] 가져올 수 있는 긍정적 결과는 무엇이 될 수 있다고 보십니까?").

Miller와 Rollnick(2013)은 자신감을 강화하기 위한 전략으로 자신감 척도와 가상적 변화를 권유하라고 한다. 자신감 척도의 활용으로 상대방의 자신감 대화를 이끌어 낼 수 있다. 다음과 같은 학부모와 행동 자문관 사이의 논의는 이 기법을 보여 준다.

자문관: "1점에서부터 10점이 있습니다. 1점은 자신감이 전혀 없는 것을, 10점은 자신감이 최고인 것을 말합니다. 어머님은 아멜리아에게 나누는 것을 가르칠 수 있다는 본인의 자신감이 어느 정도라고 보십니까?"

학부모: "지금으로선 5점이라고 할 수 있겠어요."

자문관: "어떤 이유에서 3점이 아닌 5점을 택하셨나요?"

학부모: "전에 해 본 적이 있거든요. 그리고 제가 만약 매일 단 몇 분만이라도 정말 나누기에 집중한다면 큰 변화를 이룰 수 있을 것 같아요."

자문관: "그럼 7점이 되기 위해서는 무엇이 필요할까요?"

학부모: "잘 모르겠네요. 우선은 해 봐야 될 것 같아요. 어떻게 되는지 보죠."

앞서 척도의 중요성에 대해 논의했듯이, 자문관의 두 번째 척도질문("어떤 이유에서 3점이 아닌 5점인가요?")은 변화대화—이 사례에서는 능력—를 일으킬 가능성이 아주 높다. 세 번째 척도질문은 여기에 더 높은 점수로 가기 위해서는 무엇이 필요한가라는 질문을 추가했다("7점이 되기 위해서는 무엇이 필요할까요?"). 이것 또한 변화대화를 이끌어 내며, 변화 과정에서 피자문관이 필요로 하는 지원이 무엇인지 그에 대한 단서를 얻을 수 있는 질문이다.

유지대화(무변화)에 반응하기

유지대화 또는 불협화음으로 분류되는(Miller & Rollnick, 2013) 무변화대화에 반응하는 것 또한 동일하게 중요하다. 유지대화란 목표행동과 관련하여 그림 3.1의 A, D 영역에 해당하는 논의를 말한다. 이는 변화대화에 반대되며 현재 상태에 대한 열망과 변화 능력, 현재 행동을 지속하는 이유, 현재 상태의 필요성, 그리고 그에 준하는 결심공약(DARN-C)으로 나타난다. 더불어 피자문관의 초점이 자신이 변해야 할 필요성보다 자녀 혹은 다른 사람(예: 보조교사, 원장, 친척)이 어떻게 변해야 하는지에 맞춰져 있다면 이것 또한 유지대화로 간주된다.

> 유지대화를 들었을 때 직관적으로 나오는 우리의 반응은 교정반사의 형태 중 일부일 수 있기 때문에 대부분 도움이 되지 않는다.

유지대화에 반응하는 규칙 중 첫째는, 그것에 반응하는 당신의 특성을 알아차리는 것이다. 유지대화를 들었을 때 즉각적으로 나오는 우리의 반응은 교정반사의 일부 형태(예: 논쟁하기)일 수 있기 때문에 대부분 도움이 되지 않는다. 변화를 두고 언쟁하기, 상대방에게 변해야 할 필요성 말하기—교육하기를 포함해서—를 자제하는 것이 보다 효과적인 반응을 위한 첫걸음이다. 유지대화에 비효과적인 반응은 아래의 '하지 말아야 할 것'에 보다 자세히 제시될 것이다.

그럼 대신 무엇을 해야 하는가? 유지대화에 권장되는 첫 번째 반응은 단순반영이다. 이어 주제의 방향을 틀어 주는데 이는 유지대화를 구체화하지 않기 위함이다. 만약 이 전략이 변화대화를 유발하는 데 효과가 없다면 이후 자문관은 관계 위험 수위가 높아지는 양면반영하기, 과장하여 말하기, 나란히 가기와 같은 전략 중에서 선택해야 할 지도 모른다. 이러한 전략은 탐색을 촉진하고 유지대화를 가라앉히며, 한쪽 편에 서려는 함정에 빠지지 않도록 도와준다. 아래 예제와 함께 제시된 반응이 일련의 기법을 보여줄 것이다. 이 예시는 교사와 행동 자문관 간에 오고 간 대화이다. 자문관은 주어진 아동의 특수교육 진단과 최근의 정학 기록을 가지고 연방정부와 주정부 법에서 지시한 행동 개입 계획서를 협력하여 작성할 것을 제안하고 있다. 자문관은 행동 개입 계획서가 의무 사항임을 설명하지만 피자문관의 반응은 다음과 같다. "행동 개입 계획을 이전에도 해 보았지만 별 소용이 없었습니다."

양면반영은 유지대화에 반응할 때 좋은 방법이다. 이 반응은 주로 "한편으로는 (방금 들은 것을 반복해서 반영)··· 다른 한편으로는 (방금 들은 것과는 상반되나 이전에 드러난 가치관이나 진술을 연상시키는 말)···."의 형식을 취한다. 양면반영은 상대방으로 하여금 자신의 양가성을 조정하게 한다.

자문관: "난처해하시는 것 같습니다. 한편으로는 이게 소용이 없을 것 같다는 생각이 들고, 다른 한편으로는 뭔가 다른 걸 해 보지 않는 이상 니콜라스에게 아무 도움이 될 것 같지 않다고 여기시는군요."

피자문관의 양가감정 각각을 반영할 때는 위에서 보듯이 변화에 우호적인 마음을 뒤에 놓도록 한다.

확대반응은 유지대화의 진술을 확대하여 화자가 얼마나 확고한가를 검토하려는 의도인데, 이것의 의도는 변화의 방향으로 화자의 교정반사를 이끌어 내고자 함이다.

자문관: "여기서는 선생님에게나 니콜라스에게 도움이 될 만한 어떤 전략도 나올 수 없을 것 같군요."

이 예시에서는 피자문관의 입장을 극단적으로 만들었다. 이후 피자문관의 반응이 어떠했느냐에 상관없이, 어떻게 진행하는지에 대해서는 배우게 되었을 것이다. 일반적으로 화자는 이 입장에서 물러서게 된다(예: 글쎄요, 조금은 도움이 될 수도 있겠죠. 한번 시도해 보죠."). 그리고 행운이 따른다면 두리뭉실한 말 대신 구체적인 염려를 드러낼 것이다("지난번에 누가 제게 와서 이러쿵저러쿵 수많은 제안을 하고 가 버리는 거예요. 그러고 나서는 제가 모든 것을 감당해야 했죠. 누군가 와서 저도 이미 아는 걸 말해 달라는 게 아니라 진짜 도움이 필요합니다. 이 학급에 27명의 아이들이 있다고요."). 이 경우에는 정교화 작업으로 피자문관이 필요로 하고 유용하다고 믿는 지지의 유형이나 수준이 어떤 것인지 파악할 수 있을 것이다.

Miller와 Rollnick(2002)은 확대반영의 특별한 한 예로 나란히 가기를 말하는데, 이것은 자문관이 변화에 반대되는 편에 서서 진술하는 반영이다. 과장하기와 유사하게, 변화하고자 하는 방향으로 교정반사가 나오게 하려는 의도이다. 그러나 이 전략은 비꼬듯 들릴 경우 관계가 위태로워질 수 있기 때문에 상당한 주의를 요한다.

교사: "선생님의 워크숍에 참석했어요. 추천하신 모든 종류의 전략을 다 시도해 보았고요."

자문관: "여러 전략을 시도해 보셨군요. 제가 선생님 입장이라도 더 이상의 조언은 받아들이기 싫을 것 같습니다."

부조화는 자문관과 피자문관 사이의 불협화음을 알려 주는 언어적 또는 비언어적 신호이다(Miller & Rollnick, 2013). 유지대화와 같이 부조화 또한 무변화에 대한 예측 요인이다. 하지만 유지대화가 일반적으로 목표행동에 대한 말이라면, 부조화는 상호 관계적 역동으로 관계에 흐르는 긴장감, 껄끄러움을 나타내 준다고 할 수 있다. 부조화에는 끼어들기, 논쟁하기, 적대감 드러내기, 회피하기와 같은 것들이 포함된다. 연습 3.5와 3.6을 풀고 자신의 OARS 기술 적용력을 평가해 보자.

연습 3.6

앞으로 있을 자문 미팅이나 친구, 배우자, 또는 부모와의 대화를 녹음한다. 상대방에게 당신 자신을 위해서이며 그 외에는 아무도 듣지 않을 것이라고 말한다면 흔히들 승낙해 줄 것이다. 날짜를 정하고 상대방에게 양가감정을 느끼는 주제를 준비하라고 해 둔다. 교사의 경우라면 회피적 관계의 학부모와 소통하는 것, 새로운 교안 채택 또는 동료/슈퍼바이저와의 갈등이 될 수 있을 것이다. 친구나 가족이라면 생활 양식의 변화(예: 음주, 식이, 운동)나 새로운 육아법의 차용이 될 수 있다. 녹음된 대화를 듣고 다음 사항을 확인한다.

1. 자신이 한 열린 질문과 닫힌 질문의 수를 세어 본다.
2. 자신이 말하는 시간과 듣는 시간을 각각 기록한다.
3. 상대방이 말한 모든 이야기가 변화대화인지 유지대화인지 명시하고 각각에 대해 당신의 반응이 그것을 더 촉진하는지 또는 저하시키는지 파악한다.

연습 3.6

다음 각각의 유지대화를 보고 아래에 제시된 전략을 적용해 보자.

교사 1: 전 왜 우리가 어떻게 행동해야 하는지를 가르치는 훈육으로 시간을 낭비해야되는지 이해가 안 돼요. 아이들은 학교에 오기 전에 규칙과 지시를 따라야 한다는 것을 알고 와야 됩니다.
학부모: 전 매일 샘의 책가방을 확인할 시간이 없어요.
교사 2: 전 최선을 다했지만 아무 효과가 없더군요. 정말 더 이상 해낼 자신이 없습니다.

이제 아래 제시된 심화 기술을 사용하여 저항적인 말에 반응해 보자.

단순반영:
확대반영:
양면반영:
나란히 가기:

성공 이야기

자료담당교사는 유지대화와 부조화 간의 구분이 유용하다는 것을 알게 되었다. 그녀는 최근에 자신을 두고 '잘난 체하고 요구가 많다'라고 표현한 어느 교사의 말이 유지대화라기보다는 부조화를 암시한다고 말했다. 이 개념은 자료담당교사로 하여금 자신이 준 충고가 문제였다기보다 두 사람 간의 관계에 문제가 있다는 것을 이해하게 해 주었다. 이후 해결책은 관계를 정비하고 부조화를 줄이는 방향으로 나아가게 되었다.

❀ 계획하기

동기강화상담 진행 과정의 네 번째 단계는 계획하기이다. 하지만 이것은 선택적인데, 어떤 사람들은 변하지 않기로 결심할 수도 있고, 자문관에 따라서는 상호작용이 정규적으로 충분히 이루어지지 않아 계획 단계까지 가는 것이

> 계획하기는 변화를 위한 계획을 협상하고 그 계획에 대한 다짐을 굳건하게 하는 것을 말한다.

무리라고 여길 수도 있기 때문이다. 계획하기 과정에서는 피자문관의 자율성이 존중되어야 하며, 만약 그 사람이 변할 마음이 있다면 당신은 언제라도 다시 만날 마음이 있다는 것을 표현하며 마무리해야 한다.

계획하기는 변화를 위한 계획을 협상하고 그 계획에 대한 다짐을 굳건하게 하는 것을 말한다(Miller & Rollnick, 2013). 계획에는 (a) 내담자의 가치와 이상, (b) 논의하면서 초점을 둔 목표행동, (c) 특정 행동(예: 목적 달성을 조작할 수 있는 특정 행동), (d) 잠재적 방해물, (e) 잠재적 방해물이 생겼을 때 할 수 있는 대처행동 계획이 포함되어야 한다(Frey, Lee, et al., 2013b). 학교 현장을 기반으로 적용하는 동기강화상담이라면 학생들을 위한 변화 계획은 학업 또는 사회-정서 교과 과정의 실행, 학급관리 전략, 행동개입 계획과 같이 학업 및 품행적 개입이 통합된 유형이 될 것이다. 부모를 위해서라면 학교 행사 참여, 매일 정시에 자녀 등교시키기, 가정에서의 품행 또는 학습 이행을 지지하기 위한 효과적인 양육법에 초점을 둔 계획이 될 수 있을 것이다. 변화를 위한 계획의 실행에는 반복연습이 도움이 된다. 목표로 설정한 행동에 대한 본보기와 비본보기를 두고 해 보는 역할극이 특히 중요한데, 이는 잠재적 장애물을 극복할 수 있도록 준비시킨다.

이 과정에 오기까지 아직 정보 제공과 조언을 하지 않았다면 변화 계획을 세워 가는 동안 하게 될 가능성이 아주 크다. Miller와 Rollnick(2013)은 동기강화상담에서 정보를 제공하거나 조언하는 것이 용인된다고 말한다. 다시 말하지만 단지 그것을 제공하기 전에 허락을 받을 필요가 있다. Miller와 Rollnick은 다음과 같은 세 유형의 허락을 명시한다—(a) 상대방이 조언을 요청함(허락을 내포), (b) 당신이 조언을 해도 되는지 물어봄, (c) 조언을 주고 자율성을 강조함. 이끌어 내기-제공하기-이끌어 내기 전략(Rollnick, Miller, & Butler, 2007)은 동기강화상담 접근과 분명히 일치하면서도 정보와 조언을 전달하기에 유용한 전략이다. 피자문관에게 들은 것이나 전략에 대한 생각을 물어본다(이끌어 내기). 다음은 자문관이 정보나 조언을 제공한다(제공하기). 이후 제공된 정보와 조언 또는 다음 단계에 대한 피자문관의 생각은 어떠한지 알아보기 위해 열린 질문을 한다(이끌어 내기). 다음 대화에 이 기법이 잘 나타나 있다. 이들은 학급관리 계획을 세우고 있는 상황이다.

학교 심리학자: "일반적으로 학급관리 계획에는 학생들이 교사의 기대를 따르지 않았을 때 어떤 결과를 받게 되는지 그것을 활용하는 면이 있습니다. 학급관리 계획과 관련하여 제가 아는 약간의 전략을 말씀드려도 괜찮겠습니까?"

교사: "그럼요, 얻을 수 있는 모든 도움이 필요합니다."

학교 심리학자: "좋아요. 그 전에, 거듭되는 결과를 들어 보셨다거나 이 점과 관련하여 이미 해 보신 것이 있는지 말씀해 주시겠습니까?"(이끌어 내기)

교사: "결과를 보여 주는 것은 중요하죠. 왜냐하면 그건 다른 아이들에게 어떤 것에서는 예외가 없다는 걸 말해 주는 메시지가 되니까요. 저는 매우 일관되게 합니다. 어떤 학생이 수업에 지장이 되는 행동을 할 때, 저는 복도로 내보내서 할 일을 시키거나 학생처로 넘기곤 하죠."

학교 심리학자: "좋습니다. 선생님은 결과 처리와 관련해서 이미 계획이 있군요. 게다가 어떤 행동은 용납이 안 된다는 것을 학생들에게 전해 주는 것에 더해서 제가 볼 때 결과는 몇 가지 추가적인 특성이 있는 것 같습니다. 예를 들어 결과에는 위계가 있는데—최소 4~5개 정도—이를 학생들이 이해하고 동의해야 한다는 것입니다. 위반한 즉시 적용되어야 하고 일관성이 있어야 하죠. 많은 교사들이 이 요구를 충족시키기 위해 정식 체계를 사용하기도 합니다만, 이는 전적으로 선생님에게 달려 있지요(자율성 촉진; 제공하기). 결과와 관련하여 방금 제가 말씀드린 것을 어떻게 생각하시나요?"(이끌어 내기)

교사: "'위계'란 무엇을 말하나요?"

이렇게 정보나 조언을 제공할 때에는 유지대화, 변화준비대화(DARN), 변화실행대화(CAT)가 나오기 쉽다. 이때 자문관의 역할은 주의 깊게 듣는 것이다. 변화대화가 아닌 다른 것이라면 이는 피자문관이 계획하기를 진행하기에는 아직 준비되지 않았다는 신호일 가능성이 많다. 만약 당신이 변화준비대화를 듣는다면 그것을 다짐과 결심공약의 대화로 나아갈 수 있도록 해야 하며, 당신이 들은 것이 결심공약대화일 경우 당신은 그것을 확인하여 공고히 하고, 이를 중심으로 계획 세우기를 시작해야 한다.

시작하기를 위한 제안

많은 사람들이 동기강화상담의 논리와 전략을 쉽게 이해한다. 그러나 전략을 실제 대화에 적용하기란 어려울 수 있다. 다섯 가지 동기강화상담의 핵심 기술—OARS와 정보 제공 및 조언하기—은 동기강화상담을 능숙하게 실천하는 데 기본이 된다. 이러한 기술들을 배우고 연습하는 데 시간을 할애하는 것은 동기강화상담에 더욱 능숙해지는 한 방법이다. 변화대화와 유지대화를 듣고 구분할 줄 아는 것 또한 기본 기술이다. 가요나 TV 쇼를 들으면서 의도대화를 찾아내는 것도 이와 관련한 당신의 기술을 향상시킬 것이다.

일단 변화대화를 들을 줄 안다면 그것이 동기강화상담을 하도록 인도해 줄 것이다. 이제 막 동기강화상담을 배우고 점차적으로 이를 매일의 상호작용에서 구현하고자 하는 이들에게 다음의 '해야 할 것'과 '하지 말아야 할 것'은 도움이 될 것이다.

❁ 해야 할 것

첫째, 이야기의 대부분은 피자문관이 하도록 해야 한다. 만약 상대방보다 말을 더 많이 한다면 당신은 동기강화상담을 하고 있다고 볼 수 없다. 이를 알아보기 위해 한 가지 요긴한 방법은 몇 개의 자문 미팅을 녹음하고(물론 상대방의 허락하에!) 상대방과 비교하여 당신이 말한 시간이 어느 정도인지 들어 보는 것이다. 둘째, 질문하기보다 반영하기를 더 많이 한다. 반영하기와 질문하기의 비율이 3 : 1이 되게 한다. 셋째, 반영을 할 때는 간략하게 하고, 가능할 때는 복합반영을 활용한다. 사람들은 단순반영이 더 쉽고 주의를 덜 요구하므로 이에 의존하는 경향이 있는데 복합반영은 대화를 더 풍성하게 해 준다. 이는 바꾸어 말하기만으로는 할 수 없는 부분이다. 넷째, 평가나 판단이 들어간 인정하기는 삼간다. 평가가 섞인 말은 주로 '내가'로 시작하므로 인정하기에서는 '당신이'를 더 많이 사용하도록 한다. 마지막으로, 최근에 Rollnick 박사는 자문관에게 모든 상호작용에서 처음의 최소 20%는 다른 사람과 관계 맺는 데 할애할 것을 제안한다. 이 측정 기준은 단기, 장기 상호작용 모두에 동일하게 적용할 수 있어 유용하다. 5분간의 대화에서 당신은 현명하게 적어도 첫 1분을 단순히 상대방과 관계 맺는 데 집중하고, 60분간의 대화에서는 10분 혹은 그 이상을 관계 형성하기에 할애할 수 있을 것이다.

> 만약 상대방보다 말을 더 많이 한다면 당신은 동기강화상담을 하고 있다고 볼 수 없다.

Miller와 Rollnick(2013)은 OARS와 같은 핵심 기술이 인간중심상담 접근의 공통적인 부분이지만 이것 자체가 동기강화상담을 구성하는 것은 아니라고 말한다. 그보다는 이러한 기술을 전략적으로 사용함으로써 변화의 방향으로 나아가게 하는 것이 동기강화상담의 본질임을 밝힌다. 그러나 이러한 기술을 적용할 때, 심지어 매일의 대화에 적용할 때 자문관과 피자문관 또는 교직원과 학부모 간에 상호작용하는 대화 양식을 극적으로 변하게 할 가능성이 있다.

❁ 하지 말아야 할 것

우리는 모두 타인이 말하는 것에 대한 직관적 반응을 포함하여 주어진 상황에 어떻게 반응하는지 나름대로의 특성을 가지고 있다. 때때로 이러한 직관적 반응은 대화 내용에 따라 다양해지기도 한다. 예를 들어, 대화의 주제가 학급관리 개선과 관련된 것이라면 아마도 당신의 특징적 반응은 가르치려는 것일 수 있다. 반면 주제가 사회정의와 같이 보다 당신의 정서와 관련된 것이라면 논쟁과 함께 유지대화에 반응하려는 경향을 보일지도 모른다. 알아야 할 것은 이러한 직관적 반응이 그다지 효과적이지 않은 경우가 매우 흔하다는 것이다. 오히려 이러한 반응은 더 많은 유지대화를 유발해 낼 수 있다. 따라서 당신의 직관적 반응과 언제 그것이 동기강화적 대화에 반하는지를 알아차리고 방지하는 것이 중요하다. 아래에 제시된 몇 가지 일반적인 직관적 반응은 사실상 동기를 약화하는 것이다.

논쟁

유지대화에 가장 공통적인 직관적 반응은 아마도 그것에 맞서며 논쟁하는 것일 것이다. Miller와 Rollnick은 이러한 성향을 교정반사라고 말한다. 앞에서 보았듯이 우리 대부분은 논쟁의 양면을 다 알고 있다(예: 변화의 좋은 점과 나쁜 점). 우리의 인지적 세계는 저항적인 말("운동하기 싫어요.")에 맞서서 반대론("하지만 운동은 네게 좋은 거야.")을 꺼내는 반사적인 반응을 하게 되어 있다. 현재 상태에 맞서며 논쟁하는 당신의 직관적 반응은 거의 항상 피자문관으로부터 반대 입장—현재 상태의 좋은 점을 논함—을 유도해 낸다는 것을 명심한다. 만약 당신이 누군가 변하길 몹시 바란다면 이로 인해 불가피하게도 논쟁에서 지고 만다.

> 현재 상태에 맞서며 논쟁하는 당신의 직관적 반응은 거의 항상 피자문관으로부터 반대 입장—현재 상태의 좋은 점을 논함—을 유도해 낸다는 것을 명심한다.

교육

고등교육을 받은 많은 사람들은 동기를 구축하기 위한 전략으로 타인을 가르치려 드는 성향을 갖고 있다. 이 성향이 다른 장면보다 특히 교육 장면에서 더 강하다는 것은 모두들 알고 있을 것이다. 예를 들어 학부모가 자신은 칭찬이 양육 전략에 유용한 것 같지 않다고 말한다고 하자. 그러면 자문관은 자연스럽게 "그 질문과 관련하여 수많은 연구가 진행되었고, 칭찬이 양육 기술에 핵심이라는 것을 매우 일관되게 보여 주고 있어요."라고 대답할 것이다. 이처럼 유지대화에 대한 반응으로 가르치려 드는 것은 상대방에게 변하려는 동기가 없는 것을 단순히 논리나 합리성으로 바꿀 수 있다고 생각하기 때문이다. 이미 논의했듯이 변화 동기는 복합적이며 한 사람의 생활과 환경의 많은 영역 안에서 일어나는 역동적인 상호작용이다. 이 반응의 또 다른 문제점은, 그 사람은 당신이 제공한 교육적 정보를 아직 숙고해 보지 않았다고 추측하는 것이다. 사실 당신과 함께 작업하는 많은 피자문관들은 이미 당신이 가르치고 싶어 하는 것들을 알고 있는 경우가 더 많다. 흔히 유지대화에서 가르치려는 반응은 교육적 정보에 반대되는 논쟁을 이끌어 내게 된다("그 연구가 저희 집에서 된 것은 아니잖아요."). 끝으로 교육적 반응의 아이러니에 주목할 필요가 있는데, 자문관은 어떤 주제에 대한 연구를 상대방에게 알려 주고 싶어 하지만, 정작 이런 유형의 반응이 사람들로 하여금 변화로 나아갈 수 있도록 하는 데는 비효과적임을 보여 주는 방대한 연구는 아직도 무시한다는 점이다.

성급한 해결책

또 다른 직관적 반응은 바로 조언하기인데, 이러한 반응은 대체로 "…은 해 보셨나요?" 또는 "…해 보시면 어떨까요?"와 같은 말 혹은 더 직접적인 것으로 "당신이라면 나는…." 에 해당되는 말이다. 조언하기가 효과적인 전략이 되려면 자제력을 가지고 요청받았을 때에만 하는 것이 최선이다. 또한 조언을 할 때는 동기강화상담과 일치하는 다른 반응, 예를 들면 선택 강조하기와 같은 반응과 함께 짝지어 하는 것이 가장 좋다.

자기노출

어떤 자문관들은 저항을 다루기 위해 자기 고유의 경험을 드러내기도 한다. "저도 선생님과 굉장히 비슷한 상황인데 제가 관리하는 방법은…." 또는 "제 아이가 자기주장을 배울 때 제가 할 수 있었던 최선의 방법은…." 조언하기와 마찬가지로 자기노출은 효과적인 반응이 될 수도 있다. 적절할 때 사려 있는 태도로 한 자기노출은 라포를 형성하고 조력적 동맹을 만들어 줄 수도 있다. 그러나 유지대화에서 과도하게 혹은 늘 하는 식의 반응으로 하는 자기노출은 더 많은 유지대화를 자아내게 하고("글쎄요, 이 학급—또는 제 아이—은 선생님 상황과는 달라요.") 부조화를 만들어 낸다(여기서의 자기노출은 당신이 상대방의 사정을 이해하지 못한 것처럼 해석되기 때문).

권위/압박/죄책감

타인을 동기화하는 데 영향을 주고자 할 때 사용하는 전략으로 어떤 사람은 타인이 죄책감을 느끼도록 한다. 죄책감이 동기를 일으킬 수는 있지만 자문관이 이용하기에는 위험한 전략이다.

회피

많은 경우 우리는 유지대화를 피하고 싶어 한다. 유지대화로 논의하는 것은 불편하고, 우리 대부분은 불편한 대화를 멀리 하고 싶어 하는 것이 당연하다. 때로는 회피가 초점을 전환하기 위해 의도적으로 사용되었을 때 효과적인 전략이 될 수 있다. 그러나 그것이 특질이 되거나 무의식적 반응이 될 때에는 변화대화를 이끌어 낼 수 있는 좋은 기회마저도 놓칠 수 있다. 어려운 주제를 기꺼이 꺼내려는 마음은 고차원적인 자문관의 기술이다.

❀ 반응 알아차리기

앞에서 학부모나 교사, 학생의 대화가 당신의 교육, 조언하기, 또는 자기노출이 동기를 촉진하는지 훼방하는지를 알려 주는 표지판이 될 것이라고 했다. 당신의 반응 후에 듣게 되는 것이 변화대화라면 당신의 반응은 잘된 것이다. 그러나 만약 상대방으로부터 더 많은 유지대화를 듣는다면 뭔가 다르게 해야 한다는 신호로 보아야 한다. 말하자면 당신의 특징적인 반응이 무엇인지 알아차리고 때에 따라서는 그것을 보류하는 연습을 하며, 그 결과를 검토해 보길 바란다.

❀ 그 외 가능한 반응

자신을 알아차리기

당신의 직관적 반응을 바꾸기 위해 우리가 권하는 두 단계는 (a) 멈추기, (b) 다른 새로운 것 시도해 보기이다. '멈추기'란 자신의 특징적인 반응을 알아차리고 그것이 나오기 전에 먼저 억제하는 것을 말한다. 만약 유지대화에 대한 직관적 반응이 교육하는 것이라면 이를 알아차리고 그것이 나오기 전에 멈추는 것이다. 두 번째 단계는 의도적으로 다른 전략을 택하는 것을 말하는데 동기강화상담에 일치하는 것이면 더 좋다. 새로운 동기강화상담 전략을 배우고 있는 입장에서 해 볼 만한 간단한 접근은 유지대화를 단순하게 반영하는 것이다. 만약 유지대화가 계속된다면 그때는 초점을 전환해야 할 것이다.

대처진술

때로는 당신 안에서 일어나는 내적 대화가 동기강화상담 기술을 배우는 과정에 방해가 될 수 있다. 새로운 기술이기도 하면서 당신의 본래 자문 스타일과는 다른 새로운 존재 방식을 학습하는 이 고된 과정에 참여하는 동안 당신이 수행해 볼 수 있는 몇 가지 긍정적 대처진술을 알려 주고자 한다. 대처진술은 "난 이것을 할 수 있어." 또는 "나는 이것을 과학자처럼 다루고 어떤 일이 일어나는지 우선 관찰할 거야."와 같은 말이다. 동기강화상담을 교육하다 보면 우리는 사람들이 즉각적으로 그것에 능숙해지길 바라는 경향이 있음을 알게 된다. 아마도 어느 정도는 이 접근이 쉬운 것처럼 여겨지기 때문일 수도 있겠다. 그러나 현실적으로는 대부분의 사람들에게 시간이 걸리고 연습이 필요하다. 따라서 당신 고유의 강점과 성장점을 근거로 자신을 위한 현실적인 목표를 세울 것을 장려한다.

목표 세우기

대부분의 사람들에게 현실적인 목표는 한 번에 한 가지의 새로운 기술을 배우는 것이다. 예를 들어 당신이 열린 질문에는 능숙하나 반영은 잘하지 않는 편이라고 하자. 이럴 경우 다음 미팅에서 당신의 목표는 반영적 진술을 늘리는 것이 된다. 만약 당신이 이미 단순반영을 많이 하고 있다면 아마도 다음 목표는 복합반영을 증가시키는 것이 될 수 있을 것이다. 동기강화상담을 처음 접하는 경우, 좋은 출발점은 단순히 유지대화에 끼어들고 반응하는 당신의 직관적 반응에 주의를 기울이는 것이다. 동기강화상담의 이전 판에서는 이를 '저항과 함께 구르기'로 나타냈다.

요약

동기강화상담 기법을 학교 기반 중재에 투입하는 연구는 이제 초창기 단계이기는 하나 연구자들이 지속적으로 채택하고 있다(Blom-Hoffman & Rose, 2007; Connell & Dishion, 2008; Dishion et al., 2008; Dishion & Stormshak, 2007; Dishion, Stormshak, & Siler, 2010; Frey et al., 2011; Gill, Hyde, Shaw, Dishion, & Wilson, 2008; Lunkenheimer et al., 2008; Moilanen, Shaw, Dishion, Gardner, & Wilson, 2010; Nock & Ferriter, 2005; Nock & Kazdin, 2001; Nock & Photos, 2006; Reinke et al., 2008; Shaw, Dishion, Supplee, Gardner, & Arnds, 2006). 이러한 개입에서 동기강화상담을 통해 양육 기술이나 학급관리 실행과 같이 교사나 학부모의 변화에 따라 달라지는 근거 중심 개입의 충실도가 증가되었다.

이러한 개입 과정을 안내하는 데 동기강화상담이 매우 유익한 접근이라는 것에 동의함은 물론, 우리는 이 접근과 관련된 정신과 기술을 차용하는 것이 변화에 대한 일상 대화의 안내에도 유익할 것이라고 믿는다. 학교 관련자들에 의해 동기강화상담의 효과적인 활용의 근거가 여전히 드러나고 있기는 하지만 향후 10년 동안 학교 지원 서비스라는 맥락에서 동기강화상담이 더욱 확장될 것으로 기대하고 있다. 동기강화상담은 많은 욕구를 충족시키고, 유력한 표면적 타당성 및 활용의 유연성과 같은 상당수의 긍정적 특징을 지니고 있다.

다음 장에서는 학교 현장에서 일반적인 피자문관—학부모, 교사, 학생—에게 동기강화상담의 기술과 과정을 적용해 볼 것이다. 학교에서 변화에 대한 보다 효과적인 대화를 갖기 위해 이러한 전략의 활용에 주목한다.

제2부

학교 장면에서의 구체적 적용

CHAPTER 4

학부모와의 동기강화상담

대부분의 교육자들이 익히 알고 있는 바와 같이, 학부모가 자녀의 교육에 적극적으로 참여할 때 자녀의 발달이 촉진된다. 수행력이 높은/낮은 아동, 특수아동 여부를 막론하고 학부모의 참여는 자녀의 발달에 영향을 미친다. 그러나 모든 부모가 자녀의 학교생활에 적극적으로 관여하는 것은 아닌데, 다양한 배경이거나 행동 문제를 가진 아동의 부모일 경우 더욱 그렇다(Park, Pullis, Reilly, & Townsend, 1994). 대부분의 학교가 과제로 삼고 있는 도전 중의 하나는 바로 어떻게 하면 가족들을 학교에서 제공하는 교육 활동에 적극적으로 참여시킬 수 있을 것인가 하는 문제이다.

이 장에서는 학부모의 학교 참여를 높이기 위해 3장에서 논의한 동기강화상담의 활용 방안을 모색하고자 한다. 먼저 우리는 이에 대한 근거를 제시하고 이 목표를 달성하는 데 따르는 일반적인 난제를 다룰 것이다. 그런 다음 동기강화상담 과정—관계 형성하기, 초점 맞추기, 유발하기, 계획하기—에서 활용될 수 있는 전략을 제시한다. 앞 장과 마찬가지로 우리 또한 가족들과의 매일의 상호작용에서 동기강화상담의 전략을 사용하는 방법을 기술하고자 한다. 추가적으로 이러한 전략을 구조화된 자문 모델 안에서 학부모들과의 장기적 관계와 만남에 적용할 수 있게 하였다.

이론적 근거와 다루어야 할 과제

학부모나 양육자들이 교육/심리 서비스에 대해 불편한 마음을 갖는 데는 상당한 구조적 요인, 맥락적 요인, 인지적 요인이 있다. 정신건강이나 학업적 요구가 있는 아동에게 그러한 서비스를 가장 잘 제공할 수 있는 곳이 학교라는 점을 고려해 볼 때 이는 참 안타까운 일이다. 학교에 참여할 것인가 그리고 어떤 식으로 참여할 것인가와 같은 초기 결정에 영향을 미치는 것으로는 여러 가지가 있다. 그중에는 교육에 있어서의 부모 자신의 역할에 대한 신념, 문제의 원인에 대한 지각, 참여에 방해물로 인식되는 것들, 교육 체계와 관련해서 부모 자신이 겪은 과거의 경험과 같은 것들이 있다(McKay et al., 2004). 이 외에도 사회경제적 불리함, 소수민족이라는 신분, 자녀 문제의 심각성, 부모로서 경험하는 스트레스나 우울, 자녀 양육에 필요한 지식이나 기술의 부족, 자신감 결여 등도 학교 서비스에 참여할 것인가 아닌가를 결정짓는 중요한 요인이 된다(McKay et al., 2004; Nock & Kazdin, 2001).

정서적 어려움이나 행동 문제를 가진 아동의 가족은 보통 학교나 정신건강 서비스 기관과 더 잦은 상호작용을 해 온 편이다. 이러한 과거의 경험은 학교에서 제공되는 서비스에서 자신의 역할이 무엇인지에 대한 인식과 서비스에 참여할 때 얻을 수 있는 이득이나 상대적으로 감수해야 할 것들을 추정하는 데 영향을 미친다. 일부 소수민족의 학부모라면 가족과 학교 간 문화적 단절감을 경험할 수도 있을 것이다(McKay et al., 2004). 이는 홀대 또는 소외당한 경험이 되어 곧 학교 서비스에 대한 불신으로 이어질 수도 있다(Duran & Duran, 1995). 이 외에도 학교 정규시간과 부모의 근무시간이 겹친다거나 교통 문제, 육아 문제 등도 학교나 이와 관련된 서비스에의 참여를 방해하는 구조적 장애물이 될 수 있다(McKay et al., 2004; Nock & Kazdin, 2001).

교직원은 학부모가 서비스에 참여하는 데 방해가 되는 장애물을 중점적으로 다루어야 한다. 이는 학생들을 효율적으로 지원하기 위한 것이기도 하지만, 더 나아가 이제 학부모들은 아동과 청소년을 위한 갖가지 중재에서 중추적인 역할을 담당하기 때문이다(Affronti & Levison-Johnson, 2009). 정서적 또는 행동 문제를 가진 아동, 청소년에 대한 돌봄에 있어 가장 효과적인 방법이 이제는 아동 중심의 중재에서 가족 중심의 중재로 바뀌고 있는데 이는 상당한 수준의 부모의 참여와 행동변화를 필요로 한다(Fauber & Long, 1991). 점차적으로 학교 교육과정에 대한 학부모의 참여는 모든 학생들의 성공에 크게 기여하는 요인이 되는 추세이다.

관계 형성하기

2장에 기술한 바와 같이, 다양한 서비스에 가족의 참여를 촉진하는 방법으로 '문간에 발 들이기'와 같은 첫 단계가 있다. 이는 학부모들의 신뢰를 얻고 그들과 좋은 관계를 쌓아 교직원과의 개방적인 소통은 물론 모임의 참여와 의지를 공고히 하기에 좋은 방법이다. 일단 학부모가 모임에 참여할 의사를 보인다면 교직원은 이를 기점으로 동기강화상담의 관계 형성하기 과정을 활용해 볼 수 있을 것이다.

학부모를 향한 동기강화상담 정신: 학부모를 만날 때 기억해야 할 세 가지 교훈

서비스가 필요한 가족과 만날 때 늘 명심하면 좋은 세 가지 교훈이 있다. 첫째, 대다수의 부모들은 학교 서비스에 참여함으로써 감수해야 할 대가보다 그것으로부터 얻는 유익이 훨씬 더 크다고 인식할 때 여러 가지 구조적 장애물(예: 교통이나 육아)을 해결하려 한다는 것이다. 그렇다고 학교가 지원 서비스를 제공하지 않아도 된다는 의미는 아니다. 오히려 가족 중심의 개입에는 이러한 지원 서비스가 도움이 된다는 근거가 많은데 여기에는 시간 조정이 가능한 것, 식사 제공이나 육아 서비스, 참여 장려금과 같은 것들이 포함된다(Webster-Stratton, 1998a). 어쨌든 학부모들은 자신의 노력이 자녀에게 혜택이 되는지 아닌지 그 보상 정도를 따져 볼 것이므로 학부모들의 참여도를 높이기에 가장 효과적인 방법은 그들이 인지한 장애물을 직접적으로 다루되, 드는 비용보다는 얻는 이익이 훨씬 크다는 것을 볼 수 있게 해 주어야 한다는 것이다.

학부모들의 참여도를 높이기에 가장 효과적인 방법은 그들이 인지한 장애물을 직접적으로 다루되, 손실되는 비용보다는 얻는 이익이 훨씬 크다는 것을 볼 수 있게 해 주어야 한다는 것이다.

둘째, 지속성이 중요하다. 많은 가족 자문관이나 교직원들은 반복되는 전화 연락, 이메일, 메모 등으로 혹시나 학부모들을 귀찮게 하는 것은 아닌지 걱정한다. 그러나 연구자들이 학부모들에게 이러한 부분에 대해 질문한 바에 의하면 학부모 대부분이 성가시다고 여기기보다 그러한 수고와 관심에 고마워한다. 따라서 우리가 기억해야 할 두 번째 교훈은 힘든 학부모라 할지라도 계속적으로 노력해야 한다는 것이다.

셋째, 학부모를 만나기 직전 당신의 추측이나 가정에 대해 점검해 보는 것이 좋다. 어느 누구도 판단 받는 것을 좋아하지 않는다. 부모의 양육행동과 관련해서는 더욱 그러한데, 많은 학부모들, 특히 자녀의 문제행동으로 곤란을 겪는 부모일 경우 학교에 올 때 이미 자신이 비판을 받을 것이라는 예상을 하며 오는 경우가 많다. 따라서 그들은 첫 대면 시 감지되는 평가에 아주 민감할 것이므로 당신이 만날 학부모에 대한 당신의 추측이나 가정을 검토해 보는 것이 필요하다. 만약 학부모에 대해 어떤 부정적인 생각('관심이 있다면 모임에 참석하겠지.', '그 사람은 형편없는 아버지야.')이 든다면 상대방도 이러한 당신의 추측을 금방 알아차린다는 것을 명심해야 한다.

학부모 입장에서는 자신을 평가하거나 자신이 신뢰할 수 없는 대상과 함께 노력하고 싶지 않은 것이 당연하다. 이미 판단 받은 것같이 느낀 학부모와 시작된 관계를 개선할 수는 있겠지만, 무엇보다 그에 앞서 당신이 만날 학부모에 대한 추측이나 신념을 미리 점검하고 바꾸는 것이 중요하다.

변화에 대한 일상대화

피츠제럴드 선생님은 초등학교 5학년 담임이다. 학생 중에 자주 지각하는 제럴드가 걱정이 되어 제럴드의 부모님을 만나 볼 생각으로 어머니에게 이메일로 직접 만날 수 있는지 혹은 전화 통화가 가능한지 그리고 언제가 좋은지를 물어보았다. 제럴드의 어머니는 다음 날 방과 후에 들를 수 있다는 답신을 주었다. 다음은 피츠제럴드 선생님과 어머니의 대화이다.

교사: 많이 바쁘실 텐데, 오늘 이렇게 시간을 내주셔서 감사합니다.

부모: 괜찮아요. 그런데 무슨 문제가 있는 거죠?

교사: 먼저 제럴드가 학교에서 잘하고 있다는 걸 말씀드리고 싶네요. 쉽지 않을 수 있는 것들인데도 잘하려고 노력하는 모습을 보거든요. 어제만 해도 마치는 종이 울리기 직전까지 수학 문제를 끝까지 붙잡고 풀려고 애쓰는 걸 봤어요. 주변의 친구들이 방해하는데도 말이죠. 신학기에는 어려우면 쉽사리 포기하려 했었는데 지금은 정말 많이 성장했어요.

부모: 오…. (고개를 기울이며)

교사: 놀랍지요.

부모: 흠, 사실 제럴드에 대해 칭찬을 들어 본 적이 별로 없어요. 제가 학교에 가야 할 때는 주로 그 아이가 무언가를 잘못했을 때였거든요.

교사: 아이가 잘하고 있는 점을 듣게 되면 참 좋죠.

부모: 네.

교사: 저는 정말로 이것이 계속되었으면 좋겠어요. 단지 한 가지 지금 말씀드리고 싶은 것은 제럴드가 학교에 늦게 온다는 점인데요.

부모: 네, 애가 아침에 늑장을 부려요.

교사: 아침에 일찍 일어난다는 게 항상 힘들죠.

부모: 흠, 전 이제 아예 잔소리도 안 해요. 깨우고 나서 준비하라고 할 뿐이거든요. 말하면 할수록 더 싸우게 되니까요.

교사: 제럴드가 알아서 스스로 하게 하면 더 쉬울 수도 있어요.

부모: 그러게요. 근데 걘는 아침형은 아니에요.

교사: 제럴드가 학교에 지각하는 것에 대해서는 어떻게 생각하시나요?

부모: 그건 바람직하지 못한 일이죠.

교사: 어떤 점이 마음에 걸리시나요?

부모: 만약 일찍 등교하게 되면 학교에서 더 잘할 수 있을 것 같아요. 그리고 지각하는 것은 별로 책임감 있는 행동이 아니죠. 전 그 아이가 책임감이 있었으면 좋겠거든요.

교사: 제시간을 지킨다는 것은 성장했다는 증거죠. 제시간에 등교하는 것이 어떤 점에서 학교생활에 더 도움이 되리라 생각하시나요?

부모: 잘 모르겠네요. 나쁠 건 전혀 없다고 봐요. 뭔가를 놓칠 수는 있겠네요.

교사: 맞는 말씀이에요. 제럴드가 시간 맞춰 온 날에는 좀 더 나은 하루를 보내는 것 같더라고요. 그런데 늦는 날에는 다른 친구들보다 뒤처져서 시작하게 되니 그걸 따라잡기 위해서 애쓰느라 하루를 다 보내는 것 같았어요.

부모: 흠.

교사: 우리가 무엇을 해 보면 좋을까요?

부모: 잘 모르겠어요. 저는 이런저런 노력을 다 해 본 것 같은데 오히려 더 나빠지는 것 같던데요.

교사: 우리가 무엇을 하든지 간에 여태 어머님이 하신 것과는 다른 방향으로, 그리고 제럴드와 어머님 사이에 큰 다툼이 일어나지 않는 방법을 찾아야겠네요.

부모: 맞아요.

교사: 어머님이 아시다시피 저는 이런 비슷한 문제로 고민하시는 많은 학부모님들과 이야기를 나눠 봤어요. 그리고 사실 이런 건 지극히 정상적인 일이기도 하죠. 그렇다 보니 다른 분들이 효과적으로 활용한 방법을 몇 가지 알고 있긴 하답니다. 어머니에게 전적으로 달려 있긴 하지만 혹시 원하신다면 그중에 몇 가지를 나눠 볼 수도 있고요.

부모: 좋아요. 어떤 방법이 있는지 들어 보고 싶네요.

이 예시에서 교사는 평가나 판단 대신 학생에 대해 구체적이면서 긍정적인 진술로 대화를 시작했다. 서로 공유하는 목표로 학생의 성공적인 학교생활을 잡았고, 열린 질문과 유발하기, 반영하기와 인정하기, 허락을 구한 후 조언 제공하기가 활용되었다.

❀ 초기 연락

관계를 만들어 가는 과정에서의 목표는 학생의 가족과 신뢰 관계를 구축하고 개방적으로 대화를 지속할 수 있도록 하는 것이다. 따라서 2장에서 다룬 McKay의 참여 모델은 부모와 취하는 첫 연락에 강조점을 두고 있다. 학부모와의 첫 연락은 가족과 자문관 간에 라포 형성이 시작되며 긍정적인 관계를 위한 발판이 놓이는 단계라고 볼 수 있다. 주로 학부모에게 하는 첫 연락은 첫 모임에 초대하는 전화로서, 중재의 시작으로 볼 수 있는 상호작용이다. 처음 통화 시에는 가능한 한 가족 문제에 대한 심도 있는 대화를 피하는 것이 좋다. 직접 대면한 적이 없는 가족과 전화로 가족 문제를 다루는 것은 의도치 않게 차후의 개입이나 작업에 방해가 될 수도 있다. 학부모와 나누는 첫 통화에서 우연히 혹은 의도적으로 가족 내 다른 구성원에 관한 정보를 공유한 것이 자문관과 동맹이 되는 분위기를 만들어 나중에 영향을 미칠 수도 있기 때문이다.

❁ 가벼운 주제로 대화 시작하기

학부모와 만났을 때 처음 얼마간은 가벼운 주제로 대화를 이어 나가는 것이 좋다. 가벼운 주제라는 것을 Miller와 Rollnick(2013)이 언급한 날씨나 사소한 주제와 같은 잡담 함정과 혼동해서는 안 된다. 진부한 주제이거나 또는 너무 길게 지속될 경우, 이런 가벼운 대화는 라포와 동기를 형성하는 데 방해가 될 수도 있다. 대신 간략하게 상대방과 관련이 있거나 당신이 알아야 할 것들에 관한 호기심 어린 질문의 대화가 좋다. 만남이 학부모의 집에서 이루어졌다면 집 안의 물품에 관한 질문도 괜찮다("그림이 참 예쁘네요, 언제 어디서 구하셨나요?"). 이러한 대화를 이어 가는 데는 호기심이 필요하다.

❁ 만남의 이유에 대해 전달하기

학부모는 왜 자신이 이 만남에 초대되었는지 궁금할 것이다. 아마도 만남이 이루어지기 전에 이미 설명했을 테지만 만남 초반에 한 번 더 반복해 주는 것이 좋다. 만남의 이유는 간략하게 사실 위주로, 비판단적으로 전달하도록 한다. 공동의 목표를 향해 협력적으로 함께 헌신하자고 전달하는 것이 좋다. "전화로 말씀드렸듯이 학급에서의 제프리의 행동에 관해 말씀을 나누고, 제프리를 어떻게 도울 수 있을지 부모님으로부터 아이디어를 얻고 싶습니다."

❁ OARS 활용하기

OARS(열린 질문 하기, 인정하기, 반영하기, 요약하기)는 동기강화상담에서 관계 맺는 과정을 용이하게 해 주는 주요 수단이다. 만약 당신의 주 관심사가 학부모의 동기를 구축하는 것이라면 만남의 서두는 단순히 학부모의 관점을 이해하고 듣는 데 시간을 할애하는 것이 좋다. 경청의 중요성은 미팅시간이 어느 정도냐에 좌우되지 않는다. 아주 짧은 만남에서도 인정하기와 반영적 경청, 요약, 열린 질문과 유발하기를 통해 관계 형성을 훨씬 더 효과적으로 이룰 수 있다.

인정하기: 긍정적인 부분부터 시작하기

인정하기는 학부모와 갖게 되는 어떤 만남에서건 시작하기에 아주 좋은 방법이다. 특히 인정하기가 진정성 있고 정확하며 구체적일 때 가장 효과적이므로 학부모를 만나기 전 시간을 갖고 어떤 긍정적 피드백을 줄 수 있는지 생각해 보도록 한다. 당신이 만나게 될 가족 중에는 강점이나 장점이 금방 떠오르는 자녀가 있는가 하면 특히 당신이 도와주려고 애쓰는 학생의 경우라면 긍정적인 특징을 한 가지도 찾아내기 어려울 수 있다. 따라서 만남 전에 긍정적인 점을 찾는 시간을 갖고 준비하는 것 또한 학부모를 돕고자 하는 마음 자세를 갖추는 데 중요한 부분이다. 앞 장에서 다룬 내용 중 누가 삶에서 가장 도움이 되었는지, 어려운 시기에 누가 가장 지지가 되었는지, 좋은 의도로 관심을 가지고 진심으로 돌보아 준 것은 어떤 사람이었는지 다시 기억해 보자.

인정하기로 대화를 시작하는 예는 다음과 같다.

> "함께 제프리에 관해 이야기할 수 있도록 시간을 내주셔서 감사해요. 제프리 같은 아이가 저희 반에 있어서 얼마나 좋은지 몰라요. 친구들에게 인기도 많고 운동장에서 노는 것을 보면 정말 신나게 놀고 있어서 보고 있는 저까지 덩달아 신이 나죠. 아이들이 왜 제프리와 같이 놀고 싶어 하는지 알겠다니까요. 사교성이나 대인관계 능력이 정말 좋답니다."

희망 고취를 위한 인정하기. 학부모와의 만남이 이루어지는 초반에 낙관적인 관점을 전달하고 상황을 개선할 수 있는 여지가 있음을 자주 전달하는 것이 중요하다. 당신은 부모가 상황이 나아지리라는 희망을 가지고 문을 나서길 바랄 것이다. 상대방에게 희망을 불어넣는 능력은 당신의 믿음과 인식에서 나온다. 만약 당신이 상황을 절망적이라고 믿는다면 어떤 말이나 행동을 해도 이것이 전달될 것이며 그들과 가지는 만남까지 해치게 될 것이다. 따라서 만남 전에 당신의 가정이나 추측을 성찰해 보는 시간이 필요하다. 특별히 힘든 자녀를 둔 부모를 만날 경우, 당신이 가지고 있는 기본 신념에 대해 상기해 보는 것이 좋다. 다음의 문장을 읽고 이를 믿어 본다면 어느 정도 도움이 될 것이다.

- 모든 아동은 배우고 성장할 수 있다.
- 모든 아동의 학습과 성장을 돕기 위해 어른들은 함께 노력할 수 있다.

- 어느 상황에서든지 해 볼 만한 것이 있다.
- 어떤 상황이든 나아지기 위해 나는 무언가를 할 수 있다.

학부모와의 만남 초반에 시시때때로 당신의 긍정적인 믿음과 헌신을 전달할 수 있다. 이를 위해 아래의 문장을 활용할 수 있다.

- "우리는 분명 이 상황을 다룰 수 있다고 봅니다."
- "이것은 지금 우리가 개선할 수 있는 점이기 때문에 저는 이 문제를 진작에 꺼내고 싶었어요."
- "함께 노력한다면 제프리가 수업을 최대한 활용하도록 도울 수 있을 거예요."
- "저는 제프리의 강점을 보았고, 제프리를 돕기 위해 진정으로 노력할 거예요."

관계 형성을 위한 열린 질문

관계를 형성하는 과정에서의 열린 질문은 부모의 관점이나 가치, 의도에 대해서 더 많이 알고 이해하는 데에 그 목적이 있다. 다음에 제시된 바와 같은 질문으로 문제에 대한 학부모의 관점과 가능한 해결책을 수집한다. 이는 이후의 초점 맞추기와 유발하기, 계획을 세우는 과정에서도 적용되는 것이다. 관계를 맺는 질문은 더 깊은 이해와 라포를 형성해 가는 문이 될 뿐 아니라 강점과 자원, 낙관적일 수 있는 이유, 자녀와 가족, 학교에 대한 전반적인 관점을 알게 해 준다. 이와 같은 질문을 꼭 해야 한다고 부담을 가질 필요는 없으며 만남 초반에만 해야 하는 것도 아니다. 관계를 형성하는 것은 만남이 이루어지는 내내 주력할 필요가 있다.

- "올해 어떤 점들이 잘되고 있나요?"
- "아이의 강점은 무엇인가요?"
- "가족에 대해 특별히 자랑스러워하는 것은 무엇인가요?"
- "부모님과 아이가 과거에 극복한 어려움은 무엇인가요?"
- "부모님의 학교생활은 어땠나요?"
- "올해 학교와 관련해서 좋았거나 혹은 불만족스러웠던 일은 무엇인가요?"
- "어떻게 하면 제가 최대한 도움이 될까요? 보다 효과적으로 지지하기 위해 제가 무엇을 하면 좋을까요?"

반영하기와 요약하기

경청, 즉 학부모의 관점을 듣고 이해하는 것은 관계를 형성하는 과정에서 매우 중요하다. 열린 질문으로 그들의 관점을 묻고 그들이 한 말을 반영하고 요약해 줌으로써 잠정적으로 그들과 긍정적인 관계를 구축해 나가게 된다. 말의 내용이나 감정을 단순히 반영하는 것("아들 때문에 정말 많이 걱정하셨군요.")은 대화를 이어 가게 할 뿐 아니라 당신이 경청하고 있다는 것을 나타내 주기도 한다. 말의 이면에 놓인 깊은 의미까지 더해진 좀 더 복합적인 반영("이런 변화를 시도하자니 너무 새롭고 부모님 삶 전체가 뒤흔들릴 것 같아 이러지도 저러지도 못하고 계신 것 같군요.")은 공감을 표현하고 보다 친밀하고 신뢰로운 관계를 구축하게 해 준다.

요약하기 역시 이러한 효과를 얻을 수 있으며, 대화를 진전시키고 대화의 틀을 마련하며 대화 중에 표현된 여러 다른 의견을 연결해 주는 기능을 한다. 또한 한 주제에서 다른 주제로 전환할 때도 유용한 방법이다("지금까지 신디에 대해서 염려되는 바를 함께 이야기해 봤어요. 또 가족이 작은 변화를 시작해 볼 때 무엇을 어떤 식으로 하면 생활이 좀 더 나아질 수 있을지에 대해서도요. 제가 한 가지 여쭤 보고 싶은 중요한 것이 있는데요, 바로 부모님으로서 가지고 있는 가치에 관해서랍니다."). 또한 요약하기는 학부모가 명시적으로 언급하지는 않지만 대화 속에서 들은 가닥가닥의 생각이나 주제, 흩어진 생각들을 포착, 연결하고 정리하여 학부모에게 다시 말해 주고 그들의 확인을 받는 것으로 활용될 수도 있다. Miller와 Rollnick(2002)은 이러한 과정을 꽃을 모아 부케를 만들어 내담자에게 내미는 것에 비유하며, 내담자로 하여금 심화된 논의와 고려를 할 수 있도록 한다고 말한다. 예컨대 대화 중간에 당신은 이렇게 말할 수 있다. "네, 그것을 감당하기 위해 얼마나 노력하고 있는지 그리고 그것 때문에 꼼짝달싹할 수 없을 정도라는 것도 말씀하셨어요. 아이들에게 학교가 얼마나 중요한지 알기 때문에 아이들이 학교 수업을 잘 따라가고 있는지 체크도 하고 계시다고요. 아이들이 다른 가족원들과도 친밀감을 느끼길 바라는데 거기에 할애할 시간은 없다는 말씀이시지요. 어머니 말씀을 듣고 보니 가정사와 관련된 모든 일들이 어머니에게 떠맡겨져 있는 것 같군요. 그러면서도 이 모든 것들을 감당하는 데 필요한 도움은 거의 없고요."

❁ 다루기 어려운 주제에 대해 기꺼이 대화하기

대화를 하는 동안 학부모가 민감하게 여기는 주제가 무엇인지에 대해 주의를 기울일 필요가 있다. 그리고 그러한 주제에 우회적인 질문으로 다가가는 것이 중요하다. 이를 통해 그 가족과 자녀를 이해하는 데 핵심이 되는 정보를 얻을 수 있다. 불편함이나 어색함을 내비치지 않고 사실 본위의 태도로 질문할 때 학부모의 신뢰를 얻을 수 있고 어려운 문제를 직면하여 다룰 의향과 능력이 있음을 보여 주게 된다. 또한 어려운 주제를 다루는 것을 즉시성의 한 예로 볼 수도 있다. 과거나 미래가 아닌 지금 여기에 관한 이야기로서 말이다. 어려운 주제에 관한 논의가 성공적으로 이루어졌을 때는 관계에서의 친밀감이 증폭되고 라포가 형성된다. 민감한 주제에는 시간이나 관계의 문제, 동거 형태, 최근 경험한 가족원과의 사별, 대안적인 삶의 양식과 관련된 질문 등이 해당될 것이다. 아마 당신은 너무 깊이 들어가기에 앞서 먼저 라포를 형성하고 싶을 수도 있을 것이다. 그럴 경우 특정 주제에 대해 나중에 다루도록 기록해 두었다가 가족이 어느 정도 편안함을 느낀다고 여겨질 때 다시 이야기해 보는 것도 한 방법이다.

동기강화상담 접근에서의 직면은 다른 의미를 지니고 있음을 기억해야 한다. 정신역동과 같이 보다 해석적인 상담 접근에서의 직면이 자문관과 학부모 사이에서 일어나는 것이라면, 동기강화상담에서의 직면은 개인 내면에서 겪게 되는 자신의 가치와 행동 간의 불일치감을 말한다.

여기서 한 가지, 동기강화상담 접근에서의 직면은 다른 의미를 지니고 있음을 기억해야 한다. 정신역동과 같이 보다 해석적인 상담 접근에서의 직면이 자문관과 학부모 사이에서 일어나는 것이라면, 동기강화상담에서의 직면은 개인 내면에서 겪게 되는 자신의 가치와 행동 간의 불일치감을 말한다(Miller & Rollnick, 2013).

❀ 가치 탐색하기

3장에서 말한 바와 같이 가치 탐색은 동기강화상담에서 기본이 되는 측면으로 이에 대해 논의하는 것은 다음과 같은 유익이 있다. (a) 학부모에게 중요하고 가치 있는 것이 무엇인지에 대해 묻고 이야기하는 것은 관계 형성을 용이하게 한다. (b) 차후 유발하기 단계에서 가치와 행동 간의 불일치를 부각할 필요가 있을 때 그것이 유용한 정보가 될 수 있다. 또한 탐색 중 OARS 기법, 열린 질문 하기("부모님께서는 어떤 점들을 중요하게 여기시는지 말씀해 주시겠습니까?")과 인정하기("많은 부분에서 이해가 될 만합니다."), 반영하기("자녀에게 좋은 모델이 되어 주는 것이 어머니의 삶에서 의미 있는 부분이군요."), 요약하기("어머니에게 가장 가치 있는 세 가지는 정직과 관대함, 충실이군요. 부모로서 어떤 결정을 내릴 때는 이러한 가치들을 자녀가 배울 수 있도록 염두에 두신다는 말씀이고요.")를 충분히 활용할 수 있을 것이다. 가치 탐색을 위해서 우리가 활용하는 방법에는 단순히 가치 지향적 질문을 하거나 보다 구조화된 활동을 해 보는 방법이 있다.

가치질문

학부모와 관계를 형성하는 단계에는 그들의 가치에 대해 더 많이 알아 가는 과정도 포함된다. 열린 질문(혹은 진술)을 통해 그들의 답을 경청함으로써 이를 얻을 수 있는데, 가치에 대한 생각을 이끌어 내는 질문이나 진술은 다음과 같다.

- "부모님이 가장 중요하게 여기는 것에 대해 말씀해 주세요."
- "자녀(또는 가족)에게 바라는 바나 소원으로는 어떤 것들이 있을까요?"
- "부모로서 가장 중요하게 여기는 가치는 무엇인가요?"
- "자녀(가족)의 미래를 바라볼 때, 가장 원하는 것은 무엇인가요?"
- "자녀가 성인이 되었을 때, 부모님에 대해서 어떤 말을 하면 좋겠나요?"

각각의 질문은 그 부모가 가진 개인적인 신념과 가치에 대한 것을 이끌어 낸다. 이러한 유발질문은 학부모에 대한 우리의 이해를 도울 뿐 아니라 한 인간으로서 볼 수 있도록 해 준다. 그들을 더 이해하고자 하는 의도로 진심으로 그들의 대답에 귀 기울일 때(반영하기와 요약하기로 이를 나타내 줄 수 있다) 그들과의 긍정적인 관계가 촉진되며, 그들을 동기화하는 여러 주요 요소에 관해서도 알게 된다.

부모를 위한 가치카드 활동

학부모와 관계를 맺는 또 다른 방법은 초기 만남에서 가치 탐색 활동을 진행하는 것이다(Frey et al., 2011; Miller, de Baca, Matthews, & Wilbourne, 2001 참조). 모든 부모들과 이 활동을 해 볼 수는 없겠지만, 특별히 학교 및 서비스에 꼭 참여했으면 좋겠다고 여겨지는 아동의 부모가 있다면 이를 위해 10분 내지 15분을 할애해서 진행해 보기에 유익한 활동이다. 이를 통해 당신은 풍성한 정보를 얻을 수 있을 것이다. 대부분의 학부모들 또한 흥미를 보이며 활동에 임한다. 가족과 처음 해 보는 경우라면 그 전에 당신의 동료나 친구와 연습 삼아 해 볼 것을 권한다. 이 활동의 목적은 부모들이 가장 중요하게 여기는 가치에 대한 논의를 이끌어 내는 것이며, 이를 통해 자문관은 그들의 가족에 대한 이상과 꿈, 소망 등을 더 잘 알게 된다. 이 활동에 학부모를 참여시킬 때는 "이 활동이 학부모님을 이해하기에 더 없이 좋은 도구더라고요. 특별히 학부모님에게 중요한 것이 무엇인

가치카드를 활용한 성공 이야기

7세 된 자녀의 품행 문제로 한 어머니가 학교 자문관을 만나러 왔다. 다른 직원들을 통해 그동안 이 학부모는 약속시간 이행이나 협력이 잘 이루어지지 않았다는 기본적인 정보를 듣고, 자문관은 이 학부모에 대해 준비성이나 관리 기술이 부족하지는 않은지 혹은 인지적 문제가 있을지도 모른다는 추측을 하게 되었다.

학부모를 만나는 첫 미팅에서 자문관은 학부모의 참여를 촉진하기 위해, 그리고 중요 정보를 얻고 사정한 후 계획을 세우는 데도 도움을 얻고자 가치 분류 활동을 했다. 이 어머니는 게임에 즉시 집중했고 나열된 여러 가치 중 중요성을 고려하여 신중하게 선정했다. '가족의 필요를 채우기'와 '좋은 부모 되기'와 같이 중첩되는 가치를 예리하게 구분짓는 것을 보면서 그녀에게 인지적 결함이 있을지도 모른다는 자문관 자신의 추측이 틀렸다는 것을 알게 되었다. 가치에 대한 논의는 점차 어머니 자신의 과거 학대받은 경험을 드러내게 하고 양육자로서의 염려에까지 이어지게 했다. 자문관은 다음과 같이 어머니가 겪고 있을 불일치감을 반영해 주었다. "어머니는 좋은 부모가 되는 것이 가장 의미 있고 가치 있다고 생각하시고, 한편으로는 스스로 평가하기를 자신이 부족하고 모자라다고 여기시는 것 같군요." 어머니는 이에 동의하며 자녀의 문제행동에 대한 깊은 염려를 드러내고 아이와 점점 더 멀어지는 거리감과 단절감을 표현했다. 이와 같은 진술은 모두 동기강화적인 진술의 좋은 예로서 어머니가 겪는 불일치감, 다시 말해 그녀의 삶에서 실제 일어나는 일들과 그녀가 바라는 삶 사이의 불일치를 부각해 준다. 이러한 인지적 부조화는 동기강화상담 모델에서 긍정적인 변화를 이루고자 하는 동기의 자원이 된다 (Miller & Rollnick, 2002).

가를 아는 데 도움이 됩니다. 괜찮으시다면 저와 함께 이 놀이를 해 보시면 어떨까요? 그러면 제가 부모님에 대해서 더 많이 알게 될 것 같습니다."와 같이 기본적인 소개와 활동의 목적을 말해 주는 것이 좋다.

가치카드 분류 활동에는 다양한 종류가 있지만, 우리가 이 책에서 제안하는 버전은 가치에 관한 진술문이 담긴 20~30개의 카드를 학부모에게 제시하고, '중요하지 않은 것, 중요한 것, 매우 중요한 것'과 같이 3개의 범주로 분류하는 것이다. 그런 다음, 자문관은 학부모로 하여금 그중에서도 가장 중요한 가치 세 가지를 선택하도록 하고, 각각 그것이 어떤 점에서 중요한지를 물어본다. 만약 학생의 아버지와 어머니가 모두 참석했을 경우 따로 시행해 볼 수 있을 것이다. 이를 통해 부부 간의 불일치는 물론 자신들의 가치와 현재 삶에서의 경험 및 행동이 다르다는 것을 인식하게 된다. 대부분의 학부모들은 이 활동에 대해 흥미진진해하며 더불어 자기를 되돌아보는 기회가 되었다고 말한다.

활동지 4.1에 제시된 가치 리스트의 내용으로 가치카드를 만들어 출력한 후 사용할 수 있다. 학부모들에게 그들이 삶에서 중요하게 여기는 가치에 대해 이해하고 싶다고 말하고 '중요하지 않은 것', '중요한 것', '매우 중요한 것' 카드를 테이블 위에 펼친다. 가치 진술문이 포함된 나머지 카드를 학부모들에게 준 다음 각각의 카드를 3개의 범주로 다시 분류한다. 만약 읽기에 어려움이 있는 학부모를 만날 때는 자문관이 대신 카드의 내용을 읽어 줄 수도 있다. 학부모들에게 누구나 각자 나름의 가치가 있기 때문에 정답이 없다는 것을 상기시켜 주고 가장 먼저 떠오른 생각대로 카드를 분류하라고 말한다. 그들이 카드를 분류하는 동안 보통 우리는 돌아서서 다른 작업을 하는 식(예: 서류 작업)으로 그들이 카드를 편안하게 고를 수 있도록 해 준다. 당신이 직접 해 보면 남에게 드러나는 것이 어떤 느낌인지 알 수 있을 것이다.

학부모들이 모든 가치카드를 분류하고 나면 '매우 중요한 것'으로 뽑은 카드 중에서 다시 3~5개의 가장 중요한 가치 순으로 재분류한다. 대다수의 학부모들이 이 과정에서 어려워한다. 모든 가치가 똑같이 중요하다고 말하며, 재분류에 어려움을 보이는 학부모의 경우에는 지나치게 압박해서까지 고르도록 하지 않는 것이 좋다.

그 후 어떤 이유로 그 카드들을 선택했는지 물어본다. OARS를 활용하여 가치에 대한 그들의 이야기를 들으며, 지금 현재와 이상적인 양육 간의 대조로 이어 가고 이를 자녀의 행동 및 장래와는 어떻게 연결지을 수 있는지에 관해 논의해 본다. 열린 질문으로 그 가치들을 선택한 이유를 물어보고 그것이 개인적으로는 어떤 의미가 있는지, 그 가치와 목적이 중요하다는 것이 삶에서는 어떻게 여겨지는지, 가치의 실행은 어떻게 하는지, 그리고 그 가치와 목표로 하는 행동은 어떤 상관이 있는지를 물어본다. 자녀의 행동과 부모의 양육이 앞에서 말한 가치와 이상에 들어맞지 않은 예가 있는지 묻고 들어 볼 수 있다. 그들이 말하는, 힘겹고 어려울 수밖에 없는 이유를 반영하고 가치에 대한 그들의 신념을 인정해 주면서 그들로 하여금 변화의 논쟁을 할 수 있도록 이끌어 낸다. 혹시라도 자신이 선택한 가치(예: 재미)와 바람직하지 않은 행동이 일치한다고 말할 경우에는 저항과 함께 구르기와 같은 동기강화상담 접근을 활용한다. 변화대화가 나왔을 때 이를 더 강화할 수 있도록 주의 깊게 듣는 것도 필요하다.

이러한 활동은 당신과 학부모 간에 가치와 목표에 관한 대화를 나누는 데 도움이 된다. 이러한 활동은 대개 만남 초기에 이루어지는데, 활동이 성공적으로 진행되면 학부모와의 관계 형성에 도움이 되며 초점 맞추기, 유발하기, 계획하기 단계에 도움이 되는 정보를 상당량 얻는다. 만약 현재 행동과 강한 신념 사이의 불일치감을 일으키고자 한다면 가치에 대해 나눴던 대화로 돌아갈 수 있을 것이다. 가치 활동은 학부모와 관계를 맺고 참여를 촉진하기 위한 목적으로 활용됨을 기억해야 한다. 이 활동을 처음 해 보는 사람들은 절차에 지나치게 신경 쓰다가 관계 형성이라는 주요 목표를 간과하는 실수를 종종 범하기도 한다.

다음은 부모의 가치를 탐색하고 확인하면서 동시에 그것을 양육행동과 연결짓기 위해 활용된 단순반영, 복합반영, 그리고 열린 질문의 예시이다.

	가치대화	비고
자문관:	'세상 가운데 선한 일 하기'를 최고 가치로 고르셨네요. 이것이 어떤 점에서 중요한지 말씀해 주세요.	열린 질문
어머니:	세상에는 이미 너무 많은 문제가 있다고 생각해요. 저는 선을 행하는 데 한몫을 하고 싶어요.	변화대화: 변화의 이유
자문관:	뭔가 변화를 만들고 싶어 하시네요.	반영
어머니:	네. 저는 항상 사람들을 도와주기 위해 있다는 생각을 해왔던 것 같아요. 옳은 일을 하고, 다른 사람에게 영감을 주는 일이요.	가치
자문관:	세상에 선을 행하는 방법으로 어떤 것들을 하시나요?	열린 질문
어머니:	동네 무료급식소에서 봉사를 하고 있어요. 가진 건 많지 않지만 제 아이들에게 제가 사회에 환원하는 모습을 보여 주고 싶어요.	변화대화: 변화의 이유
자문관:	결국 그런 가치를 자녀들에게 심어 주려는 거군요.	반영
어머니:	맞아요. 저는 아이들이 자신의 행동으로 세상을 만들어 간다는 것과 긍정적인 변화를 가져올 수 있다는 것을 깨달았으면 좋겠어요. 선한 일에 이바지할 수 있다는 것을요.	가치
자문관:	아이들이 어머님의 모습을 본받는다면 부모로서 할 도리는 다하는 것이겠군요.	가치 반영

초점 맞추기

초점 맞추기란 부모와 하는 작업의 방향을 정하는 것을 말한다. 때로 초점 맞추기는 미팅 자체로서 이루어지기도 하는데, 예를 들어 학생의 학업 수행 문제로 당신이 학부모와의 만남을 주선할 경우에는 그 문제를 어떻게 다룰 것인가에 초점을 맞춘다. 만약 가정에서 일어나는 문제와 관련하여 도움을 요청하는 학부모가 있다면 이는 학부모가 작업의 방향을 정하게 되는 경우이고, 일단 만나 보기 전에는 무엇에 초점을 맞춰야 할지 명확하지 않을 때도 있다.

❀ 안건 정하기

어떤 상황이든 만남 초반에 함께하는 동안 어떤 안건을 다룰 것인가에 부모를 개입시키고 초점을 명확하게 하는 것이 좋다. 만약 당신이 만남을 요청한 경우라면 어디에 초점을 맞출지 몇 가지 생각을 미리 갖고 있는 것이 바람직하며, 안건을 간략하게 적어 두는 것도 도움이 될 수 있다. 이런 식으로 당신이 안건을 설정한다면 안건을 만들어 내는 과정에 부모를 참여시키는 것이 매우 중요하다. 다음 예시에서는 교사가 만남의 대략적인 초점에 대해 이야기한 후 부모가 논의하고 싶은 주제를 말할 수 있도록 한다.

> "젤다가 글을 더 잘 읽을 수 있도록 부모님과 함께 도와주고 싶습니다. 오늘 제가 부모님과 나누고 싶은 몇 가지 내용이 있는데, 들어 보시고 젤다의 학습과 관련해 부모님께서 생각하시기에 중요한 것이 있다면 말씀해 주셨으면 좋겠어요."

부모의 의견을 들은 후, 당신이 다루고 싶은 주제 중 부모가 이야기한 것과 겹치는 것이 있다면 그것을 강조하면서 그 주제로 다시 돌아갈 수 있다.

> "좋아요. 무엇에 대해 이야기를 나눌지 어느 정도 의견이 비슷한 것 같네요. 먼저 (1) 제가 교실에서 관찰하고 있는 것들에 대해 좀 더 말씀드리고 싶고, (2) 젤다의 읽기 능력에 대한 부모님의 생각과 (3) 가정에서의 학습 활동에 대해 더 들은 후 (4) 다음 단계를 계획했으면 좋겠어요."

부모가 만남을 제안한 경우에는 부모가 안건을 말할 수 있도록 다음과 같은 열린 질문을 던질 수 있다. "오늘 만남을 통해 어떤 성과를 얻고 싶으신가요?" "어떤 일로 만나고자 하셨나요?"

❁ 생태학적 평가

초점 맞추기에서 중요한 부분은 부모와 공통된 방향을 잡는 것이다. 동기강화상담에서는 앞서 제시한 대화만으로도 이것을 이룰 수 있다. 어떤 경우에는 특정 주제로 학부모와 시간을 들여 이야기해야 할 때 그 주제에 대한 추가적인 사정, 평가가 필요한 경우도 있다. 동기강화상담에서는 이것이 선택 사항이기는 하나 더 자세한 내용은 7장에서 다룰 것이다. 변화에 대한 일상대화를 나누는 데 세세한 평가가 반드시 필요한 것은 아니다. 해당 문제와 관련해서 체계적으로 인터뷰하고 관찰, 척도(예: 어떤 학부모의 경우 척도 검사 결과를 보고 난 후 자녀가 우울해한다는 것을 알고 매우 놀라기도 한다)와 같은 정보를 수집하며 학부모들의 양육행동에 대한 특징을 정확하게 드러내는 데 도움이 될 수 있으므로(예: 자신의 양육행동에 대해 통찰을 지닌 학부모는 드물기 때문에 직접 관찰이 새로운 조명이 되어 차후 문제를 논의하는 데 필요한 정보를 준다) 여기에 간략히 소개한다.

> 수집된 정보는 제공 가능한 개입과 연결되어야 한다.

진행 중인 만남에서 다룰 수 있는 것으로는 학교-가정 간 의사소통 체계, 효과적인 가정학습 환경 만들기, 효과적인 가족 의사소통 개발하기, 부모의 행동관리 기술 향상을 위한 지원 등이 있을 것이다. 다음 만남에서 무엇에 초점을 맞출 것인가와 관련된 구조화된 평가는 작업의 방향을 보다 명확하게 해 줄 것이다. 예를 들어 행동관리를 체계적으로 잘하고 싶은 학부모가 있다고 하자. 그러나 학부모가 효과적이고 적극적인 양육방법이 무엇인지 알고는 있지만 원하는 결과를 일관되게 얻지 못하고 있다는 평가 결과가 나왔다. 그렇다면 당신의 작업은 그 가족만의 독특한 필요나 요구가 무엇인지 파악한 후 그에 맞춰서 진행되어야 할 것이다.

우리는 현재 진행 중인 중재에 학부모의 참여 동기를 강화하기 위해 청소년 적응, 가정 적응, 학교 적응이라는 범주로 나누어 자료를 수집한다. 청소년 적응 범주에는 아동 행동문제 평가 척도 2판(Behavior Assessment System for Children Second Edition; Reynolds & Kamphaus, 2004)과 같은 행동평가척도를 활용하여 아이의 정서 및 행동 증상, 사회 기술, 적응 기능 등에 대한 정보를 수집한다. 이런 정보는 부모와 함께 양육 집단에 참여하려는 이유나 행동 지원 팀에 더욱 관여할 필요를 말하는 변화 준비 단계에 유용하다. 아동 행동문제 평가 척도 2판과 같은 구조화된 평가척도는 아이의 증상과 행동을 국가 규준과 비교할 수 있다는 이점이 있다. 부모에게 자녀가 잘 기능하고 있는 영역에 대해 이야기해 줄 뿐만 아니라 좀 더 관심을 기울여야 할 영역을 이야기해 주며 표준점을 제시하고 대조하는 것은 부모를 깨우칠 수도 있는 개별화된 피드백이다. "자녀의 우울 증상은 비슷한 연령대의 아이들과 비교했을 때 상위 1%에 들어가는 수준입니다."라는 피드백을 받은 부모가 있다고 해 보자. 이러한 정보에 대해 대부분의 부모들은 매우 염려하며 무엇이라도 해 보려고 드는 경향이 있다.

가정과 학교에서의 기능과 관련된 평가는 염려하는 부분에 대한 생태학적 관점을 제공한다. 가정 영역에서는 주로 질문(각 영역에서 가족의 기능 수준에 대해 생각해 보도록 요청)이나 직접적 관찰, 혹은 척도를 통해 양육행동(칭찬 및 질책의 활용, 일관성), 부모-자녀 애착 관계를 포함한 가정 내 관계의 질, 부모 스트레스, 가족 내 의사소통 등이 평가된다. 학교에서의 기능은 성적, 출석, 벌점 기록 검토, 학력 평가, 그리고 학교에서의 수행 및 행동에 대한 우려가 드러나는 교사용 아동 행동문제 평가 척도 2판과 같은 척도 등을 통해 평가된다.

수집된 정보가 잠정적으로 개입의 내용과 연결되는 것이라면 어떤 평가지를 사용해도 무방하다. 만약 당신이 학부모의 양육과 관련된 중재를 준비하고 있다면 양육 기술에 대한 정보를 모을 수 있어야 하고, 학부모에게 무언가를 추천하고 싶다면 그와 관련된 문제가 무엇인지 평가를 통해 알 수 있어야 한다.

유발하기

유발하기는 협동하는 과정 중 언제든지 일어날 수 있으나 한 가지 혹은 그 이상의 목표로 삼는 행동이 무엇인지 명확히 할 때 더욱 그것에 지속적으로 집중할 수 있으며, 변화에 대한 이유와 결심이 포함된 부모의 변화 동기를 유발하기가 수월해진다.

❀ 변화대화 이끌어 내기

모든 OARS는 변화대화를 이끌어 내기 위한 전략이다. 열린 질문은 변화대화의 시작을 이끌어 내는 주요 수단이며, 인정하기와 반영하기, 요약하기 또한 더 많은 변화대화를 촉진하는 데 활용된다. 목표로 삼은 행동에 임하고자 하는 열망이나 능력, 그래야 하는 이유나 필요를 묻는 것은 변화를 위한 대화에 초대하는 데 특히 유용하다.

부모가 통제할 수 있는 행동과 그렇지 않은 행동을 구분짓는 것 또한 중요하다. 말하자면 부모는 자신의 행동에만 직접적인 영향을 행사할 수 있으므로 목표로 삼은 행동은 부모의 통제 안에 있는 행동이어야 한다. 많은 학부모들이 모임에 올 때는 교사나 타인이 자기 자녀를 교정하거나 변화시켜 주기를 기대하고 오기 때문에 특히나 이 점은 중요한 사항이다. 학부모와 논의하는 초반에는 자녀의 행동을 말하며 그것과 관련된 부모의 바람을 들어 볼 수 있다. 변화대화를 유발하는 데 활용할 만한 질문의 예시는 표 4.1에 제시되어 있다. 모두 자녀의 행동에 관한 질문이지만 '학업'을 다른 말로 대체하면 어디에도 활용할 수 있을 것이다.

> 부모가 통제할 수 있는 행동과 그렇지 않은 행동을 구분짓는 것 또한 중요하다.

자녀의 행동에 대한 유발질문은 부모로 하여금 상황을 개선하기 위해 어떤 조치를 취해야 할지 생각해 보게 만든다. 어떤 부모들은 자신이 할 수 있는 것에 초점을 두고 준비된 채 오는가 하면 그렇지 않은 부모도 많다. 부모의 양육행동을 곧바로 주제로 삼기보다 자녀의 행동과 염려로 시작하는 것이 훨씬 덜 위협적이다. 여기서의 관건은 부모가 통제할 수 있는 행동과 그로 인해 자녀의 행동에까지 미치는 유익 간에 어떤 연결고리가 있는지 찾는 것이다.

부모로부터 이러한 문제에 대해 기꺼이 논의하고자 하는 태도를 이끌어 내고 염려와 변화에 대한 바람을 활성화했다면, 그 후에는 부모가 변화하려는 행동에 초점을 둘 수 있도록 질문을 달리하는 것이 중요하다. 아이의 행동과 관련하여 부모가 시도할 수 있는 변화행동의 예시는 아이의 행동에 대한 결과를 일관성 있게 제시하는 것이다. 표 4.2에는 부모의 행동에서 아이의 행동으로 초점이 바뀐 것 외에는 표 4.1과 동일한 어간(語幹)을 가지고 있는 유발질문이 제시되어 있다. 질문의 순서도 동일한데, 부모가 자신의 행동에 대한 질문에 답한 후 목표 설정을 위한 논의로 쉽게 옮겨 갈 수 있도록 했다.

❀ 중요도와 자신감 척도질문

동기강화상담은 척도도구를 활용한 척도질문을 통해 내담자로부터 동기강화적 대화를 이끌어 낸다. 그중 중요도와 자신감 척도질문이 가장 흔하게 사용된다(표 4.3 참조). 부모는 특정한 행동을 취하는 것이 얼마나 중요한지에 대해 0점(전혀 중요하지 않다)부터 10점(매우 중요하다)까지의 척도에서 평가한다. 예를 들어 한 회기가 끝날 무렵 자문관이 부모에게 다음 회기에 나오는 것이 얼마나 중요한지에 대해 질문할 수 있다. 답이 어떻든 자문관은 "왜 이 점수인가요? 이보다 낮은 점수가

> 이렇게 변화의 중요도와 자신감에 대한 질문을 전략적으로 부모에게 하는 것은 의미 있는 변화대화를 이끌어 낼 수 있다.

표 4.1 자녀의 행동에 초점을 둔 변화대화 촉진질문

현상 유지의 불리한 점

- 자녀의 행동을 들으니 기분이 어떠신가요? 어느 정도 걱정이 되시나요?
- 자녀의 행동에 대해 어떤 점이 염려스러운가요?
- 부모님이나 다른 사람들에게 염려가 될 만한 자녀의 행동은 무엇인가요?
- 어떤 이유로 자녀의 행동이 문제라고 보시나요?
- 자녀의 행동과 관련해서 어떤 어려움이 있나요?
- 이것이 당신에게 어떤 식으로 문제가 되었나요?
- 어떤 점 때문에 무언가 달리 해 봐야 한다고 느끼셨나요?

미래에 대한 염려

- 자녀의 행동으로 어떤 일이 일어날 수 있다고 보시나요?
- 변화하지 않으면 어떤 일이 일어날 거라고 생각하시나요?

변화할 때의 이점

- 어떤 점이 달라지길 바라나요?
- 자녀의 행동이 나아지면 어떤 좋은 점이 있을까요?
- 이 변화로 얻는 이점은 무엇일까요?

더 나은 미래 상상하기

- 당신의 삶(당신 자녀의 삶)이 5년 후에 어떤 모습이길 바라나요?
- 마술을 부려서 변화를 즉각 이룰 수 있다면 어떻게 달라질까요?

변화에 대한 낙관

- 당신이 변화하기로 결정만 한다면 그것을 해낼 수 있다는 것을 어떻게 아시나요?
- 어떤 점 때문에 원하면 변할 수 있다고 보시나요?
- 당신이 변하기로 결정한다면 무엇이 효과가 있을까요?
- 삶에서 이와 같은 큰 변화를 겪어 본 적이 있나요? 어떻게 했었나요?
- 당신이 성공하도록 돕는 개인적인 강점이 있다면 그것은 무엇인가요?

변화대화를 실행으로 연결하는 질문

- 무엇을 할 건가요?
- 다음 단계는 무엇인가요?
- 어떤 변화든 쉽게 이룰 수 있다면 무엇을 해 보실 건가요?
- 이 시점에서 행동변화에 대한 입장은 어떠신가요?
- 지금으로선 '어떻게 하지?'는 생각지 마시고, 단지 무슨 일이 일어났으면 좋겠나요?
- 무엇을 시도해 보실 건가요?
- 앞으로 어떻게 할 생각인가요?

표 4.2 일관성 없는 부모의 행동에 초점을 둔 변화대화 촉진질문

현상 유지의 불리한 점

- 일관성 없이 행동하는 것에 대해 어떤 느낌이 드시나요? 어느 정도 걱정이 되시나요?
- 일관되지 못한 행동으로 어떤 부분이 걱정되시나요?
- 일관되지 못한 행동에 대해 당신이나 다른 사람들이 염려하는 이유는 무엇인가요?
- 어떤 이유로 일관성 없는 행동이 문제라고 보시나요?
- 일관성 없는 행동으로 인해 어떤 어려움을 겪었나요?
- 이것이 당신에게 어떤 식으로 문제가 되었나요?
- 어떤 점 때문에 무언가 다르게 해 봐야 한다고 느끼셨나요?

미래에 대한 염려

- 일관되지 않게 행동할 경우 어떤 일이 일어날 수 있다고 보시나요?
- 변화하지 않으면 어떤 일이 일어날 거라고 생각하시나요?

변화할 때의 이점

- 어떤 점이 달라지길 바라나요?
- 일관성 없는 행동이 나아지면 어떤 좋은 점이 있을까요?
- 이 변화로 얻는 이점은 무엇일까요?

더 나은 미래 상상하기

- 당신의 삶(당신 자녀의 삶)이 5년 후에는 어떤 모습이길 바라나요?
- 마술을 부려서 변화를 즉각 이룰 수 있다면 어떻게 달라질까요?

변화에 대한 낙관

- 당신이 변화하기로 결정만 한다면 그것을 해낼 수 있다는 것을 어떻게 아시나요?
- 어떤 점 때문에 원하면 변할 수 있다고 보시나요?
- 당신이 변하기로 결정한다면 무엇이 효과가 있을까요?
- 삶에서 이와 같은 큰 변화를 겪어 본 적이 있나요? 어떻게 했었나요?
- 당신이 성공하도록 돕는 개인적인 강점이 있다면 그것은 무엇인가요?

변화대화를 실행으로 연결하는 질문

- 무엇을 할 건가요?
- 다음 단계는 무엇인가요?
- 어떤 변화든 쉽게 이룰 수 있다면 무엇을 해 보실 건가요?
- 이 시점에서 행동변화에 대한 입장은 어떠신가요?
- 지금으로선 '어떻게 하지?'는 생각지 마시고, 단지 무슨 일이 일어났으면 좋겠나요?
- 무엇을 시도해 보실 건가요?
- 앞으로 어떻게 할 생각인가요?

표 4.3 중요도와 자신감 척도질문

당신이 ________을 하는 것이 얼마만큼 중요한가요? 0점에서 10점까지의 척도에서 0점은 '전혀 중요하지 않다'이고 10점은 '매우 중요하다'라면 어디쯤인가요?

0 2 4 6 8 10
전혀 매우
중요하지 않다 중요하다

왜 0점이 아니라 ___점인가요?

___점에서 ___점(더 높은 점수)으로 가려면 무엇을 해야 할까요?

당신이 ________을 하기로 결정한다면 얼마만큼 자신 있나요? 0점에서 10점까지의 척도에서 0점은 '전혀 중요하지 않다'이고 10점은 '매우 중요하다'라면 어디쯤인가요?

0 2 4 6 8 10
전혀 매우
중요하지 않다 중요하다

왜 0점이 아니라 ___점인가요?

___점에서 ___점(더 높은 점수)으로 가려면 무엇을 해야 할까요?

아닌 이유는 무엇인가요?"라는 다음 질문을 꼭 하고 넘어간다. 이 질문에 대한 답은 거의 항상 변화대화의 한 형태로, 왜 변화를 바라며 그것이 중요하고 필요한지에 대한 내용을 포함한다. 다음으로 자문관은 동일한 척도를 사용하여 부모에게 목표로 삼은 행동(예: 다음 회기 참석하기)을 성공적으로 수행하는 데 얼마나 자신감이 있는지 물어본다. 변화대화를 이끌어 냄과 동시에 이 방법은 목표행동을 수행하는 데 겪을 수 있는 장애물을 해결하기 위한 논의로 넘어갈 수 있도록 한다.

이렇게 변화의 중요도와 자신감에 대한 질문을 전략적으로 부모에게 하는 것은 의미 있는 변화대화를 이끌어 낼 수 있다. 연구에 따르면 이러한 유형의 중요한 변화대화(변화 예측 요인)는 회기의 마지막 몇 분에 등장한다는 보고가 있으므로 우리는 이와 같은 질문을 주로 회기 마무리 시점에 한다. 특별히 결심에 찬 발언(예: "이걸 꼭 할 거예요.")을 많이 할수록 자신이 말한 대로 행동할 가능성이 더욱 커진다.

목표행동은 초점 맞추기 과정에서 합의된 것이면 무엇이든 괜찮다. 척도질문에서 목표로 설정해야 할 행동은 자녀의 행동이 아닌 부모의 행동이다. 앞에서 언급했듯이 부모가 직접 통제할 수 있는 행동의 변화에 초점을 두고 부모의 변화 동기를 이끌어 내고자 하기 때문이다. 함께 숙제하기, 시간에 맞게 등교시키기, 다음 미팅에 참석하기와 같은 것들이 그 예이다. 예를 들어 부모가 "6점 정도 될 것 같아요."라고 했을 때 자문관은 "오, 꽤 중요하네요. 그런데 5점이 아니고 6점이라고 하신 이유를 여쭤 봐도 될까요?"라고 한다(혹은 더 낮은 3점을 빗대며 말할 수도 있음). 이에 대한 답은 분명히 변화대화에 속할 것이다. 만약 학부모가 0점이라고 말했다면 그것을 확대하거나 부풀려서 "아, 지금으로선 세상에서 가장 쓸데없는 관심사군요."라는 식으로 반영할 수 있다. 이는 또한 새로운 목표를 선정해야 하는 신호일 수 있으므로 목표 설정부터 다시 시작하는 것이 좋을 것이다.

다음으로는 "6점에서 7점이 되려면 무엇이 필요할까요? 어떤 일이 일어나야 할까요?"라고 질문한다. 경우에 따라 순차적으로 10점까지 올라갈 수 있다. 그들이 제시한 숫자 위에 그들이 말한 것을 적어 두는 것이 좋은데, 만약 부모가 '아이가 또 낙제 점수를 받으면' 7점으로 올라갈 것이라고 답했다면 7점이라는 숫자 위에 '낙제 점수'라고 적는다. 대화 내내 경청과 반영하기를 이어 간다.

자신감 척도질문에도 이 과정을 반복한다. "변할 수 있다는 자신감은 어느 정도인가요?"라고 질문한 다음 '1점 낮은 점수가 아닌 이유'를 묻고 그 후 '1점 더 높아지려면'에 관한 질문을 한다.

부모를 위한 척도질문 성공 이야기

자녀와 자신의 양육행동을 개선하고 싶은 한 어머니에 관한 사례이다. 자문관은 어머니에게 중요성 척도질문으로 미팅을 시작했다. 어머니는 자녀가 행복하고 성공적으로 살아가길 원하기 때문에 10점이라고 답했다. 자신 또한 자녀에게 부담이 되기보다는 지원군이 되어 주고 싶다고 말했다. 그녀는 자신감 척도에서도 10점을 주었는데 어째서 9점이 아닌 10점이냐는 질문을 했을 때, 아들을 돕는 게 자신의 최우선순위이며 친정에서도 가족들을 도와서 변화에 성공해 본 적이 있다고 말했다. 그녀는 "어떻게 하면 좋은 엄마가 되는 것인지 저도 저의 엄마에게서 배운 게 없기 때문에 잘 몰라요. 하지만 제 아이와는 다를 수 있다고 봐요. 그 아이는 영리하고 자기 몫을 할 수 있어요. 단지 어떻게 그 애를 도울 수 있는지 제가 배우면 돼요. 전 아이가 나아지리라는 걸 알고 이 모든 게 제 잘못이라는 생각도 들지만 동시에 아들을 바꿀 수 있다고 봅니다. 전 엄마니까요."라고 말했다. 혹시 어머니가 보다 자신감을 가질 수 있는 다른 방법이 있는지 물어보자 "어떻게 해야 되는지 가르쳐 주시면 아들을 도울 수 있을 겁니다."라고 했다. 이에 자문관은 "그럼 매주 저를 만나서 새로운 방법을 배우시면 자신감이 더해질 것 같다는 말씀이신가요?"라고 응답했다. "네, 도와주시면 할 수 있을 것 같아요."라며 동의했다. 이 사례에서 척도질문은 긍정적인 대화를 나누며 회기를 마무리짓도록 했는데, 이 어머니는 매우 낙관적이며 힘을 얻은 것 같다면서 "선생님을 꼭 뵈러 다시 오겠습니다."라고 인사를 하고 돌아갔다. 이와 같은 결심공약언어는 실제 행동변화의 강력한 예측 요인이 된다(Miller & Rose, 2009 참조).

회기 마무리 즈음에 이러한 척도질문을 활용하는 것은 미팅을 긍정적인 방향으로 마무리 지어 줄 뿐 아니라 지속적으로 참여하는 데 방해가 되는 장애물이 무엇인지 알아보는 데에도 도움이 된다. 이 사례에서 자문관은 어머니에게 다음 미팅에 오는 것의 중요도가 어느 정도인지 물어보았다. 그녀가 10점을 말하자 자문관은 8점이나 9점이 아니라 10점인 이유가 무엇인지 물었다. 이에 어머니는 "아이를 돕기 위해서는 와야죠. 그리고 무엇이든 해 볼 거예요. 어쨌든 상황이 더 나아지길 바라니까요."라고 답했다. 그런 후 참석할 자신감에 대해서는 5점을 말했는데 이에 4점이 아닌 5점을 말한 이유를 묻자, 이것은 매우 중요하고 이번 미팅에 이미 나와 봤으니 다음에도 할 수 있다는 말을 했다. 혹시라도 6점이나 7점이 되려면 무엇이 필요할까라는 자문관의 질문에 그녀는 집에 있는 막내를 돌봐 줄 사람을 구한다면 더 확신할 것 같다고 했다. 이것은 장차 연속될 만남에 방해가 될 장애물을 어떻게 해결할 수 있는가와 같은 논의로 이어졌는데, 이 논의를 통해 어머니는 앞으로의 미팅 동안 막내를 돌봐 줄 사람으로 한 친구가 있다는 것을 확인하게 되었다.

❁ 개인 피드백 제공하기

부모에게 강점 및 약점 영역에 대한 개별화된 피드백을 제공하는 것은 유발하기 과정의 중요한 부분일 수 있다. 학교 기록, 학업 평가, 평가척도, 직접적 관찰로부터 얻은 자료를 공유하는 것도 변해야 하는 이유, 변화의 긍정적인 측면, 변화 의도에 대한 이야기를 이끌어 내는 한 방법이다. 부모에게 피드백을 할 때 비교점을 제시해 주는 것은 부모로 하여금 자신의 행동이 얼마나 일반적인지(혹은 드문지)를 이해할 수 있도록 하기에 특히 유용하다.

> 상세한 평가와 피드백은 주로 참여적이지 않거나 참여에 대해 양가감정을 가진 학부모에게 제공하는 것이 좋다.

여기서 두 가지 중요한 내용을 짚고 넘어가자면, 첫째, 앞서 생태학적인 평가 자료를 모으는 것이 선택 사항이라고 했듯이 동기강화상담에서 개인 피드백 또한 선택적이며 변화를 위한 일상대화에 반드시 필요한 요소는 아니다. 다행인 것은 학교에 이미 수집된 자료가 있어 자문관이 과도한 부담 없이 피드백을 제공할 준비가 되어 있다. 예를 들어 대부분의 학교에서는 전교생에 대한 출석이나 지각, 징계 처벌, 교육과정 중심의 평가, 품행 통지표, 숙제 제출, 발표 평가 점수와 같은 자료가 수집, 정리되어 있다. 추가 지원이나 특수교육 평가를 위해 의뢰된 학생들에 관한 학업 수행과 품행에 대한 풍부한 자료 또한 가지고 있다. 이 모든 정보는 개인 피드백을 제공할 때 활용될 수 있는 자원이 된다. 둘째, 부모가 이미 (컨설팅) 서비스에 참여하고자 하는 동기가 있는 상태라면 굳이 유발질문을 통해 그들의 동기를 이끌어 내는 데 과도한 시간을 쓸 필요가 없다. 사실 실행할 준비가 되어 있는 사람을 두고 변화대화를 이끌어 내는 데 너무 많은 시간을 소요하는 것은 오히려 역효과를 가져올 수 있다. 따라서 상세한 평가와 피드백은 주로 참여적이지 않거나 참여에 대해 양가감정을 가진 학부모에게 제공하는 것이 좋다. 이런 경우 개인 피드백은 학부모의 서비스 참여 동기를 높이는 데 유용할 수 있다.

피드백은 언어 형태로 제공될 수도 있지만(예: "학생들의 평균 결석률은 이틀인 데에 비해 자녀는 12일 결석했습니다."), 자녀, 부모, 가정에 대해 광범위한 자료가 수집되어 있다면 이 정보들을 하나의 문서로 정리하여 공유할 것을 추천한다. 활동지 4.2는 이러한 피드백 문서의 예시이다(www.springerpub.com/herman-ancillary에 가면 이 활동지의 컬러본을 볼 수 있다).

피드백 문서는 생태학적 평가로부터 얻은 정보를 학부모에게 간결하면서도 효과적으로 전달할 수 있는 시각 자료이다. 문서의 왼쪽을 보면 여러 특징이 세 가지 범주(학생 증상, 가족 기능, 학교 기능)로 나누어져 있다. 이 문서의 X축에는 녹색부터 노란색, 빨간색까지의 색상 스펙트럼이 있다. 부모와 피드백 회기를 가지기 전에 자문관은 모든 평가 자료를 모아 각 학생, 가족, 학교 특징을 강점/정상 범위(녹색), 경도와 중등도 사이의 관심 영역(노란색부터 주황색), 그리고 즉각적인 주의를 요하는 심각한 관심 영역(빨간색)으로 분류하여 표시한다.

이러한 피드백 문서는 간결한 의사소통이 된다는 점 외에도 부정적인 피드백을 전하는 입장의 자문관에게 집중될 수 있는 주의를 문서로 돌림으로써 사람끼리 부딪힐 수 있는 갈등을 줄여 준다는 점에서 유용하기도 하다. 문서를 활용해 자문관은 자녀의 강점을 부각하면서 동시에 자녀의 행동 중 특별한 관심이 필요한 부분을 구체적이고 뚜렷하게 명시해 줄 수 있다. 피드백 문서는 부모, 교사, 학생으로부터 얻은 모든 평가를 수집하여 제시하기 때문에 모든 사람의 관점을 중요하게 다루면서 전반적인 요약을 간결하게 보여 준다.

가족에게 활용한 개인 피드백 성공 이야기

주의력 결핍 및 과잉행동장애 진단을 받은 학생의 사례로, 이 학부모는 교사로부터 아이의 충동적 행동과 문제행동에 관한 부정적인 피드백을 계속적으로 듣고 있다. 학부모 역시 가정에서도 비슷한 문제로 어려움을 겪고 있는 실정이다. 피드백 문서에는 이와 같은 행동이 빨간 영역 안에 드러나 있지만 부모의 걱정을 일으키는 부분은 그보다 주황색 영역(주의 요구)에 표시된 불안과 우울이었다. 문제행동이 두드러지는 아이에게서 흔히 간과되는 점으로 우울과 불안이 있으며(심리교육), 이러한 점 때문에 학부모와 자문관 간에 적극적인 대화가 이루어질 수 있었다. 학생의 자기보고를 포함한 평가가 없었다면 이러한 특정 문제를 찾아내지 못하거나 부주의하게 다루었을지도 모른다. 피드백 문서는 부모의 염려를 불러일으키고, 드러나지 않고 내면화된 문제를 다루려는 의지를 갖게 해 주었다.

이 학부모는 또한 자녀의 정신없는 행동을 가정에서조차 어떻게 다루어야 할지 몰라 어려움을 겪는다고 솔직히 말했다. 이미 학교에서 반복적으로 다룬 문제에 계속 머물러 있기보다 피드백 문서에서 동등하게 중요한 것으로 간주하며 부각하는 가족의 강점에 관심을 기울여 보았다. 전반적으로 학부모는 자녀와 매우 사랑스러운 관계를 맺고 있고 격려를 잘하며 가정에서 자녀를 잘 지켜볼 수 있다는 점, 그리고 학업 수행에 도움을 제공할 수 있다는 강점을 가지고 있었다. 이러한 점들을 주시하고 강조하면서 반면에 다른 가족들은 이와 관련된 어려움을 갖고 있다는 것을 전달하며 자문관은 학부모를 북돋고 문제 영역에 보다 수용적이 될 수 있도록 격려했다. 미팅 초반에 낙담하고 부족하다고 느낀 어머니는 이후 눈에 띌 정도로 변화를 보였는데, 미소를 짓고 허리를 곧추세우며 앞으로 자세를 기울인 채 피드백을 받는 것이었다. 가치카드 분류 활동을 통해 모은 정보를 활용해 자문관은 어머니에게 좋은 부모가 되는 것이 최우선 순위임을 상기시켰고, 긍정적인 특징이 어머니가 원하는 부모가 되는 데 든든한 기반이 될 것임을 말하면서 향상될 수 있는 영역을 부각했다. 노란색 또는 빨간색(정확한 규율과 기대하는 것 세우기, 스트레스 관리)에 표시된 양육 기술과 관련된 피드백을 제공한 후, 자문관은 다음과 같은 질문으로 학부모의 반응을 알아보았다. "어떻게 생각하시나요? 기대하신 것과 어떻게 다른지 혹은 같은지 궁금합니다." 학부모는 재빨리 맞다고 동의하면서 피드백이 매우 구체적이며 자신의 긍정적인 특징까지 드러내 주어서 좋다고 말했다. "아휴… 생각했던 것보다는 제가 그래도 전부 다 잘 못하고 있는 건 아니었네요!"

이 학부모는 또한 스트레스를 효과적으로 관리할 필요가 있다는 것을 알게 되었다. 자문관은 스트레스에 대한 학부모의 말을 반영하면서 양육에서 스트레스가 양육법을 해칠 수 있다는 점과 연결시키며 "어머니 자신도 잘 돌보셔야 합니다. 자신을 위한 시간을 가지는 것은 중요합니다."라고 했다. 이에 학부모는 자문관의 말이 고맙고 자신에게 집중되어 좋다는 말을 하며, 자신을 위해 시간을 낸다는 것이 왠지 죄책감이 들었는데 자문관을 통해 그래도 된다는 느낌이 들어 한결 마음이 가볍다고 했다. 어머니는 자신의 스트레스가 아이는 물론 아이와의 관계에도 영향을 미쳤겠구나 이해하게 되었으며, 다음 실행 계획으로 양육 기술을 위한 노력을 시작하기에 앞서 자신의 스트레스 관리에 집중하고 싶다는 말을 했다. "정말 제 자신을 위해서 시간을 갖고 죄책감 없이 그것을 즐기고 싶어요."라고 했다.

❀ 변화대화에 반응하기

가족과 만나면서 현재 상황에 대한 염려나 행동을 변화시키고자 하는 의지가 있음을 드러내는 말이 있다면 그것에 최대한 주의를 기울일 필요가 있다. 이러한 말을 들었다면 인정하기와 반영하기, 요약하기를 활용하여 이것들을 더욱 상세히 하여 변화대화를 장려한다. 염려가 보다 실제적이 될 수 있도록 더 상세히 탐색하는 것도 한 방법이다. 예를 들어 아들을 둔 한 아버지가 "그 녀석은 친구가 많아요. 하지만 한 가지 분명한 것은 그 아이가 친구들을 따라 합니다. 곤란해지더라도 다른 아이들이 하는 대로 할 거예요."라고 한다고 하자. 이럴 경우 당신은 "만약 …하다면 어떤 일이 벌어질 것 같나요?" 또는 "친구가 많은 것에 대해 흐뭇해하시는군요. 그리고 어떤 관계에서는 아들이 좀 더 리더 역할을 하길 바라시는 것 같습니다."라고 반응할 수 있다.

> 가족과 만나면서 현재 상황에 대한 염려나 행동을 변화시키고자 하는 의지가 드러난다면 그것에 최대한 주의를 기울일 필요가 있다.

❀ 유지대화에 반응하기

유지대화가 나올 경우에는 그에 맞붙기보다 함께 구르는 것이 중요하다. 상대방이 변화 따위는 필요 없다거나 원하지 않는다고 할 경우, 흔히 우리는 그에 맞서 왜 변화가 중요한지 말하는 입장을 취하게 된다. 지금까지 보아 왔듯이 그러한 반응은 거의 항상 학부모로부터 더 많은 유지대화를 부르는 역효과를 가져오게 된다. 동기강화상담을 배우는 데 중요한 첫 번째 단계는 유지대화에 대응하고 싶은 즉각적 반응을 멈추는 것이다. 대신 그런 유지대화를 들었을 때 OARS 전략 중 하나를 사용해 보고, 그것이 상호작용에 어떤 변화를 가져오는지 주시하길 권한다.

변화에 대한 일상대화

더글러스 씨는 아들이 다니는 고등학교의 교장에게 할 말이 있어 찾아왔다. 그가 생각하기에 아들의 수학교사가 말도 안 되게 자신의 아들을 문제아로 여긴다는 것에 대해 항의하고 싶었다. 교장은 이 상황이 보통 복잡한 사안이 아니라는 것을 이미 알고 있다. 그의 아들은 여러 번 심각한 규칙 위반 행동(친구들을 위협, 절도)을 하여 학교로부터 징계를 받은 바가 있고 수업 중에도 주어진 과제를 하지 않아 여러 번 지적당한 것을 알고 있었기 때문이다. 교장은 아들을 위한 지원 계획에 아버지가 관여하기를 바라며 여러 번 전화해 메시지를 남긴 적이 있다.

아버지: 이것 보세요, 교장 선생님. 이건 그냥 말이 안 돼요. 그 선생은 그저 제 아들이 못마땅한 겁니다. 우리 아이를 좋은 구석이라고는 전혀 없는 나쁜 녀석으로만 보고 있다고요.

교장: 아들에게 뭔가 가장 좋은 것을 주고 싶은데 아이가 공평한 대우를 받지 않는 것 같아 많이 언짢으신가 봅니다.

아버지: 맞습니다. 저는 그 아이가 학교에서 문제가 없었으면 해요. 하지만 선생이 그 아이를 싫어하는데 어떻게 그 애가 학교에서 잘할 수 있겠습니까?

교장: 담임에게 화가 나고, 또한 아드님이 학교에서 제대로 하고 있지 않은 것 같아 정말 실망이 되셨나 봅니다.

아버지: 둘 다요.

교장: 시드니는 지금 14살인데 앞으로 4년 후를 한번 생각해 볼게요. 만약에 이 일이 해결되지 않을 경우 벌어질 수 있는 일 중 가장 걱정되는 것은 무엇인가요?

아버지: 그야 학교를 졸업하지 못하는 경우가 되겠죠. 이러다가 쟤가 자퇴하거나 퇴학당할 것 같아요. 제대로 하는 것 없이 거리나 배회할까 걱정돼죠.

교장: 그런 일이 일어나지 않았으면 하시는군요.

아버지: 절대로요! 졸업을 해야 합니다.

교장: 그렇게 되도록 하실 것 같습니다.

아버지: 그렇습니다.

교장: 자녀와 자녀의 미래에 대해 큰 관심을 가지고 계신 것이 존경스럽습니다. 시드니를 최선으로 돕기 위해 저희가 함께 이야기해 보고 계획을 세우는 것은 어떨까요?

아버지: 좋을 것 같군요.

이 예시에서 교장은 학생 아버지의 염려에 대해 경청하고 반영한 후 유발질문을 통해 그의 핵심 가치를 이끌어 냄으로써 긍정적인 대화를 촉진하는 것을 볼 수 있다. 이 대화는 학생 아버지가 아들이 학교에서 잘할 수 있도록 돕는 계획을 수립하는 것에 대해 동의하도록 한다.

계획하기

❀ 계획하기로 넘어가기

일단 목표행동이 정해지고 학부모가 거기에 참여할 동기가 높다는 것—자발적이면서도 자연스럽게 나오는 변화대화와 줄어든 유지대화로 드러남—이 확인되면 이제는 계획하는 단계로 넘어가야 할 때라고 볼 수 있다. 계획을 세우고자 하는 부모를 위해서는 지금까지 한 논의의 요약과 함께 다음 단계에 관해 이야기한다. 가족에게 오늘의 대화 중 기억에 남는 것을 말해 달라고 요청하는 것도 좋다. 예를 들어 "오늘 저녁에 저희가 다뤘던 내용 중에서 가장 기억에 남는 것은 무엇인가요?" 혹은 "오늘 저녁 나눴던 대화 중 어떤 것이 가장 중요하다고 보시나요?"와 같이 물어볼 수 있을 것이다.

다음 단계로의 이동을 시작하기에 앞서 부모에게 가장 큰 걱정거리나 관심사가 무엇인지 또는 가장 먼저 어떤 행동을 목표로 삼고 주력하기를 원하는지 명확히 하도록 한다("어디서부터 시작할까요?" 또는 "지금 가장 크게 염려되는 부분은 무엇인가요?" 또는 "저희가 최우선으로 초점을 두어야 할 부분은 무엇이라고 생각하나요?"). 이러한 질문은 모두 일종의 변화대화를 이끌어 내는 질문이므로 그들의 대답을 들은 후 그 진술을 반영하는 데 시간을 할애한다.

❀ 선택 사항

목표를 달성하는 방법으로 사람들에게 하나가 아닌 몇 가지의 선택 사항을 제공하면 계획하는 과정을 더 잘 완수하게 된다. 따라서 부모가 선택할 수 있는 가능한 사항이나 메뉴를 목록으로 작성해 주는 것이 좋다. 이와 같은 선택 사항 메뉴는 학부모에게 어떤 것을 해 볼 의향이 있는지 물어보면서 함께 작성할 수 있다. 또한 그들의 동의를 구한 후 도움이 될 만하다고 여겨지는 것들을 메뉴에 첨가할 수 있다. 이 과정이 매우 협력적인 작업이 되도록 어떤 가능한 해결 방안이 있을지 그 아이디어를 모으는 데 집중하도록 한다. 문제를 다루는 데 학부모가 의견을 낼 수 있도록 장려한다. 문제가 무엇이냐에 따라

목표를 달성하는 방법으로 사람들에게 하나가 아닌 몇 가지의 선택 사항을 제공하면 계획하는 과정을 더 잘 완수하게 된다.

선택 사항에는 (a) 미팅의 지속, (b) 교내 지원 팀과의 미팅시간 정하기, (c) 관련 서비스 기관에 위탁하기와 같은 것들이 포함될 수 있을 것이다. 활동지 4.3은 선택 사항 메뉴 형식에 대한 예를 보여 준다.

❁ 실행 계획과 목표 설정하기

몇 가지의 선택 사항 목록을 작성한 후에는 학부모가 그들의 목표가 무엇이며 그것을 달성하기 위한 계획이 무엇인가를 더 구체적으로 할 필요가 있다. 지금까지는 어떤 광범위한 목표에 관해 논의해 왔을 수 있으므로(예: 아들이 학교에서 잘하도록 돕는 것, 새로운 양육 기술 배우기, 학교에 보다 관여하기), 계획하는 과정에서는 이러한 광범위한 것들을 목표에 부합하면서도 구체적이고 현실적으로 실행할 수 있는 단계 안으로 좁혀 가는 것이 중요하다. 활동지 4.4는 목표 설정지로 학부모가 바로 실천할 수 있는 행동을 계획하고 이러한 논의를 촉진하는 데 활용할 수 있다.

> "자, 그럼 다음 단계에 대해 얘기해 봐요. 우선 잘 진행되고 있는 것, 가족의 강점에 대해 생각해 봐요. 우리가 생각한 계획이 무엇이든 간에 성공하기 위해선 이러한 강점을 반드시 활용할 겁니다."

학부모로 하여금 작업해야 할 가장 중요한 영역이 무엇인지 생각해 보게 한다. "개선할 부분에 대해서 몇 가지 아이디어를 나눠 봤는데요. 지금 저희가 공략해야 할 것으로 가장 중요한 것은 무엇인가요?" 다음으로 학부모에게 구체적이고 관찰 가능한 목표를 이끌어 낸다. 하나의 방법은 언제, 어디서, 누가, 무엇을, 얼마나 자주 등을 포함하는 명료화 질문을 하는 것이다. 만약 부모가 '더 나은 대처 기술'을 말한다면 그것은 어떠한 모습으로 보일지 물어볼 수 있을 것이다. 예를 들어 "어떻게 알 수 있을까요?", "어떤 차이점이 있나요?", "얼마나 자주 하면 그렇다고 여기실까요?"라고 물어볼 수 있다. 마지막으로, 목표를 달성하거나 작업하는 데 방해가 되는 잠재적 장애물에 대해 논의하고, 그 장애물을 극복하기 위한 방법은 무엇인지 아이디어를 모은다.

❁ 문제해결을 위한 시스템 활용 장려하기

학부모들과 함께 효과적인 행동관리 기술을 발달시키기 위해 작업하다 보면 대부분은 자녀에 대해 부모가 생각하는 방식이 변하는 것을 경험하게 될 것이다. 처음에는 자녀를 '고치기' 위해 타인의 도움을 구하는데, 말하자면 문제가 자녀에게 있다고 여기고 학교 전문가들이 자녀에게 개인적인 개입을 수행해 줄 것을 기대한다. 그러나 체계적 접근을 통해 아이의 증상뿐 아니라 가족환경에 대한 피드백을 들은 후에는 해결책이 아이 안에 있는 것이 아니라 시스템에 있다는 것을 어렴풋이 알게 된다. 어떤 점에서 학부모는 아주 기본이 되는 통찰을 얻게 되는데, "제가 아이의 행동에 어느 정도 영향을 미친 것 같아요. 제 아이인 만큼 그건 저와 관련된 것이기도 하죠."라고 말한다.

부모들은 새로운 기술을 배워 가면서 자신이 해 온 익숙한 방식과 지금의 새로운 양육 방식이 어떻게 다른지 알아차리게 된다. 한 학부모의 말이 기억나는데, 그녀는 가정에서 달라진 긍정적인 면과 자신이 배운 것을 아이의 아버지에게 어떻게 적용해 보았는지에 대해 말했다. "남편이 아이에게 지적하면서 말하길래 남편에게 그건 좋은 방법이 아닌 것 같다고 말했죠. 사실 그건 이 프로그램을 시작하기 전까지 바로 제가 해 오던 방식이었거든요." 그녀는 아이들과 상호작용하는 법이 완전히 달라졌는데, 특히 아이들에게 말하는 방식이 바뀌었다고 했다.

부모들은 힘을 얻으면서 외적인 변화도 보이게 되는데, 자신감과 자기효능감이 커지면서 그들의 자세와 목소리 톤이 바뀌기 시작했다. 이러한 것들은 당신의 작업이 변화를 만들어 가고 있음을 보여 주는 신호이다.

변화에 대한 일상대화(체크하기)

2학년 교사인 데이비스 씨는 딕슨이 수업에 집중하지 못하고 다른 학생들에게 지장을 주는 행동을 한다는 말을 딕슨의 어머니에게 어렵게 꺼냈다. 이 만남이 끝날 때쯤 딕슨에 대한 몇 가지 긍정적인 이야기가 오고 갔는데….

교사: 딕슨이 모든 범위에서 잘하고 있지만 저는 딕슨을 위해 한 영역에서 좀 더 성장하도록 하고 싶어요.

어머니: 좋아요.

교사: 딕슨은 과업에 머무르고 그 일을 완수하는 데 어려움을 겪고 있어요. 가끔 딕슨은 학급 친구가 자신에게 웃거나 상황에 맞지 않는 말을 할 때 문제에 휘말려요.

어머니: 그거 놀랍네요. 왜냐하면 저는 집에서 아이랑 아무 문제도 없거든요.

교사: 글쎄요. 그게 아주 이상한 일은 아니에요. 교실은 특수한 환경이고, 그래서 성공적으로 생활하려면 다른 기술을 요구하니까요.

어머니: 글쎄요, 집에서는 제가 뭐라고 하면 잘 듣고 그대로 하거든요.

교사: 지금 이 일이 굉장히 놀라우신 것 같아요. 딕슨이 학교에서 어떤 곤란을 겪고 있는지 상

상하시는 게 어려운 일인 것 같아요.

어머니: 제가 생각하기에 모든 아이들은 문제를 가지고 있어요. 그리고 그게 선생님이 얘기하는 방식에 따라 더 큰 문제로 보일 수도 있죠.

교사: 모든 학생들은 학교로부터 어느 정도의 지원이 다 필요한데, 제 말씀이 어머니에게는 해결할 수 없는 문제처럼 들리게 했나 보군요.

어머니: 잘 모르겠어요. 아이가 어떻게 하는데요?

교사: 부모님들에게 좀 더 명확한 그림을 그려 주기 위해 저는 아이의 행동을 잘 기록하고 있어요. 보통 딕슨은 기복이 심한데 특히 수학과 읽기 시간에 자주 그래요. 30분 정도의 수학이나 읽기 시간에 잡담을 한다든지 자리에서 일어난다든지 그런 행동을 10~15회 정도 하거든요. 다른 친구들은 평균적으로 이런 행동을 1~2회 보이는데요.

어머니: 그건 너무 큰 차이예요.

교사: 어떻게 그렇게 생각하세요?

어머니: 모르겠어요. 그 애 같지 않아요. 제가 말한 대로 딕슨은 집에서는 얌전하고 좋은 아이예요.

교사: 여기서도 좋은 아이예요. 저는 딕슨을 아주 좋아해요. 우리는 그저 딕슨을 돕기 위한 방법을 찾아 수학과 읽기시간에 더 성공적으로 행동하도록 해야 해요. 딕슨은 할 수 있어요.

어머니: 무엇이 도움이 될까요?

여기서 교사는 동료 학생들과 관련한 딕슨의 문제행동의 세부 사항을 제공하기보다는 아이가 학교에서 발현하는 행동에 대한 어머니의 놀라움을 반영하고 있다. 교사는 이 문제가 해결할 수 있는 것이고, 어머니로부터 함께 이 문제를 해결하기 위해 어떻게 작업할 수 있는지에 대한 질문을 이끌어 내며 자신감을 표현한다.

요약

동기강화상담은 부모와 함께 하기에 효과적인 전략이다. 관계 형성하기, 초점 맞추기, 유발하기, 계획하기는 학교 전문가와 부모 사이의 상호작용에 일련의 가이드를 제시한다. 이러한 상호작용은 하루 중 어느 순간에도 혹은 정기적인 방문 중에도 일어날 수 있는 것이다. 이 장에서는 일상에서 주어지는 짧은 기회에 초점을 두면서 어떻게 하면 보다 성공적인 상호작용을 만들 수 있는지에 대해 논의해 보았다. 7장에서는 학부모와 교사, 학생을 위한 개입을 통합하기 위해 가족 체크업이라는 구조화된 동기강화상담을 소개할 것이다.

지지적인 부모의 행동관리 기술을 위한 자원

근거 중심 양육 프로그램 예시

유아 및 초등

Incredible Years: http://incredibleyears.com

First Step to Success: http://www.firststeptosuccess.org

Triple P: http://www.triplep.net

Non-Compliant Child: http://www.strengtheningfamilies.org/html/programs_1999/02_HNCC.html

중등 및 고등

Strengthening Families: http://www.strengtheningfamiliesprogram.org

Adolescent Transitions Program: http://www.ojjdp.gov/mpg/Adolescent%20Transitions%20Program-MPGProgramDetail-289.aspx

Multisystemic Therapy: http://mstservices.com

부모를 위한 책

Barkley, R. (1998). *Your defiant child*. New York, NY: Guilford Press.

Barkley, R. (1995). *Taking charge of ADHD*. New York, NY: Cuilford Press.

McMahon, R. J., & Forehand, R. L. (2005). *Helping the noncompliant child: Family-based treatment for oppositional behavior* (2nd ed.). New York, NY: Guilford Press.

Rapee, R., et al. (2008). *Helping your anxious child*. Oakland, CA: New Harbinger Publications.

활동지 양식

활동지 4.1 가치카드 분류 활동

가치카드 분류 활동은 가족 체크업의 초기 인터뷰 동안 수행된다. 이 활동 기술은 Frey 외(2013)의 **성공에 이르는 첫 걸음**, Theresa B. Moyers와 Steve Martino(2006)의 **정신분열증 환자의 목표와 가치 카드 분류 활동**에서 차용되었으며, 처음의 카드 분류 활동은 W. R. Miller, J. C'de Baca, D. B. Matthews와 P. L. Wilbourne(2001)로부터 개발되었다. 부모는 카드 분류를 스스로 완성할 수 있으나 최종적인 카드 분류는 직접 논의되어야 한다.

준비물과 방법

- 다음의 가치 리스트를 한 사람의 카드를 만드는 데 사용한다. 당신은 각각의 카드에 각 가치를 인쇄할 수도 있고 또는 각각의 가치를 인쇄하여 카드에 붙일 수도 있다.
- 학부모에게 그들의 인생에서 가장 중요한 것이 무엇인지 더 알기 위한 활동이라고 소개한다.
- 카드 3장을 '중요하지 않다', '중요하다', '매우 중요하다'라고 쓰인 칸에 차례로 놓는다.
- 학부모에게 카드를 건네고 자녀를 위한 목표와 가족의 가치관에 따라 '중요하지 않다', '중요하다', '매우 중요하다'의 세 묶음으로 카드를 분류해 달라고 한다. (읽기 어려워하는 학부모의 경우) 당신은 학부모와 함께 카드를 읽을 수 있다. 그러고 나서 학부모와 함께 논의함으로써 활동을 완수할 수 있다.
- 일단 여기까지 활동이 끝나면 '매우 중요하다'에 있는 묶음을 짚어 학부모에게 다시 한 번 중요한 순으로 분류해 달라고 부탁하고, 그 묶음에서 가장 위에 있는 카드 5장을 집어 낸다. 만일 학부모가 '매우 중요하다' 묶음에서 더 나아가지 못하거나 5장 이상 혹은 더 적은 양이더라도 개의치 않는다.

논의

- (본 활동의) 목표는 부모의 가치를 인정하고 이상적인 자녀의 행동과 현재 아이의 행동 그리고 이상적인 양육행동과 현재 양육행동을 연결하여 가족관리 실험에 대한 논의를 촉진하는 것이다.
- 적어도 가장 위에 있는 세 가지의 가치에 대해서는 자세하게 논의해야 한다.
- 왜 그 카드를 골랐는지, 그것이 개인적으로 무엇을 의미하는지, 자신의 가치나 목표를 어떻게 알 수 있는지(예: 이것이 중요하다는 확신은 자기 삶에서 무엇을 보면 알 수 있는가?), 목표행동(양육)과 이것이 어떤 상관이 있는지 카드를 활용하여 열린 질문을 한다.

- 언급된 가치나 이상에 걸맞지 않은 아동의 행동과 양육의 예가 있는지 묻고 들어 본다. 이런 예를 반영하면서 부모의 투쟁을 타당화하고 가치에 대한 부모의 노력과 헌신을 인정해 주면서 변화에 대한 논쟁을 이끌어 낸다.
- 만약 학부모가 바람직하지 않은 행동을 지지할 만한 카드(일반적인 예로 '재미있는 일 하기')를 선택한 경우에는 저항과 함께 구르기 같은 동기강화상담 원리를 활용한다.
- 변화대화가 나오는지 주의해서 듣고, 들을 때마다 그것을 강화한다.
- 가치를 분류한 후에는 명시된 가치를 가족이 생각하는 이상적인 자기상과 삶의 전반, 경험, 학교나 양육에서의 예외 상황, 아동의 강점과 구체적인 어려움에 연결하여 대화를 이어 간다.
- 이 활동은 가치와 목표에 대해 학부모와 쉽게 논의할 수 있도록 한다. 깊게 자리 잡고 있는 신념과 현재 행동 간의 불일치감을 일으켜 변화로 나아가게 하는 것이 이 활동의 목적이므로 절차에 대해 지나치게 염려하거나 세세하게 꼼꼼할 필요는 없다. 시시때때로 상황에 따라 선택하는 카드가 다를 수 있으므로 학부모가 고른 카드 내용 또한 그렇게 중요한 것은 아니다. 조심할 점은 당신이 원하는 가치나 목표 카드만 골라서 목록을 만들지 않도록 해야 한다는 것이다. 이 활동에서는 분류해 내는 것 자체로 매우 강력한 효과가 있기 때문이다.

좋은 부모 되기	교육받기
열심히 일하기	좋은 친구 되기
신실하기	행복하기
의리 갖기	건강하기
정직하기	책임감 갖기
사랑받기	유머 감각 갖기
존경받기	세상을 위해 좋은 일 하기
지역사회의 구성원 되기	좋은 것 갖기
삶의 보금자리 갖기	문제에서 벗어나기
성공하기	부 축적하기
진심으로 대하기	힘(권력) 갖기
친절하기	타인 돕기
정의 구현하기	옳은 일 하기
가족 보살피기	좋은 배우자 되기
통제감 갖기	인내심 갖기
재미있는 일 하기	좋은 외모 갖기
스스로에 대해 좋게 느끼기	그 외 가치:
그 외 가치:	중요하지 않은 것
중요한 것	매우 중요한 것

활동지 4.2 피드백 양식

성명: ______________________ 연령: ________________ 날짜: ________________

아동 적응

문제행동	
집중력	
불안	
우울	
대처 기술	
사회 기술	
기타:	

강점 영역 주의를 요하는 영역

가족 적응

가족 관계	
격려하기	
기대와 규칙 명료화	
한계 설정	
장학(슈퍼비전)	
가정 내 학업 지원	
스트레스 관리	
기타:	

강점 영역 주의를 요하는 영역

학교 적응

출석	
학업행동	
학습 기술	
학교 내 태도	
가정-학교 간 의사소통	
분열성 행동	
공격성 행동	
규칙 위반	
기타:	

강점 영역 주의를 요하는 영역

활동지 4.3 선택 사항 메뉴

가족: ______________________ 날짜: ______________________

향상하고자 하는 영역 피드백에 따라 당신의 가족이 초점을 맞추는 영역은 무엇인가요?
1.
2.
3.

선택 사항 메뉴:

자녀의 지원을 위한 협력적 아이디어	양육자를 지원하기 위한 선택 사항
	가정에서의 학업 지원 방안 수립
	스트레스 관리
	육아도구: 행동 조정
	가족 문제해결과 의사소통
	앞으로 가족의 계획과 일상적인 일

다음 단계: 각 분야에 대해 1개 이상의 전략을 기입한다. 세부 목표(예: 스트레스 감소를 위해 일주일에 1시간가량 만나 작업한다)를 명확하게 하기 위해 행동 계획 활동지를 완성한다.

활동지 4.4 목표 계획하기 양식

가족: ______________________ 날짜: ______________________

가족이 **잘하고** 있는 점:	가족의 향상을 위해 **초점을 맞추고** 싶은 영역:
구체적인 **나의 목표**:	

이 목표를 달성하기 위해 나는 무엇을 해야 하는가?			
무엇을 해야 하는가?	나의 계획	그 일을 하는 데 필요한 자원	달성 일자
본 수업에서 이 목표를 달성하는 것은 당신에게 얼마나 중요한가? 1 2 3 4 5 6 7 8 9 10 전혀 중요하지 않음 매우 중요함			이 변화를 달성해야 하는 가장 중요한 이유:
본 수업에서 이 목표를 달성하는 데 얼마나 자신감이 있는가? 1 2 3 4 5 6 7 8 9 10 전혀 중요하지 않음 매우 중요함			내가 자신감이 있는 이유:
목표 달성에 방해가 될 만한 것		목표 달성을 방해하는 것에 대해 내가 할 수 있는 일	

CHAPTER 5

교사와의 동기강화상담

교사라는 직업은 전문성을 필요로 한다. 교직과 같이 공공 감사 기준이 높은 직업도 없을 것이다. 교사는 학교에서 20명 이상의 아이들에 대해 주 양육자로서의 역할을 한다. 게다가 지난 10년간 교사에게 요구되는 책임감은 꾸준히 증가해 왔다. 사회는 교사가 아동의 안전을 돌보고 수준 높은 양질의 교육을 제공하기를 바랄 뿐만 아니라, 학급의 모든 아동이 좋은 성과를 거둘 수 있도록 지도하기를 기대한다. 사실 교사들 중에는 이러한 기대에 부응하지 못하거나 자신이 지원받지 못한다고 느끼면서 교직을 일찍 떠나는 경우도 많다.

교사도 우리와 마찬가지로 일반적인 사람이기 때문에 변화와 자기발전이 어려울 수 있음에도 불구하고, 계속적으로 성장하고 배워 가며 해마다 더 나아질 것을 기대한다. 우리 대부분이 자기발전을 위한 계획을 추진해 나가는 것처럼 교사들 또한 이에 대한 동기가 매우 높지만, 또 한편으로는 양가감정을 느끼기도 한다. 교사들은 자신의 고민을 경청하고 천천히 안내해 주는 지지적인 자문관으로부터 많은 도움을 받는데, 학교 전문가들이 이러한 지지적인 자문관의 역할을 할 수 있을 것이다. 예를 들어 동료 교사, 교장, 학교 자문관 또는 학교 심리학자, 특수교사, 교육 자문관 등이 될 수 있겠다.

이 장에서는 이러한 전문가들에게 필요한 기술을 제시한다. 이들은 교실에서의 수행을 향상할 수 있도록 교사와 함께 작업하고, 지지하며, 자문을 제공한다. 행동변화를 목표로 하는 경우에서처럼 이러한 만남이 도움이 되게 하고 심지어는 동기를 강화하도록 하는 전략이 있다. 이러한 점에서 모든 동기강화적 방법이 교사와 함께 작업할 때도 동일하게 잘 적용될 수 있다.

이 장에서 우리는 동기강화상담 방법을 교사에게도 확장하고자 한다. 그 내용은 앞

장과 유사할 것이나 교사에게 적용할 때 발생할 수 있는 고유의 어려움과 문제를 고려해 보았다. 우리는 동기강화상담을 '관계 형성하기, 초점 맞추기, 유발하기, 계획하기'라는 동기강화상담의 네 가지 과정으로 구조화하였다. 이러한 과정은 상호작용이 순차적으로 이루어지는 단계로 생각될 수 있으나 각 과정은 동시에 일어날 수 있고 되풀이될 수 있다는 점에서 서로 영향을 주고받으며 순서에 상관없이 다시 나타나게 된다. 즉 관계 형성하기, 초점 맞추기, 유발하기의 과정이 진행된 후에도, 목표가 될 수 있는 새로운 행동을 교사가 확인하게 된다면 초점 맞추기를 재차 강조할 필요가 있을 것이다. 또는 교사가 여러 번 약속을 잊었다면 관계 형성하기 과정에 더 많은 주의를 기울일 필요가 있을 것이다. 요점은, 이러한 과정을 고정된 단계가 아니라 그 과정에 따른 가장 유용한 반응 유형이며 변화대화를 개념화하기 위한 기준으로서 다루어야 한다는 것이다.

이 장은 동기강화상담의 네 가지 과정을 사용한 학급 체크업에 대해 짧게 소개하는 것으로 마무리된다. 학급 체크업은 교사를 지원하기 위한 구조화된 자문 모델이다. 동기강화상담에서 사용되는 기술과 전략은 학급 체크업의 형식적인 구조 유무와 상관없이 교사를 대상으로 하는 어떠한 자문이든지 적용 가능하다. 단회기라 할지라도 동기강화상담을 사용할 것을 강조한다. 따라서 '변화에 대한 일상대화'라고 불리는 예시를 일부분 포함하였다.

관계 형성하기

동기강화상담 전략은 매 자문 방문과 관련이 있다. 자문 초기에는 동기강화상담의 정신을 정립하고 라포를 형성하는 데 초점을 둔다. 첫 만남에서는 교사가 학급에서 다루고자 하는 문제와 함께 교사의 강점과 자원, 기대, 과거 자문 경험에 대한 정보를 수집한다. 동기강화상담 접근에서는 교사의 핵심 가치를 확인하고 이끌어 내는 것이 중요하다. 이러한 가치는 마음 깊이 갖고 있는 신념과 현재 행동 간에 불일치를 강조하는 데 유용하다. 아래에서는 관계 형성하기 과정 동안에 사용할 수 있는 전략을 제시하고 있다.

❁ 교사 자문에 적용되는 동기강화상담 정신

이전 장에서 제시한 유능한 자문관의 특성과 동기강화상담 정신은 교사와 자문할 때에도 모두 적용되며 동기강화상담의 관계 형성하기를 촉진하는 데에도 도움을 준다. 유능한 자문관은 교사와 협동하고 협력하는 관계를 만든다. 자문관이 인정하고 정확히 공감하며 절대적인 가치와 자율성을 믿어 줄 때 교사는 수용(acceptance)을 경험할 수 있다. 자문관은 교사를 둘러싼 상황에 대해 깊은 연민을 가지고 있다. 게다가 교사를 가르치고 주입하기보다 교사가 가진 자원과 생각, 해결책을 이끌어 내는 상호작용을 한다.

> 유능한 자문관을 보면 이들과 이루어지는 자문이 딱딱하고 전문적인 대화라기보다는 친근한 사회적 만남이라는 것을 느끼게 된다.

여기서 동기강화상담 정신의 핵심적인 측면뿐만 아니라 유능한 교사들을 코치하는 데 특히 큰 영향을 미치는 것으로 보이는 두 가지를 강조하고자 한다. 바로 편안함과 자신감이다. 먼저 유능한 자문관은 편안하다. 이들은 타인과 상호작용하는 자신의 관계적 방식에 편안함을 느낀다. 이들은 다른 만남에서 볼 수 있는 것과는 달리 두려움을 가지지 않고 경직되지 않은 모습으로 교사들과 만난다. 이렇게 유능한 자문관을 보면 이들과 이루어지는 자문이 딱딱하고 전문적인 대화라기보다는 친근한 사회적 만남이라는 것을 느끼게 된다.

> 가장 인상적인 점은, 매우 훌륭한 자문관은 그 교사가 말한 것이나 의도한 대로 그것을 할 것이라는 믿음, 즉 자신감을 전달한다는 것이다.

아주 유능한 교사 자문관들과 작업할 수 있는 기회가 수년간 있었다. 그중 한 자문관은 이러한 편안함을 잘 보여 주었는데, 교사와 상호작용하는 것을 지켜볼 때 자문관은 진심으로 그들과 함께하는 것을 즐기고 있었다. 상호작용이 억지스럽지 않았다. 자문관은 교사의 대인 관계 방식과 조화를 잘 이루면서 교사의 방식에 자신의 방식을 편안히 맞추어 나갔다.

자문관은 상호작용이 이루어지는 첫 순간부터 따뜻한 분위기를 조성했다. 다음의 예를 살펴보자. 이전에 교사는 자문관에게 지나가는 말로 자신이 목 부상 때문에 수술이 필요할 것이라고 말한 적이 있다. 자문을 시작할 때 자문관은 비디오카메라를 설치하고(우리는 종종 자문관에게 슈퍼비전을 목적으로 자문을 녹화할 것을 요청한다) 다음과 같이 말했다(카메라 뒤에서). "좋아. 이 정도면 됐어요. 이제 준비가 다 됐어요."

교사가 미소를 띠며 물었다. "당신도 화면에 나올 건가요?"

카메라 시야에 잡힌 교사가 카메라를 향해 미소를 띠었다. 자문관이 말했다. "네, 그래야 해요." 그들은 서로 킥킥거리며 웃었다.

자문관은 자리에 앉아서, "그래서 어제 목 때문에 밖에 나가셨다고요?"

"오후에 잠깐 다녀왔어요." 교사는 고개를 숙인 채 말했다.

자문관은 잠깐 멈추고는 고개를 갸우뚱거렸다. "아, 미안해요. 그래서 의사가 당신의 목에 철심을 박을 거라고 했다고요?"

교사가 재빨리 끼어들어서는, "이미 내 목에 철심이 있어요."

자문관은 작은 목소리로 "세상에나, 목에 철심을 더 박는다니 유감이에요."라고 말했다.

"어쩔 수 없죠."

"그래요."라고 자문관은 말하고 멈추었다. 그리고 함께 논의하기 위해 양식을 꺼내고 큰 목소리로 "끝내주네요."라고 말했다. 교사도 "네, 훌륭합니다."라고 말했다. "이제 시작해 볼까요?"

이 30초 동안의 대화에서 자문관은 교사의 아픈 목에 대해 공감하고 진심으로 염려하고 있음을 능숙하게 표현하였다. 교사가 더 많은 말을 할 수 있게 되었고, 자문관은 대화를 계속 진행해 나갈 수 있도록 자신의 반응 방식을 교사에게 맞추어 갔다. 여기서 "끝내주네요."라는 전환점이 나타나는데, 이는 교사가 장난하기 좋아하고 유머러스한 분위기("당신도 화면에 나올 건가요?")로 의사소통하는 것을 좋아한다는 것을 보여 주었기 때문에 할 수 있는 반응이었다. 만약 자문관이 "나는 당신이 목 문제에 대해서 지금 당장 생각하는 것보다는 차라리 일하는 것이 낫겠다고 말하는 것으로 들리네요."라고 진지하고 무겁게 말했다면 이는 교사의 의사소통 방식과는 어울리지 않았을 것이다.

교사 자문에서의 또 다른 핵심 특성은 자신감이다. 교사 자문관은 현재 그들이 무엇을 하고 있는지 잘 알고 있음을 전달할 필요가 있다. 자문관 스스로가 이를 믿어야 한다. 이러한 자신감은 종종 경험으로부터 나오게 된다. 이것이 바로 교사가 매우 효과적인 자문관이 될 수 있는 이유이다. 그러나 자신감은 또한 좋은 이론을 수반하는 개입으로부터 나오게 된다. 이론은 자문관이 문제해결에 도움이 될 수 있다는 믿음을 더욱 확증하고 다짐하도록 해 준다. 가장 인상적인 점은, 매우 훌륭한 자문관은 그 교사가 말한 것이나 의도한 대로 그것을 할 것이라는 믿음, 즉 자신감을 전달한다는 것이다. 유능한 자문관은 그들의 행동을 통해 교사와 함께 발전시키는 계획이 합리적이고 할 만하다는 믿음을 전달한다. 이에 상반되는 것은 자문관이 교사에게 계획을 완수하지 못하는 것에 대해 변명거리를 늘어놓게 하는 것이다. 이는 교사가 계획을 완수할 수 없는 것이 이해할 만하다는 말("할 수 있는 것을 하세요.")이나 행동을 전달하는 미묘한 방식을 통해 이루어지게 된다.

유능하고 자신감 있는 자문관은 교사가 무언가를 할 수 있도록 한다. 그들이 전하는 메타 메시지는 "당신은 이것을 할 수 있어요. 당신이 이것을 할 것을 기대합니다."이다. 수년간 함께 작업해 온 또 다른 자문관은 이러한 자신감을 계속해서 보여 주었다. 그녀는 교사가 상당히 큰 계획을 변화시키는 것에 동참할 수 있도록 하는 능력을 가지고 있었다. 그녀가 작업하는 것을 지켜보니 그 능력이 그녀의 미묘한 의사소통에서 나오는 것처럼 보였다. 그녀는 계획을 발전시킨 후에 계획이 성공적으로 이루어지는 데 방해가 되는 것과 잠재적인 방해물을 해결하는 것에 대해 질문하였다. 그러나 일단 계획이 수립되면 언어는 모두 성공과 그 뒤에 따라오는 것들에 관한 것으로 바뀌었다. "그래서 당신을 다시 만나게 될 때 당신의 반에서 어떤 변화가 일어날지 빨리 보고 싶네요!" 또는 "잘 선택하셨네요. 당신이 만든 계획으로 성공한 교사를 많이 봐 왔어요."라고 말할 수 있다. 자문관은 교사가 자신의 계획대로 잘 완수할 것이라는 믿음을 갖는다. 따라서 자신 있는 자문관의 중요한 측면 중 하나는 자신만의 내적 대화를 하는 것이다. 자신 있는 자문관은 스스로에게 "이것은 합리적이야. 좋은 계획이야. 교사가 이것을 해낼 수 있다고 확신해."라고 말한다. 이는 "잘되어야 할 텐데.", "이것을 하지 않을 거야.", "너무 많은 것을 요구하는 것 같은데." 식의 자기대화와는 매우 다른 것이다. 자문관으로서의 신념은 자기충족적 예언이 될 수 있다.

변화에 대한 일상대화

샘슨 선생님과 로페즈 씨는 점심을 먹고 있었다. 샘슨 선생님은 자신의 반 학생들에 대해서 불평하기 시작했다. 로페즈 씨는 샘슨 선생님이 학급관리를 위해 애쓰고 있다는 사실을 알고 있었고, 무엇을 해야 한다는 말 없이 그녀를 지지해 주고 싶었다.

샘슨: 저는 정말이지 학교에 조금도 신경 쓰지 않는 학생들에게 질려 버렸어요. 저희 반에 있는 골칫덩어리 3명이 모두를 망치고 있어요. 제 말은 그 애들이 학교에 전혀 소속되어 있지 않다는 거예요.

로페즈: 정말 좌절스러우시겠어요.

샘슨: 저는 가르치고 싶지 아이들을 돌보고 싶진 않아요.

로페즈: 누군가를 가르친다는 게 행동 가짐을 가르친다는 것과 이렇게 밀접하게 연관될 줄 누가 알았겠어요?

샘슨: 저는 정말 몰랐어요. 이건 제가 생각했던 게 아니에요.

로페즈: 한번 생각해 보는 것도 흥미롭겠군요. 한 번도 물어본 적이 없는 것 같은데, 선생님은 어떤 이유로 교사를 하게 된 건가요? 교사가 되고 싶게끔 만든 건 뭐죠?

샘슨: 음, 글쎄요. 전 정말 변화를 만들어 내고 싶었던 것 같아요. 아이들이 더 잘 배우고 보다 결과가 좋아지게 하고 싶었어요. 그 아이들을 이해시키고 싶었어요. 전 제가 이걸 꽤 잘한다고 생각했거든요.

로페즈: 그래서 선생님이 지금 이렇게 힘든지도 모르겠네요. 선생님은 격려가 더 많이 필요한 아이들에게 다가가고 싶으니까요.
샘슨: 네, 그런데 정말 실망스러워요.
로페즈: 선생님으로 하여금 포기하게 만드는 바로 그 학생들이 사실은 선생님이 가장 다가가고 싶었던 학생들이네요. 어쩌면 바로 그 부분에서 좌절스러웠는지도 모르겠어요.
샘슨: 네. 저는 그냥 그 애들이 배우기를 원했으면 좋겠어요. 정말 우습게 들린다는 건 알지만, 저는 그 애들이 배울 수 있도록 돕고 싶거든요. 어휴, 정말 힘드네요.
로페즈: 그 애들을 포기하고 싶지 않군요. 하지만 아이들의 행동이 포기하고 싶게 하나 봐요.
샘슨: 그런 것 같아요. 그 애들이 이기게 내버려 둘 순 없어요. 제가 좀 더 강해져야죠.

여기서 로페즈 씨는 샘슨 선생님이 자신의 학생에 대해 불평만 하고 대화를 그 이상으로 발전시키지 못하는, 교사들의 전형적이고 일상적인 대화가 되게 내버려 둘 수도 있었다. 물론 감정을 분출하고 터뜨리는 것은 교사로 하여금 동료를 통해 자신의 감정에 대해 정당화되고 지지받는 듯한 느낌을 느낄 수 있게 해 주는 기능이 있다. 어쨌든 좌절감을 배출할 수 있는 통로가 있다는 것은 중요하다. 교사가 그런 대화 후에 힘을 얻고 생기를 되찾게 된다면 특히 중요하다. 그러나 안타깝게도 이러한 종류의 대화는 반추적이고 계속해서 곱씹게 하며, 결국에는 교사가 자신의 학급에 대해 더욱더 비관적인 느낌을 갖게 한 채 끝이 나 버린다.

이러한 자기패배적인 대화에 참여하는 대신에 로페즈 씨는 경청해 주었으며, 좋은 생각을 이끌어 내는 질문을 함으로써 대화를 바꾸었다. 대화의 전환점은 로페즈 씨가 샘슨 선생님에게 왜 교사가 되고 싶었는지를 물었을 때이다. 이 질문은 그녀의 핵심적인 가치를 이끌어 냈고, 이는 아이들의 삶에 변화를 일으키고 싶다는 것과 관련되어 있었다. 그러고 나서 그녀는 자신이 단지 좌절감을 느낀 것이 아니라 자신이 진정으로 돕고 싶었던 아이들에게 다가설 수 없어서 실망하고 좌절한 것임을 깨닫고 그녀 자신과 연결시킬 수 있었다.

❁ '당신 알아 가기' 인터뷰

비록 교사 자문 방문이 종종 매우 간략하고 짧게 이루어진다 하더라도 충분한 대화를 위해 가능한 한 25~45분 정도의 시간을 추가적으로 확보해 놓을 것을 추천한다. 교사들은 대개 점심시간이나 쉬는 시간을 자문에 할애하곤 한다. 자문관은 이 만남의 목적("당신과 당신이 학급에 갖는 목표에 대해 더 알기 위해서입니다.")과 어느 정도의 시간이 걸릴 것 같은지에 대해 미리 교사에게 말해 주어야 한다.

동기강화상담의 관계 형성하기 과정에서와 마찬가지로 초기 만남에서는 교사의 경험에 대해 초점을 맞추는 것이 효과적이다. "왜 교사가 되고 싶었나요?"와 같은 질문을 하는 것은 교사의 초기 열정과 연관짓는 데에 특히 효과적이고 교사의 개인적 가치에 대한 중요한 정보를 제공한다. 또한 교사로 지내면서 가장 좋은 부분과 그렇지 않은 부분에 대해 묻는 것도 도움이 된다.

첫 만남에서 우리가 묻는 영역은 현재의 학급, 환경("학급 문화에 대해서 어떻게 묘사할 수 있을까요?"), 교사의 학급관리 스타일("당신의 학급관리 계획은 무엇인가요?", "당신은 학급에서 발생한 잘못된 행동에 대해 어떻게 대처하나요?"), 교사가 생각하는 이상적인 학급("당신이 생각하는 이상적인 학급은 어떤 모습인가요?"), 그리고 교사로서 학생들이 학급에서 무엇을 배우고 그들의 삶에 어떤 영향을 끼치면 좋을지와 과거 자문 경험에 대한 것이다. 표 5.1에는 각 범주별로 인터뷰 질문 예시가 제시되어 있다. 이 질문은 모두 열린 질문이며 OARS(열린 질문 하기, 인정하기, 반영하기, 요약하기) 기술의 O와 일치한다는 것을 주목한다. 자문관은 이러한 종류의 질문을 하고 뒤따르는 대화에 대해 인정하고, 반영하고, 요약해 주어야 한다.

❀ 가치 탐색하기: 교사 가치카드 분류

교사의 배경, 기술, 흥미에 대한 정보를 수집하는 것과 더불어, '당신 알아 가기'를 하는 동안에 간단한 가치카드 분류 작업을 하자고 제안한다(카드 분류에 대해서는 4장에 더 자세히 제시되어 있다). 이 작업은 대화 초반에 하게 되는데, 교사의 경험에 대한 질문과 호불호에 대한 정보를 이끌어 낸 후에 이루어진다. 부모 카드 분류와 마찬가지로, 교사에게 한 뭉치의 가치카드(활동지 5.1 참조)를 제공하고 '매우 중요하다', '중요하다', '중요하지 않다'의 세 가지로 분류하도록 요청한다. 그런 다음 교사에게 '매우 중요하다' 뭉치 중에서 3~5개 정도의 핵심 가치를 선별하라고 한다. 그리고 교사에게 왜 그것들을 가장 중요한 가치로 선택했는지 말해 달라고 요청한다. 이 작업의 목표는 교사가 지닌 강한 신념에 대해 더 깊이 파악하는 데 있다. 자문관은 이야기를 진행하기 위해 열린 질문과 명료화 질문을 많이 사용하고("그것에 대해 좀 더 말해 주시겠어요?"와 같은 질문), 교사의 가치를 인정하며("당신에게 그것이 왜 이토록 중요한지 알겠군요."), 교사가 언급한 내용을 반영하고("교사가 되려고 했던 처음의 열정과 동기를 떠올리면 힘을 얻는

표 5.1 '당신 알아 가기' 인터뷰 질문

교수 경험 및 배경

- 교사가 된 지 얼마나 되었나요?
- 교사가 되고 싶었던 이유는 무엇인가요?
- 교사로서 가장 좋은 점은 무엇인가요?
- 교사로서 가장 어려운 점은 무엇인가요?

학급 분위기

- 당신의 학급 문화에 대해 어떻게 묘사할 수 있을까요?
- 당신의 학급에 속해 있다는 것이 학생들에게 어떤 의미를 가질까요?

학급관리 방식

- 학급에서 학생들의 행동을 관리하기 위해 어떤 전략을 사용하나요?
- 학급관리 영역에서 당신이 잘하고 있는 부분과 그렇지 못한 부분은 무엇인가요?
- 당신은 학급에서 발생한 잘못된 행동에 대해 어떻게 대처하나요?
- 학급에서 어떤 전략이 가장 효과적이었고, 또 효과적이지 않았던 전략은 무엇인가요?

이상적인 학급

- 당신이 생각하는 이상적인 학급은 어떤 모습인가요?
- 당신의 학급 안에서 아이들이 배웠으면 하는 것은 무엇인가요?
- 아이들이 당신과 당신의 학급에 대해 어떻게 기억하기를 바라나요?

과거 자문 경험

- 과거에 자문받은 경험이 있다면 말씀해 주시겠어요?
- 자문 경험에서 효과가 있었던 부분과 그렇지 않았던 부분은 무엇인가요?

군요."), 교사의 이야기를 요약해 주는("변화를 일으키고, 신뢰를 얻으며, 강한 리더가 되는 것이 당신의 가장 중요한 가치네요. 그리고 당신은 이러한 가치가 자신의 삶, 교사로서의 삶을 어떻게 만들어 나갈지에 대해서도 잘 알고 있고요.") 등 OARS를 활용한다.

첫 만남에서의 대화 예시

여기에 제시될 교사 자문 축어록에서는 관계 형성하기 과정을 촉진하기 위해 사용되는 동기강화상담의 핵심 기술을 강조하고 있다. 첫 번째 예시에서 자문관은 간단한 열린 질문을 사용함으로써 '당신 알아 가기' 인터뷰를 시작한다. 이 예시를 읽으면서 몇 가지에 주목할 점이 있는데, 먼저 자문관이 교사에 비해 상대적으로 얼마나 적은 양의 말을 하는지 살펴보길 바란다. 전통적으로 동기강화상담이 잘 이루어지기 위해서는 내담자가 자문관보다 10 : 1의 비율로 더 많이 말해야 한다. 그러나 이것을 교사 자문 장면에서 기대하는 것은 바람직하지 않다. 관계 특성 자체가 굉장히 다르고 시간 또한 제한되기 때문이다. 하지만 기본적으로 자문 초기 단계에서는 교사가 자문관보다 더 많이 말을 하도록 해야 한다. 교사가 더 많이 이야기할수록 변화대화를 하는 기회가 더 많아지고, 이러한 변화대화는 곧 우리가 추구하는 바이다.

특히 우리가 현재 하고 있는 행동이 우리의 신념과 맞지 않다고 깨닫게 될 때 가치는 우리가 행동하도록 만든다.

두 번째로, 동기강화상담 과정이 얼마나 역동적이고 상호 연관되어 있는지 살펴보도록 한다. 비록 첫 만남에서는 주로 관계 형성하기에 초점을 두지만, 자문관은 선택적인 질문을 통해 초점 맞추기 과정을 시작할 뿐만 아니라 열린 질문을 활용하여 유발하는 과정에도 들어간다. 세 번째로, 이러한 간단한 질문을 통해 교사로부터 어떻게 깊이 있고 의미 있는 가치 진술을 이끌어 내는지 주목한다. 교사가 가치를 표현할 때 자문관은 반영해 주고 확대함으로써 이를 강조하게 된다. 우리는 종종 가치에 에너지를 부여하기 때문에 가치와 사람들을 연결시키는 것은 핵심이 된다. 특히 우리가 현재 하고 있는 행동이 우리의 신념과 맞지 않다고 깨닫게 될 때 가치는 우리가 행동하도록 만드는 요인이 된다.

	인터뷰 대화	비고
자문관:	몇 가지 기본적인 질문을 하려고 해요. 당신이 교사가 되고 싶게 한 것은 무엇인가요?	열린 질문
교사:	6학년 때 담임선생님이에요.	
자문관:	6학년 때 담임선생님이요?	
교사:	네. 6학년 때 담임선생님이었던 슬로코스키 선생님 때문에 선생님이 되고 싶었는데, 비슷한 시기에 저희 엄마가 선생님이 되려고 학교에 다시 다니셔서 정말 짜증 났던 게 기억나네요. 전 "뭐 하시는 거예요? 그건 제 직업이라고요."라고 했었죠. (웃음) 이런 것까지 모두 아셔야 할 필요가 있는지 잘 모르겠지만. 6학년 때 그 선생님은 제가 어린데도 불구하	가치

고 저를 진심으로 존중해 주셨어요. 정말 대단한 분이죠. 저는 학업도 그렇고 교우 관계도 꽤 괜찮았어요. 저는 좋은 관계도 많았지만 어떤 것도 버리지 못하는 정말 이상한 습관을 가지고 있었어요. 저는 저장장애가 있는 것같이 이것저것 다 모아 놓고 버리지 못하는 편이었어요. 정말 믿을 수 없을 정도였죠. 그러자 선생님은 제 어머니를 불러서 정기적인 만남을 갖게 되었어요. 그래서 어머니가 와서 제가 사물함 치우는 것을 도와줄 수 있도록 말이에요. 정말 웃겼어요. 이것을 부끄러워해야 하는 게 맞겠지만 저는 그보다 선생님이 저의 유별난 모습까지도 정말로 진심으로 존중해 주셨고, 또 제 사물함이 항상 넘쳐흘렀는 데도 화내지 않으셨다는 사실을 깨닫게 되었어요. 선생님은 그저 "저희가 아이를 어떻게 도와주면 될까요?"라고 하실 뿐이었어요. 저는 아주 작은 마을에서 자랐기 때문에 부모님과 교사 간의 관계가 굉장히 밀접했어요. 아시다시피 이것은 어른들 간, 그러니까 선생님과 부모님 간 일종의 합의하에 이루어지는 관계의 문제였어요. "이 아이는 제 아이예요. 하루에 8시간 동안 당신에게 제 아이를 맡길게요.", "이 아이는 당신의 아이이고 전 이 아이를 가르쳐요. 제가 어떻게 하면 아이를 존중하는 방식에서 가르칠 수 있을까요?"처럼요. 선생님은 정말 대단한 분이셨어요. 그리고 제 꿈이 교사가 되도록 만들어 주셨죠. 만약 제가 6학년을 가르칠 수 있다면 저는 그렇게 할 거예요.

자문관:	그 선생님처럼 되고 싶은 거군요.	반영
교사:	네. 그리고 당신도 아시다시피 6학년이라는 건 정말 엄청난 시기잖아요. 당신도 아마 6학년 때 많이 경험해 봤을 거고요.	
자문관:	인생에 엄청난 영향을 줄 때죠.	복합반영
교사:	그러니까요.	
자문관:	그리고 그것을 제대로 할 수 있는 방법에 대한 좋은 모델도 갖고 있고요. 변화를 만들어 내기 위해 슬로코스키 선생님이 당신에게 했던 것처럼 말이에요.	가치 반영
교사:	맞아요.	
자문관:	그렇다면 가르치는 것과 관련해서 무엇이 당신을 가장 흥미롭게 하나요? 당신이 발견한 것 중에서 교사로서 가장 좋은 점이 무엇인지 말해 주시겠어요?	열린 질문
교사:	교사가 되면서 가장 좋은 점은 아이들과 맺는 관계예요. 교	가치

육이 아마도 가장 큰 부분이겠지만 그건 어떤 선생님이나 마찬가지일 거고요. 아시다시피 교사들은 교육을 우선순위로 해야 하는 게 맞지만 전 아이들과 관계 맺는 것도 무척 좋아요. 지금처럼 업무를 끝내고 어떤 선생님에게 이것에 대해 말하면서 아이들, 특히 관심을 두고 있는 아이들에게 사랑한다고 말하면 아이들이 그걸 들을 거라고 했어요. 그런데 그때 어떤 아이가 문 밖으로 나와서는 "켄드릭 선생님 사랑해요."라고 말하는 거예요. 아이들에게 매우 관심이 있다고 먼저 말하지 않아도 아이들이 그걸 알고 있고, 또 나에게 이것을 편하게 말하는 게 정상적이라는 것을 보여 주었어요. 이곳에서 우리는 모두 하나의 공동체인 거죠. 학년 초반에는 모두가 "당신은 누구세요?"라고 말하는 것처럼 이방인으로 시작하지만 어느 순간에는 한 공동체의 일원이 되어 있을 거예요. 전 제 아이들이 서로 잘 어우러져 있는 모습을 보는 게 좋아요. 전 아이들을 하나의 작은 시민으로 보고 있고, 이들이 나중에 세상에 성공적으로 나아갈 수 있도록 도울 수 있어요.

자문관: 당신에게는 숫자나 단어를 배우는 것 그 이상이겠네요. 당신에게 진짜 흥분되는 것은 아이들이 사랑받고 있고 자기 스스로가 중요하다고 느낄 수 있도록 해 주는 것인가 봐요. 가치 반영

교사: 그게 중요한 거죠. 사람들이 무엇을 하든 간에 그게 꼭 필요해요.

자문관: 당신의 학급에서는 아이들에게 모든 것의 토대가 될 만한 것들을 주고 있는 것 같네요. 그렇다면 다른 한편으로 교사로서 어떤 점이 가장 힘들거나 다루기 어렵다고 느끼나요? 열린 질문

교사: 다른 어른들과 일하기가 어려운 것 같아요. 어른의 입장에서 학교 안에 만들어 놓은 문화는 아무래도 가르치는 스타일을 통해서도 나타나고 그게 아이들에게도 영향을 미치거든요. 저 같은 경우는 두 가지 양극단으로부터 영향을 받았어요. 제가 학생을 가르칠 때에는 굉장히 집단적인 문화에 속해 있었어요. 제 말은, 우리는 모든 걸 함께했다는 거죠. 가르치는 거나 브레인스토밍을 할 때도요. 다른 선생님 반의 아이가 제 수학 수업을 듣는 아이들과 수준이 비슷하면 저희 그룹으로 데리고 왔던 것처럼요. 그러고는 "문 닫으세요.", "혼자 가르치세요.", "효과가 있는 정보만 교환하고 그 이상은 하지 마세요." 하는 곳으로 오게 된 거예요. 그래서 가르치기가 어려워요. 도움을 구하기가… 함께 일하는 실력 있는 선생님에 가치

게 뭔가 도움을 얻기가 정말 어려워요. 이것이 잘 이루어진다면 제가 교사로서 더 성공할 수 있을 텐데요.

자문관: 가르치는 건 당신에게 하나의 공동체를 만드는 것과도 같군요. 그래서 그 공동체가 당신과 멀어진다고 느껴질 때 고립되어 있고 비효과적이라고 느끼는 거고요. — 반영하기

교사: 네. 저는 우리 모두가 서로를 지지하고 도와줄 때, 그리고 서로가 함께하고 있다는 것을 깨달을 때 훨씬 더 잘할 수 있다고 믿어요.

자문관: 공동체를 만들고자 하는 그런 철학은 당신의 학급을 넘어서서 전체 학교 그리고 전체 사회와도 연결이 되겠네요. — 가치 반영

교사: 그리고 이 학년의 신입 교사로서 저는 좀 늦게 채용된 편이었어요. 제 교실에는 어떤 수업 자료도 없었어요. 그래서 날마다 새로운 수학 수업을 했죠. 타일 같은 재료가 필요할 때에도 저는 타일이 없었기 때문에 모든 재료를 찾으러 다녀야만 했어요. 자료 부족 문제는 정말 큰 문제예요.

자문관: 또 다른 문제는 없나요? 학급에 대한 이야기이건, 학생들에 관한 문제이건, 당신이 생각하기에 가장 어려운 문제는 무엇인가요? — 열린 질문

교사: 아이들은 정말 가지각색이에요. 읽기에서는 읽기 그룹에 도움이 되도록 되어 있어서 수준에 따라 나누는 것이 가능해요. 하지만 수학은 전체 집단을 대상으로 가르치기 때문에 수준을 구분하기가 어렵더라고요. 여기 이 커리큘럼을 저는 잘 이해하지 못했죠. 저희 반에는 "도와주세요. 이것을 잘 모르겠어요. 어떻게 해야 할지 모르겠어요."라고 말하는 열심인 학생이 3분의 1 정도 있어요. 저는 결국 7명의 아이들을 수학시간 동안 테이블에 앉혀 놓고 다시 가르쳐 줬지요. 그 동안 잘할 수 있는 아이들은 스스로 할 수 있도록 두었지만 사실 이 친구들도 어느 정도 도움이 필요하죠. 학년 초반에는 어떻게 해야 할지 몰랐어요. 굉장히 열심히 했지만 저에겐 차별화하는 것이 정말 힘든 일이었어요. 특히 수학 수업에서요.

자문관: 모든 학생들의 필요를 만족시키고 그들의 눈높이에 맞춰서 하나하나 만나기란 참 어렵죠. — 반영하기

이 대화에서 볼 수 있듯이 4개의 열린 질문과 몇 개의 복합반영이 교사로부터 깊이 있고 의미 있는 대화를 이끌어 냈다. 우리는 이미 그녀가 무엇을 원하고 무엇을 진정으로 옳다고 여기는지에 대해 많이 알고 있다. 우리는 이 대화가 매우 효과적이고 유익하다는 것을 발견할 수 있었다. 이러한 대화는 교사가 잠재적으로 변화할 수 있도록 지지해 주는 씨앗을 제공한다. 가치와 연결하는 작업을 하고, 또 이러한 가치를 움직이고 이끄는 것이 무엇인지 파악하게 됨으로써 학급의 변화에 필요한 자원이 되는 에너지와 열정을 이용할 수 있었다. 게다가 동기강화상담 정신이 능숙하게 잘 발휘되면 이러한 의미 있는 대화는 자문관과 교사 간에 협력적인 관계를 구축할 수 있도록 돕고, 이것은 곧 견고한 동맹 관계를 만드는 토대가 된다.

❀ 감정에 반응하기

관계 형성을 위한 대화 중에 교사가 감정적으로 될 수 있다는 사실을 알고 대비해야 한다. 교사가 감정적이 되는 한 가지 이유는 자문관의 질문이 그들에게 매우 개인적이고 중요한 부분을 건드릴 수 있기 때문이다. 때로 자문관은 교사에게 연민을 느낄 때 정서적으로 강하게 연결됨을 느낀다. 교사와의 첫 만남에서 교사가 보이는 눈물에 놀라지 말아야 할 두 번째 이유는 많은 교사들이 책무성에 대한 압박과 평가 시스템에 대한 부담감을 지니고 있기 때문이다. 학교와 지역사회에서는 교사에게 많은 짐을 지우고, 교사도 그것을 느끼고 있다. 종종 교사들은 이러한 긴장감을 해소할 출구를 찾지 못하는데, 가만히 앉아서 자신의 이야기에 주의를 기울이고 지지적인 태도로 경청해 주는 사람을 만나면 이러한 부담감을 드러내게 된다. 대개 교사 스스로도 자신의 눈물에 놀라게 되는데 이는 그들이 앞으로 나아가는 것에만 너무 익숙해져 있어서 현재 학교환경에서 직면하는 어려움에 대해 되돌아볼 시간을 갖지 못했기 때문이다. 교사가 회기 동안에 울면서 슬퍼할 때 자문관이 해야 할 역할은 교사의 현재 상황에 함께 머물고 수용해 주는 것이다. 아무것도 지금 해결할 필요가 없다. 교사가 경험하고 있는 것이 무엇이든 인정하고 기다려 준 뒤에 진행할 수 있도록 한다.

> 교사가 회기 동안에 울면서 슬퍼할 때 자문관이 해야 할 역할은 교사의 현재 상황에 함께 머물고 수용해 주는 것이다. 아무것도 해결할 필요가 없다. 교사가 경험하고 있는 것이 무엇이든 인정하고 기다려 준 뒤에 진행할 수 있도록 한다.

	인터뷰 대화	비고
자문관:	이 학교에 꽤 오래 계셨네요. 어떻게 해서 이곳에 오래 계시게 되었나요?	열린 질문
교사:	아시다시피 전 이곳이 정말 좋아요. 진심으로요. 학교도 공동체도 사랑해요. 이곳은 정말 안락해요. 유년 시절에는 이렇게 느낄 수 있어야 해요. 난 우리 반이 좋아요. 이곳의 모든 것들이 좋아요.	
자문관:	여기 있는 게 정말 편안하게 느껴지는군요.	단순반영
교사:	고마워요. 전 정말로 그렇게 느끼고 싶어요.	
자문관:	왜 교사가 되고 싶었나요?	열린 질문
교사:	음, 저는 유년 시절이 좀 힘들었고 보호받는다는 느낌을 갖지 못했어요. 아마도 그래서 제가….	
자문관:	당신은 아이들을 지켜 주고 싶었군요.	반영하기
교사:	네, 그래요. (눈물을 흘리면서 고개를 끄덕이며)	
자문관:	(멈췄다가) 이것이 당신에게 얼마나 중요한지 알 수 있네요.	반영하기
교사:	네. 죄송해요. 저는 원래 이렇게 우는 사람이 아닌데….	
자문관:	미안해하지 않아도 돼요. 우리에게 중요한 것에 대해서는 감정이 확 올라올 때가 있지요. (잠깐 멈춤) 가르치는 것과 관련해서 당신이 가장 좋아하는 부분을 말해 주세요.	인정하기

교사 자문에서는 감정에 반응하기가 까다로울 수 있다. 이에 대한 적절한 반응은 오히려 임상 장면에서 더 간단할 수 있다. 왜냐하면 내담자는 자신이 꺼내는 주제가 감정을 불러일으킬 수 있다는 것을 암묵적으로 이해하고 있는 상태에서 상담을 요청하기 때문이다. 반면에 교사들은 보통 자문 관계에서 감정적인 반응이 표출될 것이라고는 예상하지 않기 때문에 그런 식으로 자신이 드러나는 것에 대해 불편함을 느낄 수 있다. 유능한 자문관은 표현된 감정을 충분히 인정하고 타당화하지만 동시에 당장의 더 큰 과업(자문에서 가장 먼저 중점을 두어야 하는 문제해결)에 초점을 맞추고 대화를 진행한다. 여기서 자문관이 많은 선택안을 갖고 있었다는 것에 주목한다. 자문관은 교사의 눈물에 대해 감정반영을 할 수도 있었고("어린아이였을 때 보호받지 못했던 것이 기억나서 슬

픈가 봐요."), 자기개방을 더 많이 하도록 할 수도 있었다("지금 당신을 슬프게 한 것이 무엇인지 좀 더 얘기해 주세요."). 하지만 이 두 가지 반응은 교사의 개인적인 부분을 더 드러내게 하는 방향으로 대화의 초점을 이끌어 갈 수 있고, 더구나 당시의 관계에서 이것을 다루기에는 너무 일렀다. 대신에 자문관은 눈물에 대해 이해하고("이것이 당신에게 얼마나 중요한지 알 수 있네요.") 타당화하였으며("우리에게 중요한 것에 대해서는 감정이 확 올라올 때가 있지요."), 그런 다음 초점을 이동하였다("가르치는 것과 관련해서 당신이 가장 좋아하는 부분을 말해 주세요."). 교사와의 자문시간이 정해져 있기 때문에 자문관은 교사에게 미치는 영향력을 극대화하는 동시에 교사 스스로 취약하다고 느끼는 부분에 대해서는 최소화해 주어야 한다.

초점 맞추기

❀ 주제 설정하기와 구조화하기

흔히 교사 자문의 초점은 교사의 요청(예: 학급관리에 대한 도움 요청)이나 자문관의 역할(예: 수행평가 영역에 전문성이 있는 교장)에 따라 미리 정해지기도 하나 대부분의 경우는 무엇에 초점을 두고 대화할지 불분명한 상태로 만난다. 자문 시 5분이 되건 1시간이 되건 간에 관계 맺는 것을 넘어 목표를 향해 대화를 지속할 것인지 아닌지는 두 사람이 함께 결정한다. 공식적으로 예정된 만남에서는 이러한 기대 사항을 미리 설정해 두는 것이 가장 좋은데, 이는 자문에 대한 개괄적인 내용과 합리적인 이유를 제공함으로써 가능하다.

> 따라서 선생님이 학급관리 기술을 함양하는 데 도움이 되는 방법이 있다면 무엇이든지 그것을 지원하는 것이 제 역할입니다. 오늘은 선생님에 대한 기본적인 사항, 현재 실무와 관련해서 몇 가지 질문을 드리려고 해요. 또 몇 가지 양식이 있는데 이것을 작성해 주세요. 앞으로 제가 몇 번 학급을 관찰할 거예요. 그리고 다음 만날 시간을 정해 관찰하면서 알게 된 사항에 대해 나누면 좋겠네요. 그때 함께 다루면 좋을 점이 무엇인지 선생님이 결정할 수 있어요.

덜 공식적인 만남에서는 다루고자 하는 주제가 대화의 말미에 나타날 수도 있다. 자문관은 OARS를 사용하여 이러한 대화를 구조화해야 한다. 자문관은 현재 이루어진

대화를 요약하고, 대화의 주제를 마련하기 위해 교사에게 열린 질문을 사용함으로써 대화를 마무리지을 수 있다.

> 선생님은 통제할 수 없는 상황으로 인해 굉장히 좌절하는 것 같아요. 학급에서 나타나는 행동 문제나 행정직원들과의 어려움, 그리고 이 직업이 선생님에게 가장 최선인가에 대한 염려까지…. 그렇다면 우리가 함께 어떤 일부터 해 나가는 것이 가장 좋을까요?

❀ 생태학적 평가

평가 정보는 어느 정도 대화에 초점을 제공할 수 있다. 수집된 평가의 유형과 특성은 컨설테이션의 목표에 따라 달라진다. 이러한 평가는 자문관의 전문 지식과 자문의 특성에 따라 미리 결정할 수도 있고, 자문이 특정한 개입이나 계획과 관련 있는 것이 아니라면 교사와 함께 결정할 수도 있다. 학급 체크업 모델처럼 기존의 동기강화상담 교사 자문 모델은 학급관리 기술이나 교수 기술의 향상에 초점을 두고 있기 때문에 여기서의 평가 예시도 이 영역에 맞추어 다루고자 한다.

대개 자문관은 교사의 자기인식 수준은 물론이고 중요한 교수행동에 대한 직접적인 관찰 자료를 수집하고자 할 것이다. 이러한 행동에는 학생들의 학습 참여 기회, 행동 교정, 칭찬(전반적으로, 구체적으로), 꾸중(엄하게, 명백하게), 학생들의 소란, 시간 준수 등이 포함된다. 관찰할 만한 또 다른 교사 행동에는 학생 지도, 관리(교사가 교실을 돌아다니며 보는가)가 있다. 교수환경에서 중요한 측면에 교실 구도를 포함할 수 있다(이동과 변화가 용이한가).

교사의 학급관리에 대한 중요한 정보를 모으기 위해서는 『학급관리 코칭』(Sprick, Knight, Reinke, Skyles, & Barnes, 2010)이나 『효과적인 학급을 위한 동기강화상담』(Reinke, Herman, & Sprick, 2011)에서 제시한 관찰 양식을 사용할 수 있다. 두 책에는 학급에서 일어날 수 있는 행동의 빈도표와 학생 행동 평가표가 제시되어 있다. 자신만의 관찰 양식을 만드는 것도 또 하나의 선택 사항이 될 수 있다.

학급에 들어가 관찰하는 데 주의해야 할 중요한 사항은 자문관의 존재 자체가 개입의 일부가 될 수 있다는 점이다. 자문관의 방문이 방해로 간주될 수 있다는 것을 알고 있어야 한다. 따라서 조심스럽게 관찰을 실시하는 것이 하나의 기술이다. 유능한 자문관은 자신의 관찰이 방해가 되지 않도록 (a) 교사에게 관찰하기 가장 적절한 시간을 묻고, (b) 방문했을 때의 교실 분위기를 파악하고(적절하지 않은 시간으로 파악되면 다른 시간에 방문할 수 있도록 유연하게 대처하기), (c) 수업에 방해되지 않는 위치에서 교사와 학생을 관찰하고, (d) 학생들에게 자문관의 방문에 대한 이유를 일상적인 활동인 것으로 설명하고(예: "5학년은 학교에서 무엇을 배우고 있는지 알고 싶어서 왔습니다."), (e) 관찰 동안에는 학생들과의 상호작용을 피한다. 하지만 만약 자문관이 교실에 있는 것을 교사가 편안하게 여긴다면 자문관은 교실을 돌면서 학생들의 개별 작업을 도와줄 수도 있다. 이를 통해 자문관은 교사 및 학생들과 라포를 형성하는 동시에 추가적인 정보를 얻을 수 있다.

교사가 가장 힘들다고 느끼는 시기 동안에 칭찬, 벌, 학습 참여 기회의 제공, 학급 분열에 대해 관찰한 10분짜리 파일을 2~3개 모으면 현재 교사가 사용하고 있는 학급 전략과 분열 수준에 대한 중요한 지표를 얻을 수 있다. 이러한 지표는 교사에게 학급 및 학생에 관해 구체적인 피드백을 제공하는 데 사용될 수 있다. 피드백을 제공할 때에는 효과적인 개입이나 염려되는 영역, 직접적인 주의를 요하는 영역과 관련해서 참조할 수 있는 준거를 갖고 있는 것이 좋다. 예를 들어 교사에게 적절한 칭찬과 꾸중의 비율이 꾸중 당 약 3개의 칭찬이라고 하자. 이 부분에서 1 : 1 비율이라면 주의가 필요할 것이고, 비율이 1 : 1보다 작거나 아예 긍정적인 상호작용이 없다면 비효과적이거나 즉각적인 조치가 필요하다고 말할 수 있을 것이다. 다른 행동 기준에 대한 자료는 이 장의 끝에 제시되어 있다.

또한 평가는 목표 영역에 대해 교사가 작성할 수 있는 질문지와 평정척도를 포함할 수 있다. 이는 자문관이 관찰하는 중요한 교수행동에 대해 교사가 자기보고할 수 있도록 되어 있는 질문이다.

유발하기

특정한 방향성을 가진 변화대화가 행동변화를 이끌 가능성이 더 높지만 유발하기는 동기강화상담 과정이나 단계에서 언제든지 가능하다. Miller와 Rollnick(2013)에 따르면 유발하기는 변화에 대한 논쟁을 내담자로부터 이끌어 내는 과정을 의미한다. 유발하기 과정 동안에는 열린 질문이 기본적으로 사용된다. 때로 초점화하도록 하는 질문은 변화에 대한 이유를 이끌어 냄으로써 방향을 초점화할 수 있도록 한다. 따라서 초점 맞추기와 유발하기는 밀접하게 연관되어 있다.

✿ 열린 질문으로 변화대화 유발하기

이전과 마찬가지로 좋은 열린 질문은 변화대화를 유발할 수 있다. 교사에게 상황이 어떻게 바뀌는 것이 좋을지, 변화에 대한 이점, 변화 이유, 성공적일 것이라는 긍정적인 생각(4장의 표 4.1에 유발질문에 대한 예시가 제시되어 있다)에 관해 질문한다. 아래에 제시된 예시에서 자문관은 이미 학급관리 기술을 향상하기 위한 논의에 초점을 둔 상태이다. 질문은 이 초점을 더 좁혀 나가고 변화대화를 유발하는 역할을 한다. 자문관과 교사 사이에서 이루어지는 다음의 대화를 살펴보자.

	대화	비고
자문관:	당신은 어떤 도움을 받기를 원하나요?	열린 질문
교사:	학급에서 발생하는 무례한 행동에 대해 도움을 받고 싶어요. 선생님에게 소리 지르는 행동이요. 규칙을 무시하는 것 같아요. 저는 누군가가 수업을 하고 있을 때 잡담하거나 자리에서 일어나는 등의 행동을 싫어해요. 전 단지 아이들이 해야 할 일을 할 수 있도록 돕고 싶어요.	변화대화: 변화에 대한 열망과 이유

여기서 "당신은 어떤 도움을 받기를 원하나요?"라는 질문은 대화에 초점을 제공하며 변화대화가 나타날 수 있는 기회를 제공한다. 이에 대한 답으로 교사는 변화에 대한 자신의 열망("도움을 받고 싶어요.")과 변화 이유를 언급하였다. 동기강화상담의 논리에 따르면 이러한 자기동기화 진술을 공표하는 것은 변화 계획을 수립할 가능성을 높인다.

	대화	비고
자문관:	어떻게 달라지고 싶나요?	열린 질문
교사:	저는 말을 너무 많이 해요. 저도 제 자신이 그렇다는 것을 알고 고치고 싶지만 어떻게 해야 할지 모르겠어요.	변화대화: 변화에 대한 열망

여기서 열린 질문("어떻게 달라지고 싶나요?")은 변화에 대한 교사의 열망과 변화에 필요한 도움을 얻고자 하는 구체적인 행동을 말하도록 하였다. 이러한 종류의 언어는

동기 수준을 증가시키고, 이것은 결국 바라는 행동으로 변화하고자 하는 의도로 이어지게 된다.

다음 예시에서 교사는 변화에 반대되는 말을 하고(칭찬은 학급 분위기를 진정시키는 데 너무 오래 걸릴 거예요.), 자문관은 이에 대해 열린 질문으로 반응한다. 열린 질문은 대화를 전환하고 변화대화를 이끌어 낸다. 자문관은 먼저 변화하지 않는 것의 불이익에 대해 질문한 뒤 변화하는 것의 이득에 대해 질문하였다. 교사는 변화에 대한 이유의 목록을 나열하였다.

	대화	비고
교사:	저에게 이건 시간적인 문제예요. 수업에 집중하는 학생들을 칭찬하며 다른 학생들이 집중하기를 기다리는 것은, 그냥 그들에게 말하는 것에 비해 시간이 너무 많이 걸려요.	유지대화
자문관:	그냥 말하는 것에 따른 불이익은 무엇인가요?	열린 질문
교사:	글쎄요. 그게 항상 효과가 있는 것은 아니고, 말하기 좋아하는 아이들에게는 더욱 그렇죠.	변화대화: 변화에 대한 이유
자문관:	"조용히 앉으렴."이라고 당신의 기대를 표현하는 것 그리고 그 말을 듣는 학생들에게 칭찬을 해 주는 것의 이점은 무엇일까요?	열린 질문
교사:	음, 소란을 줄일 수 있어요. 모든 아이들이 집중할 수 있도록 도와주죠. 아이들에게 조용히 앉으라고 요청하고 또 칭찬을 하면 그 아이들이 다른 아이들을 그렇게 하도록 이끌 수 있죠. 게다가 항상 바르게 행동하는 아이들에게도 관심을 줄 수 있죠. 이것을 간과하기가 참 쉬운데 이런 방법을 사용하면 칭찬받아 마땅한 아이들에게도 관심을 줄 수 있게 되죠.	변화대화: 변화에 대한 이유

❀ 변화로 계속 나아가기: 변화대화 정교화하기

변화대화를 포착했을 때 해야 할 일은 그것을 계속 유지시키는 것이다. OARS의 다른 요소들은 교사가 변화대화를 계속해 나갈 수 있도록 하는 데 특히 효과적이다. 예를 들어 자문관은 변화대화에 대해 인정하기("이것을 하기로 하다니 놀라워요."), 반영하기(이것을 해내기 위해서 정말 노력하고 있군요."), 요약하기("당신이 이것을 정말 해내고 싶은 이유는 올해 당신이 지쳤다고 느껴서 무언가 학생들의 삶에서 긍정적인 변화를 만들고 싶었던 것이고, 또 과거에 성공적인 경험이 있었기 때문이군요.) 등을 통해 반응할 수 있다. 이러한 반응은 교사가 자신의 변화에 대한 열망, 능력, 이유, 필요, 혹은 변화에 대한 결심 등에 대해 계속 말할 수 있도록 돕는다. 더 많은 변화대화를 이끌어 내는 또 다른 기본적 전략은 "더 말해 봐요."라고 말하거나 혹은 변화대화를 이끌도록 하는 다양한 방식의 초대를 사용하는 것이다.

열린 질문으로 변화대화를 이끌어 낸 뒤에 자문관은 이전의 대화를 지속하기 위해 아래와 같이 이어 나갔다.

	대화	비고
자문관:	어떻게 달라지고 싶나요?	열린 질문
교사:	전 말을 너무 많이 해요. 저도 제 자신이 그렇다는 것을 알고 고치고 싶지만 어떻게 해야 할지 모르겠어요.	변화대화: 변화에 대한 열망
자문관:	당신은 자신이 말을 너무 많이 하고 이것이 학급 운영에 굉장히 방해가 된다고 느끼는 것 같군요.	열린 질문
교사:	맞아요. 말을 너무 많이 하면 학생들에게 전하고 싶었던 말을 잘 전달하지 못하게 된다는 것을 알아요. 간결하게 말할 수 있다면 아이들이 제 말을 더 잘 듣고 긍정적으로 반응하리란 것도 알아요.	반영하기
자문관:	그래서 효과적으로 지시하는 방법을 배우고 싶은 거군요. 일리가 있네요.	반영하기와 인정하기

❀ 초점 맞추기와 유발하기에서 피드백하기

구조화된 교사 자문 회기에는 평가 정보를 수집하고 교사와 공유할 수 있는 기회가 있기에 개인화된 피드백으로 더욱 구조화하고 유발하게 할 수 있다. 이상적으로 이러한 피드백은 사적인 장소에서 미리 계획된 만남일 때 잘 전달된다. 필수적인 것은 아니지만 양식을 갖춰 피드백의 세부 내용을 한 페이지에 요약하

> 양식을 갖춰 피드백의 세부 내용을 한 페이지에 요약하여 전달하면 좋다.

여 전달하면 좋다. 이를 위해 우리가 발견한 최선의 방법은 활동지 5.2에 제시된 양식을 사용하는 것인데, 이를 통해 불편할 수 있는 피드백을 전달하고 받아들이는 것에 따른 위험을 낮출 수 있다. 이 양식은 학급 및 수업 운영에 참여하는 교사들을 위해 제작된 것이지만, 관심 있는 다른 영역에 대한 범주를 빈칸에 넣어서 사용할 수 있다. 피드백 양식에 대한 예시는 이 장의 마지막에 제시되어 있으며, 컬러 버전은 온라인을 통해 이용할 수 있다(http://prevention.missouri.edu/downloads).

반영질문('내가 배운 것은' 질문)

지난번 자문을 하고 난 뒤에 자신의 교수법에 대해 어떻게 생각했는지에 대해 교사에게 질문함으로써 피드백 회기를 시작하는 것이 좋다. 관계 형성과 유발하기를 위한 자문을 하고 점수를 평정함으로써 교사는 종종 자신의 직업과 학급에 대해 성찰하게 된다. 따라서 단순히 "당신이 현재 어디에 있는지 물으면서 대화를 시작하고 싶어요. 지난번 대화 이후에 새로운 생각이 떠올랐는지 궁금해요."라고 질문하면 된다. 교사가 아무 생각을 하지 않았어도 괜찮다. 교사들은 굉장히 바빠서 말 그대로 나누었던 대화에 대해 성찰할 여유가 없었을 수도 있다. 반면에 어떤 교사들은 자신이 취하고 싶은 방향에 대해 새로운 통찰이나 생각을 갖게 되었을 수도 있다. 어쨌든 이것을 대화의 주제로 삼을 수 있도록 염두에 두는 것이 좋다.

피드백 보고서에 대한 개관 및 소개

다음으로 피드백 회기에 대한 개관을 제시하는 것이 좋다. 다음과 같이 간략한 소개를 한다.

> "오늘은 제가 여태껏 모은 정보를 선생님과 공유하고 싶어요. 제가 드리는 이 정보에 대해 어떻게 생각하는지 정말 듣고 싶군요. 이 정보와 선생님이 하고자 하는 바에 근거해서 다음 단계에 대한 계획을 세워 보려고 해요. 괜찮나요?"

	대화	비고
자문관:	오늘의 목적은 선생님의 피드백을 검토하는 거예요. 우선 피드백 보고서를 보여 드릴게요. 읽다 보면 선생님이 관심을 가질 만한 항목이 확실히 보일 거예요. 그동안 저는 선생님	개관

이 하고자 하는 선택 사항을 작성할 거예요. 이렇게 적는다고 해서 이것을 다 해야 한다는 의미는 아니고, 단지 우리가 원하는 것을 알아보자는 거죠. 마지막으로 항목을 살펴보고 다음 단계에 무엇을 할지 결정하려고 해요. 그리고 우리가 이것을 해 나가는 중에 선생님이 이에 대해 피드백을 해 주었으면 하는데, 질문도 괜찮고 제가 말한 것에 대해서 어떤 말씀을 하셔도 좋아요.

교사가 대화 과정이나 주제에 대해 질문할 수 있도록 한다. 그런 다음 피드백 양식에 대해 소개한다. 우리가 사용하는 한 가지 전략은 작성되지 않은 피드백 양식을 먼저 보여 주고 자료를 어떻게 해석할지에 대해 설명한다.

"우리가 이야기하고자 하는 모든 정보를 이 한 장에 담아 보았어요. 우선 이쪽을 보면 학급에 대한 여러 측면이 제시되어 있다는 것을 알 수 있을 텐데, 거기에는 학생들의 행동, 교사의 행동, 그리고 전반적인 학급 분위기 등이 포함되어 있어요. 이 각각의 영역에 대해서 당신의 학급이 어떠한 상황에 놓여 있는지를 표시할 수 있는 초록색, 노란색, 빨간색 마크가 있어요. 초록색 마크는 당신 학급이 지니고 있는 강점을, 노란색 마크는 경고 및 주의해야 하는 영역을, 빨간색 마크는 우리가 정말로 변화해야 한다고 생각하는 영역을 의미해요."

건설적인 피드백 주기

피드백 양식과 동기강화상담 접근은 건설적인 피드백을 주는 적절한 방법을 제공해 준다. 만약 교사들이 자신의 현재 수행 수준에 대해 정확한 정보를 갖고 있다면 목표 기술을 향상하는 것만을 배우게 될 것이다. 자문관이 해야 할 일은 위협적이지 않은 방식으로 변화 가능한 행동에 대해 긍정적이거나 부정적인 피드백을 제공하는 것이다. 피드백 양식은 이러한 면에서 도움이 된다. 교사의 수행에 대해 표시하게 함으로써, 자문관을 나쁜 소식을 전해 주는 사람으로 만드는 대신 '보고'해 주는 사람으로 만들게 된다. 이러한 정보를 전달하는 가장 좋은 방법은 해명하거나 사과하지 않고 사실에 대해서만(matter-of-fact) 접근하는 것이다. 여기서 또

이러한 정보를 전달하는 가장 좋은 방법은 해명하거나 사과하지 않고 사실에 대해서만(matter-of-fact) 접근을 하는 것이다. 여기에서 또 다른 핵심적인 기술은 확인질문을 함으로써 교사가 피드백에 어떻게 반응하는지를 평가하는 것이다.

다른 핵심적인 기술은 확인질문을 함으로써 교사가 피드백에 어떻게 반응하는지를 평가하는 것이다(“이 말에 대해 어떻게 생각하나요?”, “맞는 말처럼 들리나요?”, “지금 어떤 생각이 드나요?”).

피드백 양식지를 자문관의 무릎이 아닌, 자문관과 교사 사이에 놓인 테이블에 올려 둔다. 이러한 환경은 평가가 아닌 협력의 의미를 전달한다. 피드백지를 자문관의 무릎 위에 올려놓고서 등을 뒤로 기대는 자세를 취한다면, 이는 평가받고 있다는 교사의 염려와 불안을 야기할 것이다.

다음에 묘사된 예시에서 자문관이 이러한 전략을 어떻게 활용하고 있는지 살펴본다. 또한 자문관이 자신의 직관적인 반응을 멈추고 어떻게 동기강화상담 접근을 계속해 나가는지 주목한다.

	피드백 대화	비고
자문관:	칭찬과 벌을 함께 사용하고 있군요. 보시다시피 칭찬을 1개로, 벌을 6개로 평가했군요.	사실에 대한 피드백
교사:	둘이 서로 비슷해야 하는 건가요?	
자문관:	사실 연구 결과에 따르면 3 : 1 정도가 되어야 한다고 해요.	사실에 대한 정보 전달
교사:	와, 그럼 거의 정반대네요.	
자문관:	의외라서 많이 놀랐나 봐요.	복합반영
교사:	네, 저는 전혀 몰랐어요.	
자문관:	대부분의 교사들에게는 흔히 나타나는 참 어려운 일이에요.	정상화
교사:	그럼 제가 특별히 문제가 있는 사람은 아니라는 건가요?	
자문관:	전혀요. 이것이 일반적인 이유는… 음, 선생님은 이러한 문제가 흔히 나타나는 이유가 무엇이라고 생각하시나요?	가르치고자 하는 직관적 반응을 멈춤, 대신 열린 질문을 함
교사:	우리는 항상 여기저기서 불을 끄러 다니듯이 여기저기서 난 사고를 처리하기에 바쁘죠. 보셔서 아시겠지만, 소란스럽게 하는 아이들이 너무 많아서 전 그것을 해결하느라 거의 모든 시간을 쏟아요. 그리고 때로 바르게 행동하는 아이들에게 고맙다고 이야기해야 한다는 것을 기억하고 있지만, 이내 소란	

	스럽게 하는 아이들 때문에 정신이 없어지곤 해요. 그러면 조금 화가 나고 아무도 칭찬하고 싶지 않아지죠.	
자문관:	아, 이런 일련의 반응을 어떻게 보고 있는지가 흥미롭네요. 혼란스러움이 당신을 화나게 하고 그러면 마음이 산만해지고… 하지만 만약… 그러면 만약… [(스스로에게) '만약에'로부터 벗어나자] 그것이 칭찬을 하려는 생각을 잊게 만들고 당신은 다른 소란을 진압하느라 너무 바빠서 다른 아이들을 꾸짖게 되는 거군요.	충고하려는 것을 멈춤, 대신 반영하는 것에 머무르기
교사	맞아요. 그게 바로 제가 빠져 있는 악순환이에요.	

여기서 자문관은 두 번 멈췄다. 첫 번째로, 자문관은 왜 교사들이 꾸지람하는 것보다 칭찬하는 것을 더 어려워하는지에 대해 이야기해 주고자 하는 충동을 느꼈다. 자문관은 하던 말을 멈추고 교사가 질문에 대한 답을 스스로 할 수 있게끔 열린 질문을 하였다. 두 번째로, 자문관은 교사에게 어떻게 하면 그녀의 학급에서 일어나는 악순환을 끊을 수 있는지에 대한 충고를 주고자 하는 자신을 알아차렸다. 만약 그들이 문제해결 단계에 있고 교사가 충고를 해도 좋다고 했다면 이는 괜찮을 것이다. 하지만 자문관은 이 순간 자신의 목표는 이 문제가 학급 분위기를 어떻게 해치는지를 이해하고 교사에게 피드백을 주는 것임을 깨달았기에 현재의 문제를 부각하는 진술을 단순히 반영해 주는 쪽을 선택하였다.

확인질문

자문관이 피드백을 전달할 때 특히 중요한 것은 교사가 피드백에 대해 반응하도록 하는 것이다. 이를 위한 효과적인 방법은 반복적으로 "이것에 대해 어떻게 생각해요?", "이것이 당신의 생각과 얼마나 들어맞나요?", "이 정보를 들으니 어떤가요?" 등의 확인질문을 하는 것이다. 만약 교사가 피드백에 대해 눈에 띄는 반응을 한다면 이것은 반영을 통해 자신의 반응에 대해 이야기하도록 이끌 수 있는 기회이다. 예를 들어 당신은 교사가 "와!"라고 했을 때 "의외라서 많이 놀랐나 봐요."라고 말할 수 있다. 혹은 당신이 이야기할 때 교사가 미간을 찌푸린다면, "당신이 받아들이기 힘든 무언가가 있나 봐요."라거나 "지금 무슨 생각을 하는지 말해 주시겠어요?"라고 간단히 말할 수 있다.

다음은 확인질문에 뒤따르는 대화의 예시이다.

	대화	비고
자문관:	너무나 방해가 되는군요. 선생님은 거의 1분에 한 번씩 그런 상황에 처한다는 말이네요. 음, 어떤 행동을 취하셨을 것 같은데요.	확인질문
교사:	그건 정말 받아들이기 힘들어요. 저는 그런 소란을 거치지 않고서는 수업을 시작하기도 어려워서 그저, 알겠다, 넌 그냥 남은 시간 동안 교과서나 보고 있어라, 라고 해요. 이건 절 정말 미치게 만들어요. 1분에 한 번씩. 이건 너무하지 않나요?	변화대화: 현재 상황에 대한 불만

오인 바로잡기

피드백과 확인질문은 교사들이 자기 자신이나 공유된 정보에 대해 갖고 있는 잘못된 인식을 명백하게 드러낼 수 있도록 도와준다. 때로 교사들은 자신의 교수법에 대해 지나치게 부정적인 인식을 가지고 있다. 이를 객관적인 시각에서 명료화해 주면 교사의 역량을 강화할 수 있고, 전문적 성장으로 더 나아갈 수 있도록 토대를 제공해 줄 수 있다.

	대화	비고
자문관:	이것은 선생님이 생각하고 있는 학급 구성과 잘 들어맞나요?	확인질문
교사:	음, 대부분은요. 그런데 이 부분은 좀 의외네요(조직과 심한 질책 항목에 대한 자신의 피드백을 가리키며). 저는 정신을 바짝 차리고 있지 않으면 이성을 잃어버릴 것만 같았는데….	
자문관:	정말이요?	
교사:	네.	
자문관:	와!	
교사:	그런데 당신이 그렇게 생각하지 않는다고 하니까 기분이 좋네요.	
자문관:	저는 선생님의 학급이 잘 구성되어 있고 선생님이 매우 침착하다고 생각해요. 질책도 심각하지 않고 감정적이지 않아요. 저는 훨씬 심한 질책도 많이 봐 왔어요.	확인 및 피드백

교사: 저도 제가 그렇다고 생각해서 그런지 정말 듣기 좋네요.

요약하기

대화 중 오고 간 논의를 자주 요약해 주어야 한다. 각 회기를 끝내기 전에 당신과 교사 모두가 서로 같은 이해를 공유하고 있는지 확인하기 위해 두세 문장으로 된 요약을 제공해 주는 것이 좋다. 예를 들어 학생의 행동에 대한 피드백을 제공한 다음, 자문관은 "선생님 반 학생들은 자주 소란을 일으키고 해야 할 일을 하지 않는데 그것이 당신을 괴롭히는군요. 이를 개선할 방법을 찾는 것이 가장 시급하고요."라고 요약할 수 있다. 목표 설정으로 넘어가기 위한 전환점으로 전체 피드백에 대한 요약을 활용하는 것 역시 좋은 생각이다. 요약하기는 전환점을 제공하거나 서로 간의 합의와 이해를 점검할 수 있는 기회를 제공하는 것 이외에도, 불일치를 부각하고 변화대화를 강조하며 여러 생각을 모아 더 큰 주제로 만드는 역할을 할 수 있다.

> 각 회기를 끝내기 전에 당신과 교사 모두가 서로 같은 이해를 공유하고 있는지 확인하기 위해 두세 문장으로 된 요약을 제공해 주는 것이 좋다.

교사가 요약하기를 하게 하는 것도 좋다. 이는 교사로 하여금 대화에 보다 참여적으로 만들고, 서로 공유한 것에 대해 이해한 것을 점검할 수 있도록 해 준다. 다음의 예시에서는 교사가 대화를 요약할 수 있도록 하고 있다.

	대화	비고
자문관:	그러면 당신이 이 모든 것을 어떻게 이해하고 있는지 저에게 말해 주세요. 우리가 이야기했던 것의 대략적인 요지는 무엇인가요?	요약을 위한 열린 질문
교사:	음, 저는 어떠한 영역에서도 최악은 아니에요. 맞아요, 칭찬 비율을 증가시킬 수 있고 저도 그렇게 하고 싶어요. 저는 좋은 선생님이 되고 싶어요. 저는 제 자신에 대해 알아 가고 있어요. 무엇을 하면 좋을지를 배웠고, 더 나아질 필요가 있다는 것을 알게 되었어요. 아이들에게 보상을 주는 것, 벌과 칭찬의 비율에 대해서 나누었어요. 이 부분에 대해서 저는 더 노력하려고 해요.	

다음에는 교사에게 피드백을 소개하는 대화의 예시가 제시되어 있다. 자문관이 피드백 과정에 대해 어떻게 묘사하며, 초점을 맞추고자 하는 영역에 대해 깊은 대화를 나누기 위해 확인질문을 어떻게 사용하는지 살펴본다.

	피드백 대화 예시	비고
자문관:	오늘의 목표는 피드백을 함께 검토하는 거예요. 만나는 동안 제가 모았던 정보와 선생님이 작성한 양식을 보여 주면서 시작하려고 해요.	개관
교사:	좋아요.	
자문관:	(작성하지 않은 양식을 보여 주며) 제가 사용하는 양식은 이렇게 생겼어요. 이쪽(왼쪽을 가리키며)에는 제가 모은 정보를 기록해요. 저는 빨강, 초록, 노랑을 사용해서 선생님이 각 영역에서 어디쯤에 있는지 표시할 거예요. 초록으로 표시한 것은 선생님이 굉장히 잘하고 있는 부분이라는 뜻이고, 노랑은 나아지고 있는 영역, 빨강은 우리가 멈추고 싶고 무엇을 해야 할지 주의 깊게 살펴볼 영역이에요. 이해가 되시나요?	피드백 양식에 대한 설명
교사:	네.	
자문관:	이것을 하면서 저는 선생님이 주력하고 싶은 것을 선택 사항에 적을 거예요. 적었다고 해서 반드시 해야 한다는 것이 아니라, 단지 우리가 하고 싶은 것을 알아보자는 거죠. 마지막에 항목을 살펴본 후 다음 단계에 무엇을 할지 결정할 거예요. 괜찮아요?	확인질문
교사:	네. 좋은 생각인 것 같아요.	
자문관:	(피드백 양식으로 돌아와서) 자, 그러면 학급 구성에서부터 시작해 봅시다. 전반적으로 봤을 때 이것은 선생님이 정말 강점을 보이는 영역이군요. 거의 대부분이 초록색 영역에 있는 것을 보세요. 첫 번째는 학급의 배치군요. 교실 구성이 좋아요. 선생님이 모든 학생들에게 다가가기 쉽게 배치되어 있고 학생들이 각종 자료에 쉽게 접근할 수 있도록 통로를 만들어 놓아 초록색 영역에 있는 거예요. 선생님이 보시기엔 어떤가요?	명시적인 피드백과 예시 확인질문

계획하기: 목표 설정하기

피드백을 전달하고 난 후에 교사는 이제 목표를 설정하고 그것을 이루기 위한 계획을 발전시킬 수 있게 된다. 다음에서는 계획하기 과정을 촉진하는 전략을 소개할 것이다.

❁ 요약하기, 이행하기, 선택 사항

목표 설정하기로 이행하는 좋은 방법은 우선 피드백과 그에 대한 교사의 반응을 요약하는 것이다. 예를 들어 자문관은 "초록색 영역에 있는 것이 많은 걸 보니 잘되고 있네요. 학생들과의 관계가 매우 좋고 교실 구성도 좋아요. 선생님이 학급에서 하는 칭찬과 벌의 비율을 보고 놀라 뭔가 다르게 해 보고 싶어 하셔서 선택 사항에 넣었어요."라고 말한다. 요약하기를 통해 자문관은 피드백에 대한 이해를 공유하는지 점검할 수 있고, 교사는 피드백에서 중요한 내용을 다시 듣는 기회를 갖는다. 그 외 피드백 동안 이끌어 낸 변화대화와 선택 사항을 확인하는 데도 도움이 된다. "추가적으로 다루고자 하는 것 세 가지를 선택 사항에 두었어요. 기대 명료화하기, 행동 바꾸기, 부정에 대한 긍정의 비율 향상하기인데, 혹시 이 목록에 더 추가하고 싶은 것이 있나요?"와 같이 말할 수 있다. 다시 한 번 언급하면, 요약하기는 말한 바를 확인하고 교사에게 선택 사항을 정교화하고 확대할 수 있는 기회를 제공한다.

> 목표 설정하기로 하는 좋은 방법은 우선 피드백과 그에 대한 교사의 반응을 요약하는 것이다.

❁ 실행 계획 세우기, 목표 설정하기

대화의 나머지 부분은 다음 단계를 수립하는 것에 관한 것이다. 이것을 하기 위한 기본적인 방법은 "다음으로 할 일은 무엇이죠?"라는 질문을 하는 것과 목표 설정을 할 때 교사의 주도에 따라가는 것이다. 보다 구조적인 대화는 다음과 같은 질문을 포함하는 목표 설정 양식의 사용을 통해 이루어질 수 있다(목표 설정 양식의 예시는 활동지 5.2를 참조한다).

- 학급에서 잘되고 있는 것은 무엇인가?

- 교사가 목표로 삼고자 하는 것은 무엇인가?
- 목표를 이루기 위해 필요한 단계나 자원은 무엇인가?
- 목표를 달성하는 데 교사는 얼마나 자신이 있는가(척도를 이용하여)?
- 목표가 교사에게 얼마나 중요한가(척도를 이용하여)?
- 목표를 달성하는 중에 예상되는 방해물은 무엇이며, 이 방해물을 어떻게 극복할 것인가?

다음은 교사가 구체적인 실행 계획을 만드는 데 자문관이 어떻게 돕는지를 보여 주는 대화 예시이다. 이 대화에서 주목해야 할 중요한 기법은 자문관이 초점질문을 사용해서 어떻게 교사가 더 구체화해 나가는지에 대한 것이다. 대화의 마지막에 이르러서 교사는 구체적인 목표와 계획을 가지게 되었다.

	실행 계획 대화	비고
자문관:	그러면 이제 실행 계획을 함께 세워 볼까요?	
교사:	좋아요.	
자문관:	우선 잘되고 있는 부분부터 시작하도록 하죠. 선생님의 학급에서 잘되고 있는 것은 무엇인가요?	열린 질문
교사:	학생들과의 관계도 좋고, 학년 초에 잘못된 길로 빠졌던 학생들이 다시 제자리로 돌아오고 있어요.	
자문관:	올바른 길로 다시 돌아오는 아이들을 보면 뿌듯하시겠어요.	
교사:	네. 이 아이들은 남다르고 또 남다른 욕구를 갖고 있다는 것을 알기 때문에 이제는 익숙해지고 있어요. 처음에는 이 아이들이 사회 기술이나 흥미도 전혀 없어 보였고 굉장히 무례해 보였거든요. 그런데 아이들이 이런 것들을 갖고 있지 않은 게 당연하다는 사실을 깨닫게 됐죠. 내가 기대하고 있는 것을 어느 누구도 아이들에게 하라고 하지 않았기 때문에 그렇다, 내가 가르치자라고 생각했죠.	
자문관:	선생님은 그저 실망하기보다는 자신이 기대하는 바를 아이들이 할 수 있도록 가르치는 쪽을 선택했군요.	반영하기
교사:	네, 눈이 번쩍 뜨이는 경험이었죠.	
자문관:	처음에 느꼈던 짜증과 무력함 대신 지금은 많은 아이들의 변	반영하기

	화를 지켜보면서 힘이 났군요.	
교사:	맞아요.	
자문관:	그러면 이제 어떤 부분에서 더 나아지고 싶나요?	열린 질문
교사:	학급에서의 소란이 좀 줄었으면 좋겠어요.	
자문관:	좋아요. 구체적으로 무엇이 변하는 것을 보고 싶죠?	초점질문
교사:	제 구체적인 목표는, 소란이 생기면 그것을 좀 더 건설적인 방향으로 다룰 수 있으면 좋겠어요.	변화대화: 열망
자문관:	그렇다면 당신은 혼란스러움을 줄이기 위해서….	초점 맞추기
교사:	그럴 거면…(잠시 멈춤)… 칭찬과 벌을 좀 더 효과적으로 사용해서 기대를 충족시킬 수 있게 돕는 거예요.	변화대화
자문관:	좋아요. (잠시 멈추고 적음) 칭찬과 벌을 좀 더 효과적으로 사용한다. 효과적으로 사용한다는 것은 어떻게 하는 건가요?	초점질문
교사:	벌보다 칭찬의 비율을 높이고 싶어요.	변화대화
자문관:	비율을 높인다. 그것이 어떻게 도움이 될까요?	유발질문
교사:	바람직한 행동에 대해 많은 관심을 주면 부정적인 행동을 감소시키는 데 도움이 된다는 것을 알고 있어요.	변화대화
자문관:	좋아요. 그렇다면 당신의 목표는 긍정적인 반응을 늘리고 부정적인 반응을 줄여서 학급의 소란을 줄이는 것이군요. 이 목표를 달성하기 위해 어디서부터 시작하면 좋을까요?	초점 맞추기
교사:	우선 2 : 1 비율에서 시작하려고요. 하루아침에 1 : 6에서 3 : 1 비율로 바뀔 수는 없으니까요.	변화대화: 준비하기
자문관:	현실적으로 목표를 세워 나가려는 생각이 참 좋네요. 그럼으로써 한꺼번에 점프해 버리는 대신에 단계를 하나하나 밟아 나갈 수 있을 테니까요. 그렇다면 이것을 하기 위해서는 무엇이 필요할까요(다음 단계)?	인정하기 초점 맞추기
교사:	(잠시 멈춤) 잠깐만요. 선생님이 빤히 쳐다보는 것도 벌이 되나요?	
자문관:	음, 잘못된 행동, 그러니까 선생님의 기대를 어기는 행동에 대해 선생님이 주의를 기울인다면 그것은 언제든 꾸지람이 될 수 있죠.	
교사:	오, 이런. 전 우선은 1 : 1에서 시작해야 할 것 같군요. 이건 힘들 수 있어요. 저는 영국적인 환경에서 왔고, 우리는 칭찬	가치 단서

	을 많이 하지 않아요. 예외적일 정도로 잘하는 경우에도 말이죠. 제가 학교에서 굉장히 잘했을 때에도 어머니는, 그래, 기대했던 대로구나, 라고 말씀하셨어요. 저는 어떤 학생이 정말로 칭찬받을 만하지 않은 이상 굳이 칭찬해 줘야 하는 것 같진 않거든요. 저는 기대했던 바를 한 것에 대해서는 당연한 일이지 칭찬할 건 아니라고 생각했어요. 하지만 이제 조금 변해야 한다고 봐요. 이렇게요. "음, 내가 생각하는 것이 모든 사람에게 다 통하는 것은 아닐 수 있잖아. 안 그래?"	
자문관:	그렇게 바꾸는 것에 대해 어떻게 생각해요? 그것이 선생님에게 왜 그렇게 중요한가요?	유발질문
교사:	아이들은 관심을 받기 위해 행동한다는 게 기억나네요. 보다 긍정적인 방식으로 관심을 줄 수 있다면 우리 모두에게 더 생산적일 거예요. 제가 부정적으로 반응을 하든 긍정적으로 반응을 하든 아이들은 여전히 관심을 받게 되니까 부정적인 것보다는 긍정적으로 관심을 주는 방법을 알아내야 하죠.	변화대화: 실천하기
자문관:	좋아요. 선생님이 학생들에게 이렇게도 혹은 저렇게도 관심을 준다는 것을 떠올리고 있고, 그래서 학생들이 선생님의 기대를 충족시키지 못할 때가 아닌 기대를 충족시킬 때 관심을 주는 것이 더 낫다고 여기고 있군요.	반영하기
교사:	전 효과적으로 칭찬할 수 있으면 좋겠어요. 칭찬을 좀 더 구체적으로 하고 싶다는 의미예요. 소란스러운 행동이 점점 더 줄어들 것 같거든요.	변화대화: 열망과 이유
자문관:	제가 듣기론 선생님은 구체적인 칭찬을 하고 있던데요. "교실 이쪽은 조용해서 참 좋구나."라고 한 적이 있는데, 이는 선생님이 이미 어느 정도 구체적으로 칭찬을 하고 있다는 것을 나타내죠. 이건 새로운 시도라기보다 얼마나 횟수를 늘리느냐의 문제인 것 같아요.	피드백과 인정하기
교사:	네, 할 수 있어요.	변화대화: 능력
자문관:	그럼 우리가 이 목표를 달성하기 위해 무엇을 해야 할까요?	다음 단계 질문
교사:	아이들을 칭찬할 수 있는 것들을 생각해야 해요. 학급 규칙을 잘 지키는 것 같은 거요. 나쁜 행동, 예를 들어 어떤 아이들이 뒤로 돌아서 떠들고 있다고 해 봐요. 그때는 이렇게 말할 수 있겠죠. 나는 떠들지 않고 집중하는 아이가 얼마나 얼마나 얼마나 좋은지 모르겠어, 라고요.	변화대화: 준비하기
자문관:	칭찬할 수 있는 구체적인 목록을 생각해 보는 거군요. 그리	반영하기

	고 기대에 대해서도 말씀하셨어요. 그래서 하루에 한 번, 한 사람씩 그렇게 하실 거라고요.	
교사:	네, 이름을 부를 거예요. 내가 정말정말 좋아하는 아이에게 손 들어 보라고 하면서 말이죠.	
자문관:	네. 그럼 그렇게 하려면 무엇을 해야 할까요?	초점 맞추기
교사:	동료들이 뭐라고 말할지 그들과 얘기해 볼 수 있어요. 또 학급에 대한 기대와 관련해서 목록을 먼저 작성할 수 있지요.	실천하기
자문관:	그럼 그 목록을 언제까지 만들고 싶나요?	초점 맞추기
교사:	이번 주말까지요.	실천하기
자문관:	좋아요. 그럼 이 목표를 염두에 두고 칭찬을 늘림으로써 방해를 줄이는 거네요. 1점에서 10점까지, 이것이 선생님에게 얼마나 중요한가요?	척도질문
교사:	10점이요.	
자문관:	우와, 10점. 5점도 아닌10점인 이유가 궁금하네요.	
교사:	학급이 그만큼 더 원활하게 운영될 것 같아요. 만약 칭찬하기와 벌을 잘 사용할 수 있고 소란을 진정시킬 수 있게 되면 수업을 중단하지는 않을 거예요. 1분에 한 번(현재 비율)은 제가 절대 용납할 수 없어요. 그것은 마치 1분당 10초와 같고 60분 수업이라고 한다면 소란이 온통 수업시간을 잡아먹겠죠. 그게 얼마나 많은 시간인지조차 모르겠지만 어쨌건 엄청나잖아요.	변화대화: 이유
자문관:	선생님과 학생들이 시간을 되찾을 수 있도록 정말 애쓰고 있는 것처럼 들리네요. 제 말은 선생님에게 이것이 얼마나 중요한지 이해가 된다는 거예요.	반영하기
교사:	네. 정말 스트레스가 이만저만이 아니었는데, 이러한 상황을 통제하고 싶어요.	변화대화
자문관:	1점에서 10점까지, 자신감은 어느 정도 되는 것 같아요?	척도질문
교사:	6점이요.	
자문관:	좋아요. 3점이라고 할 수도 있었는데 왜 6점이죠?	
교사:	전 대체로 자신 있거든요. 원하는 것이 있으면 전 해낼 수 있어요.	변화대화
자문관:	마음을 정하기만 하면 이룬다는 말이군요. 무언가 원하는 것	반영하기

	이 있을 때 이미 당신은 이것을 원하고 있다는 것을 말했다는 것이군요.	
교사:	음, 음.	
자문관:	6을 7로 바꾸려면 뭐가 필요할까요?	
교사:	잘되는지 한번 봐야 될 것 같아요.	변화대화
자문관:	각 단계에서 자신을 확인해 봐야 자신감이 더 붙을 거라는 말이군요.	반영하기
교사:	맞아요.	
자문관:	그걸 방해하는 건 뭐가 있을까요?	열린 질문
교사:	아마 제가 그걸 잊는다면요. 해야 할 일들로 잊게 된다면.	
자문관:	그걸 방지하려면 우린 무엇을 할 수 있을까요?	열린 질문
교사:	계속 메모하는 거요. 작은 표지를 만들어 책상에 붙일 수도 있죠. 아, 그걸 해야겠어요. 좋은 생각이네요.	
자문관:	그럼 우리의 계획은 교실에서 칭찬을 더 늘리고 질책은 줄이는 거네요. 첫 단계는 그 비율을 적어도 1 : 1로 하는 것이고요. 주말까지는 칭찬하고 싶은 목록을 적을 거고, 또 책상에 표지를 붙일 거예요. 이걸 언제 시작할 건가요?	요약 이끌어 내기 전념하기
교사:	월요일이요.	
자문관:	그럼 월요일에 방문했을 때 달라진 기미를 볼 수 있겠네요. 선생님이 부정적인 것보다 긍정적인 데 더 관심을 두시는 것과 또 구체적인 칭찬을 많이 들을 수 있겠군요.	요약과 인정하기
교사:	맞아요.	
자문관:	그렇게 되면 못할 것이 없겠네요. 자신감이 각 단계를 밟아 갈 때마다 계속 꽃피워 나갈 테니까요.	인정하기

❀ 척도질문으로 매 자문 회기 마무리하기

각 회기의 마지막에는 척도질문을 사용할 것을 권장한다. 척도질문은 교사의 동기를 평가하고 변화에 방해를 주는 것들을 평가할 수 있다. 다음에 척도질문을 효과적으로 사용하는 예시가 제시되어 있다.

	척도질문 대화	비고
자문관:	중요도에 대해 얘기해 보도록 하죠. 1점은 전혀 중요하지 않다, 그리고 10점은 아주 중요하다라고 할 때, 당신의 목표는 얼마나 중요한가요?	척도질문
교사:	8점일 거 같아요. 단지 제가 더 나아지고 싶기 때문이에요.	변화대화: 변화에 대한 열망
자문관:	좋아요. 확실히 중요하네요. 7점이 아닌 8점을 준 이유를 물어봐도 될까요?	열린 질문
교사:	교실에 질서가 잡히게 하고 아이들에게 도움을 주기 때문이죠. 또 집에 기분 좋게 갈 수 있지요. 우리 가족도 행복해지고요. 우리 모두가 안정될 수 있어요.	변화대화: 변화에 대한 이유
자문관:	굉장하네요. 다 받아 쓸 공간이 없네요.	인정하기
교사:	그게 다예요. 제 말은 제가 변화할 필요가 있다는 거예요. 전 이 변화를 이루어 낼 거예요.	변화대화: 결심 반영하기
자문관:	칭찬을 더 많이 하고 이것을 유지하면 학급이 더 나은 공간이 될 테고 선생님의 가족을 포함한 모두가 행복해질 거라는 말이네요.	반영하기
교사:	네, 제 말은 그 모든 게 서로 통한다는 거예요. 제가 학교에서 행복하지 않다면 이것이 저의 다른 삶에도 영향을 주게 될 거예요.	변화대화: 이유
자문관:	와, 정말 강력하네요. 왜 이게 선생님에게 그렇게 중요한지 이해가 되네요. 그리고 현재 자신감 측면에서 같은 척도로 1은 매우 자신감이 없다, 10은 매우 자신감이 있다라면 이 목표를 성취할 수 있다는 것에 얼마나 자신이 있나요?	인정하기 척도질문
교사:	네, 두 가지로 답하고 싶어요. 제가 할 수 있을 거라고 자신하지만 또 한편으로 이것을 기록할 수 있을지에 대해서는 자신이 좀 없어요. 수업 내용도 생각해야 하고, 칭찬도 그렇고 다른 많은 일들도 생각해야 하니까요. 이 부분은 잊게 돼요. 수업 사이에 시간이 없어서 현실적으로 퇴근시간에나 할 수 있을 것 같은데 제가 잊을 확률이 높아요.	방해물
자문관:	그렇다면 먼저 첫 번째 부분에 대해서 얘기해 볼까요? 칭찬을 더 많이 하는 것에 대해 자신 있다고 말씀하셨는데, 1에서 10 중에 몇 점인가요?	초점 맞추기

교사:	8점이요.	
자문관:	8점이라고 또 말씀해 주셨는데요. 굉장히 자신 있네요. 자신 있는 이유가 무엇일까요?	열린 질문
교사:	열심히 해 보기로 마음먹었거든요. 아이들에게나 제 직업에서도 가장 좋은 일이기 때문이에요. 아이들을 리더로 준비시키고 싶어요. 여기서 제가 노력하지 않으면 그런 일은 없을 거예요. 그리고 제가 바른 방향으로 나아가지 않으면 우린 난장판이 될 거예요.	변화대화: 능력
자문관:	꼭 해낼 거란 말씀이시군요. 그런데 한편으로 기록하기가 어려울 것 같다고 염려하셨는데 기록하는 것이 왜 중요한가요?	열린 질문
교사:	음, 기록해 두면 좋고 그걸 통해 내 자신이 변하고 있다는 것을 볼 수 있으니까요. 제가 잊지 않게 해 주기도 하고요. 좋은 도구가 되죠.	
자문관:	기록하는 것이 도움이 될 수 있기 때문에 하고 싶다는 말씀이군요. 핵심은 선생님의 일상에 부담을 주지 않으면서 기록할 수 있는 방법을 찾는 게 되겠네요. 방해가 되지 않으면서 쉽게 사용할 수 있는 기록 시스템에 대해 알아보는 시간을 가져야 할 것 같은데요?	반영하기 방해물을 제거하기 위한 질문
교사:	네, 좋아요.	

교사는 자신감 척도에 대해 높은 점수를 주며 자신감을 보이지만 곧 목표 달성에 방해가 될 수 있는 어려움에 대한 이야기로 넘어갔다. 자문관이 단순히 그녀가 이끄는 대로 따라갔다면 구체적인 능력을 이끌어 낼 기회를 놓치고 유지대화를 더 많이 이끌어 낼 수도 있었을 것이다. 그렇게 하는 대신에 자문관은 교사에게 초점을 맞추고 그 계획에 대해 자신 있는 이유를 말할 수 있도록 촉진하였다. 이는 교사가 자신 있는 이유를 말하면서 대화를 마무리지을 수 있도록 하였다. 그런 다음 교사는 변화에 잠재적으로 방해가 되는 것과 이를 극복할 수 있는 해결책에 초점을 맞출 수 있었다.

변화에 대한 일상대화

프리드리히 씨는 학교 자문관과 한 학생에 대해 대화하기 위해 들렀다.

프리드리히: 잭과 더 이상 어떻게 해야 할지 모르겠어요.
학교 자문관: 무슨 일이 있나요?
프리드리히: 아이가 어떠한 진전도 보이지 않아요.
학교 자문관: 좌절스러우시겠어요.
프리드리히: 저는 그 아이에게 모든 걸 시도해 봤지만 어떤 것도 효과가 없었어요. 아이는 아무 것도 신경 쓰지 않는 것 같아요.
학교 자문관: 정말 난처한 상황이군요.
프리드리히: 그 아이를 도와줄 수 있는 방법만이라도 알고 싶어요.
학교 자문관: 아이에게 감춰진 능력을 찾고 싶군요.
프리드리히: 잭은 능력이 있어요. 이것이 가장 좌절되는 부분이에요. 그 아이는 할 수 있어요. 똑똑한 아이거든요.
학교 자문관: 아이가 충분히 노력해 볼 만하네요.
프리드리히: 맞아요. 저는 조금이나마 진전을 보고 싶은 거예요.
학교 자문관: 그럼 뭘 할 건가요?
프리드리히: 아마도 계속 노력해 보겠죠. 전 단지 방출구가 필요하고 이것이 노력할 만한 가치가 있음을 매번 상기시켜 줄 뭔가가 필요해요.
학교 자문관: 저도 그 부분을 돕고 싶네요.

이 예시에서 자문관은 단순히 교사의 좌절에 대해 경청하면서 그녀의 감정, 그리고 그녀가 자원들, 즉 인내심, 학생과 연결하려는 노력을 반영해 주었다. 교사는 그것이 가치 있는 노력이라고 결론 내렸으며, 자문관은 도움을 제공하였다.

❁ 학급 체크업

학급 체크업은 자문 모델로서 학교 수준에서의 지원을 다루고, 동시에 학교 기반 자문에서 일반적으로 나타나는 치료 통합의 문제를 최소화하기 위해 개발되었다. 학급 체크업의 목적은 (a) 학생의 성취에 중요한 노력을 교사가 유지해 나갈 수 있도록 교사의 동기를 강화하는 것, (b) 문제행동을 악화할 가능성이 있는 교사-학생 상호작용을 감소시키고, (c) 학생의 능력과 성취를 촉진할 교사의 행동을 증가시키는 것이다. 학급 체크업은 다양한 매뉴얼에 제시되어 있다(Reinke et al., 2011 참조).

학급 체크업은 가족 체크업을 모방하여 고안된 평가 개입이다. 가족 체크업은 문제행동을 가진 아동의 가족에 효과적으로 개입한다. 가족 체크업은 7장에서 다룰 것이다(Dishion & Kavanaugh, 2003). 가족 체크업과 마찬가지로 학급 체크업은 경험적인 기반을 가진 이론으로부터 개발되었으며, 평가, 개입, 행동변화를 촉진하는 이론 간에 중요한 관계를 강조한다(Miller & Rollnick, 2002; Stormshak & Dishion, 2002). 또한 가족 체크업에서처럼 학급 체크업에는 초기 면접, 직접관찰, 피드백/계획하기 회기가 들어간다.

학급 체크업은 두 번의 만남, 인터뷰, 피드백/계획하기 회기를 포함하여 다음의 단계를 거친다—(a) 교사 인터뷰와 학급 평가하기, (b) 교사에게 개인적인 피드백 제공하기, (c) 가능한 개입에 대한 선택 사항 작성하기, (d) 개입 선택하기, (e) 개입 실행에 대해 자가 모니터링하기, (f) 적절한 경우 수행에 대한 피드백 제공하기(자세한 내용은 Reinke, Herman, & Sprick, 2001 참조).

학급 체크업은 동기강화상담의 네 가지 과정인 관계 형성하기, 초점 맞추기, 유발하기, 계획하기를 의도적으로 촉진할 수 있도록 구성되었다. 첫 번째 회기의 자문은 열린 질문과 가치 탐색을 통해 관계 형성을 촉진하고 이에 초점을 맞출 수 있도록 구성되었다. 두 번째 회기에서 전달하는 개인적인 피드백은 인정하기와 유발하기를 통해 교사로부터 변화에 대한 열망과 염려 사항을 이끌어 낼 수 있도록 하였다. 피드백을 통해 선택 사항을 작성할 수 있게 하였는데, 이는 Miller와 Rollnick(2013)이 안건 계획하기라고 묘사한 부분과 밀접하게 연관된다. 이 선택 사항은 계획하기로 넘어갈 수 있도록 해 준다. 교사는 선택 사항에서 초점을 둘 영역을 선택하고, 목표 설정하기와 행동 계획하기 단계를 통해 이를 발전시켜 나가게 된다. 자문관이 교사의 계획에 대해 중요도 척도와 자신감 척도를 질문하고 이를 통해 더 많은 유발하기를 사용함으로써 회기가 마무리된다.

요약

동기강화상담의 과정과 전략, 학급 체크업의 관점은 교사가 긍정적인 변화로 나아갈 수 있도록 돕는다. 교사가 변화를 원하도록 마냥 기다리고 바라기보다 현재 교사의 위치에 따라 그 과정을 맞추어 간다. 어떤 교사들은 학급의 변화에 대해 굉장히 준비되어 있는데, 이러한 경우 자문관은 실행 계획을 바로 세울 수 있게 도울 수 있다. 이미 동기가 높은 사람의 동기를 강화하고자 많은 시간을 투자하면 오히려 역효과를 낳을 수 있다. 그러나 이러한 교사들에게도 양가감정이 다시 나타날 수 있기 때문에 지속적으로 모니터링할 필요가 있다. 만약 교사로부터 회의

> 어떤 교사들은 변화에 대해 매우 양가적인 감정을 가질 수 있고, 심지어 변화에 대해 전혀 고려하지 않을 수도 있다. 이러한 교사들은 스스로 준비될 때까지는 변화하지 않으려고 하기 때문에 변화 계획을 곧바로 세우는 것이 비효과적일 것이다.

적인 말을 듣거나 다시 현상을 유지하려는 모습이 나타난다면, 이를 교사의 동기가 저하되었다는 신호로 보고 자문관은 다시 변화 준비도를 높이기 위한 전략을 사용해야 한다. 어떤 교사들은 변화에 대해 매우 양가적인 감정을 가질 수 있고, 심지어 변화에 대해 전혀 고려하지 않을 수도 있다. 이러한 교사들은 스스로 준비될 때까지는 변화하지 않으려고 하기 때문에 변화 계획을 곧바로 세우는 것은 비효과적일 것이다. 따라서 이러한 경우에는 교사의 양가감정을 탐색하고, 불일치감을 강조하며, 변화대화를 유발하는 전략을 사용하는 데 많은 시간을 투자해야 할 것이다. 교사에게 진행 사항에 대한 동의를 구한 뒤에야 잘 세운 계획이 표명될 것이다.

참고 자료: 교사의 학급행동 관리 기술

Reinke, W. M., Herman, K. C., & Sprick, R. (2011). *Motivational interviewing for effective classroom management: The Classroom Check-Up*. New York, NY: Guilford Press.

Sprick, R. (2008). *Discipline in the secondary classroom: A positive approach to behavior management* (2nd ed.). Eugene, OR: Pacific Northwest.

Sprick, R., et al. (2010). *Coaching classroom management: Strategies and tools for administrators and coaches* (2nd ed.). Eugene, OR: Pacific Northwest.

Sprick, R., Garrison, M., & Howard, L. (1998). *CHAMPS: A proactive and positive approach to classroom management*. Longmont, CO: Sopris West.

Stormshak, E., & Dishion, T. J. (2002). An ecological approach to child and family clinical and counseling psychology. *Clinical Child and Family Psychology Review*, 5, 197-215.

활동지 양식

활동지 5.1 교사 가치카드 분류 카드

사람들 간의 차이를 받아들이는 것	좋은 교사가 되는 것
열심히 일하는 것	자신을 위한 시간을 갖는 것
정돈된 삶을 사는 것	행복한 것
포기하지 않는 것	건강한 것
정직하게 사는 것	책임감을 갖는 것
모든 사람들에게 사랑받는 것	리더가 되는 것
다른 사람들로부터 존경받는 것	옳은 일을 하는 것
평생 배우는 것	역할 모델이 되는 것
재미있게 사는 것	안전한 교실을 갖는 것
스스로를 좋게 느끼는 것	좋은 동료가 되는 것
기타:	효과적으로 의사소통하는 것
개인적인 편견에 대해 알고 있는 것	자기성찰하는 것
학생들과 좋은 관계를 맺는 것	타인을 이해하는 것
훌륭한 경청자가 되는 것	공평한 것
가족을 돌보는 것	타인을 돕는 것
통제권을 갖는 것	세상에서 변화를 만드는 것
진실한 것/진심	인내하는 것
친절한 것	유연한 것
중요함	매우 중요함
중요하지 않음	

활동지 5.2 목표 계획하기 양식

교사: ______________________ 학년: ____________ 날짜: ____________

교실에서 **잘하고** 있는 점:	학급의 향상을 위해 **초점을 맞추고** 싶은 영역:
구체적인 **나의 목표**:	

이 목표를 달성하기 위해 어떤 단계가 필요한가?			
무엇을 해야 하는가?	나의 계획	그것을 하는 데 필요한 자원	달성 일자
학급에서 이 목표를 달성하는 것은 당신에게 얼마나 중요한가? 1 2 3 4 5 6 7 8 9 10 전혀 중요하지 않음 매우 중요함			이러한 변화를 만들고 이 목표를 이루는 것이 가장 중요한 이유:
학급에서 이 목표를 달성하는 데 얼마나 자신감이 있는가? 1 2 3 4 5 6 7 8 9 10 전혀 중요하지 않음 매우 중요함			자신감이 있는 이유:
이 목표를 달성하는 데 방해가 되는 것이 있는가?	이것이 확실히 방해되지 않도록 나는 무엇을 할 수 있는가?		

CHAPTER 6

학생과의 동기강화상담

대부분의 동기강화상담 연구는 성인에 초점을 맞추고 있지만 최근 연구는 청소년이 참여하는 동기강화상담으로 확장하는 데에 노력을 기울이고 있다. 오늘날 대부분의 연구 기반 상담은 청소년들의 약물 사용과 다른 중독행동에 초점을 맞추어 왔다. 최근에는 학업과 관련된 문제를 포함하여 보다 넓은 범위의 행동에 대해서도 청소년의 동기를 강화하기 위해 노력하고 있다.

이 장에서는 청소년의 발달이 성공적으로 이루어지는 데 필요한 적응을 강조하면서 청소년에게 적합한 동기강화상담을 적용하였다. 동기강화상담이 물질 사용을 감소시킨다는 것을 연구 결과가 강하게 지지하기 때문에, 물질 사용을 감소시키기 위해 동기강화상담을 사용한 확장된 예를 제공하고자 한다. 그런 다음 이 예시로부터 원리를 도출하여 학교 현장에 적용하고자 한다.

발달적 고려

❀ 언어와 인지적 발달

동기강화상담은 주로 불일치하는 인지를 강조하기 위한 것을 목적으로 하는 언어 기반의 개입이므로 이 방법에 있어서 발달적 적용을 고려하는 것은 중요하다. 첫 번째로, 언어 기술은 전통적 틀에서 동기강화상담을 적용하는 데에 선행되는 조건이다. 동기강화상담의 변화대화 원리를 아직 언어 능력을 습득하지 못한 아동들에게 적용하는 것은 분명히 어렵다. 이러한 논리를 확장하면 언어적 장벽 또는 언어 지연이 전형적인 동기강화상담의 접근을 방해한다는 것을 예상할 수 있다. 두 번째로, 동기강화상담에서는 사람들이 자신의 현재 행동과 가치, 바라는 행동 간에 불일치감을 인식할 때 자신의 행동을 변화하려는 동기가 강화된다고 믿는다. 짐작컨대 이러한 인식은 개인이 자신의 가치를 가지고 있고 어느 정도의 인지적 성숙이 있을 때 가능할 것이다. 그래야 자신의 행동을 돌아보고 이를 자기 관점이나 신념, 대안, 이상적인 행동에 비추어 생각해 볼 수 있기 때문이다.

> 성인과 마찬가지로 아동도 행동과 신념, 가치 간에 일치감을 경험하는 것을 선호한다.

이러한 형식적 조작 수준의 사고를 하려면 어느 정도의 연령이 되어야 할까? 이 주제는 논란의 여지가 있다. 발달에 관한 연구에서는 9, 10세에 해당하는 아동기 초반의 인지가 아동기 후반이나 청소년의 인지에 비해서 더 유동적이며 덜 결정화되어 있다고 밝혔다(Herman, Lambert, Reinke, & Ialongo, 2008). 이 나이 이전에 나타나는 아동의 행동이나 기분, 결정에 주로 영향을 미치는 것을 맥락적이고 환경적인 것으로 본다. 예를 들어 6살짜리 아이가 슬프다면 그 아이의 인생에서 객관적으로 무언가가 잘못된 것이다. 그러나 청소년과 어른의 경우에는 단순히 우리가 어떤 것을 어떻게 생각하는가에 따라서 슬픔을 느낄 수 있다. 이러한 의미에서 중학생 초반에 이루어지는 인지적 성숙의 정도는 동기강화상담과 같이 대화로 이루어지는 개입이 아동에게 유용한 시기임을 보여 주는 좋은 지표가 될 수 있다.

한편 어떤 연구에서는 아동이라도 자신의 신념과 행동에 영향을 미칠 수 있는 인지부조화를 경험한다고 밝혔다. Strait 등(2012)은 연구를 통해 동기강화상담이 기본으로 삼는 많은 메커니즘을 아동에게도 적용할 수 있음을 보여 주었다. 예를 들어 아동들은 외적 보상(인센티브)이 사회규범을 위반하는 행동에 대한 이유를 정당화할 만큼 충분하지 못할 때 태도를 바꾼다. 이 주제와 관련해서 성인을 대상으로 실시한 고전적인 연구에서는 성인들이 거짓말을 하는 대가로 돈을 지급받았을 때(예: 지루한 과제가 실제로는 재미있었다고 말하는 것) 거짓말(하는 행동)에 일치하도록 자신의 신념을 변화시키는 경향을 보였는데(예: 원래 지루했던 과제가 재미있었다고 나중에 기억하는 것), 이는 거짓말하는 것(행동)에 대한 대가가 적을 때 그렇다고 밝혔다(Festinger, 1957). 즉 성인인 우리는 우리의 행동과 가치가 일치되는 것을 선호한다. 거액의 돈과 같이 외적으로 강한 보상이 주어질 때, 돈은 우리가 사회규범을 위반한 이유에 대해 스스로를 정당화할 수 있도록 한다. 외적 보상이 사회규범을 위반하는 이유를 충분히 정당화하지 못한다면 이는 인지 부조화를 발생시키고 우리의 태도나 신념을 변화시킨다. 이러한 경우 참가자들은 과제가 지루하지 않았다고 스스로 믿게 되며, 이는 그들이 결코 거짓말한 적이 없음을 의미한다.

Festinger(1957)의 인지 부조화 이론에서는 이러한 현상에 대해 인간은 자신의 행동과 신념 간에 일치성을 유지하기 위해 동기화된다고 설명한다. 행동의 변화를 위해 외적으로 강한 보상이 주어질 때(예: 거액의 돈을 지급받음) 우리는 그 행동을 정당화할 수 있게 되고, 따라서 낮은 부조화를 경험한다. 그러나 보상이 작을 때에는 여전히 그 행동을 유지하게 되고, 이는 신념을 변화시킴으로써 불일치를 낮추려 한다.

여러 연구는 이러한 효과가 어린 아동들에게도 나타난다는 것을 보여 주었다(Strait et al., 2012 참조). 성인과 마찬가지로 아동도 행동과 신념, 가치 간에 일치감을 경험하는 것을 선호한다. 따라서 이것들 간의 불일치감은 아동이나 성인 모두 일치감을 갖는 쪽으로 행동이나 태도를 바꾸게 한다.

이러한 발달적 측면에서 볼 때 아동과의 동기강화상담에서 염두에 두면 좋을 규칙으로는 무엇이 있을까? 첫째, 동기강화상담은 아동의 연령이 증가할수록 더 유용하고 영향력이 크므로 중학생 정도의 청소년에게 동기강화상담의 기본 원리와 전략을 활용하는 것이 좋다. 이러한 조언과 일관되게 여러 연구는 동기강화상담적인 개입이 청소년에게 의미 있는 변화를 낳을 수 있다고 밝혔다. 둘째, 나이가 어린 아동일수록 동기강화상담 활용 시 발달적 적응이 필요한데 목표가 유사하더라도 더 어린 아동의 목표 달성을 위해서는 구두보다는 행동 기반의 전략을 쓰도록 한다. 이쯤에서 요약하자면, 몇몇 연구 결과가 일관되게 보여 주듯이 동기강화상담 접근은 청소년에게 적합할 수 있다. 이러한 방법들이 더 어린 아동에게 얼마나 효과가 잘 나타날 것인가에 대해서는 아직 확실하지 않지만, 수정이 합리적으로 이루어진다면 이들에게도 동기강화상담을 확장해 나갈 가능성이 높다.

❁ 사회적 발달: 자율성 지지

청소년기에서 초기 성인기 동안에 경험하는 주요 발달적 압박은 자율성과 독립을 얻기 위해 분투하는 것이다. 효과적인 동기 전략은 이러한 압박과 관련 있는 에너지를 자각하고 이를 기회로 잘 활용하는 것이다. 이를 막아 버리거나 부인함으로써 밀어붙여 보면 이러한 발달적 요구에 부착된 에너지가 얼마나 강한

> 동기강화상담을 적용하여 청소년과 작업할 때에는 청소년의 자율성을 지지하는 것이 강조된다.

가를 짐작할 수 있게 될 것이다. 예를 들어 청소년에게 그가 원하는 무언가를 할 수 없거나 하면 안 된다고 얘기했을 때, 대부분의 청소년들은 왜 자신이 할 수 없고 하면 안 되는지에 대해 본능적이고 강한 감정으로 반응할 것이다. 때로는 그에게 무언가를 하지 말라고 얘기할 때, 심지어 처음에 자신이 그것에 대해 특별히 관심이 없었음에도 불구하고 왜 자신이 그것을 하면 안 되는지 논쟁할 것이다. 단순히 무언가를 하지 못하도록 막는 것이 그것을 얻으려는 에너지를 발생시킬 수 있다는 것이다. 따라서 동기강화상담을 적용하여 청소년과 작업할 때에는 청소년의 자율성을 지지하는 것이 강조된다.

❀ 생태학적 의존: 주의 사항

정신건강 서비스가 필요한 아동들은 생태학적 관점의 맥락 내에서 서비스를 제공받도록 해야 한다. 이는 아동의 증상을 그가 상호작용하는 교사, 양육자, 친구들 및 지역사회 역동과 자원에 의해 영향을 받는 것으로 보는 것이다(Dishion & Stormshak, 2007). 학교 현장에서 개인 상담은 행동 기반의 개입보다 덜 효과적인 것으로 일관되게 나타났다. 따라서 아동들, 특히 정신건강 문제와 행동 문제를 가진 이들을 대상으로 동기강화상담을 사용할 때는 주의가 따른다. 아동 및 청소년의 행동에 가장 유익한 영향을 끼치는 것은 환경의 변화라고 본다. 따라서 개인 상담에만 초점을 두는 것은 성인의 책임을 다하지 못하는 것이다. 말하자면 청소년과의 동기강화상담은 여러 긍정적인 결과와 밀접한 관련이 있는 관계를 개선하는 것과 같다. 때로는 상담이 다측면적인 치료 계획의 중요한 요소가 되기도 한다.

청소년을 위한 전략에 참여하기

❀ 책임감

자율성에 대한 발달적 요구를 고려한다면 책임에 대한 강조는 청소년과의 동기강화상담에서 더 부각된다. 변화는 궁극적으로 자신이 결정하는 것임을 분명하게 전달하는 것은 청소년이 변화대화에 참여하도록 하는 중요한 요

> 변화는 궁극적으로 자신이 결정하는 것임을 분명하게 전달하는 것은 청소년이 변화대화에 참여하도록 하는 중요한 요소이다.

소이다. 성인은 청소년과 작업할 때 이따금씩 자신이 청소년에게 변화를 강요하거나 심지어는 변화하기를 요구하고 있다는 사실을 알게 된다. 만약 생각했던 것보다 더 심하게 변화를 강요하는 자신을 발견하게 된다면 이는 다음과 같은 표현을 할 좋은 때임을 나타낸다. "자, 네게 달려 있어. 네가 하기를 원한다면 나는 기꺼이 너를 도와 지원해 줄 수 있어. 이건 너의 선택이야."

❀ 결정저울

결정저울에 대한 대화는 자신의 행동을 지지하기 위해 논쟁할 준비가 된 청소년의 마음을 누그러뜨릴 수 있다. 어른들은 전형적으로 청소년의 문제행동에 대해서 아주 설교적이고 규율적이며 권위적으로 대화할 수 있다. 이는 동기강화상담이 유용하다고 제시하는 행동과는 정확히 반대된다. 따라서 많은 청소년들은 자신의 행동에 대해 어른들과 나누는 모든 대화가 그러한 방식일 것이라고 예상한다. 대화의 본질을 바꾸면 청소년들은 종종 놀라워하고 자신의 행동과 대화에 대한 태도를 스스로 바꾸게 된다.

> 결정저울에 대한 대화는 자신의 행동을 지지하기 위해 논쟁할 준비가 된 청소년의 마음을 누그러뜨릴 수 있다.

3장에서 보았듯이 결정저울 대화는 현재 행동의 장단점과 새로운 행동을 취하는 것의 장단점에 대해 질문하는 것이다. 만약 청소년과 과제하기에 대한 대화를 나눈다면 자문관은 먼저 과제를 하지 않는 것의 장단점을 질문한다. 그런 다음 과제를 수행하는 것의 장단점을 질문한다. 이러한 대화는 문제에 대한 학생의 관점에 대해 가치 있는 정보를 제공하고 변화대화를 이끌어 내며, 과제를 하지 않는 것의 단점과 과제를 하는 것의 장점도 이끌어 낼 수 있도록 한다. 활동지 6.1은 이러한 대화를 안내하는 데 사용하는 결정저울 워크시트이다.

❀ 가치 탐색

부모와 교사가 가치 탐색 활동을 하는 것처럼 학생들에게도 가치와 핵심 신념에 대해 질문함으로써 많은 정보를 얻을 수 있고 또 긍정적인 관계를 촉진할 수 있다. 가치카드 분류 활동을 하거나 단순히 가치와 관련한 열린 질문을 하는 것도 유용할 수 있다.

가치를 다루는 아주 간단한 개입만으로도 청소년과 성인의 행동변화를 지속시키는 것으로 나타났다. 예를 들면 자신의 가치에 대해 구체적으로 성찰하는 활동을 한 학생들이 이러한 활동을 하지 않은 학생들에 비해 더 향상된 성적을 나타냈다고 연구에서 밝혔다. 어떤 연구에서는 학생들에게 가장 가치 있는 것이 무엇인지 질문한 다음 왜 그 가치가 자신에게 중요한지 한 단락으로 짧게 써 보도록 하였다. 다른 연구에서는 학생들에게 2~3개의 가치를 묻고 그 이유를 써 보도록 하는 같은 활동을 지시했다. 학생들의 선택을 강화하기 위해 이들이 선택한 가치와 관련한 문구에 대해 어느 정도 동의하는지 나타내도록 했다(예: 이러한 가치에 관심을 가진다). 두 연구 모두에서 향상된 성적이 해당 학년 동안 지속되었다(Cohen, Garcia, Apfel, & Master, 2006).

청소년을 대상으로 한 다른 유형의 성공적인 단기개입 방법으로 자기인정하기도 변화를 지속시켰으며 이는 더 어린 학생들에게도 유용한 것으로 보인다. Reed와 Aspinwall(1998, p. 107)에 따르면 자기인정하기(Armitage, Harris, Hepton, & Napper, 2008; Reed & Aspinwall, 1998) 개입은 참가자들이 '아주 중요한 내면적 가치'인 친절을 베푼 경험을 상세히 설명할 수 있도록 하는 것이다. 개입은 참가자들이 회상하도록 돕는 일련의 질문으로 구성되어 있으며, 친절 행동의 예시를 제시해 준다. 샘플 질문은 다음과 같다. "누군가가 당신에게 상처를 주었을 때 그를 용서한 적이 있나요?" "다른 사람의 감정을 배려해 준 적이 있나요?" 만약 참가자가 "네."라고 대답하면 다음으로 구체적인 예시를 제공한다. 이러한 개입은 학급 내 글쓰기 활동과 성찰하기 활동, 학교 자문관 진행의 소그룹 활동에서 사용될 수 있다.

변화에 대한 일상대화

산체스 선생님은 자신의 7학년 수학 수업을 듣는 카이사르 때문에 골치가 아프다. 그는 똑똑하지만 학업에 전혀 노력을 기울이지 않는다. 그는 수업과 관련 없는 이야기를 하거나 아무 것도 하지 않으면서 대부분의 수업시간을 보낸다. 그녀는 카이사르와 생산적인 대화를 나누고 싶어서 수업이 끝난 후 잠깐 오라고 부탁했다.

교사: 카이사르, 나는 네가 걱정이 돼. 수업시간에 네가 잘 참여할 수 있도록 내가 어떻게 도울 수 있을지 함께 이야기를 나누고 싶어.

카이사르: 그래요.

교사: 내가 너에 대해 걱정하고 있다는 사실이 널 놀라게 했니?

카이사르: 아니요. 저도 제가 열심히 하지 않는다는 것을 알아요.

교사: 네가 열심히 참여하지 않는다는 것이 어떻게 느껴지니?

카이사르: 잘 모르겠어요. 아마 좋지 않겠죠.

교사: '아마'라… 그렇다면 어떤 면에서는 좋고 어떤 면에서는 안 좋다는 뜻이야?

카이사르: 아니요. 좋지 않다는 말이에요. 전 더 열심히 공부해야 해요.
교사: 왜 그렇다고 생각하니?
카이사르: 열심히 하지 않으면 좋은 성적을 받기 어렵기 때문이에요.
교사: 좋은 성적을 받고 싶구나.
카이사르: 그럼요. 높은 성적은 낮은 성적보다 좋잖아요.
교사: 높은 성적이 어떻게 너의 삶을 더 좋게 만들까?
카이사르: 제 생각엔 많은 면에서 그럴 것 같아요. 높은 성적을 받으면 기분이 더 좋아요. 부모님도 제가 좋은 성적을 받는다면 절 들볶지 않으실 것 같아요.
교사: 상황을 쉽게 만드는 것과 높은 성적을 받는 기분을 넌 좋아하는구나.
카이사르: 네.
교사: 너의 삶 혹은 네가 소중히 여기는 가치와 관련해서 이것이 어떤 상관이 있는지 나에게 더 설명해 줄래?
카이사르: 중요해요. 전 학교에서 잘하고 싶어요. 낙제하고 싶지 않아요.
교사: 학교를 계속 다니는 것과 성공하는 것이 너에게 중요한 가치 중 하나구나.
카이사르: 물론이죠. 졸업하지 않고는 무언가를 하기 어렵다는 것을 모두가 알고 있어요.
교사: 학교 졸업은 네가 더 큰 일을 할 수 있도록 도와줄 거야.
카이사르: 네. 전 좋은 직업을 갖게 될 거예요.
교사: 그 단계에 도달하기 위해 넌 무엇을 해야 할까?
카이사르: 저도 알아요. 전 학교에서 지금보다 잘해야 해요.
교사: 그게 네가 원하는 것이니?
카이사르: 전 그렇게 해야 하고, 전 그것을 알아요.
교사: 그것에 대해 꽤 확신이 있어 보이는구나.
카이사르: 네.
교사: 학교에서 열심히 하기 위한 첫 번째 단계로는 무엇이 있을까?

청소년을 위한 초점 맞추기, 유발하기, 계획하기 전략의 구체적인 예시

이전 장에서 제시된 초점 맞추기, 유발하기, 계획하기 전략은 청소년과 작업하는 데 모두 적합하다. 앞에서와 마찬가지로 초점 맞추기는 대화의 목표 및 목적에 대해 단도직입적으로 질문하거나 인터뷰 지침에 따라 구조화될 수 있다.

> 정확한 사회규범에 대한 피드백은 청소년의 불일치감을 유발하는 도구가 될 수 있다.

피드백하기와 척도질문하기는 변화대화 유발하기의 한 부분으로서 사용된다. 초기 청소년기에 또래 관계가 미치는 영향력이 크다는 사실을 감안할 때, 또래 지각에 대한 개인화된 피드백은 특히 청소년들을 유발하기에 좋다. 예를 들면 학교나 관구에서 사회규범 자료를 수집하면 이와 관련된 중요한 정보를 얻을 수 있다. 이 자료는 학생들로부터 특정 활동(예: 학업 행동—공부 습관, 출석, 성적; 사회적 행동—우정, 교과 외 활동, 성인과의 상호작용; 위험 활동—약물 사용, 성적 활동)을 얼마나 하고 있는지 익명으로 응답할 수 있도록 한 설문조사와 같은 것이다. 이러한 사회규범 자료를 목표행동에 대해 상담한 학생과 공유할 수 있다. 먼저 학생에게 몇 퍼센트의 또래 친구들이 목표행동(예: 매일 밤 공부한다)을 하고 있는지, 그리고 그 행동을 하는 다른 사람들에 대해 우호적인 태도를 갖고 있는 학생은 몇 퍼센트인지 추정해 보도록 질문할 수 있다. 청소년들은 일반적으로 사회규범을 잘못 인지하고 있는데, 자신이 주변에서 흔히 보는 가장 가까운 또래 그룹을 추정의 근거로 삼기 때문이다. 따라서 정확한 사회규범에 대한 피드백은 청소년의 불일치감을 유발하는 도구가 될 수 있다.

중요도 척도와 자신감 척도는 성인에게 사용되는 것과 마찬가지로 청소년에게도 적용된다. 청소년은 척도질문에 대해 일반적으로 빈정대거나 과장된 반응을 보이곤 한다. 예를 들면 성인의 경우 최저점(예: 0점)에 해당하는 응답을 거의 하지 않는 반면에 어떤 청소년은 최저점을 말한다. 매우 낮은 점수를 평정하는 것에 대해 반응하는 한 가지 방법은 "공부 습관을 바꾸는 것은 생각할 거리조차 못 되는구나."와 같이 확대된 반응을 하는 것이다. 청소년은 이러한 반응에 동의하거나(이는 중요한 정보를 제공할 수 있다) 자신의 유지대화를 조금 낮출 수 있다(예: "그 정도까지는 아니에요."). 이러한 상황, 특히 빈정대는 반응을 보일 때 학생을 참여시킬 수 있는 또 다른 전략은 그가 한 방식과 유사하게 동조하는 것이다. "0점? 난 네가 -10점 정도는 말할 줄 알았는데." 이러한 반응은 분위기를 가볍게 해 주고 다음 대화로 이어 나갈 수 있도록 한다.

✿ 물질 남용: 금연과 관련한 예시

청소년과 함께 물질 사용에 대해 대화를 나누는 것은 이러한 맥락 내에서 동기강화상담 과정이 어떻게 진행되는지 설명하기에 아주 좋은 예시이다. 동일하게 협력하기, 자율성 지지하기, 유발하기, 연민의 원리가 적용되며 이러한 대화를 시작할 때는 대화 초반에 우리가 가진 편견을 명료화하고 이를 분명히 밝혀 두는 것이 좋다. 예를 들어 "교육자로서 생

> 솔직하게 논의하면 청소년은 전문가와 터놓고 말할 수 있게 되고, 전문가가 자신의 의지에 반하는 결정을 하도록 강요하지 않으리라는 사실을 알게 된다.

각하기에 네가 금연하는 것이 좋을 것 같아."라고 말할 수 있다. 이러한 간단한 언급은 종종 청소년의 마음을 누그러뜨리곤 한다. 때로 청소년과 관계를 맺는 데 가장 큰 어려움은 이들로부터 신뢰를 얻어 내는 것이다. 만남의 목적이나 생각하는 의제를 분명하게 드러내고 무엇을 할지에 대한 조언과 권고를 솔직하게 표현하는 것이 대화를 진전시킨다. 조언이 동기강화상담의 다른 요소와 함께 제공될 때, 혹은 조언을 제공하는 사람이 그 주제에 대해 신뢰할 만한 정보를 제공하는 것으로 보일 때, 조언은 때로 변화를 낳을 수 있다는 사실을 기억하라. 지역사회 자문가나 심리학자의 경우 자신의 전문성과 조언 간의 연결성을 보다 명확히 하기 위해 "건강 관리 전문가로서…."처럼 말을 수정할 수 있다.

또한 그다음 진술을 통해 자율성과 개인의 책임을 강조하는 것이 중요하다. 예를 들어 "그게 전적으로 네 결정이라는 것을 알아. 네가 아닌 그 누구도 네가 담배 피는 것을 변화시킬 수는 없지."라고 말할 수 있다. 이 말은 사실이다. 이 진술은 청소년의 자율성을 아주 확실하고 명백히 지지하며, 암묵적인 주제(hidden agenda)에 대한 청소년의 우려도 줄여 준다. 솔직하게 논의하면 청소년은 전문가와 터놓고 말할 수 있게 되고, 전문가가 자신의 의지에 반하는 결정을 하도록 강요하지 않으리라는 사실을 알게 된다.

동기강화상담 원리가 적용된 구조화된 대화 접근 방법이 개발되었다(예: Brown, Ramsey, & Sales, 1998; Miller, Zweben, DiClemente, & Rychtarik, 1992). 대화는 50분이 소요되며, 다음의 일곱 가지 구성요소가 포함된다—(a) 이유, (b) 결정저울, (c) 니코틴 의존성, (d) 흡연 규준, (e) 흡연에 따른 경제적 비용, (f) 일산화탄소(CO) 피드백, (g) 흡연 행동에 대한 참가자의 향후 계획. 첫째, 매뉴얼이 학생의 금연 의지와 상관없이 고안되었기 때문에 먼저 만난 이유(교내에서의 흡연에 대해 더 알아보기, 자신의 흡연에 대해 생각해 보기)에 대해 5분 정도 이야기하는 것으로 시작하는 것이 좋다. 자문관은 흡연에 대한 자신의 편견을 명확히 제시하며, 조언을 제공하는 동시에 변화에 대한 청소년의 책임을 지지해 주어야 한다("어떻게 계속해 나갈 것인지는 네게 달려 있어."). 자문관이 청소년의 변화를 강요하지 않을 것임을 전달하는 것 또한 도움이 된다. 이렇게 솔직하게 논의하면 청소년이 자문관과 쉽게 말할 수 있고, 또 자신이 원치 않는 결정을 내리도록 자문관이 설득하지 않으리라는 사실을 알게 된다. 이러한 단계는 동기강화의 철학 및 전략과도 일치한다(예: 조언 제공하기와 책임성은 효과적인 단기개입의 요소이다)(Miller, 1993 참조).

청소년에게 성찰대화(reflective language)를 유발하는 좋은 방법은 결정저울을 사용하는 것이다. 이 경우 흡연의 긍정적인 측면에 대해 논의를 시작하면서 흡연과 변화(금연) 각각의 장단점을 토의해 보도록 할 수 있다. "흡연의 좋은 점에는 무엇이 있을까?" 이러한 유형의 질문은 청소년들이 다시 한 번 경계를 풀 수 있게 도와준다. 성인들은 청소년에게 이런 유형의 질문을 거의 하지 않는다. 이 질문은 청소년의 의사결정에 대한 공감을 보여 주고, '흡연하는 데에는 이유가 있다'라는 명백한 사실을 다시 한 번 인식할 수 있게 한다. 이들은 흡연으로부터 얻는 것이 있기 때문에, 이에 대해 논의하는 것은 그들의 행동을 이해하고 결국 어떻게 변화할 수 있는지 답을 얻는 데 도움이 된다.

흡연에 대한 이유를 듣고 난 다음 기억해야 할 것은 "그 밖에 또 다른 좋은 점이 있니?"와 같은 언어적 촉진(verbal prompts)을 통해서 긍정적인 측면을 더 말해 보게 하는 것이다. 그런 다음 흡연의 부정적인 측면에 대해서도 질문한다. 결정저울의 마지막 두 가지 측면은 자신의 가설에 대해 성찰해 볼 수 있게끔 한다. 그러면 "언젠가 네가 담배를 끊는다면 그 결과로 어떤 좋은 점이 있을까?" 그런 뒤 "금연을 하는 데 어려움은 무엇이 있을까?"와 같이 질문할 수 있다.

우리는 이러한 활동에 청소년들이 쉽게 참여하고 또 각 측면에 대해 많은 예시를 제시할 수 있다는 사실을 알게 되었다. 사후 성찰을 위해 활동에서 제시한 장단점을 종이에 적어 두는 것이 유용할 수 있다. 결정저울은 양가성을 명료화함으로써 이를 강조할 수 있도록 하고 차후의 탐색 과정을 위한 주제를 마련해 준다.

규준 데이터 피드백을 제공할 때 또래의 영향력과 지각에 대해 갖는 청소년의 관심을 활용하면 매우 유용할 수 있다. 정확한 규준 데이터를 제공하는 것은 변화에 대한 동기를 강화해 준다(Schroeder & Prentice, 1998). 연구에 따르면 청소년들은 자신과 같은 행동을 하는 또래의 비율을 아주 과대평가하는 것으로 나타났다. 청소년 흡연자들에게 다른 청소년의 흡연 비율을 물어보면 실제로는 20% 정도임에도 불구하고 대체적으로 80% 또는 실제보다 더 높은 비율로 추정한다. 흡연 청소년들에게 제공한 규준 데이터에는 흡연 학생의 국내, 지역적 비율이 포함되어 있다—졸업 이후 5년간 흡연할 것으로 예상되는 10대 흡연자의 비율(5%) 대 졸업 이후 5년간 흡연을 유지하는 10대 흡연자의 실제 비율(75%), 금연을 원하는 흡연자의 비율(70%), 1년간 성공적으로 금연할 수 있는 흡연자의 비율. 이러한 모든 정보를 이끌어 내기-제공하기-이끌어 내기 방식으로 제공하였다. 즉 청소년들에게 먼저 비율을 추정해 보도록 질문한 다음 정보를 제공하고, 마지막으로 자료에 대한 반응을 이끌어 낸다.

또한 흡연의 부정적인 영향이나 비용을 탐색하게 하는 것도 도움이 된다. 예를 들어 흡연에 드는 비용, 즉 연간 지출 비용을 계산해 보게 한다. 계산이 끝나면 우리는 반응을 도출하고, 그 돈을 다른 곳에 어떻게 쓰고 싶은지 묻는다. 그 돈으로 대신 무엇을 사고 싶은지 구체적인 예시를 묻고 1년치 흡연 비용을 다른 데 '사용하도록' 격려할 수 있다. 또한 흡연이 외모에 어떤 영향을 미치는지(예: 주름, 치아 색, 냄새 등) 또는 흡연과 흡연 네트워크의 관계(예: 주변에서 누가 흡연을 하는지, 친구나 가족이 흡연에 대해 어떻게 반응하는지)에 대해 탐색해 볼 수 있다.

청소년의 허락하에 표준화된 측정도구와 대화를 통해 평가 정보를 수집하는 것도 유용하다. 회기 동안에 니코틴 의존성 검사지[예: 청소년용 Fagerstrom 내성 질문지(Fagerstrom Tolerance Questionnaire: Adolescent Version, FTQ)](Prokhorov, Pallonen, Fava, Ding, & Niaura, 1996)를 간단히 작성하고, 자신의 점수를 계산해 보도록 할 수 있다. 니코틴 의존에 대한 정보를 제공하며, 의존이 더 심해지고 지속될수록 끊기가 더 어려워진다는 사실을 유념시킬 수 있다.

금연에 대한 보다 구조화된 접근에서는 흡연 의존에 대한 생리학적 측정치를 사용해 왔다. 예를 들어 건강관리 세팅의 임상가들은 음주 행동을 다룰 때 간 기능 검사 자료를 수집할 수 있다. 이것은 개인화된 피드백을 효과적으로 적용할 수 있는 좋은 방법이라는 것을 기억하라. 흡연을 다룰 때에는 폐의 일산화탄소량을 측정하는 소형장치의 흡연측정기(smokerlyzers)를 사용해 왔다. 이러한 유형의 피드백을 사용할 때에는 청소년에게 먼저 일산화탄소(CO)에 대한 지식을 묻고, CO의 특성(예: 무미, 무색, 무취의 독성 기체)에 대해 누락되었거나 추가해야 할 것들, 그리고 그것이 인체에 어떻게 해로운지(예: CO는 주요 장기로의 산소 운반을 방해한다)에 대해 정보를 제공한다. 청소년에게 규준 데이터(예: 비흡연자의 경우 10ppm, 가벼운 수준에서 중간 수준의 흡연자의 경우 10~20ppm, 심각한 흡연자의 경우 20~80ppm)를 제공하여 자신의 CO 수준과 비교하게 한다. 흡연측정기는 의료장비 회사에서 구입하거나, 미국폐협회(American Lung Association)에서 대여 가능하다. 건강관리 세팅에서 사용되는 폐혈량계는 폐 기능에 대한 전반적인 측정치를 제공하며 폐 연령(예: "당신의 폐는 76세에 해당하는 기능 수준을 갖고 있습니다.")을 계산해 볼 수 있게 한다.

생리학적 측정의 유무와 상관없이 청소년의 향후 계획에 대해 구조화된 질문을 함으로써 대화를 마무리할 수 있다. 척도질문은 청소년이 변화에 대한 중요성을 지각하는 정도("0에서 10점까지, 0점은 '전혀 중요하지 않음', 10점은 '가장 중요함'이라고 한다면 네 삶에서 흡연 행동을 변화시키는 것은 얼마나 중요하니?")와 자신감("흡연 행동을 변화시키는 것에 대해 어느 정도 자신 있니?")을 평가하는 데 사용된다. 그다음, 자문관은 청소년의 반응과 상관없이 그들이 어떻게 그 점수를 선택하게 되었는지("그 점수를 매긴 이유는 무엇이고, 또 왜 그보다 1점 더 낮은 점수를 매기지 않았니?"), 그보다 1~2점 더 높은 점수를 얻기 위해서는 무엇이 필요한지에 대해 질문할 수 있다. 중요도와 자신감 척도질문은 변화대화와 청소년의 자기효능감을 지지하는 진술을 유발한다(Miller & Rollnick, 2002).

만약 청소년이 원한다면 변화 계획을 세울 수 있도록 안내할 수 있다. 먼저 흡연과 관련하여 목표를 세우고 목표를 달성하기 위한 단계를 확인해야 하며, 자원과 예상되는 장애물 등을 알아보아야 한다. 마지막으로 계획이 변화 능력에 대한 자신감을 증가시켰는지 알아보기 위해 청소년에게 자신감 점수를 다시 매기도록 요청해야 한다.

❀ 학생과 학업 성과에 대해 이야기하기

동기강화상담 논리를 확장하여 학업에 적용하는 것은 전도유망한 생각이다(Strait et al., 2012). 대화의 내용은 다를 수 있지만 동일한 원리가 적용된다. 이러한 대화의 구조에는 다음과 같은 것들이 포함된다—(a) 대화를 하게 된 이유, (b) 자기성찰과 가치의 탐색, (c) 개별화된 피드백, (d) 계획하기.

대화의 이유

청소년의 학업 성과와 관련하여 어떻게 대화를 시작할 것인지 생각해 보자. 먼저 대화를 나누게 된 이유에 대해 이야기할 수 있다. "네가 학교에서 더 잘하기 위해 내가 어떻게 도와줄 수 있는지 얘기 나누고 싶어." 또한 대화의 주제를 솔직하게 꺼내 놓을 수 있다. "아마 너도 알고 있겠지만, 나는 정말로 네가 더 좋은 성적을 받았으면 좋겠어." 앞서 언급했듯이 책임감에 대한 진술과 함께 학생의 자율성을 지지한다. "선택은 네게 달려 있어. 나는 너를 돕고 싶지만 궁극적으로는 네가 원하는 것을 선택하는 거야."

자기성찰과 가치 탐색

학업에 대한 결정저울 대화는 학교에서 좋은 성적을 받는 것의 장단점과 새로운 행동을 채택하는 것(예: 공부를 더 많이 하는 것, 수업에 더 많이 참여하는 것)의 장단점을 고려해 보게 한다. 이러한 대화는 물질 사용 체크업에서 언급한 것처럼 저항을 감소시키는 경향이 있는데, 청소년은 어른이 현상 유지("아무것도 하지 않을 때 얻는 좋은 점은 무엇일까?")에 대한 대화를 하리라고는 기대하지 않기 때문이다. 결정저울은 현재 행동에 대한 자기성찰을 더 촉진하도록 하는 열린 질문과 함께 더 많이 사용될 수 있다.

- 학업 성과(좋은 성적을 받는 것, 출석)가 자신에게 얼마나 중요한지
- 학업 성과를 향상시키는 것에 얼마나 자신감이 있는지
- 현재 학업 성과에 대해 얼마나 만족하는지

- 학업 성과와 관련된 걱정

OARS(열린 질문 하기, 인정하기, 반영하기, 요약하기)는 결정저울과 자기성찰대화에서 변화대화를 이끌어 내고 정교화하기 위해 사용된다.

또한 이러한 대화 도중에 청소년이 가치와 관련된 표현을 하는지 경청하는 것이 중요하다. 이를 대체할 수 있는 것으로는 앞의 장에서 설명된 가치카드 분류 작업을 사용한 구체적인 가치 탐색 활동이 있다. 10분 동안 청소년으로 하여금 가치가 적힌 카드를 분류하고 자신에게 가장 중요한 가치를 3~5개 고른 뒤 그 가치가 중요한 이유를 설명하도록 한다. 이러한 활동은 청소년의 내적 정보를 풍부하게 제공해 줄 뿐만 아니라 청소년의 참여를 도와준다. 직접적으로 그들의 가치와 실제 행동의 차이를 묻는 것은 인지부조화를 형성하는 기반을 제공할 수 있다. 현재의 학업 성취와 원하는 학업 성취도를 비교하는 열린 질문은 이것들에 대한 대화를 이끌어 낼 수 있다. 보다 구체적으로 질문하면 다음 영역까지 살펴볼 수 있다.

- 실제 공부하는 시간과 원하는 공부시간
- 현재 시험 평균 점수와 원하는 평균 점수
- 현재의 출석률과 원하는 출석률
- 현재 이수 학점 수와 원하는 이수 학점 수

피드백

개별화된 피드백은 청소년의 시험 점수, 성적, 출석, 교무실 의뢰, 그 밖의 학업 관련 행동이 학급, 학교, 지역, 전국에 있는 또래들과 비교했을 때 어떠한지를 보여 주는 규준 데이터를 포함한다. 이 피드백은 사실에 입각한 접근일 때 가장 효과적이다. "자, 너는 올해에 22번 수업을 빠졌어. 네 출석률은 학교에선 99%에 속해. 이는 네가 학교의 99% 학생들보다 더 수업을 빠졌다는 뜻이야." 피드백은 자기성찰을 유도하고 대화를 더 이어 나갈 목적으로 고안되었기 때문에, 피드백에 대한 청소년의 반응이 어떠한지 반드시 확인하는 작업이 필요하다("그것에 대해 어떻게 생각하니?").

또한 학업 성과에 대한 청소년들의 인식이 어떠한지 규준 데이터를 제공할 수 있다. 학교에서는 학생들의 태도와 자기 행동 보고에 대한 설문조사를 정기적으로 수행하고, 이를 규준으로 마련하여 피드백의 한 부분으로 사용할 수 있다. 설문조사에는 다음 질문을 포함할 수 있다.

- 저녁에 몇 시간 공부하는가(평점과 상관없이)?
- 높은 성적을 받는 것을 중요하게 생각하는 청소년은 몇 퍼센트인가?
- 낙제하거나 중퇴하는 학생에 대해 우호적인 태도를 지닌 청소년은 몇 퍼센트인가?
- 높은 성적을 받는 학생에 대해 우호적인 태도를 지닌 청소년은 몇 퍼센트인가?
- 몇 퍼센트의 학생이 높은 성적을 받는 학생과 데이트하고 싶어 하는가? 몇 퍼센트의 학생이 중퇴 학생과 데이트하고 싶어 하는가?

진전 과정을 모니터링하는 시스템이 학교 및 지역 단위에서 개발, 보급, 사용됨으로써 급속도로 발전하고 있다. 이러한 시스템은 학교 직원들이 학교에서 개별화된 피드백을 위한 정보를 제공할 수 있도록 도와줄 것이다.

계획 세우기

중요 사항을 요약한 내용과 피드백을 제공한 다음 실행을 위한 계획으로 나아가는 것은 중요하다. 청소년과 변화를 계획하는 대화를 시작하기에 효과적인 방법은 가상의 질문을 던지는 것이다. "만약 네가 더 높은 성적을 받기로/더 자주 출석하기로 결정했다면 그렇게 결정하게 된 이유는 무엇일 것 같니?" "이렇게 변화하기로 결정한다면 네가 할 수 있을 것이라는 자신감은 어느 정도일 것 같니?"

청소년을 참여시키고 변화 가능성에 대해 자신을 성찰하도록 이끈 뒤 더 구체적으로 질문하는 것이 효과적이다. "그다음은?" 이러한 유형의 질문은 다음을 포함할 수 있다.

- "그렇다면 이제는 네가 무엇을 할 것 같니?"
- "다음 단계는 무엇이니?"
- "이제 여기에서 어디로 나아가려고 하니?"
- "이제 무엇을 할 거니?"
- "다음에는 무엇을 할 생각이니?"
- "만약 변화가 있다면 어떤 변화를 생각하고 있니?"

질문에 대한 청소년의 대답은 변화에 대한 그들의 생각을 알려 줄 뿐 아니라 앞으로의 대화 방향을 알려 준다. 어떤 청소년은 스스로 변화를 만들고 싶고 거기에 전념하겠다는 강한 의지를 보여 준다. 이러한 청소년의 경우 타당한 다음 단계는 명확한 목표와 지지를 통해 계획을 수립하는 것일 것이다. 그러나 아직 숙고 단계에 머물러 있는 청소년의 경우라면 대화를 계속하는 것에 대한 동의를 이끌어 내고 다시 만나는 것을 다음 단계로 설정할 수 있을 것이다.

계획을 세우기로 결심한 청소년들에게 다음의 요소는 계획이 보다 성공적으로 이루어지도록 도울 수 있다.

- 명확하고 측정 가능한 목표를 구체화한다.
- 목표가 중요한 이유를 논의한다.
- 목표를 달성하기 위해 시간 계획표와 지지 자원을 포함하는 계획을 수립한다.

계획을 세울 때는 청소년에게 목표를 달성하기 위한 아이디어를 물어보는 것이 유용하다. 또한 청소년들에게 그렇게 해도 되는지 요청하고 허락을 구한 뒤에 아이디어를 함께 내는 것도 좋다. 목표를 달성하는 데 필요할 만한 지지 자원은 무엇이 있는지, 다른 사람들이 어떤 역할로 그들에게 도움을 제공할 수 있는지를 질문한다. 계획은 각 단계가 언제 이루어질 것이며 각 요소에 대한 책임은 누가 맡을 것인지에 대해 구체적이어야 한다. 진전 과정을 점검하고 계획이 효과적이라는 것을 확인할 수 있는 방안도 마련되어야 한다.

상세하게 계획을 세우고 난 후 또는 다시 만나기로 한 후에는 마지막으로 척도질문을 한다. “이러한 목표를 달성하는 것(또는 다음 만남을 진행하는 것)이 네게 얼마나 중요한지 1~10점의 점수로 나타내 보겠니?”, “이 목표를 이룰 수 있다는 자신감은 1~10점 중 얼마나? 그리고 1점 더 낮게 매기지 않은 이유는 무엇이니?”와 같은 질문을 함으로써 변화의 중요도와 자신감에 대해 정교화할 수 있다. 마지막으로, 계획을 성공적으로 실행하는 데 방해물이 될 수 있는 것은 무엇인지 질문하고, 이에 대해 해결안을 다루어 보는 것도 좋은 생각이다.

변화에 대한 일상대화

학교 자문관은 카이포와 대화하기 위해 시간을 마련하였다. 카이포는 중퇴 위험이 있는 9학년 학생이다. 카이포는 중학교에서는 잘하는 학생이었지만, 고등학교 1학기가 시작되면서 수업을 빼먹기 시작했고 여러 과목에서 낙제점을 받게 되었다.

자문관: 안녕, 카이포. 오늘 나와 만나 주어서 고마워. 요즘 학교생활이 어떤지 이야기하고 싶구나.
카이포: 걱정 없어요. 다 괜찮아요.

자문관: 학교생활을 잘하는 것이 네게 큰일은 아니구나.

카이포: 아니요. 중요해요. 전 잘 해낼 거예요. 아무 문제 없어요.

자문관: 그럼 학교에서 잘 해 보고 싶다는 거구나.

카이포: 당연하죠.

자문관: 왜 그럴까?

카이포: 아, 그냥 그런 거예요. 저도 잘 몰라요.

자문관: 네 학생부 기록을 보니 중학교 땐 정말 잘했었구나.

카이포: 네, 학교는 쉬워요. 제가 말한 것처럼 별거 아니에요.

자문관: 좋은 성적을 받는 것에 대해 정말 자신 있구나. 정말 좋은 것이지. 그건 네가 분명히 할 수 있다는 말이지. 그렇다면 좋은 성적을 받는 데 방해되는 것은 무엇일까?

카이포: 잘 몰라요. 그냥 제 우선순위가 아니었어요. 다른 일들이 많았거든요.

자문관: 다른 일들이 방해했구나.

카이포: 어려워요. 전 그것에 대해 생각하지 않았던 것 같아요.

자문관: 네가 원하는 만큼 신경을 못 썼나 보군.

카이포: 아니요. 전 그냥 재미있게 지냈고, 그래서 그것에 대해 잊어버린 것 같아요.

자문관: 학년 말에 점수가 어느 정도였으면 좋겠니?

카이포: 다시 제자리로 돌아오면 좋겠어요. 알잖아요. 예전 점수 같이요.

자문관: 넌 A나 B를 받고 싶구나.

카이포: 네, 전 받을 거예요.

자문관: 결심을 하다니 대단하네. 앞으로는 어떻게 될 것 같니?

카이포: 전 다시 진지해질 필요가 있어요. 전 정신이 산만했어요. 전 제가 무엇을 해야 할지 알아요.

자문관: 네가 전에 해 보았기 때문이지?

카이포: 네, 맞아요.

자문관: 네가 원하는 점수를 받기 위해 중학교 때 했었던 것에 대해 좀 들려줄래?

자문관은 처음에는 대화하기를 원치 않았던 학생이 변화대화를 할 수 있도록 유도하였다. 학생의 과거 성공 경험에 대해 초점을 맞추면서 대화를 천천히 이끌어 나갈 수 있도록 했으며, 특별히 학생의 변화에 대한 언어에 주의를 기울였다. 자문관은 학생의 변화언어를 반영하고 지지했으며, 자기효능감을 지지했다. 마지막으로, 학생이 과거에 성공했던 경험을 반영함으로써 긍정적인 변화에 대한 계획을 구체적으로 세울 수 있도록 유도하였다.

동기강화상담 정신을 기반으로 청소년과 상호작용하기

동기강화상담 정신의 구현은 성인과 청소년 간에 긍정적인 관계를 잘 형성할 수 있게 하므로 동기강화상담을 학교 현장에 적용하는 것은 생산적인 방법이다. 청소년의 문제

행동이나 정서를 다루기 위한 대부분의 증거 기반 실천 방법은 먼저 가정 및 학교 현장에서 긍정적인 환경을 마련하는 데 중요성을 둔다. 긍정적 행동 지원, 안전한 공립학교(Safe and Civil School)와 같은 학교 기반 프로그램과 놀라운 날들(Incredible Years) 양육 프로그램, 다루기 어려운 아동을 위한 양육 프로그램(Noncompliant Child)과 같은 가정 기반 프로그램에서는 아이들을 지지하기 위한 필수조건으로서 비유관 강화(noncontingent reinforcement)와 긍정적인 관심이 굉장히 필요하고 중요하다고 강조했다. 성인은 청소년과 상호작용하는 방법을 통해 이러한 긍정적 환경을 조성하는 기반을 마련할 수 있으며 동기강화상담 정신은 이러한 목표와 일치된다.

3장에서는 동기강화상담 원리가 '협동 정신, 수용, 연민, 유발'이라는 4개의 연관된 측면으로 구성되어 있다고 기술하였다. 학교 전체 수준에서 본다면 성인은 청소년에게 긍정적인 학교환경을 조성하는 데 그들이 장본인임을 전달함으로써 이러한 협력을 장려할 수 있다. 예를 들어 학교환경을 개선하고 이해하기 위해 청소년들이 설문조사를 주도하고 위원회를 구성함으로써 협력의 가치를 실현할 수 있다. 수용하기는 공감하기, 인정하기, 존중하기를 통해 전달될 수 있다. 따라서 교직원이 청소년과 상호작용할 때 OARS를 효과적으로 사용할 수 있도록 훈련한다면 학교를 보다 수용적인 분위기로 조성할 수 있을 것이다. 수용하기의 추가적인 요소는 자율성을 지지하는 것이다. 이는 청소년에게 특히 중요한 부분이다. 학교는 청소년들로 하여금 자신과 관련한 문제에 참여하고 선택할 수 있도록 함으로써 자율성을 지지할 수 있다. 연민은 타인의 복지에 관심을 집중하는 것이다. 이것은 교직원이 어떤 관점과 의도를 가지느냐에 기초하므로 자기성찰을 필요로 한다. 청소년이 잠재성을 충분히 발휘할 수 있도록 지지하는 과정에서 교직원으로 하여금 자신의 의도를 돌아보고 공유한 목적을 상기할 수 있게 격려한다면 연민을 불러일으킬 수 있을 것이다.

처음 3개의 동기강화상담 정신은 아마 익숙할 것이며, 긍정적인 학교환경을 조성하고자 하는 기존의 접근과 잘 부합된다. 동기강화상담 정신의 네 번째 측면인 유발하기는 독특하기 때문에 긍정적인 환경을 위한 중요한 요소라는 점이 종종 간과될 수 있다. 유발하기는 개인 내부의 강점과 긍정적인 의도를 '불러일으키는' 것이다. 학생들이 자신의 강점과 좋아하는 것을 찾도록 돕고, 이러한 자원을 활용할 수 있도록 지원하고 개입할 수 있는 학교환경을 만드는 것은 동기강화상담의 유발하기 측면과 일치된다. 앞 장에서 분명히 언급한 것처럼 유발하기는 대화를 통해서도 가능한데, 열린 질문은 청소년이 해결 방안에 대해 성찰하고 참여하도록 도움으로써 동기강화상담 정신의 유발하기를 구현한다.

요약

청소년에게 동기강화상담을 사용하는 것은 동기강화상담 전략을 그들의 발달 단계에 맞게 적용하는 것을 뜻한다. 청소년과의 상담에서도 대체로 동일한 원리가 적용된다. 동기강화상담 정신은 행동 지지를 위한 긍정적인 기반을 제공한다는 측면에서 기존에 정립된 대부분의 개입과도 잘 어울린다.

참고 자료: 학생의 정서적 · 행동적 문제에 대한 근거 중심의 개입

Barrett, P. (2004). *FRIENDS for Life program: Group leader's workbook for children* (4th ed.). Brisbane, Queensland: Australian Academic Press.

Clarke, G. (n.d.). *Coping with depression course for adolescents*. Free download. Retrieved from http://www.kpchr.org/research/public/acwd/acwd.html

Hawken, L. S., Pettersson, H., Mootz, J., & Anderson, C. (2005). *The behavior education program: A check-in, check-out intervention for students at risk*. New York, NY: Guilford Press.

Kendall, P. C., & Hedtke, K. A. (2006). *Cognitive behavior therapy for anxious children: Therapist manual* (3rd ed.). Ardmore, PA: Workbook.

Lochman, J., Wells, K., & Lenhart, S. (2008). *Coping power: Child facilitators guide*. New York, NY: Oxford Press.

Merrell, K. W., Carrizales, D., Feuerborn, L., Gueldner, B. A., & Tran, O. K. (2007). *Strong Kids—3-5: A social and emotional learning curriculum*. Baltimore, MD: Paul H. Brookes Publishing.

Merrell, K. W., Carrizales D., Feuerborn, L., Gueldner, B. A., & Tran, O. K. (2007). *Strong Teens: A social and emotional learning curriculum*. Baltimore, MD: Paul H. Brookes Publishing.

Merrell, K. W., Parisi, D., & Whitcomb, S. A. (2007). *Strong start—Grades K-2: A social and emotional learning curriculum*. Baltimore, MD: Paul H. Brookes Publishing.

Merrell, K. W., Whitcomb, S. A., & Parisi, D. A. (2009). *Strong start—Pre-K: A social and emotional learning curriculum*. Baltimore, MD: Paul H. Brookes Publishing.

Stark, K., Simpson, J., Schnoebelen, S. Hargrave, J., Glenn, R., & Molnar, J. (2006). *Therapists' manual for ACTION*. Broadmore, PA: Workbook.

Walker, H., et al. (1997). *First step to success*. Longmont, CO: Sopris West.

Webster-Stratton, C. (2005). *Dina dinosaur child training program*. Seattle, WA: Incredible Years.

활동지 양식

활동지 6.1 **결정저울**

<table>
<tr><th colspan="2">결정저울</th></tr>
<tr><td>현재 행동의 좋은 점 ____________________</td><td>현재 행동의 좋지 않은 점 ________________</td></tr>
<tr><td>목표로 삼는 새로운 행동: ________________
이것을 했을 때 얻는 좋은 점은 무엇인가?</td><td>이것을 했을 때 예상되는 어려움은 무엇인가?</td></tr>
</table>

CHAPTER 7

가족, 학생, 학교를 위한 구조화된 동기강화상담 예시: 가족 체크업

동기강화상담은 어떠한 형식적인 구조 없이 그 자체만으로도 사용 가능한 개입이다. 첫 장에서 언급했듯이 이 책을 쓰는 목적은 학교 전문가들이 변화를 위한 대화를 할 때 좀 더 효과적인 방법으로 하게 하기 위해서이다. 이러한 의미에서 동기강화상담의 정신과 원리는 30초 만에 상담이 이루어지는 학교 현장에서도 사용될 수 있다. 동기강화상담은 짧은 만남을 통해 변화 단계를 설정하고 변화에 대한 결심을 강화할 수 있게 하지만, 제대로 사용되지 않을 경우에는 동기를 감소시키기도 한다. 지금까지 논의된 모든 전략은 이러한 상호작용을 보다 효과적으로 만드는 데 사용될 수 있다.

> 가족 체크업 접근을 사용해서 피드백을 전달하면 부모와의 상호작용이 촉진되고, 이를 통해 보다 협력적이고 개방적이며 긍정적이고 생산적인 만남을 가질 수 있다.

교사, 부모, 또는 학생들이 한 번 이상의 만남을 위해 시간을 할애하여 더 많은 상호작용을 할 수 있는 상황이라면 이 장에서 소개하는 체크업 내용을 활용하여 성공적인 방식으로 동기강화상담을 진행해 볼 수 있다. 체크업은 Miller와 Rollnick(2013)이 개발한 동기강화상담의 각 단계인 관계 형성하기, 초점 맞추기, 유발하기, 계획하기에서 활용 가능하다. 보통 각 단계별로 20분에서 1시간가량의 회기를 2~3회기 정도 진행한다. 첫 회기는 구조화된 면담 및 자기와 타인이 보고하는 강점, 호소 문제와 관련된 생각 등을 포함하는 생태학적 조사로 구성된다. 두 번째 회기는 목표 설정과 실행 계획을 위해 자문관이 피드백을 전달하는 방식으로 진행된다. 동기강화상담은 각각의 회기를 진행하는 데 기초가 되며, 동기강화상담 원리는 상담의 구조와 피드백을 제공하는 방법을 이끌어 줄 수 있다.

이 장에서는 구조화된 체크업을 사용하는 것과 동기강화상담 스타일에서 효과적인 피드백을 전달하는 것에 대한 근거를 마련하고자 한다. 가족 체크업은 앞 장에서 목표 대상이 되는 모든 집단, 즉 부모, 교사, 학생을 모두 포함하기 때문에 여기서는 가족 체크업에 초점을 둘 것이다. 이 장을 읽기 전에 어떤 부모와 함께 작업하는 것이 좋은지 잠깐 생각해 보자. 화내고 방어적이며 당신과 대화하는 것에 관심 없는 부모와 작업하는 것이 좋은가? 아니면 협력적이고 당신과 대화하는 것에 관심을 갖고 있으며, 문제를 다루는 데 희망적이고 에너지가 넘치는 부모와 함께 작업하는 것이 좋은가? 가족 체크업 접근을 사용해서 피드백을 전달하면 부모와의 상호작용이 촉진되고, 이를 통해 보다 협력적이고 개방적이며 긍정적이고 생산적인 만남을 가질 수 있다.

체크업: 개관

체크업이라는 개념은 의학 용어에서 빌려 왔는데, 정기적인 신체검진을 위해 의사를 방문하는 것을 의미한다. 신체검진에서는 의료진이 신체검사 목록에 따라 진행하며 검진 대상의 건강을 측정하는 검사를 하고 결과를 제공한다. 이 장에서 제시한 체크업은 음주자를 위한 체크업(Miller & Rollnick, 2013 참조)의 개념을 적용한 것이다. 신체검진과 마찬가지로 음주자를 위한 체크업은 건강관리 전문가가 다양한 검사를 실시하고 자기보고서를 진행하며, 다른 병원 검사(간 기능 검사와 같은)를 진행하고 환자를 만나서 결과에 대해 개별적인 피드백을 제공하는 방식으로 진행된다. 이러한 적용에 대한 근거는 FRAMES 모델(피드백 제공하기, 책임감 부여하기, 조언하기, 메뉴 제공하기, 공감 표현하기, 자기효능감 지지하기)에서 찾을 수 있다.

❁ FRAMES

동기강화상담을 개발한 Miller는 단기상담을 효과적으로 만드는 요소에 대한 문헌을 검토하고, 단기상담이 가지고 있는 많은 공통 요소를 찾아내어 FRAMES(Feedback, Responsibility, Advice, Menu, Empathy, Self-Efficacy)로 자신이 발견한 내용을 요약했다. 이러한 개념은 1장에 소개되어 있으며, 이 장에서는 동기강화상담 체크업에 기초하여 앞에서 소개한 내용을 좀 더 구체적으로 설명하고자 한다.

피드백(feedback)은 동기를 강화하기 위해 사용하는 도구이다. 피드백이 효과적이기 위해서는 각각의 개인이나 지역사회에 적합한 피드백이 전달되어야 한다. 예를 들어 40만 명가량의 미국 사람들이 담배와 관련된 병으로 죽는다고 할 때, 이 말이 사실이기는 하지만 흡연자들이 금연을 결정하고 변화하는 데에는 별로 도움이 되지 않는다. 일반적인 통계 수치는 무시해 버리기 쉽다. 흡연자들은 '평생 담배를 피웠는데도 암에 걸리지 않은 사람들을 많이 봤어.'라는 생각을 하면서 자신만의 통계를 더 쉽게 믿는다. 대신에 개인의 삶에 미치는 담배의 영향에 좀 더 초점을 맞춰서 구체적인 검사를 하는 이런 방식이 훨씬 더 효과적일 수 있다. 예를 들어 30세의 흡연자에게 그의 폐가 80세 수준이라는 것을 보여 주는 폐활량 검사를 실시한다면 이것은 굉장히 개별화된 피드백이므로 효과를 볼 수 있다. 또는 음주자에게 간 기능 검사를 실시해서 간 기능에 대한 프로파일을 제시한다면 그 사람이 술을 줄이거나 끊는 데 더 도움을 줄 수 있을 것이다.

> 효과적인 조언을 제공하기 위한 열쇠는 조언을 최소한으로 제공하고, 성급하게 제시하지 않으며, 상대방이 조언을 원할 때에만 제공하는 것이다.

책임 부여하기(responsibility)는 변화하기 위한 결정을 하는 데 있어서 각 사람의 자율성의 역할을 강조하는 것이다. Miller는 단기상담에서 사람들이 자신의 행동을 변화시키기 위한 책임을 스스로 질 때 상담이 더 효과적으로 진행된다는 것을 발견했다. 예를 들어 다음과 같은 문장은 책임을 부여하기 위한 말이 될 수 있다. "당신이 이 문제에 대해서 변화하기 위한 어떤 행동을 할지 말지는 전적으로 당신에게 달려 있습니다."

직접적인 **조언 제공하기**(advice)는 신뢰감이 형성되어 있고 자신을 진심으로 생각해 준다고 느끼는 사람으로부터 조언을 들을 때 동기가 강화될 수 있다는 것이다. 효과적인 조언을 제공하기 위한 열쇠는 조언을 최소한으로 제공하고, 성급하게 제시하지 않으며, 상대방이 조언을 원할 때에만 제공하는 것이다. 조언을 제공하기 전에 다음과 같이 상대방의 허락을 구하는 것이 좋다. "당신이 괜찮다면 이제 앞으로 어떻게 나아가면 좋을지에 대해 제가 갖고 있는 생각을 공유하고 싶네요."

사람들이 행동을 변화시키고 싶다는 의지를 표현한다면 다음 단계를 위한 **선택 메뉴**(menu)를 제공함으로써 변화에 대한 동기를 계속 유지하도록 도와줄 수 있다. 예를 들어 다음과 같이 말할 수 있다. "다른 선생님들이 이런 문제를 줄이기 위해 성공적으로 사용한 몇 가지 방법이 있습니다. 제가 몇 가지를 말씀드려도 괜찮을까요? 그러고 나서 어떤 것이 당신에게 가장 적합할지 생각해 봅시다."

공감(empathy) 표현하기는 사람들이 앞으로 더 나아가도록 진행하는 데 필수적인 요소이다. 여기서 공감이란 사람들의 현재 상황, 감정, 그리고 변화하기 위한 양가감정에 대해 살펴보고 타당화하는 것이다. 양가감정은 일반적으로 생기는 것이라는 점을 얘기하고, 동시에 양가감정이 생긴 근원에 대해 반영적으로 경청하며, 그 사람이 어떤 문제에 고착되어 있고 변화를 어렵게 하는 원인이 무엇인지를 이해하는 것은 매우 중요한 작업이다.

자기효능감(self-efficacy)(변화하기로 선택한다면 다음 단계로 나아갈 수 있고 변화할 수 있다는 개인의 신념) 지지하기는 효과적인 자문과 단기상담에서 중요한 또 다른 요소이다. 사람들이 스스로 변화를 일으킬 수 있도록 돕는 방법은 현재 일어나고 있는 변화에 집중하게 하며("당신은 어떻게 그렇게 할 수 있었죠?"), 과거에 자신이 성공적으로 변화했던 상황에 대해 집중하도록 하는 것이다("예전에 이렇게 수업에 문제가 있을 때 어떻게 그 문제를 해결했는지 얘기해 주세요.").

학교 장면에서 효과적인 가족 체크업

부모 관계 전략과 동기강화상담 원리는 가족 관계를 증진하고 도움을 구하는 과정에서 발생하는 일반적인 장애물을 제거하기 위한 전략을 제공한다. 이러한 전략은 다양한 상담 개입방법에 적용될 수 있고 어느 치료 프로그램의 일부분으로 사용될 수도 있다. 이 장에서는 학교용 가족 체크업(School-Enhanced Family Check-Up, SE-FCU; Herman et al., 2012)이라는 부모, 학생, 교사를 통합하는 구조화된 개입 방법을 소개하고자 한다. 이 체크업은 학교 현장에서 가족과 함께 작업하는 구조에 대해 이해하기 쉽게 도와줄 것이다.

가족 체크업은 구조화된 단기개입으로서, 가벼운 수준부터 심각한 수준의 정서 · 행동 문제를 갖고 있는 청소년을 위해 효과적인 가족 개입 전략(Dishion & Kavanagh, 2003)을 많이 사용한다. Dishion은 부분적으로 가족 체크업을 개발하였는데, 가족과 작업하는 것이 어렵고 또 학교 현장에서 쉽게 채택하여 사용할 수 있는 단기적인 접근이 필요했기 때문이다. 전략적 가족치료나 구조적 가족치료가 매우 훌륭한 치료 방법이기는 하나, 이 치료법들을 능숙하게 사용하기 위해서는 아주 많은 훈련과 슈퍼비전을 필요로 한다. Dishion은 자문관이 중요한 변인에 초점을 맞춰 작업을 단순화할 수 있는 모형을 개발하고자 했다. 가족 체크업의 일반적인 초점은 양육행동(예: 훈육 연습, 모니터링)과 아동의 외현화된 문제를 포함한다. 이러한 가족 체크업이 다양한 위험 요인이 있는 가정의 청소년들의 문제행동을 줄이고, 부모와의 관계를 증진하며, 중학생들의 자기조절 능력을 향상하고, 문제행동이 고등학교까지 이어지지 않도록 하며, 반사회적 행동과 약물 중독을 줄인다는 결과를 보였다(Connell, Dishion, Yasui, & Kavanagh, 2007;

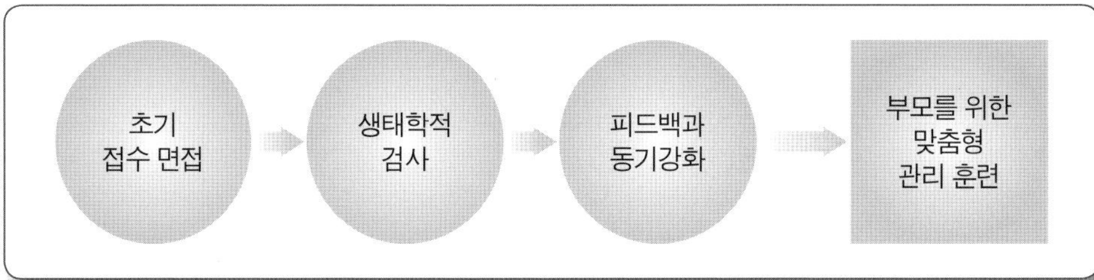

그림 7.1 가족 체크업 단계

Lunkenheimer et al., 2008; Shaw, Dishion, Supplee, Gardner, & Arnds, 2006).

가족 체크업은 부모의 동기를 높이고, 다양한 환경에 대해 모은 자료를 바탕으로 아동의 행동을 효과적으로 다룰 수 있도록 하며, 이러한 자료를 부모와 공유하고, 부모가 아동의 행동을 가장 잘 도울 수 있는 방법을 결정할 수 있도록 해 준다. 가족 체크업은 3회기 이상으로 구성되어 있다(그림 7.1 참조). 첫 번째 회기는 가족과 라포를 형성하고, 부모의 생각을 들으며, 가족이 변화할 수 있도록 준비시키고, 개입에 참여하고자 하는 동기를 강화한다. 첫 번째 회기 전후에 (부모 그리고 필요하다면 아동에게도) 평가를 실시할 수 있다. 원래의 가족 체크업 모형에서 부모는 비디오로 녹화하는 구조화된 상호작용 작업에 참여한다. 또한 생태학적 진단의 일부로 교사에게 아동의 학교생활에 대해 질문하는 관찰자 평가를 부탁할 수 있다. 마지막 회기에서 가족에게 이런 평가에 기반한 피드백을 전달하며, 목표를 세우고 다음 단계로 어떻게 나아갈지 선택하게 함으로써 실행 계획을 세우도록 돕는다.

가족 체크업 모형을 적용한 버전인 SE-FCU에서는 학교환경에 대한 자료 수집을 강화하고 1회기와 2회기를 하나의 평가 회기와 피드백 회기로 구성하였다(Reinke, Splett, Robeson, & Offutt, 2009). 또한 가족 체크업이 학교 현장에 더 잘 수용되도록 만들기 위해서 비디오 피드백 요소를 삭제하고, 그 대신 교실이나 학교 현장에서 아동을 관찰하는 내용을 추가하였다. SE-FCU를 성공적으로 진행하기 위해서는 교사와 학생이 평가 과정에 참여하도록 하는 것이 반드시 필요하다.

동기강화상담은 가족 체크업 상호작용에 들어 있는 상호작용 방식이다. 가족 체크업 구조는 가족과 상담하는 사람들을 위해 기본적인 동기강화상담 과정을 따른다. 아동과 가족의 강점, 현재 문제에 영향을 미치는 성장 과정 등에 초점을 맞추어 사례 개념화를 진행하는 것을 돕기 위해 면담과 평가를 실시한다. 피드백 회기는 가족 관계, 아동, 아동의 기능 등에 대한 개별 정보를 전달하는 방식으로 진행되는데, 부모가 패턴에 대해 알고, 자기반영을 하며, 이러한 정보에 대한 반응을 이끌어 내도록 한다(예: 변화대화 이끌어 내기). 선택 메뉴 제공하기와 행동 계획하기 단계는 동기강화상담의 변화 계획하기 과정과 그 맥락을 같이한다. 동기강화상담의 네 가지 과정인 관계 형성하기, 초점 맞추기, 유발하기, 계획하기는 가족 체크업의 각 단계에서 모든 자문관과 교사들이 사용할 수 있는 과정이다.

인터뷰와 평가

❁ 1회기: '당신 알아 가기' 만남

초기 회기 동안에는 자문관이 가족 전체와 집단으로 만나면서 행동 계획에 대해 논의하고 앞으로 진행될 사항에 대한 지침을 제공한다.

예시 설명

> 찾아와 주셔서 감사드립니다. 저희의 목표는 아이들이 학교에서 더 성공적으로 적응하도록 가족 그리고 학교와 함께 작업하는 것입니다. 우리는 두 번 만나게 될 것입니다. 첫 번째 만남은 제가 부모님(아버님 또는 어머님)에 대해, 그리고 부모님의 가치관과 관심사항에 대해 더 잘 알기 위해서 가지는 만남입니다. 두 번째 만남에서는 학교나 가정에서 어떤 일들이 일어나고 있는지에 대해 부모님과 자녀, 그리고 선생님으로부터 모은 자료를 바탕으로 모든 정보를 공유하게 될 것입니다. 내 아이가 잘하고 있는 것은 무엇이고 어떻게 달라지길 원하는지에 대해 고민할 때 부모님들은 이러한 정보가 굉장히 도움이 된다고 말씀하십니다. 두 번째 만남이 끝날 때쯤 부모님이 원하는 또 다른 사항이 있다면 그때 결정하실 수 있습니다.
>
> 오늘은 질문지에 응답해 주실 것을 부탁드립니다. 또한 부모님의 자녀에게도 자신의 행동, 친구 관계, 학교에 대한 감정 등과 관련한 질문을 할 것입니다. 이번 주 이후에 저는 아이의 선생님을 만나서 정보를 모으고 몇몇 질문지에 대한 응답을 받을 것입니다. 또 아이의 교실에 찾아가서 관찰을 할 예정입니다. 이러한 모든 정보를 모으는 목적은 최대한 정보를 모아서 무엇이 잘되고 있고 또 무엇이 향상될 수 있을지 아는 것입니다. 이를 위해서는 질문에 대한 많은 사람들의 관점을 얻는 것이 도움이 됩니다.

가족 체크업 만남의 주요한 목표 중 하나는 부모가 더 효과적인 행동관리 전략을 배우도록 돕는 것이므로 어떤 가족과 작업할 때는 먼저 그 가족에게 다음과 같이 알려 주는 것이 좋다. "많은 가족들이 가족 체크업 만남을 가지기 원하는 한 가지 이유는 자신의 양육 기술에 대해 더 배우고 앞으로 더 향상된 양육 기술을 활용할 수 있도록 도움이나 제안을 받기를 원하기 때문입니다." 그리고 이 경우에는 부모의 양육 기술에 대한 평가 결과와 개입 정보를 모아서 피드백 회기에 이러한 정보를 활용하도록 하는 것이 중요하다.

마지막으로 가족이 앞으로의 만남을 준비할 수 있도록 해야 한다. 예를 들어 다음과 같이 얘기할 수 있다. "제가 최대한 정보를 모은 다음에 모은 정보를 함께 살펴볼 것입니다. 그러고 나서 다음 단계를 위한 계획을 세우도록 하겠습니다. 이 만남 이후에 어떻게 진행하기를 원하는지는 전적으로 여러분에게 달려 있습니다. 우리는 함께 모은 정보를 살펴보고 가능한 다음 단계의 목록과 선택 사항 메뉴를 제시할 것입니다. 그리고 만약 원하신다면 어떤 것이 여러분의 가족에게 가장 적합한 사항일지 함께 결정할 수 있습니다. 다음 단계에 무엇을 할지를 계획하는 데 이러한 작업은 많은 도움이 될 것입니다."

이와 같이 앞으로의 진행 계획에 대해 개관하고 살펴본 후에 부모와 아이는 각각 자문관과 상담을 진행한다. 2명의 자문관이 각각 부모, 아이와 동시에 만남을 가지는 것도 좋은 방법이다. 만약에 자문관이 한 사람이라면 먼저 부모와 만나는 것이 좋다. 다른 자문관과 만나든지 다른 공간으로 이동하든지 간에 먼저 부모와 잠시 떨어지는 것에 대해 아이를 안심시키는 것이 중요하다. 아이의 연령에 따라서 자문관이 아니라도 다른 성인과 함께 앉아서 상호작용하는 것이 필요할 수도 있다. 아이에게 다음과 같이 다른 공간에 가 있도록 허락을 받아야 할 수도 있다. "우리는 너에 대해 많이 알 수 있을 거야. 내가 지금부터 부모님과 함께 얘기하고 너는 다른 자문관과 시간을 좀 보내게 될 텐데, 그래도 괜찮겠니?"

평가

첫 번째 만남의 목표 중 하나는 피드백 회기를 잘할 수 있도록 평가 자료를 모으는 것이다. 평가는 아동, 가족, 학교의 욕구, 증상, 자원 등에 대한 다양한 관점을 살펴보기 위해 시행된다(그림 7.2 참조). 구체적인 면담을 실시하기 전에 먼저 표준화된 평가 자료를 모으는 것을 추천한다.

어떤 영역을 평가하고 측정할지를 고려할 때 선택되는 영역이 개입 대안과 직접적으로 연결 가능해야 한다. 가능한 개입 방법과 연결되지 못하거나 지역사회 자원을 활용하기 불가능한 평가의 영역은 고려에서 제외하는 것이 좋다. 아동 행동문제 평가 척도 2판(Reynolds & Kamphaus, 2004)이나 아동 행동 체크리스트(Child Behavior Check-

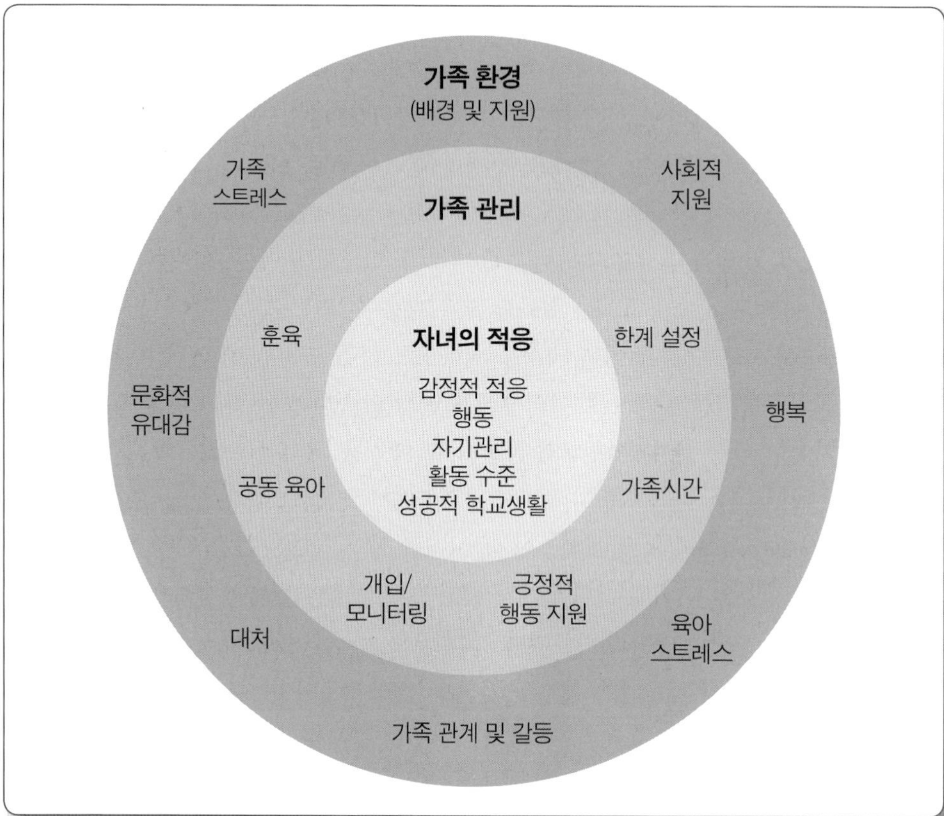

그림 7.1 가족 체크업 평가의 영역

list, CBCL; Achenbach & Edelbrock, 1983)와 같이 전 세계적으로 활용되는 표준화 평가는 내현화 증상과 외현화 증상을 포함하고 있고 규준 점수가 있는 잘 개발된 평가이므로 유용하게 활용할 수 있다. 아동 행동문제 평가 척도 2판은 각각의 적응행동 척도로 구성되어 피드백 회기에 유용한 정보를 제공할 수 있다는 장점이 있다. 학교 심리학자나 학교 행정 영역의 특수교육자들도 이러한 척도를 자주 사용하고 있으며 매우 사용하기 쉬운 척도이다. 자료를 모으는 데 사용되는 척도가 무엇이든지 간에 자문관은 궁극적으로 점수를 채점하고, 자료를 적절하게 해석할 수 있는 지식을 가지고 있어야 한다. 만약 그러한 지식이 없을 경우에는 복잡한 점수 채점이나 해석 과정이 필요하지 않은 행동 측정 척도를 사용할 수 있다.

아동의 증상과 학교 기능에 더하여 부모 스스로가 지각하는 양육행동에 대한 정보도 함께 수집하는 것이 좋다. 앨라배마 양육 질문지(Alabama Parenting Questionnaire; Elgar, Waschbusch, Dadds, & Sigvaldason, 2007)와 9문항의 단축형 질문지는 간결하고 비용적인 측면에서 사용하기에 좋다(이 평가는 무료로 사용할 수 있다). 부모 스트레스 평가 또한 부모의 역할이 얼마나 스트레스를 주고 있는지를 살펴보는 데 도움이 된다(Berry, 1995). 부모 스트레스 척도(Parent Stress Inventory; Abidin, 1995)가 흔히 사용되지만 이 척도는 유료이며, 실시하는 데 어느 정도 시간이 소요된다. 생활 스트레스 척도(Daily Hassles; Crnic & Greenberg, 1990) 또한 사용할 수 있다. 부모-자녀 관계 척도(Child-Parent Relationship Scale; Driscoll & Pianta, 2011)는 부모와 자녀의 관점에 대한 의미 있는 자료를 얻을 수 있다. 추가적으로 가족 관계와 의사소통을 측정하는 것 또한 유익하다(Corcoran & Fischer, 2000).

질문지 양식을 설명하는 데 많은 시간을 할애하지 않도록 한다. 부모에게 문항을 읽고 바로 떠오르는 답을 체크하라고 말하고, 문항이 정확하게 특성을 측정하는지 부모가 의문을 제기한다면 한 문항에 대한 응답만으로 잘못된 방향으로 점수가 채점되는 것은 아니라는 점을 알려 주길 바란다. 평가는 많은 질문으로 구성되어 있고 모든 문항의 요약을 제공해 준다. 질문지를 소개하기 위해 다음과 같이 설명할 수 있다. "부모님이 하셔야 할 첫 번째 일은 몇 가지 질문지에 응답하시고, 아이와 가정생활에 대해 어떻게 생각하고 있는지 저에게 알려 주시는 것입니다. 너무 오랫동안 한 문항에 대해 생각하고 답하지 마세요. 각각의 문항을 빨리 읽고 바로 떠오르는 답을 체크하는 것이 가장 좋습니다." 이렇게 수집된 측정 자료가 아동의 학교 기록에 남을 것인지, 상담 파일에 기록되는 것인지를 부모에게 명확히 설명해 주는 것이 중요하다. 부모의 자문관으로서 수집한 새로운 자료는 상담 파일에만 보관하고 학교 기록에는 남기지 않는 방법으로 보호하는 것을 추천한다.

부모와 함께하는 '당신 알아 가기' 인터뷰

부모가 질문지에 대해 모두 답을 하고 나면 구조화된 인터뷰로 안내한다(활동지 7.1에 제시된 부모 인터뷰 참조). 이 인터뷰는 부모에게 동기화된 말을 이끌어 내면서 적절한 가족 정보를 모으기 위해 의도적으로 고안된 인터뷰이다. 자문관은 유발적인 열린 질문을 통해 부모가 자신의 말로 가족역동에 대해 중요한 정보를 전달할 수 있도록 한다. 인터뷰를 통해 자문관은 가족 내에서 개인이 가진 역할을 잘 이해할 수 있게 된다. 자문관은 비효과적인 가족역동을 설명하기 위해 섣불리 추측을 하거나 해결 방안을 제시하지 않

이 인터뷰는 부모에게 동기화된 말을 이끌어 내면서 적절한 가족 정보를 모으기 위해 의도적으로 고안된 인터뷰이다.

도록 주의해야 한다. 예를 들어 대화를 주도하면서 상대를 무시하는 부모를 선불리 바로잡으려 하는 것은 위험할 수 있다. 또한 '더 가까운 관계에 있는' 양육자와 작업하는 게 더 쉬워 보일지라도 모든 노력은 관련 있는 모든 주 양육자와 함께 진행되어야 한다.

부모에게 인터뷰를 구체적으로 개관하면서 시작하는 것이 좋다. "먼저 부모님께 가족과 자녀에 대해 몇 가지 질문을 할게요." 부모가 열린 질문에 대답할 때 반영적 경청하기, 인정하기, 요약하기 등을 많이 사용한다. 적게 말하고 더 많이 듣는 만트라를 기억하고, 특히 가족의 가치를 잘 듣고 기억한 뒤 이것을 나중에 참고할 수 있도록 한다. 예를 들어 부모가 아이에게 갖는 바람과 꿈을 알게 되면 피드백 회기 동안 부모가 자신의 방법에 대해 성찰하면서 아이와 가족의 현재 상태가 아이에 대한 자신의 목표를 달성하게 만들고 있는지 아니면 방해하고 있는지를 생각해 볼 수 있게 돕는다. 변화하고자 하는 부모의 이유를 듣고 과거에 있었던 성공적인 변화에 대해 들어 본다. 부모 인터뷰에서 사용되는 몇 가지 열린 질문은 변화대화를 구체적으로 이끌어 내는 데 활용될 수 있다. 변화대화를 듣고 다음과 같은 말을 통해 부모가 이러한 대화를 더 정교하게 만들도록 이끌 수 있다. "그렇게 하는 방식은 지금 당신에게 도움이 되지는 않는군요." 부모가 변화의 과정에서 어디쯤 있는지 살펴보고, 인터뷰에서 얻은 정보를 통해 부모가 변화하기로 고려하고 있는지, 변화하는 것에 대해 어떤 양가감정을 가지고 있는지, 변화하기 위해 이미 계획 단계로 가고 있는지를 살펴볼 수 있다.

	접수면접 대화	비고
자문관:	어머님은 오늘 우리가 함께할 작업에 대해 아버님께 말씀하셨나요? 아버님, 오늘 할 작업에 대해 무엇을 알고 계신가요?	
아버지:	아내가 오늘 4시에 여기에 와야 한다고 하더군요. 아내는 나에게 조금 얘기해 줬어요. 선생님께서 우리 아들에 대해 알아보기를 원하고 음… 학교에서 아들이 잘 적응하도록 돕기를 바란다고요.	
어머니:	가족들이 학교와 함께 협력할 수 있도록 돕고, 우리가 서로 합심하도록 하기 위한 것이죠.	
자문관:	정확하네요. 우리는 이제 부모님과 두 번의 만남을 가질 것입니다. 이번 만남은 정보를 수집하기 위한 것이고요. 다음 만남에서는 부모님이 저에게 주신 정보를 요약하고 우리가 발견한 것에 대해 알려 드릴게요. 어떤 부분을 잘하시고 있는지, 어떤 영역에서 향상될 수 있는지 알려 드릴게요. 그리	요약하기와 앞으로의 진행 안내

고 우리는 학교에서도 정보를 모으려고 하는데, 선생님을 만나고 아드님을 관찰할 거예요. 그러고 나서 부모님이 하실 일에 대한 계획을 알려 드릴 것입니다. 아드님을 돕기 위한 일은 어떤 선택이든지 성공적일 거예요. 괜찮으시겠어요?

아버지: 도움이 되네요. 좋아요.

인터뷰 동안에 부모가 양육 연습을 실행하고 있는지, 그리고 얼마나 자주 실천하는지를 직접적으로 질문하면서 부모가 이것을 지각할 수 있게 하는 것이 중요하다. 활동지 7.2에는 부모가 자신의 양육행동에 대해 성찰할 수 있도록 돕는 질문 리스트가 있다(Capaldi & Patterson, 1994). 가족 체크업 미팅에서 부모 모두 참여할 때에는 흔히 부부간 실천과 가치에 대한 지각 차이가 나타난다. 모든 사람들은 자신의 양육 방법에 대해 강한 감정을 가지고 있고 사람들은 몇 가지 양육 방법에 대해서는 동의하지 않는 것이 일반적임을 알고 있는 것이 좋다. 만약 미팅에서 부모 중 한 사람이 더 많이 말한다면 다른 한 사람이 얘기할 수 있게 도와주는 것이 좋다. 이렇게 하면 부모 양쪽이 서로의 관점을 표현할 수 있도록 해 준다.

이해를 공유하고 있는지 확인하고 주제를 강조하며, 새로운 주제로 전환하기 위해서는 요약해 주는 것이 중요하다. 회기 마무리 시 전체 미팅에 대해 요약하는 데 시간을 쓰는 것이 좋다. 활동지 7.3에 제시된 요약질문은 대화를 마무리하고 변화대화를 이끌어 내며, 두번째 회기를 준비할 수 있도록 돕는다. 양식의 가장 아랫부분에서는 두 번째 회기에 참여하는 것에 대한 중요도와 자신감을 평가할 수 있도록 하였다. 이전 장에서 언급했듯이 이러한 척도질문은 동기강화상담에 기반하며, 피드백 회기 참여에 대한 결심을 강화할 수 있도록 고안되었다. "1점부터 10점까지, 당신이 다음 회기에 참여하는 것이 어느 정도 중요하다고 느끼시나요? 1점은 '전혀 그렇지 않다'이고 10점은 '매우 중요하다'에요." 상대방의 응답과 상관없이 다음과 같은 방식으로 얘기를 이어 나갈 수 있다. "4점으로 다소 중요하다고 매기셨는데, 어떤 이유로 3점이 아닌 4점이라고 응답하셨나요?" 여기서 변화대화를 이끌어 내고 그것에 대해 성찰할 수 있다는 점을 기억하라. 그런 다음 같은 척도질문으로 얼마나 자신감을 갖고 있는지를 물어볼 수 있다. 그리고 더 낮은 점수보다 그 점수로 체크한 이유에 대해 다시 물어볼 수 있다.

아동 회기

6장에서 학생과 함께하는 동기강화상담 전략에 대해 설명했다. 부모와의 학교용 가족 체크업 인터뷰를 진행할 때에도 아동(자녀)에게 정보를 얻는 것이 중요하다. 학생과의 만남은 정보를 모을 뿐만 아니라 동기를 강화할 수 있는 기회이기도 하다. OARS(열린 질문 하기, 인정하기, 반영하기, 요약하기)를 통해 정보와 변화를 이끌어 냄으로써 아이들이 지원 계획을 세우는 데 더 적극적으로 참여하게 된다. 회기의 특성을 결정하는 데 아이의 연령이 큰 영향을 미칠 수 있다. 연령이 어린 아이의 경우에는 직접적인 질문을 많이 하기보다는 라포를 형성하고 아동의 행동 관찰을 위해서 함께 활동에 참여하거나 게임을 할 수 있다. 연령이 높고 대화가 가능한 청소년이라면 열린 질문을 사용함으로써 가족 관계에 대한 청소년의 생각을 살펴볼 수 있다. 아이들은 계획을 성공적으로 발전시킬 때 굉장한 통찰력을 갖고 있음이 종종 발견된다.

학생과의 만남은 정보를 모을 뿐만 아니라 동기를 강화할 수 있는 기회이기도 하다.

구조화된 아동 인터뷰의 예시는 활동지 7.4에 제시되어 있다. 인터뷰를 진행하는 사람은 학교에 대한 학생의 생각, 학생의 강점과 흥미, 문제의 인식에 대해 질문한다. 문제행동에 대한 질문은 문제의 원인과 결과를 이해하는 방식으로 진행된다. 만약 아동의 연령이 적절하다면 아동 행동문제 평가 척도 2판이나 다른 평가를 통해 가정환경에 대해 물어볼 수도 있다.

비밀 유지가 필요한 정보는 어떤 것이며, 부모와 공유해도 되는 정보는 어떤 것인지에 대해 아동과 명확하게 확인하는 것이 중요하다. 자살 또는 타살, 약물 남용과 같이 안전과 관련된 문제에 대해서는 부모에게 알릴 의무가 있다는 점도 미리 얘기해야 한다.

상호작용 관찰 또는 녹화

가족의 상호작용(부부, 부모-자녀, 형제자매 간)에 대한 직접적인 관찰은 부모와 공유할 수 있는 또 다른 중요한 정보를 제공해 준다. 이러한 관찰은 비공식적으로 진행될 수도 있고 구조화될 수도 있다. 원래의 가족 체크업 모형에서는 이러한 상호작용을 실제로 비디오로 촬영하고 중요한 차원으로 코드화된다. 가능하다면 자문관은 피드백 회기에 부모에게 보여 줄 비디오 장면을 편집해서 준비한다. 그러나 학교에서 가족 체크업을 실제로 사용할 수 있어야 하기 때문에 학교용 가족 체크업에서 이 방법은 제거되었다(비디오 촬영, 코딩, 편집해서 보여 주기 등에 들어가는 시간과 비용을 줄여라).

부모는 자신의 양육 패턴에 대해 잘 모를 때가 많기 때문에 부모 인터뷰와 평가 실시가 부모의 상호작용 패턴을 정확하게 보여 주지 못할 수도 있다. 따라서 가능할 때마다 이러한 패턴에 대해 관찰 자료를 모을 필요가 있다. 다른 장소에서, 학교에서, 집에 방문할 수 있다면 집에서, 아니면 적어도 학교용 가족 체크업에 참여하기 위해 방문했을 때, 부모가 자녀와 어떻게 상호작용하는지를 비공식적으로 관찰할 수 있다. 문제해결 과제를 부모에게 주고 가족과 어떻게 상호작용하는지를 관찰하는 것이 이상적이다. 연령이 어린 아동일 경우에는 부모와 아동이 어떻게 노는지, 그리고 부모가 어떤 방식으로 장난감을 치우게 하는지, 어떻게 잠을 자게 하는지를 관찰할 수 있다. 또한 어려운 과제(예: 부모와 아이가 미로와 같이 도전적인 과제를 함께 해결하도록 요구하는 것)를 주고, 아이가 부정적인 정서를 조절하고 좌절에 대처해 나가도록 부모가 어떻게 도와주는지를 관찰할 수 있다. 연령이 높은 학생이라면 부모와 함께 재미있는 활동을 계획하거나, 학교에서의 목표에 대해 이야기하고, 또는 부모가 없는 시간에 아이가 한 일에 대해 관찰하고 감독할 수 있으며, 문제를 해결하는 것에 대해 대화를 이끌어 낼 수도 있다. Dishion과 동료들은 이러한 각각의 시나리오에 대해 구체적인 대처 과정을 개발했다(아동과 가족 센터의 웹사이트 http://cfc.uoregon.edu/intervention.htm 참조). 전반적으로 부모-자녀 관계의 질이 어떠한지, 부모가 아이에게 주는 칭찬과 관심은 어떠한지, 부모는 기대를 분명하게 제시하는지, 결과는 예측 가능하고 그럴 만한 것인지, 목표는 구체적이고 측정 가능한지, 문제를 함께 논의하고 해결할 만한지 등을 관찰할 수 있다. 이렇게 모은 모든 정보는 개별화된 피드백을 주는 데 매우 유용할 것이다.

❀ 교사 인터뷰와 관찰

부모의 동의를 얻은 후 교사 자료를 수집하기 위해 아이의 담임교사를 만나야 한다. 이전과 같이 사교적인 대화로 상담을 시작하는 것이 좋다. 평가의 중요성과 교사가 아이에 대해 제공할 수 있는 정보의 중요성을 잘 설명해야 한다. 부모 미팅과 마찬가지로 교사에게 무엇이 필요한지를 설명하고, 그들이 가지고 있는 관점이 부모와 아이가 학교와 관련된 문제를 해결하도록 도와주는 전체적인 과정에서 매우 중요한 부분임을 설명한다.

> 교사로부터 변화대화를 이끌어 낼 뿐만 아니라 교사나 다른 학교 구성원과 함께 이야기하면서 아동과 가족에 대한 긍정적인 인상을 심어 줄 수도 있다.

첫 번째로 아이가 학교에서 보이는 문제행동에 대해 간단하게 설명해 달라고 교사에게 요청한다. 특히 그러한 행동이 일어나는 상황을 교사가 구체적으로 설명할 수 있도록 도와주는 것이 좋다. 예를 들어 하루 중 어떤 시간, 어떤 장소, 어떤 친구들과 있을 때 문제행동이 일어날 가능성이 높은지를 물어보는 것이다. 그런 다음 문제행동이 일어날 만한 시간과 상황에서 아이를 관찰할 수 있도록 허락을 구한다. 마지막으로, 교사가 이러한 문제행동을 돕기 위해 어떤 개입을 시도했으며, 어떤 것은 도움이 되었고 어떤 것은 도움이 되지 않았는지를 물어본다.

어떤 상호작용이라도 교사와의 만남은 동기를 강화하는 기회가 될 수 있다. 교사로부터 변화대화를 이끌어 낼 뿐만 아니라 교사나 다른 학교 구성원과 함께 얘기하면서 아동과 가족에 대한 긍정적인 인상을 심어 줄 수도 있다. 예를 들어 "가족은 함께 작업하는 것에 대해 매우 기뻐하고 있어요.", "지난밤에 부모님을 만났는데 아이가 학교에서 성공적으로 적응할 수 있도록 도우려는 마음이 정말로 강하더군요." 등의 이야기를 할 수 있다. 만약 교사가 아이나 아이의 가족에 대해 부정적으로 말한다면 과소평가하는 말에 동조하지 않으면서 반영적 대화를 통해 단순히 교사의 감정을 알아준다. 예를 들어 다음과 같이 말할 수 있다. "정말 좌절을 느끼게 했겠네요."

그러고 나서 교사에게 아동 행동문제 평가 척도 2판 또는 다른 적절한 평가를 실시하고 가능하다면 상담시간 동안에 평가를 완성하여 주도록 요청한다. 그렇지 않다면 평가 결과를 가지러 올 시간을 정한다. 또한 교사에게 각각의 질문에 바로 답하고 한 문제에 대해서 너무 깊게 생각하지 않도록 안내한다.

학급 관찰

아이의 문제행동이 나타날 가능성이 있는 장소와 시간에 적어도 20분 이상 관찰한다. 관찰기록지를 사용해서 문제행동이 나타날 때 그 행동이 어떠한지, 문제행동이 나타나기 직전에 어떤 일이 발생했는지, 문제행동 바로 직후에 나타나는 현상은 무엇인지 기록하는 것이 좋다. 교사, 가족과 함께 작업하게 될 때에는 관찰을 수행해 본 경험과 그 행동이 특정한 목적을 이루거나 기능을 갖고 있다는 이해가 어느 정도 있어야 한다. 예를 들어 짜증이 많은 아이들은 무언가 원하는 것을 얻기 위해(예: 어른으로부터 관심을 끌기 위해), 또는 자신이 좋아하지 않는 어떤 것을 피하기 위해 짜증을 내는 행동을 하기도 한다. 관찰을 진행하면서 어떤 행동이 일어나기 바로 직전에 하는 행동(선행사건)과 바로 후에 하는 행동(결과)을 적어 본다. 선행사건의 경우에는 아이가 열심히 참여하고 있는 과제에 특별한 주의를 기울이고(집단 수업, 개별 과제, 교사의 지시, 친구들과 가까이 있는 것 등), 결과의 경우에는 문제행동에 대해 교사와 친구들이 어떻게 반응하는지, 아이가 성공적으로 어떤 것(관심, 보상)을 얻어 내거나 어떤 것(과제, 상황)을 피하는지를 적는다. 활동지 7.5에 아동의 행동을 직접 관찰하면서 선행사건과 결과에 대한 질문에 대답할 수 있는 행동 관찰 활동지를 제시하였다(활동지 7.6은 직접 사용할 수 있도록 빈칸으로 두었다).

피드백 회기 준비하기

자문관은 피드백 회기를 준비하기 위해 다양한 관점에서 수집된 자료를 통합하고 어떠한 방식으로 이를 전달할 것인가를 고려해야 한다. 중요한 첫 번째 단계는 결과를 전반적인 사례 개념화로 통합하는 것이다(그림 7.3 참조). 인터뷰, 평가, 관찰로부터 얻은 자료를 피드백 형태로 구성하는 것도 중요하다. 임상적 판단을 위해 규준 참조 점수를 살펴볼 필요도 있을 것이다.

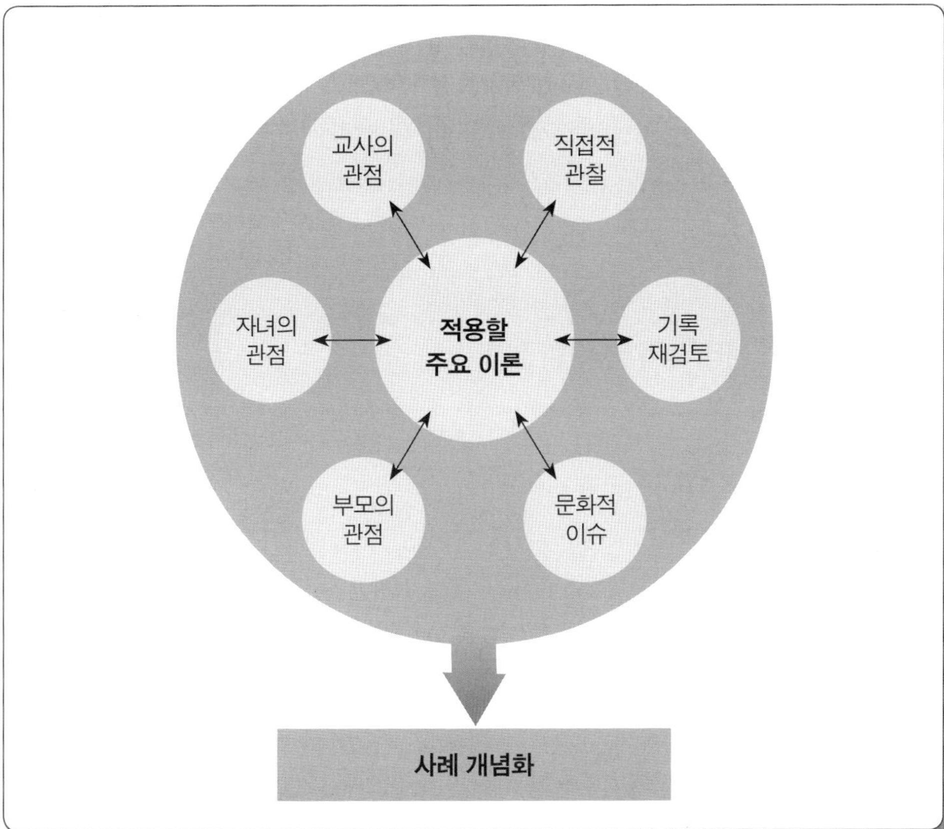

그림 7.3 사례 개념화

❀ 사례 개념화

자료를 사례 개념화로 통합하는 과정을 통해 문제를 매우 구체적이고 해결 가능한 방식으로 정의할 수 있으며, 문제를 완화하고 해결할 수 있는 요소를 확인할 수 있다. 동시에 아동과 부모는 문제와 관련해서 이겨 낼 수 있는 강점도 가지고 있으므로 아동과 부모를 지지하기 위해 해 볼 수 있는 작업을 찾아볼 수도 있다. 특히 자문관 스스로 자신에게 물어보는 것이 중요하다. 이 아동과 가족에게 가장 빨리 해결되어야 하는 욕구는 무엇인가? 아동과 가족에게 가장 중요한 자산과 강점은 무엇인가? 이러한 문제들에 대해 깊이 성찰해 보고 한두 가지 가장 긴급한 문제를 찾아낸다면 피드백 형태를 만들고 피드백 회기를 진행하는 데 많은 도움이 될 것이다. 다음은 사례 개념화에 도움이 되는 네 가지 질문이다.

- 조사한 자료 중에서 가족에게 전달해야 할 가장 중요한 것은 무엇인가?
- 수집된 자료는 가족에게 전달할 필요가 있는 주제를 어떻게 지지하고 있는가?
- 이러한 정보가 가장 잘 전달되도록 돕는 방식은 무엇인가?
- 이러한 자료는 직접적으로 중재 가능한 대안(특별 육아 프로그램, 지역사회 기관에 의뢰)과 연결되어 있는가?

❀ 대안 메뉴와 생태학적 평가 연결하기

피드백 회기의 주요 목표는 특정한 행동을 변화시키기 위해 초점을 맞추고 결심을 강화하는 것임을 기억해야 한다. 이것이 성취되고 나면 부모는 목표를 설정하고, 목표를 달성하는 데 도움을 줄 수 있는 개입을 선택하게 된다. 피드백 회기를 준비하는 동안에 자문관은 개입 유형과 서비스에 따라서 대안 메뉴를 개발해야 한다. 이러한 개입과 서비스는 가족이 속한 학교와 지역사회에서 이용 가능한 것이며, 직접적으로 검토될 수 있는 평가 영역과 연결된다. 대개 목표는 가족과 부모 행동관리 기술을 향상해 주는 서비스와 연결된다. 이러한 서비스 메뉴의 훌륭한 대안이 될 수 있는 많은 증거 기반 부모 행동관리 프로그램이 있다. 그중 한 가지인 일상 양육 프로그램(Everyday Parenting program)은 비용 부담이 적은, 잘 고안된 프로그램이다(Dishion, Stormshak, & Kavanagh, 2011). 이 프로그램은 기존의 가족 체크업을 부모와 연결시킨 중재개입이다. 또 다른 프로그램으로는 부모 대처 능력 프로그램(Coping Power parent program; Lochman,

표준화 점수에 대한 이해(T점수와 퍼센타일 점수)

많은 평가 점수는 T점수와 퍼센타일 점수로 보고된다. 도움을 제공할 때 이러한 점수의 의미를 이해하는 것이 중요하다. 피드백 형태로 T점수를 활용하는 일반적인 방법은 70점 이상은 빨간색, 60~69점은 노란색, 60점 미만은 녹색 영역으로 표시하는 것이다. 이러한 점수는 빨간색이나 노란색 스펙트럼에 표시하는 방식으로 표현될 수도 있다. 예를 들어 69점은 빨간색 영역에 아주 가까운 위치에 찍고, 60점은 녹색 영역에 아주 가까운 위치에 찍을 수 있다. 점수가 높을수록 적응적 행동 수준이 높은 것을 의미하는 적응행동 평가(사회성 기술, 의사소통)에서는 해석을 반대로 진행한다.

아동 행동문제 평가 척도(표준화 점수)

- T점수(평균 = 50, 표준편차 = 10)
- 아동 행동문제 평가 척도 임상척도
  - 60점 미만 = 녹색
  - 60~69점 = 노란색
  - 70점 이상 = 빨간색

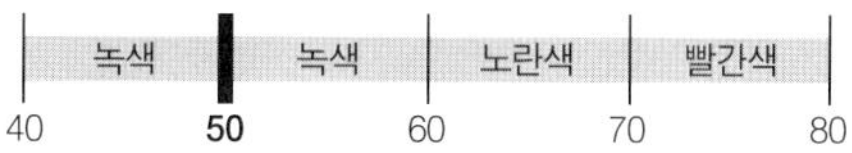

- 아동 행동문제 평가 척도 적응행동 평가
  - 60점 초과 = 짙은 녹색(강함)
  - 40점 초과 = 녹색
  - 31~40점 = 노란색
- 30점 이하 = 빨간색

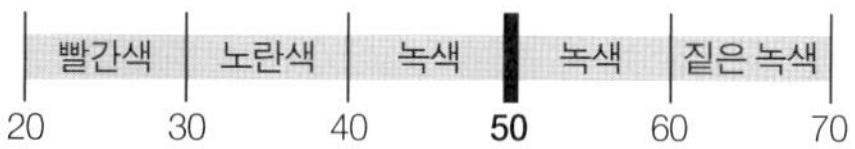

Wells, & Lenhart, 2008)이 있는데, 이 프로그램 또한 가격 부담이 적고 널리 활용되고 있다. 마지막으로 놀라운 날들(Webster-Stratton & Reid, 2010)은 훈련 매뉴얼과 실제 부모-자녀 상호작용에 대한 많은 비디오 자료를 활용할 수 있도록 고안된 굉장히 좋은 양육 프로그램이다. 가족 체크업과 부모 대처 능력 프로그램, 놀라운 날들을 통합하는 작업은 9장에 소개되어 있다.

선택 메뉴 제공하기는 궁극적으로 행동관리 기술을 향상하기 위한 서비스 대안을 포함해야 한다. 이러한 선택 메뉴를 만드는 한 가지 방법은 부모에게 전체 부모 양육 커리큘럼에 참여하라고 얘기하는 것이다. 또 다른 방법은 기존의 가족 체크업 접근과 더 근접한 방법으로, 프로그램을 모듈 시리즈로 나누고 부모에게 어떤 모듈에 참여하기를 원하는지 묻는 것이다. 예를 들어 일상 양육 프로그램은 긍정적 행동 지지하기, 한계 설정하기, 가족 의사소통과 같은 모듈로 구성되어 있다. 가족은 한 가지 이상의 모듈을 선택하여 함께 참가할 수 있다. 추가적인 대안 메뉴에는 학교-가족 팀 미팅을 여는 것(이러한 미팅을 어떻게 계획하고 진행할지에 대한 구체적인 내용은 8장에 소개되어 있다), 추가적인 지역사회 서비스를 찾는 것(우울, 약물 남용, 부부 갈등과 같이 자녀를 양육하는 데 방해가 되는 부모의 문제를 돕기 위한 정신과 의사 상담, 지역사회 상담 등), 독서치료나 다른 독립적인 학습 전략과 같이 양육 기술 발달에 접근할 수 있는 조금 덜 집중적인 접근 등을 포함할 수 있다.

❁ 정보 제공자 간 불일치

규준 기반 점수에서 생길 수 있는 한 가지 어려움은 많은 정보 제공자들로부터 얻은 일치하지 않는 정보들을 결합하는 방법이다. 예를 들어 부모는 행동 문제에서 문제가 없다고 점수를 준 반면, 교사는 이 행동에 매우 높은 점수를 준 경우가 있다. 이러한 내용은 피드백 형태에서 다르게 제시되어야 한다. 당신이 할 일은 이 영역에서 '진실'을 찾는 것이 아니라 이러한 불일치가 왜 생겨나는지 부모가 이해할 수 있도록 대화를 잘 이끌어가는 것이다(예: "아이가 다른 상황에서는 다르게 행동하나요?"). 이와 같이 피드백 회기에서 자문관의 역할은 불일치에 초점을 맞추고 이 불일치를 부모가 해석하도록 하는 것이다(예: "왜 이렇게 다른 결과가 나왔을까요?").

사례 개념화를 할 때 몇몇 정보 제공자는 특정 증상이나 행동에 대해 더 잘 설명해 줄 수 있다. 예를 들어 아이는 학교에서 많은 아이들에게 다양한 수준의 활동에 노출되기 때문에 주의집중 문제나 과잉행동에 대해서는 교사의 점수가 가장 중요한 기준 점수가 될 수 있다. 교사들은 내현화 문제에 대해서는 덜 신뢰로운 점수를 보고하는 경향이 있다. 대신에 내현화 증상(우울, 불안, 자기개념 등)에 대해서는 아이의 자기보고가 가장 중요한 점수일 수 있다. 반면에 아이들은 자신의 주의집중 문제나 외현화 증상에 대해서는 신뢰로운 점수를 제공하지 않는다. 부모는 대부분의 증상에 대해 적절한 점수를 제공하는 경향이 있다.

그렇지만 이것은 일반적인 원칙일 뿐이지 항상 적용되지는 않는다. 예를 들어 내현화 문제에 대한 아이의 보고가 신뢰롭게 고려될지라도 어떤 6세 아이는 질문지의 문항 중 몇 개는 이해하지 못하고 불안한 증상을 제대로 보고하지 못할 수도 있다. 또한 부모와 교사 관찰 간의 불일치는 두 가지가 정확하게 지각된 것일 수 있고, 집이나 학교의 특정한 상황에서의 문제를 보고하는 것일 수 있다.

❁ 구체적 예시 준비하기

점수를 매긴 뒤에는 구체적인 예시를 위해 의미 있는 문항을 자세히 점검한다. 이는 피드백 회기 동안에 관심사와 관련한 가장 중요한 영역에 대해 구체적인 예시를 제공해 줄 수 있다. 만약 교사가 작성한 주의집중 검사에서 아이가 높은 점수를 받았다면 교사가 체크한 것 중 어떤 문항이 높게 체크되었는지를 살펴본다. 부모와 만남을 가질 때 이러한 점수에 대해 자세히 설명할 수 있다(예: "아이는 학교에서의 주의집중 문제에 99 퍼센타일 점수를 받았습니다. 특히 선생님은 아이가 지시를 따르고, 과제를 하며, 암기하는 데 문제가 많다고 점수를 매겼습니다.").

비슷한 측면에서, 가능하다면 측정도구에서 의미 있는 문항을 살펴보는 것이 중요하다. 특이하게 기입되었거나, 임상적 개입을 요구하는 문제를 표시하는 문항을 살펴볼 필요가 있다(이러한 내용은 첫 번째 가족 미팅 전에 체크되어야 하는 것이지만). 특별히 자해 사고에 대한 문항에 주의한다. 추가적으로 '부모의 침대에서 자는 것'에 대한 문항은 앞으로 좀 더 살펴볼 필요가 있는 아동의 불안 문제와 연관될 수 있다.

❁ 강점과 자원 살펴보기

자문관은 피드백을 구성할 때 문제의 중요 영역에 대해 고려하고 또 이것을 부모에게 전달할 것이다. 그러나 피드백은 주의가 필요한 영역뿐만 아니라 강점도 함께 반영해야 한다. 모든 형태는 녹색 영역에 있는 수치를 포함해야 한다. 만약 기존 범주에서 이것이 반영되지 않는다면 '다른' 범주에서 이것을 찾아 작성한다. 비슷하게, 관심 영역이 피드백 범주에 속하지 않을 경우에는 '다른' 범주에 이것을 작성하면 된다. 만약 관심 영역이 아동의 문제에 주요한 영향을 미친다고 생각하면 이것은 특별히 중요하다. 예를 들어 부부 갈등이나 가족 의사소통 문제는 피드백 보고에서 고려하지는 않지만 개입을 위해서는 고려해야 하는 영역이 될 수 있다.

❁ 선택은 부모가 하는 것임을 기억하기

이러한 모든 준비 작업으로 인해 자문관은 피드백 회기 전에 부모의 방향성에 대해 지나치게 애착을 가지게 되는 일반적인 오류를 범할 수도 있다. 피드백을 준비하는 전체 과정은 가족이 사용 가능한 중요한 대안을 제공하는 목적만을 위한 것임을 기억하고, 무엇을 할 것인지는 결국 부모가 결정해야 한다는 점을 명심해야 한다. 부모가 선택하기를 바라는 목표를 갖고 피드백 회기에 참석하는 것은 잘못된 일이다. 부모는 자신과 가족을 위해 가장 좋은 의사결정을 하리라는 것을 믿는 것이 중요하다. 자문관의 역할은 부모가 정보를 가지고 선택할 수 있도록 준비하는 것까지임을 명심한다.

부모는 자신과 가족을 위해 가장 좋은 의사결정을 하리라는 것을 믿는 것이 중요하다. 자문관의 역할은 부모가 정보를 가지고 선택할 수 있도록 준비하는 것까지임을 명심한다.

❁ 피드백 준비를 위한 길잡이

- 피드백 보고서를 작성할 때, 점수의 정확한 위치를 고민하는 데 많은 시간을 할애하지 않는다. 이러한 보고는 의사소통의 한 부분일 뿐이지 실험실 보고서로 쓰이는 것이 아니다. 논의를 하고 변화대화를 일으키는 방법으로 사용한다.
- 사례 개념화에 근거해서 가족에게 전달할 메시지를 계획하고, 가족이 집중하고 노력하기를 바라는 영역에 전략적으로 표시해 둔다.
- 일반적으로 어떤 검사에서 평균에서 1 표준편차 이상 떨어진 점수(예: T점수 60점 이상)는 노란색 영역이나 더 높은 영역(정보 제공자들 간의 불일치가 있더라도)에 표시된다. 그리고 평균에서 2 표준편차 이상 떨어진 경우(예: T점수 70점 이상)에는 빨간색 영역에 표시된다.
- 강조하고자 하는 가장 중요한 영역의 구체적인 예시를 준비하는 것이 좋다. 가능하다면 퍼센타일 점수를 활용할 수도 있다("아이는 같은 연령대의 다른 아이들과 비교해서 낮은 자아존중감 영역에 있어서 99 퍼센타일 점수를 받았습니다. 이 의미는 다음과 같습니다.…"). 검사나 인터뷰 자료, 관찰 자료에서 중요한 문항의 구체적인 예시를 제시하는 것이 효과적이다("아이는 자신에 대해서 좋게 생각하지 않는다고 표시했습니다."). 그러나 비밀 보장이 필요한 정보는 공개하지 않는다("아이는 양부가 항상 자신에게 소리를 지르기 때문에 양부를 좋아하지 않는다고 말했습니다.").

❁ 2회기: 피드백과 실행 계획

피드백 회기는 양육자하고만 진행한다. 첫 회기에는 자녀와 동행하지 않고 부모만 올 수 있도록 안내하고, 이것이 불가능하다면 피드백 미팅 동안 아이와 함께 시간을 보내 줄 수 있는 사람을 준비시킨다.

친근한 대화

이전과 같이 먼저 친근한 대화로 시작한다. 여기서는 보조를 맞추는 것이 중요한데, 즉 친근한 대화를 서두르거나, 피드백을 바로 제공하려 들지 말아야 한다. 피드백으로 넘어가기 전에 자문관과 가족이 대화를 안정적으로 나눌 수 있도록 시간을 갖는 것이 좋다. 정보를 공유하기 시작할 준비가 되었을 때 피드백 보고서를 전달하고, 첫 회기와 마찬가지로 부모에게 피드백 회기 동안 무엇이 일어날지 명확하게 설명하는 것이 중요하다. 예는 다음과 같다.

> "괜찮으시다면 제가 먼저 할 일은 케네디에 대해서 그리고 케네디가 학교에서 어떻게 지내는지에 대해서 부모님과 얘기하는 것입니다. 또한 부모님과 가족에게 집에서는 어떤 일들이 일어나고 있는지에 대해 얘기할 것입니다. 지난 회기 때 부모님과 케네디에게 몇 가지 질문지에 답해 달라고 부탁했고, 선생님과도 말씀을 나누었으며, 학교에서 아이를 관찰했습니다. 모두에게 받은 이 보고를 통해 전국의 같은 연령대 아이들에 비해서 케네디가 어떠한지를 설명해 드리겠습니다. 저는 이 정보를 부모님과 함께 공유하고 싶습니다. 오늘 우리가 할 작업은 가정에서 부모님이 원하는 방식대로 모든 일이 잘 진행되는 것인지 알아보는 것입니다. 만약 부모님이 원하는 방향으로 진행되지 않는다면 원하시는 방법에 대해 고려해 볼 것입니다. 그러고 나서 관심이 생기신다면 다음 단계에서는 부모님이 생각하시기에 달라졌으면 하는 부분에 대해 얘기 나눌 수 있고, 이와 함께 다음 단계에서 다룰 다양한 대안에 대해서도 얘기할 수 있습니다. 물론 저는 오늘 부모님과 가족에게 어떤 것을 해야만 하고 부모님이 무엇을 해야 하는지 말하기 위해 온 것이 아닙니다. 부모님만이 자신과 가족을 위해서 가장 옳은 것, 할 필요가 있거나 하기를 원하는 것을 선택할 수 있습니다."

무엇을 배웠나요?

평가 과정으로부터 무엇을 배웠는지 성찰하는 질문을 한다. 인터뷰와 평가질문은 종종 가족 구성원들이 이전에는 생각하지 못했던 것들을 새롭게 통찰하게 해 준다. 양육자에게 평가나 인터뷰 경험을 통해 배운 것에 대해 질문함으로써 자문관은 가족이 변화 단계 중 어디에 있는지, 그리고 그들이 변화를 위해 발전해 온 것이 무엇인지에 대해 가치 있는 지식을 얻을 수 있다. 이러한 생각은 선택 메뉴 제공하기 단계 동안이나 그 후에 생겨날 수 있다. 만약 가족 구성원들이 아직 아무것도 배우지 못했다고 말한다면, 개입을 실시하는 사람은 이 가족이 변화의 초기 단계에 있다고 생각할 수 있다. 이 경우 다음과 같이 애기하면서 시작할 수 있다. "질문지에 답할 때와 지난 시간 케네디와 함께 게임을 하면서 시간을 보낼 때의 경험에 대해 좀 더 듣고 싶네요. 케네디에 대해 새롭게 알게 된 것이 무엇인가요? 부모님 자신에 대해 알게 된 것이 무엇인가요? 가족에 대한 정보를 묻는 질문지에 답할 때 이전에는 생각지 못했는데 두드러지게 알게 된 것이 있나요?"

그다음에는 피드백 회기의 축어록을 제공하면서 가족 체크업의 기초가 되는 동기강화상담 중요 기술을 강조할 수 있다. 이 사례에서 8살의 타이콴은 학교에서 반복적인 공격적 행동을 하여 학교 자문관에게 의뢰되었다. 타이콴의 어머니는 학교에 참석했으나 학교가 타이콴의 요구에 전적으로 지지적이지는 않다고 느꼈다. 첫 번째 회기에서 어머니는 자신의 과거 우울 경험과 낮은 자아존중감, 그리고 타이콴도 같은 문제가 있다는 점이 걱정된다고 하였다. 학교 자문관은 학교에서 받은 기록뿐만 아니라 부모, 교사, 아이로부터 검사 자료를 모았다. 두 번째 회기 동안 진행된 논의가 아래에 제시되어 있다.

	무엇을 배웠나요 대화	비고
자문관:	보통 첫 번째 회기 후에 부모님들은 어떤 것을 깨닫기도 하고 궁금증을 가지거나 다른 것들에 대해서 생각하시기도 합니다. 지난 회기 이후에 생각해 보신 것이 있나요?	무엇을 배웠나요 질문
어머니:	네, 많은 생각이 들더라고요.	
자문관:	어떤 생각이요?	열린 질문
어머니:	아이로서 겪었을 것들에 대해서 생각해 봤어요. 우리 관계가 어떤지, 내가 걸어온 길을 아이가 똑같이 걷지 않기를 내가 얼마나 바라고 있는지에 대해서 생각했죠.	
자문관:	어머님은 타이콴이 행복했으면 하시는군요.	반영하기
어머니:	네, 타이콴이 저처럼 되길 원해요. 정말 그 애가 저보다 더 잘되길 바라고 있어요.	
자문관:	어머님의 좋은 면을 다 가지길 바라시는군요.	반영하기
어머니:	그리고 그런 부분을 더 잘 사용하길 바라고요. 네, 난 아이가 행복하길 바라요.	

자문관:	우리가 지난 회기에 얘기했던 부분이 어머님으로 하여금 아이를 위해 원하는 것이 무엇인지 생각하게 했군요.	반영하기
어머니:	맞아요.	

피드백 보고서 소개하기

피드백 보고서를 사용하기 전에 부모에게 빨간색, 노란색, 녹색이 무엇을 의미하는지 설명한다. 그리고 부모님이 초점을 맞추고 결정하기 원하는 영역과 다음 단계에 알아볼 수 있도록 표시할 것이라고 전달한다. "우리가 발견한 것들이 도움이 되도록 하는 한 가지 방법은 이 보고서를 사용하는 것입니다(가족에게 빈칸의 피드백 보고서를 보여 준다). 이 보고서를 보시면 녹색 영역은 강점을 가진 영역, 즉 계속해서 유지해 나가길 원하는 영역입니다. 노란색 영역은 경고 영역이고 계속해서 함께 다루게 될 부분입니다. 빨간색 영역에 있는 것들은 우리가 생각해 봐야 할 부분입니다. 이런 것들은 타이콴을 더 잘 도와주기 위한 부분에 대해 생각할 때 주의를 기울여야 하는 영역이죠. 피드백 보고서 형식을 살펴보면서 혹시 작업하기를 원하는 영역이 있다면 말씀해 주세요. 제가 기록해 두고 다음 단계를 결정하는 이 미팅의 후반부에 이러한 점들을 얘기해 보겠어요."

	피드백 보고서 소개하기	비고
자문관:	오늘은 어머님과 타이콴, 그리고 선생님에게 얻은 모든 정보를 바탕으로 어머님과 함께 얘기 나누고 싶어요. 제가 가진 양식은 이것입니다. 타이콴의 이름이 여기 있고, 세 가지 범주인 발달 적응도, 가정 적응도, 학교 적응도에 대해 정보를 드릴게요. 발달 적응도는 아이가 일반적으로 잘 자라고 있는지, 그리고 자신에 대해서 우리가 보지 못하는 내적으로 어떤 문제가 있는지에 관한 것이에요. 가정 적응도는 아이가 집에서 잘 지내는지, 집에서 어떤 것들을 어떻게 보고 있는지, 부모인 어머님과 어떻게 지내고 있는지에 관한 것이고요. 마지막으로 학교 적응도는 학교에서 어떻게 지내고 있는지에 관한 것이에요. 이것을 통해 아이가 어느 위치에 있는지 살펴보고, 어머님이 선택하길 원하는 대안에 대해 얘기해 볼 거예요.	

어머니: 좋아요.

자문관: 한 번에 한 부분씩 살펴보죠. 궁금한 점이 생기면 말씀해 주세요. 첫 번째 부분입니다. 이것은 녹색 영역이겠네요. 이것은 잘 지내고 있는 강점을 보여 주는 것이에요. 노란색 영역에 있는 것은 앞으로 지켜보길 원하는 영역이고요. 지금 당장은 문제가 아니지만 문제가 될 수 있는 영역이지요. 그리고 빨간색 영역은 관심 영역으로 정말로 초점을 맞춰서 살펴봐야 하는 영역이에요.

피드백 전달하기

> "세 가지 일반적인 영역을 살펴볼 것입니다. 첫 번째는 '발달 적응도'입니다. 이것은 타이콴이 기본적으로 학교에서 성공적으로 지내고, 다른 사람들과 잘 어울리며, 집에서 잘 지내는 데 중요한 다른 영역이 어떤지 알려 주고 있습니다. 그런 다음에 우리는 가족 기능과 학교 기능에 대해서 살펴볼 것입니다. 질문 있으신가요?"

테이블 위에 피드백 보고서를 두어 가족 구성원들이 볼 수 있게 한다. 각 영역에 대한 각각의 결과지를 개별적으로 준비해서 이에 대해 얘기하는 것이 좋다. 특정 영역에만 집중해서 다른 영역으로 주의집중이 분산되지 않도록 나머지 종이는 덮어 놓는 것이 좋다.

접근 1: 긍정적인 부분부터 시작하라

> "잘 지내고 있는 부분부터 시작합시다. 여기를 보면 타이콴은 대인 관계가 매우 좋습니다. 학교에서 친구들이나 선생님에게 사랑을 받고 있습니다."

접근 2: 위에서부터 시작하여 차례대로 아래로 이동하라

> "목록에서 첫 번째 줄은 문제행동에 고려할 부분이 있는지에 대한 것입니다. 보시다시피 타이콴은 이 영역에서 주황색이며, 노란색과 빨간색 사이에 있는 것을 볼 수 있습니다. 이는 부모님, 선생님 모두가 타이콴의 문제행동에 대해 체크한 것들을 종합한 결과입니다. 예를 들어 지난 회기에 아이가 항상 규칙을 따르지는 않고 어른들과 논쟁할 때가 있다고 말씀하셨습니다."

아동과 가족의 상대적인 강점 공개하기

강점에 대해 효과적으로 논의할 수 있는 방법은 이것을 구체적이고 진솔하게 표현하는 것이다. 자문관이 말하는 내용이 객관적 자료뿐만 아니라 관찰 자료에도 근거한 것이라는 점을 알린 후 상대적이고 뜻밖인 강점(예: 주의집중은 나쁘지만 좋은 학업 능력)을 살펴보고 재구조화(예: 끈기 있다, 다정하다, 세심하다)한다.

아이의 강점을 설명할 때 진솔성을 보이는 것이 중요하다. 진솔성 있게 보이려면 강점에 대해 충분히 이야기하고 자문관이 관찰한 강점의 구체적인 예를 설명해 주는 것이 좋다. 예를 들면, "제이크의 긍정적인 여러 부분에 대해 얘기해 볼게요. 첫째, 제이크는 매우 호감이 가는 아이입니다. 정말 멋진 미소를 가지고 있지요. 둘째로, 제이크는 읽기를 아주 잘합니다. 학교에서 문제행동을 보이는 아이들은 읽기를 잘 못하는 경우가 많지만 제이크는 그렇지 않지요. 이것이 제이크가 학교에서 생활할 때 주의 깊게 살펴볼 강점입니다." 또한 특별히 상대적이거나 뜻밖의 강점(예: 주의집중은 나쁘지만 좋은 학업 능력)을 살펴보고 행동의 두 가지 면을 재구조화한다(예: '고집이 세다'는 것은 '인내심이 강하다'는 것이 된다). 아이에게서 살펴볼 수 있는 일반적인 강점에는 건강하다, 다정하다, 민감하다, 사랑스럽다, 즐거움을 추구한다, 문제 해결자, 손재주가 좋다와 같은 것들이 있다. 또한 가족에 대한 강점도 잘 전달해야 한다. "제이크가 성공할 수 있도록 부모님이 헌신하고 계시다는 것은 자명한 사실이에요. 우리와의 미팅에서도 아이에 대한 부모님의 헌신과 사랑을 볼 수 있었습니다."

> 진솔성 있게 보이려면 강점에 대해 충분히 얘기하고 자문관이 관찰한 강점의 구체적인 예를 설명해 주는 것이 좋다.

대화로 들어가기

피드백의 초점은 가족들이 어려워하거나 이전에는 정말 생각해 보지 못했던 주제로 대화를 이끌어 나가는 것이다. 그러므로 피드백의 각 부분을 요약하고 가족이 무엇을 보고 들었는지에 대해 확인하는 것이 중요하다. 중요한 피드백 이후에 부모님의 반응에 대해서 물어볼 수 있다("어떤 생각이 드시나요?", "부모님이 닉에 대해 생각하시던 것과 일치하나요?", "무엇 때문에 놀라셨나요?"). 피드백이 의미하는 것과 피드백 받은 내용을 어떻게 해석할지에 대해 부모가 생각해 볼 시간을 충분

> 피드백 회기 동안 피해야 할 일반적인 실수는 너무 섣부르게 대화를 해결 방안에 맞춰 진행하는 것이다.

히 제공한다. 가능하다면 구체적인 숫자와 비교 점수를 제공하는 것이 좋은데, 예를 들어 아동 행동문제 평가 척도 2판과 같이 표준화된 검사는 구체적인 퍼센타일 점수를 보여 주어 아이를 같은 연령대의 다른 아이들과 비교할 수 있게 해 준다. 부모에게 퍼센타일 점수를 이야기하고 그 의미를 이해할 수 있게 설명해 준다. 예를 들어 "닉은 집중력 부족과 관련해서 99퍼센타일에 해당합니다. 이것은 같은 연령대의 다른 아이들과 비교해서 집중력 부족 문제가 99% 이상 높게 나타난다는 것을 의미합니다. 실제로 아이는 모든 보고서에서 이 부분에 대해 높은 점수가 나왔어요. 닉과 함께 얘기했을 때 아이 또한 집중하기가 어렵고 주의집중이 분산되는 문제를 겪고 있다고 말했습니다." 각 검사가 의미하는 것을 정확하게 설명하고 각 검사의 문항을 구체적으로 보여 줄 수 있도록 준비한다(아동 행동문제 평가 척도 2판은 요약 보고서 각 문항에 대해서도 제공한다).

마지막으로 부모가 가장 걱정하는 주제를 보고서나 다른 종이에 적어 둔다. 마찬가지로 부모가 변화하길 원한다고 이야기하거나 특정한 상황에서 향상되고 싶다고 이야기하는 영역이 있다면 이러한 생각도 기록한다. 기록하면서 다음과 같이 간단하게 얘기할 수 있다. "피드백에 대한 논의를 끝낸 후에 지금 말씀하신 몇 가지 생각을 적어서 이 내용을 나중에 다시 다룰 수 있도록 하겠습니다."

피드백 회기 동안 피해야 할 일반적인 실수는 너무 섣부르게 대화를 해결 방안에 맞춰 진행하는 것이다. 해결책에 대해 논의하기 전에 피드백에 초점을 기울여서 집중하는 것이 매우 중요하다. 당신이 피드백을 통해 부모에게 큰 그림을 보여 주면 목표로 설정해야 하는 문제가 무엇이고 어떻게 해결할지 그들이 결정할 수 있게 된다. 만약 부모가 피드백 단계에서 해결 방법에 대해 물어보는 경우, 간단하게 그들의 생각을 요약하고 확인한 다음, 이후에 논의할 때 다시 기억할 수 있도록 노트에 적어 두겠다고 말한다. 예를 들어 "좋은 생각이네요. 어머님이 문제를 해결하기 위해 어떻게 하면 좋을지 생각하시게 되어 기쁩니다. 어머님이 시도하고자 하는 것들의 목록을 적어 놓고, 변화 계획을 세우는 단계를 시작할 때 이러한 생각에 대해서 함께 이야기해 보겠습니다."

학교에 대한 것

아이와 가족의 강점을 언급한 다음 학교와 선생님, 교장의 강점에 대해 이야기하는 데에도 시간을 할애하는 것이 좋다. 가족에게 절대 학교나 교직원에 대해 부정적으로 말하지 않도록 한다. 물론 부모가 학교와 상호작용하면서 느꼈던 좌절감을 경청하고 반영해 줄 수는 있다. 그러나 학교나 교직원에 대해 판단하는 말은 삼간다. 대신에 학교나 교사의 긍정적인 면, 특별히 아이에 대해 교사가 가지고 있는 관심, 아이가 성공적으로 지내도록 돕기 위한 교사의 의지에 대해 주목한다.

피드백 회기 예시

다음에는 타이콴의 어머니와 피드백 회기를 진행한 내용이 제시되어 있다. 자문관이 어떻게 피드백을 전달하고 변화대화를 유발하며 불일치를 강조하는지 전략을 살펴보자.

	피드백 대화	비고
자문관:	첫 번째는 문제행동으로 빨간색 영역에 표시되어 있습니다. 대부분 이런 행동은 학교에서 나타나는 행동으로는 학교에서 도망가기, 교실 밖으로 자주 나가기, 싸움, 친구들과의 문제가 있습니다. 선생님은 아이가 교실 밖으로 자주 나가 버린다고 이야기했는데 일리 있다고 생각하시나요?	피드백 확인질문
어머니:	네. (웃음)	
자문관:	그러면 그게 어머님에겐 그렇게 놀랄 만한 일이 아니군요.	반영하기
어머니:	전혀요.	
자문관:	그러면 주의집중과 관련해서 얘기 나눠 볼까요? 어머님은 전에 아이가 ADHD 진단을 받았다고 이야기하셨는데요. 우리가 여기서 살펴볼 것은 아이가 과잉행동을 많이 한다는 것보다는 주의집중력이 여전히 나타난다는 점입니다.	피드백
어머니:	네. (웃음)	
자문관:	아이도 스스로 얘기했어요. 사람들이 자신에게 더 집중 하라고 얘기한다고요. 자신이 자주 까먹는대요. 자신이 할 일에 집중하는 것이 어렵다고도 하고, 또 새로운 것을 배울 때 포기해 버린다고 해요. 그렇다면 왜 교실에 있어야 할까요? 이러한 것들이 흥미를 잃게 만드는 것이죠. 아이에겐 이것이 정말 힘든 일일 거예요. 이 문제에 대해 속상해하는 것 같아 보였어요. "그게 저한테 얼마나 어려운 일인지 선생님은 모르실 거예요."라고 얘기하면서요.	구체적 예시
어머니:	알고 있어요. 아이가 저에게도 똑같이 말하거든요.	
자문관:	그러면 불안, 아이의 걱정에 대해 살펴보지요. 아이는 일어날지도 모르는 나쁜 일들에 대해서 자주 걱정을 하고 있네요. 그러면 어떤 일이 일어날까요? 아이는 자신이 작은 일들	피드백

	에 대해서도 걱정한다고 얘기하더군요. 그래서 잠을 충분히 자지 못하고 괴롭다고요.	
자문관:	아이가 밤에 걱정되는 것에 대해서 얘기하나요?	명료화하기
어머니:	가끔요. 도둑에 대해서요. 저희 동네에 도둑이 들 때가 있기 때문에 이런 게 아이를 무섭게 만드나 봐요.	
자문관:	얼마나 자주요?	
어머니:	자주 있죠. 일주일에 여러 번이요.	
자문관:	그래서 아이가 실제로 있는지 없는지도 모르는 도둑에 대해서 걱정하고 있군요. 아이가 말한 것 중 한 가지는 자신이 숨을 쉴 수 없을 정도로 너무 걱정이 된다는 점이에요. 전에도 그런 적이 있나요?	반영하기와 피드백
어머니:	그런 말은 전혀 안 하던데요.	
자문관:	자주 그렇다고 했어요.	피드백
어머니:	음.	
자문관:	어떻게 들리시나요?	유발질문
어머니:	숨 쉬기 힘든 문제에 대해선… 정말 몰랐어요. 저랑 똑같네요. 아이가 저를 너무 많이 닮았어요.	
자문관:	어머님도 같은 문제가 있으시군요.	반영하기
어머니:	네. 저도 걱정을 많이 해요. 가끔 숨쉬기가 힘들기도 하죠. 아이도 똑같이 그런지 몰랐어요.	
자문관:	어머님은 아이가 너무 많이 걱정하지 않기를 바라시네요.	복합반영
어머니:	그렇죠. 너무 긴장해 있으면 행복하기 어렵거든요.	
자문관:	다음 문제로 넘어가 볼게요. 우울이에요. 우울도 높은 수준인 90%에 있네요. 교실에 100명의 친구들이 있다면 아이의 우울 수준이 90명보다 높다는 것을 의미하죠. 놀라운 일인가요?	피드백 확인질문
어머니:	전혀요.	
자문관:	그래요. 어머님도 아이가 우울하다는 사실을 알고 계셨네요. 이 점에 대해 좀 더 얘기해 주세요.	반영하기와 정교화하기
어머니:	아이는 우울하면 혼자 앉아서 앞뒤로 흔들어요. 그리고 자기 머리를 때리기 시작해요. 그러면 저는 왜 그러냐고 물어보	

	죠. 진짜로 상처를 입거나 그러진 않아요. 그냥 머리를 너무 심하지는 않게 때려요. 너 왜 그러는 거니? 이유가 없어 보여요. 아무 말도 하지 않죠. 듣고 있는 것 같아 보이지만 말을 듣지 않아요. 다른 세상에 있는 것처럼 보여요. 넋이 나간 거죠.	
자문관:	아이가 한 얘기 중에 하나는 가끔 자신에게 상처를 주고 싶다는 것입니다. 앞으로 이 부분에 대해서 계속 얘기해 볼 필요가 있겠어요. 아이가 슬퍼할 때 어머님은 어떻게 해 보셨나요?	피드백
	자문관에게 아이를 데려갔는데 어떤 문제가 있다고 말했어요.	
자문관:	이 얘기가 어머님에게 전혀 놀라운 일이 아닌 것처럼 보이네요.	확대반영
어머니:	약간은 놀랐어요. 그 정도가 심하다는 것에 대해서요.	
자문관:	어머님은 아이가 그렇게 우울해하는 것이 싫으신 거군요.	복합반영
어머니:	그렇죠. 아이가 행복했으면 좋겠어요.	변화대화: 욕구
자문관:	어머님은 아이가 행복했으면 좋겠다는 거군요.	단순반영

이 예시에서 자문관은 아이가 보고하는 증상에 대해 어머니에게 정확하게 피드백을 제공하였다. 자문관은 확대반영을 통해 부모가 피드백을 듣고 얼마나 놀라지 않는지를 체크하고("이 이야기가 어머님에게 '전혀' 놀라운 일이 아닌 것처럼 보이네요.") 부모의 욕구(아이가 행복하기를 원하는)에 초점을 맞춰서 변화대화를 이끌어 냈다. 그리고 주목할 것은 어머니가 주요 주제에 대한 단서, 어머니가 바라보는 아이의 모습과 자신의 모습 사이에서 나타나는 잠재적인 불일치감에 대한 정보를 알려 주었다는 것이다. 어머니는 아들이 자신과 닮았고 가까운 것이 좋지만 한편으로는 자신과 같은 길을 걷게 되는 것은 아닌가 걱정을 내비치기도 했다. 피드백이 계속되면서 자문관이 어떻게 이 주제로 다시 돌아오는지 주목해 보자.

	피드백 대화	비고
자문관:	다음으로 아이의 대처 기술에 대한 문제를 이야기해 볼까요? 아이가 문제를 어떻게 다루는지 살펴보도록 해요. 문제	피드백

	가 발생하면 아이가 얼마나 빨리 회복할 수 있는지 알아볼 거예요. 이 문제는 노란색 영역에 있네요. 아이는 똑똑하고, 질문을 받으면 어떻게 대답할지 알고 있어요. 슬플 때 무엇을 할 수 있는지에 대해 질문한다면 아이는 대답할 수 있을 거예요. 하지만 그것을 행동으로 옮기는 것에 대해서는 어려워하는군요. 그런데 아이는 여전히 몇 가지 대처 전략을 가지고 있네요. 친구 관계와 사회성 기술이요. 관심을 가지고 이 부분을 봐야 할 것 같아요. 아이의 친구 관계 기술은 빨간색 영역에 있지만 친구를 사귀는 것은 녹색 영역에 있네요. 아이는 외향적이고 매우 즐거워 보이지만 친구 관계를 유지하는 데 어려움을 가지고 있어요.	
어머니:	네. 확실히 그 문제가 있어요. 아이는 친절하지만 그리 오래 가지는 않아요. 감정의 기복이 너무 심해요. 사람들과 관계를 유지하는 데 어려움이 있어요. 제가 가지고 있던 문제와 같은 문제예요.	주제
자문관:	이 부분도 어머님이랑 비슷하다는 거군요.	반영하기
어머니:	저도 자랄 때 그랬어요. 친절하기도 했었고 지금도 여전히 그렇죠. 친구가 많았어요. 그런데 친구 관계를 유지하는 게 힘들었어요. 모든 사람들이 같은 생각을 하지 않아요. 내가 옳고 상대방이 틀리다고 느껴지면 저는 당황하고 우리는 더 이상 친구가 될 수 없을 것이라고 생각했어요.	
자문관:	이분법처럼 동의하거나 동의하지 않거나로 나뉘는 것 같네요. 동의하지 않으면 우리가 친구가 될 수 없다는 것처럼 중간이 없는 것 같아요.	반영하기
어머니:	전혀요. 친구이거나 친구가 아니거나 둘 중에 하나였죠.	
자문관:	타이콴에게도 같은 일이 일어나는 것처럼 보여요. 두 가지 극단이요.	주제와 연결하기
어머니:	좋지 않네요.	변화대화
자문관:	아이가 친구 관계를 잘 유지해 나가길 바라시는군요.	정교화하기
어머니:	그렇죠. 아이가 외로워지는 걸 원치 않아요. 타이콴이 나보다 더 잘 지내기를 바라요.	변화대화: 필요
자문관:	어머님의 어떤 부분은 아이가 어머님과 닮았다는 것을 좋아하고 다른 부분에서는 아이가 좀 달랐으면 하시는군요.	불일치감에 초점을 맞춰 양가감정 반영하기

어머니:	저랑 똑같으면 안 돼죠. 아이가 행복해졌으면 해요.	변화대화: 필요
자문관:	아이가 행복해질 수 있는 부분은 친구 관계를 유지하는 것이네요.	반영하기

자문관은 아이와 비슷한 점과 차이점에 대해 어머니가 갖고 있는 바람에 관한 주제를 통해 양면반영으로 반영하였다. 이것으로 어머니의 변화대화를 이끌어 내고, 아들이 달라지고 더 나아지도록(친구 관계 기술) 돕고 싶은 어머니의 마음과 연결하였다.

이어서 자문관은 학생 적응도에 대해 요약하고 가족 적응도를 설명하기 시작한다. 주목해서 볼 것은 자문관이 대화를 진행하면서 아들과의 친밀감과 거리감이라는 주제로 어떻게 되돌아오는가이다. 자문관은 어머니가 자녀에게 개인적인 이야기를 할 것인가를 결정하는 중요한 문제를 강조하고 있다.

	피드백 대화	비고
자문관:	요약해 보면 모든 문제는 연결되어 있네요. 아이들이 걱정을 많이할 때, 또 친구를 사귀거나 학교생활을 하는 데 어려움을 겪을 때 슬픔을 느끼게 되고 심지어 무력해지기까지 한다는 거네요. 타이콴은 이런 기분을 느끼기 시작했다고 얘기했어요. 제가 빠트린 부분이 있나요?	요약하기 확인질문
어머니:	맞는 것 같아요.	
자문관:	좋아요. 그럼 다음 부분은 가족 적응도입니다. 여기 녹색 영역에 있는 것을 볼 수 있죠. 어머님이 아이와의 관계에서 잘해 나가고 있다는 것을 의미해요. 첫 번째 내용은 관계입니다. 아이는 어머님과 굉장히 애착을 느끼고 있고 어머님도 아이와 굉장히 애착을 느끼고 있는 것 같아요. 함께 재밌는 일을 많이 하네요. 어머님도 그렇게 말씀하셨고, 타이콴도 그렇게 얘기했어요. 아이는 어머님과 함께 있는 것이 아주 행복하대요. 어머님은 칭찬을 많이 하시는군요. 집에서는 칭찬을 많이 받는 것처럼 보이네요. 아이에게 잘하고 있다고 얘기해 주시면서도 아이가 더 잘하길 바라시는군요. 그리고 또 다른 부분도 녹색 영역에 있네요. 명확한 규칙/기대는 약간 노란색 쪽으로 표시되어 있어요. 자주 일어나는 일인데, 아이가 어렸을 때는 복잡한 규칙을 따르는 것을 어려워하죠.	피드백과 인정하기

	학교나 집에서 때리는 것은 괜찮나요? 아이는 집에서 규칙이 명확하지 않을 때가 있다고 하네요. 그런 것 같나요?	확인질문
어머니:	네. 더 잘할 수 있었는데.	변화대화
자문관:	결론적으로 아이는 자신이 어떤 종류의 벌을 받을지 확실히 모른다는 거네요.	피드백
어머니:	맞는 것 같아요.	
자문관:	한계를 정해 주는 것도 마찬가지예요. 타이콴은 자신에게 한계가 있다는 것을 알고는 있지만 그 경계가 명확하지 않아요.	피드백
어머니:	음, 그럴 수 있겠네요.	
자문관:	슈퍼비전 내용을 한번 보죠. 아이는 혼자 있지 않고 주변에 항상 어른이 있어요. 집에서는 공부하는 데 도움을 받아요. 어머님은 굉장히 잘하고 계신 것 같아요. 숙제나 일상적으로 할 일들이 있어요. 어머님은 선생님과 얘기를 나누고 계시군요. 그래서 이 부분은 걱정되는 영역이 아니에요. 스트레스 관리는 빨간색 영역으로 가기 시작하네요. 이 부분은 어머님에 대한 거예요. 모든 일이 너무 과도하네요. 어머님은 지금 당장 해야 할 일이 너무 많아 보여요. 그런가요?	피드백 확인질문
어머니:	그게 걱정이긴 한데 그렇게까지 많이 걱정되는 문제는 아니에요.	변화대화와 유지대화
자문관:	걱정이 되긴 하시는군요. 달라졌으면 하는 것이 있나요?	변화대화에 반응
어머니:	우리 둘 모두를 위해서, 전 아이가 저에게 자기를 괴롭히는 문제에 대해 얘기할 수 있었으면 좋겠어요.	변화대화
자문관:	어머님이 어떻게 아이와 함께할 것인가에 대한 얘기네요.	복합반영
어머니:	모르겠어요. 아이에게 지금까지 해 온 것처럼 모든 것을 얘기하는 것이 좋은지 모르겠어요.	변화대화
자문관:	어머님은 아이와 모든 것을 공유해 온 반면 아이와 성인으로서의 대화를 해 나가길 원하셨나 보네요.	정교화로 끝나는 양가감정 반영
어머니:	최근에 그것에 대해서 생각했어요. 어느 순간 문득 궁금해졌는데, “나중에 생각해 보자. 나중에 생각해야지.”라고. 아이도 그렇게 하도록 했고요. 예전에는 아이가 “엄마, 나중에 얘기해 준다고 했잖아요.”, “엄마, 이제 나에게 말해 줄 건가요?”라고 말했죠. 그러면 저는 “저기 가서 앉아 있어.”라고 말했어요.	변화대화

자문관:	그러면 어머님은 자신의 걱정으로 아이를 괴롭히지 말자고 결정하신 거군요.	반영하기
어머니:	아이가 알 필요 없는 것들에 대해서는요.	변화대화
자문관:	아이가 계속해서 물어보려고 할 때 어떤 생각이 드셨나요?	명료화하기
어머니:	아이가 나처럼 참을성이 없구나. 우리는 기다리는 걸 좋아하지 않거든요. 아이에게 "난 네 엄마야, 맞지?"라고 말하면 아이는 "네, 그렇지만."이라고 말하고, 그러면 저는 "그렇지만, 그렇지만 뭐 어떻다는 거니?" 그러면 아이가 "난 이 집의 남자예요."라고 말하죠. 제가 "알았어. 맞다."라고 하면 아이가 다시 물어요. "엄마, 이제 나한테 말해 줄 거예요?"	
자문관:	그러니까 아이가 어머님에게 너무 많이 물어보는군요. 그것이 아이의 불안이나 걱정과 얼마나 연결되어 있는지 궁금하군요.	주제와 연결하는 열린 질문
어머니:	그럴 가능성이 있죠. "이제 말하죠."라고 아이가 말해요. 아이는 자문관처럼 굴 때가 있어요. 그러면 제가 말하죠. "그만해."	
자문관:	'이 집의 남자'라는 말에 의미가 있네요. 그렇지만 아이는 8살밖에 안 됐죠. 아이가 책임감을 느끼는 것 같나요?	
어머니:	처음 그 일이 일어났을 때는요.	
자문관:	'처음 그 일이 일어났을 때'라는 게 무슨 말인가요?	열린 질문
어머니:	애 아빠가 죽었을 때요.	
자문관:	아이가 '이 집의 남자가 되는 것'에 대한 얘기를 어디서 들었나요?	열린 질문
어머니:	친척들한테서요. 제 오빠는 타이콴에게 이제 여동생과엄마를 돌봐 줄 필요가 있다고 얘기했죠. 전 오빠가 약간 과하게 얘기한다고 생각했어요.	
자문관:	어머님은 아이가 그저 어린아이로 있기를 바라셨군요.	복합반영
어머니:	네. 그건 제게 너무 어려운 일이에요. 아이는 어른이 아니잖아요. 이 시기에는 어린아이가 되는 것도 충분히 힘든걸요.	
자문관:	그래서 어머님은 아이를 어린아이로 남겨 놓고 어머님의 어른으로서의 걱정을 아이에게 느끼게 하고 싶지 않으셨군요.	주제와 연결되는 반영
어머니:	노력하고 있어요. 그러는 것이 더 좋다고 생각하거든요.	변화대화

자문관:	스트레스와 걱정을 느끼지 않게 해 주고 싶으셨군요.	반영하기
어머니:	음.	
자문관:	또 다른 부분은 스트레스네요. 어머님은 스트레스 수준이 노란색 영역에 들어가네요.	피드백
어머니:	네. 지금 너무 힘들어요. 전 걱정이 너무 많아요.	
자문관:	어머님은 걱정을 덜 느끼길 원하는군요.	반영하기
어머니:	맞아요, 맞아요.	변화대화
자문관:	가족에 대한 부분에서 그렇네요. 어머님은 잘되어야 한다고 생각하는 것이 많네요. 아이와 끈끈하게 연결되고 싶지만 한편으로는 어른으로서의 짐을 안겨 주고 싶지 않고요. 그리고 어머님과 아이가 스트레스를 덜 받게끔 하는 데 도움이 될 수 있는지도 보았고요.	주제를 강조하는 요약
어머니:	맞아요.	

자문관은 아이가 자신보다 더 잘되었으면 하고 행복해지기를 바라는 어머니의 욕구를 인식시키는 데 전략적으로 초점을 맞췄다. 어머니는 아이의 행복을 도울 수 있는 방법은 아이가 어른으로서의 대화를 하지 않는 것이라는 결론에 도달했다. 자문관은 이러한 결정을 확인하고 아이의 걱정, 두려움과 연결되어 있다는 것을 확인했다.

계획하기로 이행하기

피드백을 모두 마친 뒤, 다음 단계는 피드백을 요약하고 다음 단계로 넘어가는 것에 대해 얘기하는 것이다. 가족에게 '이해한 것'에 대해 요약하도록 물어보는 것도 도움이 된다. 예를 들어, "우리가 오늘 밤 같이 얘기한 정보에 근거해서 부모님에겐 어떤 것이 가장 기억에 남나요?" 또는 "우리가 오늘 밤 논의한 것 중 가장 중요한 내용은 무엇인 것 같나요?"라고 물어볼 수 있다.

다음 단계에 대해 얘기하기 시작하면서 부모님에게 가장 먼저 작업하기를 원하는 관심사나 주제 영역이 무엇인지 물어볼 수 있다. "어디서부터 시작하고 싶으신가요?" "지금 당장 가장 관심이 가는 부분은 무엇인가요?" "먼저 초점을 맞출 가장 중요한 부분은 무엇이라고 생각하시나요?" 부모님의 말을 반영해 주면서 모든 얘기를 변화대화로 이끌어 낼 수 있다.

선택 사항 메뉴

자문관이 피드백을 제공할 때 기록하는 것이 중요하다. 기록한 내용을 토대로 앞으로 진행할 방법에 대해 선택 메뉴를 목록으로 만들 수 있다. 일반적으로 선택 메뉴 목록을 만드는 한 가지 방법은 다음과 같이 말하면서 시작할 수 있다. "타이콴은 학교에서 어려움을 갖고 있고 학교와 집에서 부주의적이고 파괴적인 모습을 어느 정도 보이고 있어요. 이러한 부분이 어머님에게 지금 가장 염려가 되는 점이기 때문에 이 문제를 도울 수 있는 아이디어를 목록으로 만들어 보면 좋을 것 같아요. 이 문제와 관련해서 어떤 것을 하면 좋겠다는 생각이 드시나요?"

이 과정을 돕기 위해 선택 메뉴 제공하기 양식(4장에 예시가 있다)을 사용할 수 있다. 양식의 맨 위에는 가족에게 어떤 영역에 대해서 작업하고 싶은지를 물어보도록 되어 있다. 그리고 자문관이 함께 아이디어를 발전시켜 나갈 수 있는 칸이 추가로 있다. 일반적으로 유용한 전략과 지지 방법 목록도 제시되어 있다. 가족과 함께 이 양식을 완성하고 나서 실행 계획하기 양식으로 넘어간다. 다음과 같이 말하면서 자연스럽게 넘어갈 수 있다. "좋아요. 다음 단계를 위해 몇 가지 아이디어를 모았네요. 이 아이디어 중에서 한두 가지 아이디어를 골라 다음 단계에서 실행해 보고 싶습니다. 다음 단계에서는 실행 계획 양식을 활용할 것입니다. 부모님을 위해 한 장을 복사해 드리고 저도 한 장을 가지고 갈 것입니다. 그래서 다음 미팅 전에 우리가 계획한 내용을 먼저 숙지하게 될 거예요."

이 과정은 매우 협력적으로 진행되며, 잠재적인 해결책을 찾아내는 브레인스토밍에 초점을 두어야 한다. 부모에게 문제를 해결할 방법을 묻고 메뉴를 구성하는 데 자문관도 적극적으로 참여해야 한다. 선택 메뉴 제공하기 양식에 모든 아이디어를 작성하고 자문관 자신의 아이디어도 잘 공유한다. 기본적인 선택 메뉴에는 (a) 가족 개입 팀과 지속적으로 만나기, (b) 학교에서 미팅시간 갖기, (c) 지역사회에서 관련된 서비스에 의뢰하기가 포함된다.

실행 계획/목표 설정

몇 가지 선택 메뉴 목록을 만든 다음 부모에게 실행 계획 양식을 보여 준다(활동지 7.7; 여러 욕구에 부합할 수 있는 스타일을 선택할 수 있게 몇 가지 버전의 양식을 제공했다). 자문관이 이 양식을 작성하는 것이 좋은데, 그렇게 하면 논의 내용을 이어 나가고 중요한 정보를 페이지에 적는 데 도움이 될 것이다. 또한 자문관은 그 계획이 구체적이고 실행할 수 있도록 만드는 데 도움을 줄 수 있다. 계획은 구체적이고, 실현 가능하며, 작업하고 싶도록 세워야 한다. 예를 들어 아이가 숙제하는 것을 어려워하고 수업에서 실패 경험을 한다면, 중요한 목표는 아이와 함께 노력하고 아이가 자신의 숙제를 하고 수업에 따라가도록 만드는 것이 될 것이다. 그러고 나서 이러한 중요한 목표를 향해 나아가는 첫 번째 단계를 밟는다. 예를 들어 매일 밤 아이가 자신의 숙제를 완성하는 데 도움이 되는 장소와 자료를 찾는 것이다. 아이가 언제 숙제를 하고, 얼마나 자주 확인해 주고, 완성된 숙제를 학교에 가져가도 된다고 언제쯤 알게 될지 계획을 세우고 결정한다.

실행 계획 단계를 돕는 대화 예시

"이제 다음 단계에 대해 얘기해 봅시다. 이 양식에서 잘 진행되고 있는 부분과 가족의 강점이 무엇인지 먼저 생각해 봐요. 우리가 찾은 어떤 방법이든 간에 이러한 강점을 활용해서 진행해야 하며, 그래야 계획이 성공적으로 진행될 것입니다.

다음으로 우리는 향상하고 싶은 영역에 대해 몇 가지 아이디어를 나누었습니다. 지금 시점에 어떤 영역이 초점을 맞추기에 가장 중요한 영역이라고 생각하시나요?

자, 이번 주에는 구체적인 목표를 세워 봅시다."

가족과 구체적이고 관찰 가능한 목표를 설정하는 것이 중요하다. 한 가지 방법은 누가, 무엇을, 어디서, 언제, 얼마나 자주라는 질문을 활용해서 명료화하는 질문을 하는 것이다. 예를 들어 가족이 '더 좋은 대처 기술을 가지는 것'을 목표로 얘기한다면 그것이 무엇인지 구체적으로 물어본다. 예를 들어 "어떻게 그것을 알 수 있을까요?", "부모님이 바라보는 것과 어떻게 다른가요?", "얼마나 자주 아이가 그렇게 할 수 있게 하고 싶나요?"라고 물어본다.

❁ 중요도와 자신감 척도

이 양식의 마지막 부분까지 작성하고 나면 부모에게 중요도와 자신감 척도를 실시한다. 만약 부모가 둘 다 있다면 각 척도를 각각의 부모에게 실시한다. 회기 마무리 시 진행하는 척도질문은 동기강화상담의 주요 전략이다. 연구에 따르면 변화대화의 가장 중요한 유형(사람들이 변화에 대해서 실제로 실행할 것인가를 가장 잘 예측하는 것)은 회기 마지막 몇 분 동안 일어나는 유형이기 때문에 회기의 끝 부분에 이런 질문을 하는 것이 중요하다. 특히 결심하는 언어를 더 사용할수록("나는 이것을 할 것입니다.") 사람들은 자신이 말한 것을 더 실행하는 경향이 있다.

중요도 척도를 실시하는데 부모가 몇 점을 선택했는가와 관계없이 부모에게 1점 더 낮은 점수보다 왜 그 점수를 선택했는지 물어본다. 예를 들어 6점에 체크한 부모에게 "좋아요. 이 문제는 꽤 중요한 것이군요. 그런데 왜 5점이 아니라 6점에 체크하셨나요?"라고 물어본다. 더 낮은 점수에도 그렇게 물어볼 수 있다(3점이라고 말한 경우에도). 그 다음에 부모의 말을 반영해 주면 거의 확실하게 변화대화를 이끌어 낼 수 있다. 만약 부모가 0점이라고 말했다면 "그럼 지금 부모님에게 이 문제는 생각할 가치라곤 전혀 없는 거군요."라고 과장하고 확대해서 말할 수 있다. 이런 현상은 또한 자문관이 새로운 목표를 선택해야 할 수도 있다는 표시이다.

다음으로 "6점에서 7점으로 가려면 무엇을 해야 할까요? 어떤 일이 일어날까요?"라고 물어본다. 그러고 나서 부모를 10점까지 올려놓을 수 있다. 부모가 자신이 체크한 숫자에 대해 얘기하는 내용을 적어 둔다. 만약 부모가 "아이가 학교에서 또 낙제 점수를 받았을 거예요."라고 말하고 7점을 체크했다면 7점이라는 숫자 위에 '낙제 점수'라고 적는다. 대화 전반에 걸쳐서 적극적 경청과 반영을 계속한다.

자신감 척도를 사용할 때도 같은 과정을 반복한다. "부모님은 이런 변화를 일으키는 것에 대해 얼마나 자신이 있나요?" 그리고 '1점 낮은' 점수와 '1점 높은' 점수에 대해 물어본다.

마지막 단계에서는 목표를 위한 미팅이나 작업에 잠재적인 방해물이 될 만한 것들과 이러한 방해물을 피하거나 극복하기 위한 방법을 브레인스토밍을 통해 논의할 수 있다. 부모에게 실행 계획 양식을 복사해 주고 앞으로의 미팅을 위해 자문관도 한 장을 지닌다.

상담을 마치기 전에 다음 회기를 함께 계획하고, 그 전에 각자가 할 일이 무엇인지를 검토한다. 예를 들어 학교에서 미팅을 갖기로 했다면 그 미팅을 계획하는 것은 자문관이며, 자문관은 부모님에게 미팅이 언제인지를 알려 주어야 한다. 타이콴 어머니와의 대화로 다시 돌아가 보자. 자문관은 피드백을 요약하고 다음 단계를 소개한다.

	실행 계획하기	**비고**
자문관:	어머님이 가장 걱정되는 영역은 아이의 우울과 걱정, 학교에서 잘 지내는 것, 어머님 자신의 스트레스 수준이라고 얘기하셨는데요. 지금 당장은 어떤 것이 가장 중요하게 느껴지시나요?	열린 질문

어머니:	아이의 걱정과 학교에서의 행동이요.	목표에 초점 맞추기
자문관:	무엇이 달라졌으면 하시나요?	
어머니:	그냥 아이가 더 행복해지고 학교에서 더 잘 지냈으면 해요.	
자문관:	아이를 돕기 위해 무엇을 하고자 하시나요?	부모 역할에 초점 맞추기
어머니:	아이가 더 행복해지고 더 잘 지내도록 돕는 방법과 더 좋은 부모가 되는 방법을 알고 싶어요.	변화대화
자문관:	좋아요. 일리 있네요. 그러면 우리에게 필요한 계획이 무엇이고, 이런 목표를 성취하기 위해 다음 단계를 어떻게 진행해야 할까요?	다음 단계에 대한 질문
어머니:	모르겠어요.	
자문관:	제가 아이디어를 좀 내고 싶은데 괜찮으신가요?	허락을 구함
어머니:	네, 좋아요.	
자문관:	저는 비슷한 문제를 가진 부모님들과 상담을 많이 했는데 다섯 단계로 이루어진 프로그램을 많이 합니다. 부모 양육 방법 세트, 가족 의사소통, 부모 스트레스, 가정-학교 의사소통, 문제해결로 구성되어 있어요. 다섯 단계를 모두 할 수도 있고, 어머님에게 가장 잘 맞을 것 같은 것을 선택하셔도 되요.	선택 메뉴
어머니:	부모 양육 방법 세트가 관심이 가네요. 그게 뭐죠?	
자문관:	저도 같은 것을 생각하고 있었어요. 그 프로그램은 집에서 긍정적인 행동과 느낌을 증가시키고 부정적 행동과 느낌을 감소시킬 수 있는 효과적인 부모 양육 전략을 다루고 있어요.	인정하기
어머니:	네, 그걸 해 보고 싶네요.	
자문관:	아주 좋아요. 그러면 만날 시간을 잡고 시작해 보죠. 그러면 타이콴이 더 행복해지도록 돕기 위한 방법을 해 보시는 게 어머님에게 얼마나 중요한지 1~10점 중에 체크해 보시겠어요?	척도질문

자문관은 부모님과 다음 단계를 계획하면서 피드백 회기를 마무리했다. 자문관은 초점질문을 통해 부모님이 목표를 설정하고 계획을 설정할 수 있도록 하였다. 부모님이 어떤 것이 좋은 계획인지 확신하지 못한다면 자문관이 해결책을 제안할 수 있는지 먼저 허락을 구해야 한다. 자문관은 선택 메뉴를 제공하고 부모님이 선택하도록 했다. 그리고 어머니에게 중요도 척도질문을 하면서 회기를 마무리했다.

요약

이 장에서는 이전 장에서 나온 주요 아이디어를 쌓고 통합하였다. 학교용 가족 체크업은 가족, 학생, 교사와 함께 작업할 때 체계적인 방법으로 적용할 수 있는 동기강화상담의 잘 구조화된 버전이다. 학교에서 학교용 가족 체크업을 실행하는 방법에 대해 단계적으로 접근하였다. 추가적으로 체크업은 어떠한 행동에 대해서도 관계를 형성하고 동기를 강화하는 전략으로 널리 사용될 수 있다.

참고 자료: 가족 기능을 측정하기 위한 간단한 검사

Abidin, R. (1985). *Parenting stress index*. Lutz, FL: PAR.

Berry, J. O., & Jones, W. H. (1995). The parental stress scale: Initial psychometric evidence. *Journal of Social and Personal Relationships*, *12*, 463-472. Retrieved from http://www.personal.utulsa.edu/~judy-berry/parent2.htm

Cochoran, K., & Fischer, J. (2000). *Measures for clinical practice: Couples, families and children*. New York, NY: Free Press.

Crnic, K. A., & Greenberg, M. T. (1990). Minor parenting stresses with young children. *Child Development*, *61*, 1628-1637.

Driscoll, K., & Pianta, R. C. (2011). Mothers' and Fathers' perceptions of conflict and closeness in parent-child relationships during early childhood. *Journal of Early Childhood and Infant Psychology*, *7*, 1-24. Retrieved from http://curry.virginia.edu/academics/directory/robert-c.-pianta/measures

Elgar, F. J., Waschbusch, D. A., Dadds, M. R., & Sivaldason, N. (2007). Development and validation of a short form of the Alabama parenting questionnaire. *Journal of Child and Family Studies*, *16*, 243-259.

활동지 양식

활동지 7.1 부모 인터뷰

날짜: ________/ ________/

ID 번호: ______________________

가족 자문관: ______________________

도입질문:

부모님이 누구와 살고 있는지, (이름)가 집, 학교, 친구들과 있을 때 어떻게 행동하는지에 대해서 몇 가지 일반적인 질문을 하면서 시작하고자 합니다.

현재 집에서 함께 살고 있는 사람들의 이름과 연령

____

____

____

____

____

____

(   )은 가족이나 다른 사람들과 어울릴 때 어떻게 행동하나요?

보통 (   )은 학교에서 대개 어떻게 행동한다고 보시나요?

{걱정한다면} (   )이 학교에서 더 잘 적응하도록 돕기 위해 어떤 노력을 해 봤나요?

(   )에게 학교에서 특별히 요구하는 점이 있거나 특수교육 서비스를 받고 있다면 어떤 내용입니까?

(　　　)은 개별화 교육 프로그램을 받고 있나요? **{ "그렇다."라고 대답했다면, 어떤 서비스를 받고 있나요? }**

(　　　)은 복용 중인 약이 있나요? **{ "그렇다."라고 대답했다면, 어떤 약을 먹고 있고, 무엇을 위한 약인가요? }**

(　　　)의 취미나 좋아하는 활동은 무엇인가요?

(　　　)이 올해 가장 잘 성취했거나 잘한 일은 무엇인가요?

(　　　)이 올해 가장 어려워한 일은 무엇인가요? 그 이유는?

자녀의 어떤 부분이 가장 좋은가요? 특별히 잘하는 것은 무엇인가요?

자녀에게 기대하는 최고의 꿈은 무엇인가요? 자녀에게 가장 바라는 점이 있다면 무엇인가요?

부모로서 가장 좋은 점은 무엇인가요? 부모로서 특별히 잘하는 것은 무엇인가요?

부모가 되는 것에 대해 가장 힘든 부분은 무엇인가요? 부모로서 더 잘하기를 원하는 것은 무엇인가요?

인터뷰를 끝내기 전에 제가 알았으면 하는 중요한 부분이 있다면 말씀해 주세요.

활동지 7.2 부모 관리 기술과 실천

부모 ______________________ 인터뷰 날짜: ______________

가정 학습환경:

1. 학교에서 아이가 성공하는 데 가정환경이 얼마나 중요하다고 생각하나요?

2. 아이의 교육이 인생에서의 성공에 얼마나 중요하다고 생각하나요?

3. 아이가 숙제하는 것을 얼마나 자주 살펴보나요?

4. 학교 공부에 대해 아이와 얼마나 자주 얘기하나요?

5. 아이가 얼마나 많은 교육을 받기를 원하나요?

6. 아이가 실제로 얼마나 많은 교육을 받게 될 것이라고 생각하나요?

부모-교사 상호작용:

7. 아이의 선생님과 얼마나 자주 만나나요?

8. 아이의 학교와 연관된 일이 당신에게 어느 정도 편한가요?

9. 아이가 학교에서 공부하는 것에 대해 선생님이 얼마나 자주 알려 주나요?

10. 아이가 학교에서 진전이 있는지에 대해 선생님이 얼마나 자주 알려 주나요?

부모 훈육:

11. 하루 동안 있었던 일에 대해 아이와 얼마나 자주 얘기할 기회를 갖나요?

12. 내일 할 일에 대해 아이와 얼마나 자주 얘기할 기회를 갖나요?

13. 16세 이상의 사람이 없이 아이가 집에서 얼마나 자주 시간을 보내나요?

14. 얼마나 자주 아이와 놀아 주나요?

15. 아이를 혼내야겠다고 결정할 때, 아이는 얼마나 자주 그에 대해 이러쿵저러쿵하나요?

16. 하고 있는 것을 멈추지 않으면 아이에게 혼날 것이라고 얘기하고 실제로 얼마나 자주 혼내나요?

17. 반드시 혼나야 할 일인데도 아이는 얼마나 자주 이를 모면하나요?

18. 아이가 울면 봐주는 경우는 얼마나 자주 있나요?

19. 아이가 잘못을 저지른 후에 자기가 어떤 벌을 받으리라는 것을 얼마나 자주 미리 숙지하고 있나요?

20. 아이가 학교에서 시험을 잘 못 봤거나 과제를 잘 해내지 못하면 하루나 이틀 안에 당신이 이를 알 가능성은 얼마나 되나요?

21. 아이가 싸움을 했다면 하루나 이틀 안에 당신이 이를 알 가능성은 얼마나 되나요?

22. 아이가 자기 것이 아닌 물건을 집에 가지고 왔다면 당신이 이를 알 가능성은 얼마나 되요?

23. 아이와 함께 있으면 얼마나 자주 기쁜가요?

24. 아이의 행동을 참고 지켜보는 것이 당신에게는 어느 정도 어렵나요?

25. 아이를 기르는 것은 얼마나 기쁜가요?

26. 아이와 얼마나 잘 지내고 있나요?

27. 아이와 함께 놀 때 얼마나 자주 아이가 놀이 활동을 선택하나요?

28. 아이를 칭찬할 때는 칭찬하는 그 행동에 대해서 얼마나 자주 상세히 말해 주나요?

29. 부모가 말한 것을 아이가 실천할 때 당신은 얼마나 자주 아이를 칭찬하나요?

30. 아이가 당신이나 다른 어른에게 말대꾸를 하면 어떻게 아이를 다루나요?

31. 아이가 싸움을 하면 어떻게 아이를 다루나요?

32. 아이가 말을 듣지 않거나 순응하지 않으면 아이를 어떻게 다루나요?

활동지 7.3 요약 회기 1

☞ **요약 회기**

- 오늘 회기의 목적은 당신의 가치와 걱정을 포함해서 당신과 아이에 대해 더 아는 것입니다.
  - 당신의 가장 중요한 가치는 ______________________ 입니다.
  - 당신이 달라지고 싶어 하는 것은 ______________________ 입니다.
- 이것이 맞나요? 그 밖에 내가 알아야 하는 것들이 있나요?

☞ **다음 회기를 위한 준비**

- 우리는 한 번 더 만나서 당신이 오늘 작성하신 모든 양식, 아동과 선생님이 작성한 양식에 대해 정보를 드릴 것입니다.
- 대부분의 부모님들은 이러한 정보가 아이를 도와주는 데 매우 도움이 되었다고 합니다.
- 다음 미팅 후에 당신은 그다음으로 무엇을 할지 결정할 수 있습니다. 그것이 마지막 회기가 될 것입니다. 또 만나길 원한다면 다시 결정할 수 있습니다. 가장 최선이라고 생각하는 것이 무엇이든지 그것은 당신에게 달려 있습니다.
- 질문 있으신가요?

☞ **다음 회기 약속 잡기**

- 다음 미팅을 언제 하고 싶으신가요?
- 어떤 날이 가장 좋으신가요?

☞ **척도**

당신이 이번 회기에 한 것들이 얼마나 **중요하다고** 느끼나요?

1	2	3	4	5	6	7	8	9	10
전혀 중요하지 않다									매우 중요하다

당신이 이번 회기에 한 것들에 대해 얼마나 **자신이 있다고** 느끼나요?

1	2	3	4	5	6	7	8	9	10
전혀 중요하지 않다									매우 중요하다

미팅에 참석하는 데 방해가 될 수 있는 것은 무엇인가요?

그러한 방해가 없도록 하려면 제가 어떻게 도우면 될까요?

활동지 7.4 아동 인터뷰 예시

ID 번호: ________________ 인터뷰 날짜: ______/ ______/ ______
가족 자문관: ____________________

도입질문:
학교에서, 집에서, 친구들과 있을 때 어떻게 행동하는지에 대해 몇 가지 질문을 하면서 시작하려고 합니다.

올해 학교에서 어떻게 지냈는지에 대해 말씀해 주세요.

학급 친구들과 비교했을 때의 성적	좋지 않음	좋음	매우 좋음
교사와의 관계	나쁨	보통	좋음
다른 친구들과 잘 어울리는가	잘 어울림	문제가 있음	
학교에서 자주 문제를 일으켰는가	예	아니요	
학교를 좋아하는가	예	아니요	
학교에서 나타나는 불안, 공포, 걱정	예	아니요	

학교에 있는 동안 하고 싶거나 잘하는 것은 무엇인가요? (예: 활동, 수업, 다른 사람 돕기 등)

____

____

학교에서의 어려움이나 문제는 무엇인가요? (예: 말하기, 과제하지 않기, 싸움 등)

얼마나 자주 ____________________**을 하나요?** (학생이 말하는 목록 적기)

언제 ____________________**가 일어나나요?**

어디서 ____________________**가 일어나나요?**

누구와 있을 때 ____________________**가 일어나나요?**

_____________________________는 얼마나 심각한가요? (누군가를 다치게 하는지, 일을 미루게 되는지)

_____________________________ 후에 보통 어떤 일이 일어나나요? (선생님은 어떻게 하나요? 다른 아이들은 어떻게 반응하나요? 어떤 것을 회피하나요? 교무실에 불려가나요?)

다른 아이들과는 어떻게 지내나요?

친구들이 있나요?("그렇다."라고 대답했다면, 이름은 무엇인가요?)

최소한 수용할 만한 수의 친구들이 있는가	예	아니요
다른 친구들에게서 무시당하거나 거절당했는가	예	아니요
괴롭힘이나 따돌림을 당했는가	예	아니요
다른 아이들을 괴롭히거나 따돌리는가	예	아니요
자주 싸우는가	예	아니요

가족과 함께 집에 있을 때는 어떤가요?

부모님과 문제가 있다	예	아니요
다른 가족 구성원들과 문제가 있다	예	아니요
가족끼리 갈등이 많다	예	아니요
집에 있을 때 불안, 공포, 걱정이 있다	예	아니요

당신이 가족과 함께하기를 좋아하는 재미있는 것들은 무엇인가요?

친구들이나 스스로 하고 싶은 재미있는 것들은 무엇인가요?

활동지 7.5 **행동탐정 관찰 질문**

행동탐정이 되어 봅시다!

신비로운 행동의 원인 밝히기

무엇을?
- 그 행동은 정확히 어떤 행동인가요?
- 얼마나 자주 일어나나요?
- 얼마나 오래 지속되나요?

누가?
- 아이의 기분이 어떤가요?
- 아이는 의학적 문제나 발달적 문제를 가지고 있나요?
- 이 행동은 일반적으로 나타나는 횟수와 비교할 때 차이가 있나요(평균 이상)?
- 이 행동은 일반적으로 나타나는 특성과 비교할 때 차이가 있나요(다른 것 같나요)?

어디서?
- 그 행동은 학교, 보육시설, 놀이터, 교실, 식당에서 일어나나요?
- 집에서 일어나나요?

언제?
- 행동을 하기 전에 무슨 일이 일어나나요?
- 하루 중 특정 시간에 그 행동이 일어나는 경향이 있나요?
- 특정한 사건이나 전환 동안에 그 행동이 일어나는 경향이 있나요?

그 후 어떤 일이 발생했는가?
- 그 행동에 부모님은 어떻게 반응하나요?
- 그 행동에 선생님은 어떻게 반응하나요?
- 그 행동에 친구들은 어떻게 반응하나요?

왜 지금인가?
- 아이의 시간표가 바뀌었나요?
- 집이나 가족에게 무슨 일이 일어났나요?
- 아이에게 무슨 일이 일어났나요? (예: 의학적으로)

활동지 7.6 **행동탐정 관찰 채워 넣기**

아동:
나타나는 문제:

누가?

언제?

어디서?

무엇을?

그 후 어떤 일이 발생했는가?

왜 지금인가?

활동지 7.7 실행 계획 워크시트 예시

내가 계속 유지하고 싶은 것은:	**내가 향상시키고자 하는 것은:**
아이를 위해…	아이에게 있어서(예: 짜증 줄이기)
나를 위해…	나에게 있어서(새로운 양육 기술 배우기, 아이와 함께 있을 때 조용히 하기)

이러한 변화를 하는 것이 얼마나 중요한가?	**이러한 변화를 하려는 가장 중요한 이유:**
1 2 3 4 5 6 7 8 9 10 전혀 아니다 　 보통 　 매우 그렇다	
가족이 변화할 수 있다는 것에 대한 당신의 자신감 정도는?	
1 2 3 4 5 6 7 8 9 10 전혀 아니다 　 보통 　 매우 그렇다	

함께 다루었던 주제:	
• 아이의 사회 기술 높이기 • 아이에게 감정 그리고 감정에 대해 어떻게 대처할 것인지 가르치기 • 성공적인 학교생활을 위한 가르치기 전략 • 긍정적인 행동 장려하기: 우리가 원하는 것을 아이가 하도록 하는 방법	• 규칙, 일상생활 계획을 마련하고 따르기, 책임감 갖기 • 한계를 정하고 이를 어기는 행동에 대해 다루기 • 진정시키고 위험한 행동을 줄이기 위해 타임아웃 하기 • 잘못된 행동에 대한 결과

계획을 방해할 수 있는 것:

__________가 하기 어렵게 만드는 것에 대해 얼마나 걱정하고 있나요? 1 2 3 4 5 6 7	**__________가 하기 어렵게 만드는 것에 대해 얼마나 걱정하고 있나요? 1 2 3 4 5 6 7**
1. 과거에 이런 일이 있었을 때 내가 했던 것:	1. 과거에 이런 일이 있었을 때 내가 했던 것:
2. 이것을 극복하기 위해 내가 할 수 있는 것:	2. 이것을 극복하기 위해 내가 할 수 있는 것:
1번과 2번에서 작성한 것 중 가장 도움이 될 듯한 것에 동그라미 표시 하세요.	1번과 2번에서 작성한 것 중 가장 도움이 될 듯한 것에 동그라미 표시 하세요.
이 일을 하는 데 누가 도움을 줄 수 있나요?	이 일을 하는 데 누가 도움을 줄 수 있나요?

CHAPTER 8

학교 기반 문제해결 팀과의 동기강화상담

대부분의 학교에서는 학생들의 학습을 돕기 위한 다양한 문제해결 팀이 구성되어 있다. 이 문제해결 팀은 행동 지지 팀, 응답-개입 팀, 학술 지원 팀, 수준별 팀, 개인별 교육 프로그램을 위한 팀으로 이루어져 있다. 이러한 팀들은 종종 전문가에서 보호자까지 한데 불러 모아 문제해결을 위해 함께 일한다. 이러한 팀의 성공은 흔히 문제해결에 대한 구성원 개개인의 자신감과 그들의 자발성, 함께 일하는 능력에 달려 있다.

> 부모와 학생의 동기가 중요할 뿐만 아니라, 가족에 대한 학교 직원들의 태도와 결과에 대한 비관적인 견해도 계획의 실패나 악화, 다른 계획의 시작을 막는 데 영향을 미칠 수 있다.

이러한 팀들의 초점은 학생들의 학습적 혹은 행동적 문제에 맞춰지는 경향이 있다. 그러나 하나의 문제를 가진 학생들 거의 대부분이 다른 문제도 가지고 있다는 것을 아는 것이 중요하다(예: 학습적 · 행동적 문제; Reinke, Lewis-Palmer, & Merrell, 2008). 따라서 행동 개입 계획과 학습 개입 계획에 관련된 전문적인 지식을 갖춘 구성원으로 팀을 구성하기를 추천한다. 뿐만 아니라 학교 안에서 문제를 가진 학생들은 학교 밖에서도 문제를 일으킬 가능성이 크다. 그러므로 팀에게 기술적으로 적절하고 실행 가능한 계획을 세우는 것이 중요하다. 특히 학생의 보호자가 포함되어야 하며, 전반적인 과정에서 역할 수행을 할 수 있어야 한다.

이 책에서 논의된 동기강화상담 기술과 다양한 참여 전략은 학교 기반 문제해결 팀의 작업에 통합될 수 있다. 따라서 이 장에서는 문제해결 팀이 특히 학습적 혹은 행동적으로 중요한 문제에 직면한 학생들을 돕는 데 사용할 수 있는 전략에 대해 논의할 것이다. 콤플렉스를 가진 학생들을 돕는 것은 잘 알려져 있기 때문에 우리는 이 부분에 초점을 맞출 것이다. 예를 들어 정서 및 행동장애를 가진 학생들은 학교에서 학습 실패, 제적, 낙오 등을 경험한다(Reid, Patterson, & Snyder, 2002; Wagner, Kutash, Duchnowski, Epstein, & Sumi, 2005, 2006). 뿐만 아니라 정서적 행동장애를 가진 학생들을 위해 효과적인 예방과 개입 접근이 많이 개발되어 있지만, 대다수의 학교는 이런 서비스를 제공하는 데 어려움을 겪는다. 그러므로 학교는 이런 학생들을 지원하기 위한 새로운 전략이 필요하다.

결과적으로 동기나 지각의 문제는 행동 지지 계획을 효과적으로 설정하는 데 방해가 될 것이다. 부모와 학생의 동기가 중요할 뿐만 아니라, 가족에 대한 학교 직원들의 태도와 결과에 대한 비관적인 견해도 계획의 실패나 악화, 다른 계획의 시작을 막는 데 영향을 미칠 수 있다. 학교 기반 팀은 (실제로 종종 그렇지만) 행동 지지 계획의 동기강화적 측면을 무시할 수 있다. 하지만 그렇게 된다면 종종 좌절, 비난, 그리고 최종적으로 계획이 실패하는 결과를 가져올 것이다.

학습 또는 행동 지지 팀에 대한 당신의 경험

대부분의 학교 전문가들은 어떤 면에서 그들의 경력을 살려 학교 기반 팀에 참여해 왔다. 많은 학교에서 이런 경험이 대부분의 학교 직원들에게 정기적으로 발생한다. 이러한 팀의 구조, 이념, 성공은 상황에 따라 다를 수 있다. 잠시 시간을 갖고 당신이 학교 기반 팀에 참여했던 경험을 떠올려 보자. 그 팀의 구조는 어떠했는가? 가장 어려운 문제에 직면했을 때 어떻게 해서 성공했는가? 그 팀이 잘한 일은 무엇인가? 그 팀이 좀 더 성공적이기 위해 무엇을 할 수 있었는가?

사람들은 꽤 자주 이러한 팀의 구조를 생각한다. 누가 팀의 리더이고, 누가 초대되었는가? 누가 일정을 잡고, 회의 초점을 유지하는가? 학습 혹은 행동에 관련된 특정한 질문에 답하기 위한 특정한 전문성을 가진 사람은 누구인가? 무엇을 기록하는가? 어떤 계획을 수립하고 어떻게 실행하는가? 이러한 모든 것들이 중요한 세부 내용이고, 이러한 팀들의 구조적인 측면을 다룬 책에서도 많이 다루었다. 팀의 이러한 구조적인 측면은 그들의 활동을 성공적으로 만들 수 있는 기초적인 준비 단계이다.

> 계획이 얼마나 잘 짜였는지, 팀의 구조가 얼마나 잘 조직화되었는지보다 어떻게 (학생/보호자의) 흥미를 유발하는지, (학생/보호자)가 어떻게 동기화되는지, 그리고 그 모든 과정에서 팀의 구성원들이 어떻게 참여했는지가 성공적인 결과를 이끌어 내는 데 훨씬 더 중요하게 작용한다는 사실을 알고 있다.

그리고 절대 간과해서는 안 되는 중요한 것 중에 하나가 바로 팀의 대인 관계적 측면이다. 당신의 경험을 떠올려 보자. 그 팀의 구조뿐만 아니라 그 팀에 속한 사람들의 성격과 태도에 대해서도 분명 생각이 날 것이다. 부모, 학생, 그리고 그들이 참여했던 공동체의 구성원들을 포함해서 말이다. 계획이 얼마나 잘 짜였는지, 팀의 구조가 얼마나 잘 조직화되었는지보다 어떻게 (학생/보호자의) 흥미를 유발하는지, (학생/보호자가) 어떻게 동기화되는지, 그리고 그 모든 과정에서 팀의 구성원들이 어떻게 참여했는지가 성공적인 결과를 이끌어 내는 데 훨씬 더 중요하게 작용한다는 사실을 알고 있다.

만약 당신이 문제해결 팀에 참여한 적이 있다면 그때의 경험을 떠올려 보자. 몇 번이나 다른 사람으로부터 이런 말을 들었는지, 몇 번이나 이런 생각을 했는지 말이다.

- 이것은 시간 낭비이다.
- 이것은 불가능할 것이다.
- 그 부모는 관심이 없다.
- 이 학생은 관심이 없다.
- 이 교사는 관심이 없다.
- 나는 이 가족/부모/학생/문제를 좋아하지 않는다.
- 희망이 없다.

이러한 신념과 경험은 문제 가족, 학생, 동료들과 일하는 학교 전문가들이 자주 경험하는 것이다. 하나 혹은 그 이상의 핵심 구성원들이 지속적으로 이런 경험을 한다면 사실상 그들은 그 팀이 일하는 데 아무런 도움을 줄 수가 없다. 이런 유형의 신념과 태도는 결국 자기충족적 예언이 된다.

팀 기능의 이 같은 측면 때문에 동기강화상담의 적용이 필요하다. 이미 논의한 것처럼 변화에 대한 개인적인 대화나 팀의 대화 모두 양가감정과 관련이 있다. 이것은 정상적이고 예상 가능하다. 팀 계획과 변화 계획의 실행은 사람들이 동기화되었을 때만 가능하다. 우리가 이 책을 통해 논의했던 동기강화를 위한 전략은 팀에도 동일하게 적용된다. 다시 말해 효과적인 팀은 신뢰와 경청의 분위기를 촉진하고, 동기강화상담 단계(관계 형성하기-초점 맞추기-유발하기-계획하기)를 통해 팀을 움직일 때 1명 혹은 그 이상 구성원의 지원을 필요로 한다.

이 장에서는 대인 관계적으로 그리고 기술적으로 성공적인 팀을 조직하는 데 관련된 구조적인 측면을 논의할 것이다. 우리는 동기강화상담을 기반으로 한 학교와 가정의 간극을 연결시킨 사례와 팀에 필요한 긍정적 관계를 구축하는 측면에서 성공적이었던 모델을 소개하고자 한다. 우리는 최선의 모델을 제시하고자 한다. 당신의 학교는 아마도 모델의 일부를 따라 할 수 있을 것이다. 만약 당신이 잘 기능하는 팀을 이미 가지고 있거나 당신의 팀 전체를 재구조화하는 것이 너무 위험하다고 생각한다면 전체 모델을 적용하기보다 팀 기능을 동기화하는 것에 관심을 집중시킨다.

효과적인 팀 세우기

효과적인 팀 세우기부터 시작한다. 왜냐하면 모든 문제해결 팀은 기술적으로 효과적이고 적절한 계획을 짜는 데 필요한 중요한 기술을 가지고 있는 몇몇 사람을 필요로 하기 때문이다. 그 기술은 데이터 수집, 데이터 해석과 활용, 계획의 충실도 평가, 계획 수정에 관련된 것들이다. 이상적인 문제해결 팀의 핵심 구성원은 6~8명의 학교 직원으로 구성될 것이다. 구성원에는 학교 심리학자, 학교 사회복지사, 행동 자문관과 같은 행동주의적 전문성을 가진 사람들, 특수교육 전문가와 같은 학문적 전문성을 가진 사람들이 포함되어야 한다. 추가적으로 행정가(학교 관리자), 1명 이상의 일반교사, 학교 자문관, 필요에 따라 언어치료사와 같은 특별한 직원이 포함되어야 한다. 사전에 학교 기반 행동 지원 팀과의 작업은 학교 현장에서 일정 수준의 전문가들이 필요하다는 것을 알려 준다(Hershfeldt, Pell, Sechrest, Pas, & Bradshaw, 2012). 행정가(학교 관리자)는 필수적인 구성원이며, 행정적 리더십과 지원뿐만 아니라 현재의 자원을 적재적소에 재분배하는 능력을 제공하기 위해 활동적으로 참여할 필요가 있다(Chaparro, 2011).

❁ 가족 자문관 지정하기

가족 구성원을 지원 계획 과정에 참여시키기 위한 전략으로서 팀의 하위 그룹을 가족 자문관으로 선정할 수 있다. 이 하위 그룹은 2명으로 구성하는 것이 가장 이상적이다. 한 사람은 부모와 연락하는 것을 주요 업무로 하고, 가족회의를 주재한다. 다른 한 사람은 학생을 만나는 것을 주요 업무로 한다. 학교 심리학자와 자문관 또는 사회복지사가 이런 역할을 하는 이상적 후보자가 될 것이다. 그러나 효과적인 상담의 경험이 있는 다른 직원들도 이 하위 그룹의 후보자가 될 수 있다.

부모의 참여가 가장 중요하다고 제안하지만 학교는 종종 보호자를 참여시키는 데 어려움을 겪고 있다(Herman et al., 2011). 가족의 참여 없이 학교에서 가장 심각하고 지

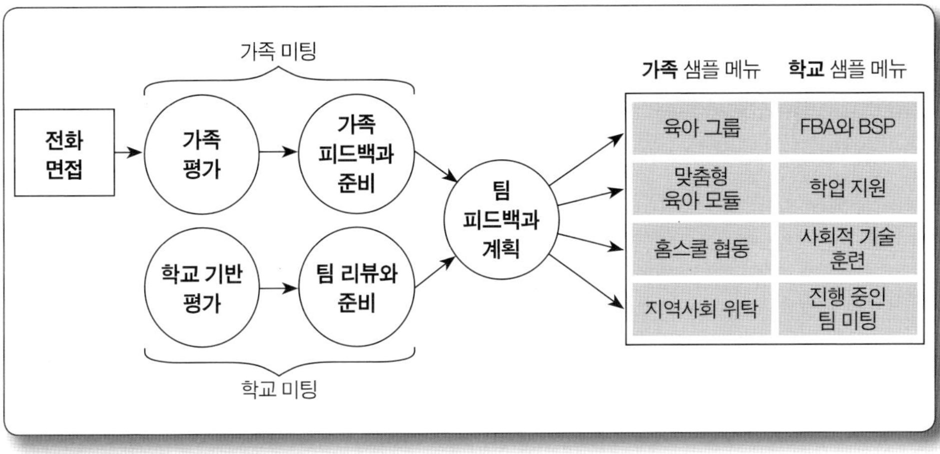

그림 8.1 학교 기반 문제해결 팀과의 동기강화상담 모델(Herman, Reinke, et al., 2012).

속적 문제를 가진 학생들의 부정적 결과를 막기 위한 장기적이고 적절한 지원 방법을 개발한다는 것은 불가능하다. 불행하게도 가족이 문제해결 팀의 계획과 실행에 언제나 참여하는 것은 아니다. 특히 저소득층 가정과 높은 수준의 서비스를 필요로 하는 자녀가 있는 가정의 학교 참여도가 낮다(Park, Pullis, Reilly, & Townsend, 1994). 학생이 계획을 세우는 데 보호자가 참여하도록 전략을 사용하면 성공 가능성이 높아질 것이다. 그러므로 이 업무에 초점을 맞추고, 이 책에 제시된 동기강화상담 전략과 지침을 사용하는 구성원이 문제해결 팀에 있다면 성공 가능성을 기대해 볼 수 있을 것이다.

그림 8.1은 학부모가 참여하는 효과적인 문제해결 팀을 구축하는 전반적인 과정을 나타낸다. 이 과정에는 평가, 계획과 관련된 회의가 포함되어 있는데 이는 부모나 팀원들의 참여도를 높이게 될 것이다.

❀ 계획하기에 가족 포함하기

가족 자문관 하위 그룹은 2장에서 자세히 다룬 가족 참여 전략을 사용할 수 있다. 이것은 사회적, 문화적, 동기강화적으로 참가를 가로막는 장애물을 고려하는 것을 포함한다. 예를 들어 가족 자문관은 모임시간을 제안할 수 있고, 학교에서 만날지 아니면 학교 밖에서 만날지 장소를 제안할 수도 있다.

부모의 태도와 서비스 참여에 대한 기대는 시간이 지나면서 학교의 다른 직원과 서비스 제공자들의 상호작용에 의해 형성됨을 기억하는 것이 중요하다. 부모의 참여 의사를 방해하는 이런 과거의 경험은 종종 숨겨지거나 참여의 방해물로는 거의 논의되지 않았다. 그렇지만 이것은 변화를 촉진하는 가장 중요한 작용점이다. 따라서 문제해결 팀 구성원들은 주의를 기울여 이러한 과거의 경험을 개방하고 부모와 논의할 필요가 있다.

조사에서는 긍정적 기대를 증진하기 위한 비교적 간단한 전략이 보호자와 만나는 모든 시점에 사용될 수 있고, 시간이 지날수록 가족의 참여율이 효과적으로 증가할 수 있다는 것을 보여 주었다(McKay et al., 2004; Winslow, Poloskoy, Begay, & Sandler, 2011). 예를 들어 부모와 연락하는 역할을 하는 가족 자문관은 초기 전화 통화(아니면 직접 면담)를 통해 부모의 욕구와 목표를 확인하고 이러한 욕구와 목표를 학교 기반 문제해결 팀이 어떻게 돕고 지원할 수 있는지 파악한다. 추가적으로 가족 자문관은 첫 회의 이전에 참여에 방해가 되는 장애물을 평가하고 그것을 극복하려는 계획을 세워야 한다.

> 부모의 태도와 서비스 참여에 대한 기대는 시간이 지나면서 학교의 다른 직원, 서비스 제공자들과 의 상호작용에 의해 형성됨을 기억하는 것이 중요하다.

❁ 가족과 학교 간의 긍정적 기대 세우기

문제해결 팀 활동에서 가족 자문관의 또 다른 중요한 역할은 가족과 학교 직원 간의 긍정적 기대를 만드는 것이다. 문제해결 팀이 학생과 연관되었을 때, 이미 학교와 보호자 사이에는 일련의 상호작용이 있었다. 몇 가지 경우에 이러한 상호작용은 대립적이 된다. 부모들은 자녀의 어려움을 학교 탓으로 돌린다. 교사들은 부모가 비협조적이라고 느낄지도 모른다. 행정가(학교 관리자)들은 진척이 더딘 과정에 좌절한다. 우리의 경험에서 이러한 과거의 (부정적) 상호작용은 학생들을 위한 협력적이고 효과적인 계획을 세우는 데 심각한 방해가 될 수 있다. 따라서 가족 자문관은 부모와 학교 직원 사이에서 연락책으로서의 관계를 맺으려고 해야 한다. 가족 자문관은 학생이 가정과 학교에서 성공적인 경험을 할 수 있도록 지원하기 위해 일하는 협력자가 되어야 한다. 따라서 가족 자문관은 가족을 대변하여 문제해결 팀에게 정보를 전달하는 협력자이자 대변인이 된다. 학교와 가정 사이에 있었던 과거 갈등의 개선을 돕고자, 가족 자문관은 가

> 학교와 가정 사이에 있었던 과거 갈등의 개선을 돕고자 가족 자문관은 가족의 강점을 확인하여 학교의 관련 직원들과 적절한 정보만을 공유한다. 추가적으로 가족 자문관은 자녀와 함께 일하는 교사들과 학교 직원들의 강점에 대한 정보를 가족에게 전달한다.

족의 강점을 확인하여 학교의 관련 직원들과 적절한 정보만을 공유한다. 추가적으로 가족 자문관은 자녀와 함께 일하는 교사들과 학교 직원들의 강점에 대한 정보를 가족에게 전달한다. 가족 자문관은 교사와 행정가(학교 관리자)에게 학생의 가족이 학생을 돕는 일에 얼마나 기꺼이 참여하고자 하는지 알려 줄 수 있다. 상황에 관계없이 양쪽 모두에게 도움이 된다. 이러한 장점을 강조하는 것은 학생을 지원하는 공동의 목표를 향한 관계 회복과 동지애를 세우는 데 도움이 된다.

이 모델에서 동기강화상담의 참여 과정은 공식적인 회의의 바깥에서 일어날 수 있다는 것이 분명해진다. 사실 많은 면에서 서로의 관계를 단절시킨 가족과 학교 직원들을 위해 처음으로 그리고 가장 중요한 참여 전략은 회의 전에 변화에 대한 매일의 대화가 있어야 한다.

변화에 대한 일상대화

토머스 잭슨은 학교 심리학자로 8학년 학생인 줄리오를 돕는다. 줄리오는 수업에 자주 결석했다. 그는 거의 모든 수업에 빠지고, 수업에 참여하는 경우에는 수업에 지장을 준다. 잭슨 씨는 이 문제를 해결하기 위한 계획 수립을 위해 팀 회의를 조직할 필요가 있다고 생각했다. 또한 그는 줄리오의 어머니가 학교 직원들과의 상호작용에 어려움을 겪었던 적이 있다는 것도 알고 있다. 줄리오가 7학년일 때, 그의 어머니는 수학교사와 줄리오의 성적에 대해 논쟁을 한 적이 있었다. 그 후 1년 동안 그녀는 학교 행사에 거의 참여하지 않았다. 줄리오의 어머니는 잭슨 씨를 만나는 데 동의했고 그 만남은 잘 이루어졌다. 그녀는 줄리오에 대해 매우 염려하고 상황을 해결할 수 있는 도움을 원했다. 다음 문제해결 팀 회의 때, 잭슨 씨는 줄리오를 안건으로 상정하고 그의 어머니와 다시 일하기 위해 지원 팀을 세우고자 했다.

잭슨: 좋습니다. 나는 줄리오를 안건으로 상정합니다. 왜냐하면 여러분도 잘 아시다시피 그는 학교에서 정말 어려움을 겪고 있고, 우리는 그가 돌아올 수 있도록 계획을 세울 필요가 있습니다. 오늘은 짧게 이야기를 나누고, 다음 주에 우리가 다 함께 만날 수 있는 시간을 갖고 싶습니다. 그의 어머니도 초대하고 싶습니다.

교사: 행운을 빌어요.

잭슨: 그녀가 오는 것에 대해 회의적이신지요?

교사: 나는 올 한 해 동안 그녀를 만나지 못했어요. 그녀는 (자식 문제에) 관심이 없어요. 오해하지 마세요. 나도 그녀를 포함하는 것이 좋다고 생각하지만 단지 (그런 일이) 일어나지 않을 것이라고 생각해요.

잭슨: 그렇다면 그녀를 포함하는 것이 왜 중요하다고 생각하시나요?

교사: 그녀가 줄리오에게 가장 큰 영향을 미치는 사람이니까요.

잭슨: 동의합니다. 나는 우리가 그녀를 참여시키기 위해 할 수 있는 것은 다 해야 한다고 생각합니다. 다른 분들의 생각은 어떠신가요?

교장: 물론입니다. 그렇지만 그녀를 참여시킬 만한 아이디어가 있나요? 우리는 과거에 많은 문제가 있었습니다.

잭슨: 저는 그녀를 만났는데 무적 인상 깊었습니다. 그녀는 줄리오에 대해 매우 염려하고 있었고, 그를 돕기 위해 무엇이든 할 것이라고 생각합니다. 그녀도 우리 다수와 같이 그녀 스스로는 문제를 고치지 못할 것이라고 느끼고 있습니다. 그녀는 우리가 무엇을 할 수 있는지 볼 수 있도록 팀의 일부가 되는 것에 매우 관심을 가지고 있었습니다.

교사: 내가 예상했던 것과 무척 다르군요. 올 한 해 동안 그녀와 이야기할 수 있을 거라고는 생각하지 못했어요.

잭슨: 놀랍네요. 그 차이를 만든 것이 무엇이라고 생각하나요?

교사: 다른 사람, 당신이 그녀에게 연락한 것이 좋았네요. 아마 내가 연락했다면 그녀는 자식의 성적이나 다른 나쁜 소식 때문일 것이라고 예상했을 거예요.

잭슨: 아마 그녀가 관심이 없지는 않았을 거예요. 단지 무엇을 해야 할지 몰랐을 것입니다. 내 전화가 우리 팀이 도움이 될 것이라는 희망을 줬다고 생각합니다. 낙관적이에요. 그녀는 좋은 파트너가 될 것입니다.

이 사례에서 잭슨 씨는 팀 구성원들이 줄리오의 어머니에 대한 태도를 새롭게 재형성하는 것을 목표로 잡았다. 그는 열린 질문으로 그들의 우려에 관한 대화를 이끌어 냈고 그가 듣고 있다는 것을 보여 주기 위해 그들의 발언을 반영했다. 또한 꽤 의도적으로 부모에 대한 그의 새로운 생각을 심었다(예: "그녀는 관심을 갖고 있습니다.", "그녀는 노력하고 있습니다."). 그것은 몇몇 팀 구성원이 가지고 있었던 그녀에 대한 비적응적 사고(maladaptive belief)와 반대였다(예: "그녀는 관심이 없습니다."). 회의의 마지막에 그는 명시적으로 사고를 재구성하여 줄리오의 어머니는 관심이 없는 것이 아니라 단순히 무엇을 해야 할지 모르거나 어떻게 하는 것이 도움이 되는지 모르는 것이라고 했다. 이러한 두 가지 사고는 매우 다른 사회적 판단을 불러온다. 만약 성공적으로 대체된다면 교사들과 교장은 줄리오의 어머니와 더 생산적인 관계를 맺을 수 있다(예: 만약 그들이 단순히 그녀가 어떻게 하는 것이 도움이 될지 모르는 것이라고 믿는다면 그녀를 존중하고 격려할 확률이 더 클 것이다).

❁ 정보 모으기

정보는 학교와 가정, 두 곳에서 수집되어야 한다. 문제해결 팀은 업무를 나눌 것이다. 두 그룹으로 만들어서 (a) 가족 자문관은 부모와 학생에게 정보를 모으고, (b) 학교 기반 팀은 교사 및 관련된 학교 직원들에게 정보를 모은다. 우리의 경험에 따르면 가족 자문관이 문제해결 팀 구성원 없이 가족과 만나는 것이 원활한

> 정보를 수집하는 과정 역시 학교 구성원들 사이에서 가족과 함께 일하고 학생을 위해 효과적인 계획을 세우려는 기세를 확장하는 시간이다.

진행과 성공의 가능성을 높인다. 가족 자문관은 두 번의 가족회의 계획을 세워야 한다. 첫 번째에 정보를 모으고, 두 번째에 피드백을 제공하고 행동 계획을 구성한다. 첫 번째 회의에서 가족 자문관은 가족 구성원을 면담하고 관련된 평가를 실시한다(예: 평정척도, 기능 평가 면담). 이 초기 회의는 우선적으로 가족 자문관과 부모, 과정에 참여하고 있는 가족 구성원 사이의 라포 형성, 가족과 학생의 욕구에 맞춘 지원 계획을 세우는 것과 관련된 핵심 가치를 정하는 데 초점을 두어야 한다.

동시에 학교 기반 팀은 교사 및 관련된 학교 직원들에게 관찰, 관련 인터뷰, 평가를 실시한다. 교사, 학교의 다른 직원들과의 회의가 진행되는 동안 학교 기반 팀은 이 책을 통해 논의된 지침과 동기강화상담 전략의 사용을 고려해야 한다. 정보를 수집하는 과정 역시 학교 구성원들 사이에서 가족과 함께 일하고 학생을 위해 효과적인 계획을 세우고자 하는 기세를 확장하는 시간이다. 학교 기반 팀은 자원을 확인하며, 잠재적 장애물을 평가하고 학교의 행동-계획(action-planning) 단계에 사용할 수 있는 강점을 확인할 수 있다.

대부분의 이러한 평가 정보는 이미 학교 내에서 사용 가능하다. 학생의 진전을 파악하고, 특수교육 대상자인지를 결정하기 위해 일상적으로 수집되는 모든 정보를 참고한다. 아니면 지역 병원에서 실시된 종합적 심리교육적 평가 자료와 이러한 평가를 바탕으로 한 장문의 보고서를 고려한다. 이러한 정보는 동기를 강화하는 데에는 거의 사용할 수 없다. 상자 8.1은 풍부한 자료를 어떻게 이용할 수 있는지를 보여 주는 사례이다.

상자 8.1 동기강화를 위해 심리교육적 평가 사용하기

전통적으로 심리교육적 평가(학습적 성과와 행동적이고 감정적인 기능에 대한 광범위한 평가)는 학생들에게 제공되는 일상적 평가의 한 부분이다. 이러한 평가의 보급에도 불구하고 임상과 학교 현장 모두에서 긍정적 결과를 향상하는 데 실용적이라는 증거는 거의 없다. 개입(intervention) 계획을 안내하고 진전을 지켜보는 데 평가 자료를 사용해야 한다는 광범위한 합의가 있었지만, 이 자료가 부모와 학생의 동기를 강화하는 데에는 거의 사용되지 않았다. 평가의 피드백을 부모와 학생 아니면 다음의 학생 평가와 관련된 학교 직원에게 제공하는 것이 중요하다. 그러나 아직 학교 전문가들에게 평가와 개입 사이의 간극을 연결하고 긍정적 결과에 영향을 주기 위한 충분한 기회가 주어지지 않았다.

이 목표를 향해, 최근에 한 대학에서는 아동 평가의 부분으로 정기적으로 수집된 모든 자료를 이용하기 위해 수정된 가족 체크업을 개발했다. Borden(2012)은 가족 체크업을 근간으로 한 피드백을 개발하고 시범 운용했다. 그리고 자문관이 피드백 회기를 진행하는 데 따르는 프로토콜을 평가했다. 기본적으로 그녀는 가족 체크업의 피드백 부분을 만들기 위해 평가의 일부로 수집된 자료를 이용했다. 그런 다음 그녀는 대학원생 수준의 자문관들을 가족과 연결시켜 회의하는 자리를 마련하여, 이 책에서 설명하고 있는 동기강화상담 접근에 대해 그들에게 소개하도록 훈련시켰다.

한 시범 연구에서 부모와 자문관 모두 변형된 가족 체크업 스타일의 피드백 회기가 중요하고 유용하다고 여겼다. 자문관은 훈련을 따랐을 때 동기강화상담 자기효능감이 향상되었다고 보고했고, 부모의 변화대화를 유발하는 피드백 회기를 진행하면서도 좀 더 동기강화상담적인 반응을 보였다. 그 결과 훈련받은 대학원생 자문관들이 평가 피드백 맥락에서 동기강화상담을 효과적으로 사용할 수 있다는 것을 증명했다. 추가적으로 변형된 가족 체크업 체계는 자연적으로 발생하는 평가와 피드백 절차의 충격을 최소화하는 데 유용한 접근 방법이다. 현재의 관련 아동 부모들의 평가 피드백 장면은 개인적 결점 중심적이고(Wright & Fletcher, 1982) 부모의 참여라는 중요한 요소는 종종 등한시된다(Tharinger et al., 2008). 변형된 가족 체크업 접근의 사용은 변화, 치료 참석, 교육적 결과에 대한 부모의 동기를 향상하기 위한 종합적 평가 서비스의 능력을 상당히 높인다.

❁ 가족 피드백 회의

모든 정보가 수집되면 가족 자문관은 피드백 형식에 대한 정보를 부모에게 소개한다. 가족회의는 7장에서 설명한 가족 체크업과 같은 형식을 따르고 동기강화상담 단계(관계 형성하기-초점 맞추기-유발하기-계획하기)를 통해 가족이 움직이는 목적을 제공한다.

피드백에 따라 자문관은 개입의 대상 영역을 확인하고 잠재적으로 가정 기반과 학교 기반의 지원 계획을 시작하기 위해 가족과 협력적인 방식으로 작업한다. 가족 자문관은 동기강화상담 전략을 사용하고, 변화대화를 일깨우기 위한 면담을 하면서 확인된 부모의 가치를 다시 연결시키기 위한 작업을 하는 동안 아동을 위한 지원 계획을 세우는 것에 초점을 유지한다.

동시에 학교 기반 팀은 학교에서 모든 자료를 활용한다. 학교 기반 팀은 부모와 만나기에 앞서 자료에 대해 논의할 수도 있다. 그러나 가족에게 명백한 허락을 얻기 전에 학교 기반 팀과 가족에 대한 정보를 공유하지 않는 것이 좋다. 납득이 안 될 수도 있지만 이렇게 하는 이유는 가족 구성원들의 신뢰를 얻고, 가족환경에 대한 모든 정보가 학생을 돕는 데 적절한 정보가 아니라는 점을 존중하기 위함이다.

❀ 계획 발전시키기

일단 모든 정보가 모아지고 가족에게도 공유되면 부모와 문제해결 팀 구성원들, 관련된 학교 직원들(예: 담임교사)로 구성된 회의가 소집된다. 문제해결 팀의 한 사람이 아래에서 논의된 회의를 진행하기 위한 전략을 사용하여 회의를 진행하고 중재한다. 팀과 활발하게 참여하는 부모와 함께 무엇이 실현 가능하고 효과적인지, 계획을 추진하기 위한 적절한 상황이 무엇인지, 계획의 각 부분을 누가 실행할 것이며, 얼마나 계획이 잘 실행될 것인지, 계획이 얼마나 잘 실행되는가에 대한 자료는 어떻게 모을 것인지, 계획이 효과적인가 판단할 수 있는 자료는 어떻게 수집할 것인지, 계획을 수정하거나 팀의 목표를 위해 일하는 것을 언제 다시 논의할지에 대해 그들의 지식을 활용한다.

학교 회의 준비와 진행

두 번째 가족회의의 한 가지 가능성 있는 결과와 행동-계획 단계는 가족과 학교 직원들의 간의 회의이다. 이 회의의 목적은 가정과 학교에서 학생을 돕기 위한 계획을 발전시키고 마무리하기 위한 지원 팀을 만드는 것이다. 학생과 계속 만남을 가지는 어른이라면 누구나 회의에 초대한다. 회의를 진행하는 당사자가 학교나 가족 어느 한쪽의 편을 들지 않고 중립적인 입장을 유지하는 것이 중요하다. 생산적이고 목표 중심적인 회의를 위해 안건을 상정하고, 회의 목적을 간략하게 언급하며, 진행 과정과 예상되는 결과에 대해 설명한다. 회의는 팀의 모든 구성원이 가정과 학교 양쪽 모두에서 학생을 도울 수 있는 계획을 세우고자 협력적으로 일하기 위해 함께 모였다는 것을 강조하는 것으로 시작해야 한다. 학생을 돕기 위함이라는 공유된 목표를 강조하는 것은 과거의 경험, 학교 직원들과 부모 사이에 숨어 있을지 모르는 부정적 대도를 무마하는 데 도움이 된다. 가족 자문관은 두 번째 가족회의에서 세운 목표와 아이디어의 공유가 확실히 이루어지도록 해야 한다. 다음에서는 성공적 회의를 보장하는 데 도움이 되는 전략을 설명한다.

❀ 준비

우리는 회의를 '어떻게'(how-to)' 진행할 것인가에 초점을 두고 의도적으로 3인칭에서 2인칭(당신)으로 서술 방식을 바꾼다.

회의를 위한 준비는 팀 과정이 시작된 첫 순간에서부터 시작한다. 학교 직원들과의 첫 만남, 아동과 가족의 첫 만남에서부터 다른 사람에 대한 부정적 대화를 피해야 한다. 학교 직원들과 행동 문제를 빈번하게 일으키는 아동의 부모에게 경험의 불일치는 흔한 일이다. 부모는 학교가 태만하거나 자녀를 차별한다고 비난할지도 모른다(예: 다른 학생들과 비교하여 모순된 규칙을 강요한다고). 어떤 부모들은 자녀가 가정에서는 잘못된 행동을 하지 않기 때문에 학교나 교사가 문제라고 느끼기도 한다. 교사들은 부모의 동기 수준, 헌신, 아니면 학교의 참여도에 대한 우려를 표현할지도 모른다. 또한 아동이 고의적으로 반항적인 행동을 한다고 설명하고 그 아동과 가족의 상황은 희망이 없다고 믿을 수도 있다.

참여자들과의 모든 만남에서 이러한 관점에 대해 암묵적으로 그 외의 어떤 방법으로도 동의하는 태도는 피해야 한다. 마찬가지로 이러한 관점에 대한 장황한 대화는 단념시킨다. 균형 잡기 어려울 수도 있다. 반대로 당신은 공감과 관심을 보여 주는 반영적 경청을 통해 그러한 관점을 인정해야 한다(예: "학교에서 당신 자녀를 지원해 주지 않는다고 느껴지는 것은 정말 절망스럽겠네요."). 이렇게 반영할 때, 당신의 것과 그런 표현을 하는 사람들의 믿음을 뚜렷이 구분한다. 하지만 인터뷰 전체를 부정적 관점에 대한 논의로 확장하는 것은 좋지 않다. 한두 번의 반영 후에 말한 내용을 재구성하거나 주제를 바꾸는 것으로 초점을 옮기는 것이 도움이 된다(예: "그 부모가 관심이 없는 것처럼 느껴져서 실망스러웠군요. 우선 제이컵이 학교에서 어떻게 행동하는지에 초점을 두고 시작하고 싶습니다.").

❁ 긍정적인 관점 세우기

부정적인 대화를 최소화하는 것에 더하여 참가자 서로에 대한 새로운 긍정적 관점을 심는 것 또한 좋은 아이디어이다. 부모와 학교 직원들 모두가 이미 서로에 대해 호의적인 관점을 가지고 있는 상황에서는 이러한 관점을 강화하는 것이 도움이 된다. 긍정적 관점을 세우는 방법은 교사, 부모와 함께하는 회의 동안 그것을 활발하게 표현하는 것이다. 예를 들어 부모와 만날 때 학교가 하고 있거나 당신이 관찰한 구체적 행동에 대해 긍정적으로 진술한다. 상황을 개선하기 위한 학교의 시도, 교사가 학생에 대해 한 진술, 아니면 단순히 아동을 돕기 위해 그들이 많은 시간을 쏟는다는 말을 할 수도 있다. 이러한 관찰은 부모의 관점을 직접적으로 무시하거나 반대하는 형태로 공유되어서는 안 된다(예: 부모가 학교에 대한 부정적 발언을 한 이후에 바로 표현하지 말라). 차라리 회의에서 협력을 강조하고 의무를 공유하는 다양한 입장에서 제공되어야 한다. 예를 들어 회의의 처음이나 마지막에 학교나 교사의 강점에 관한 정보를 나눌 수 있는 피드백 회기를 가질 수 있다. "그의 선생님과 여러 번 만났는데 그녀는 매우 협조적이었어요. 그녀가 무척 염려하고 있고, 새로운 계획을 제안하기 위해 열심히 일해 왔다고 말할 수 있습니다."

같은 방법으로, 교사 및 다른 학교 직원들과 가족에 대한 호의적인 의견을 나누는 것이 중요하다. "지난주에 그들을 방문했는데 우리가 하고 있는 일에 얼마나 호의적인지 감명받았습니다. 그들은 진정으로 앨릭스의 성공을 돕기 위해 헌신하고 있습니다." 어떤 피드백과 새로운 정보보다도 당신이 말한 것(예: 그들은 진실하다)을 믿는 것과 가능한 한 구체적이 되는 것이 가장 중요하다. 부모와 학교에 대한 이러한 새롭고 긍정적인 관점은 더욱 성공적인 파트너십을 촉진한다.

❁ 회의 준비하기

만약 학교 회의가 행동 계획의 부분이라면 가족 피드백 회의의 마지막 부분에 가족이 학교에 올 수 있는 가능한 시간을 확인하기 위한 시간을 확보해 두어야 한다. 당신은 또 교사에게 가족 피드백 회의에 앞서 다음 학교 회의를 위한 가장 좋은 시간과 날짜를 물을 수 있다. 사전의 만남을 통해 교사와 부모에게 학교 회의의 목적을 설명하고 일단 시간이 합의되면 회의 일정을 잡고 장소를 준비한다.

회의에 앞서 일정표를 만들어 참석자들에게 나누어 준다. 안건은 아동에게 집중되어야 한다. 누가 회의를 진행할 것인지 결정하는데, 이상적으로 이 진행자는 편견이 없는 제삼자로서 바람직한 방향으로 회의를 이끌기 위해 동기강화상담 기법을 사용할 수 있는 사람이면 좋다.

가족과의 회의 전에 학교-가족 회의에 참석할 학교 직원들을 만나서 목적과 목표에 대해 논의한다. 회의에서 이야기하고 싶은 주제와 관심사를 확인하고 결과적으로 달성하고 싶은 구체적인 목표를 쓰도록 요청한다. 누가 회의를 진행할 것인지를 분명히 하는 것을 포함하여 회의가 어떻게 진행될 것인지 참가자들을 준비시킨다.

전체 회의를 위해 부모를 준비시키는 것도 도움이 된다. 구체적인 목표를 확인하고 회의가 어떻게 진행될지 그들에게 알린다. 이야기하고 싶은 질문이나 관심사를 적도록 장려하고, 역할극을 통해 그들의 관심사와 아이디어를 효과적으로 표현할 수 있는 자신감을 더 많이 갖도록 돕는다. 회의에 대해 가지고 있는 어떤 걱정이라도 논의하고 적절하다면 아동을 참여시키는 것도 좋은 방법이다.

공식적인 회의 전에 참석자들과 면담을 하는 한 가지 목적은 설득적인 말하기 기법을 가르치기 위함이다. 각 참석자들이 효과적으로 의사소통하는 방법을 공유하는 것이 좋은데, 이것은 생각하고 말하기 전에 멈추고, 다른 사람들의 노력과 행동을 인정하고, 긍정적인 관점을 유지하고, 감정과 사실을 구별하고, 당신이 말하고자 하는 의미대로 말하고, 사람과 문제를 구별하고, 다른 사람들에게 당신이 좋아하지 않거나 원하지 않는 것을 말하는 대신 원하는 것을 말하고, '당신은' 대신에 '나는'으로 말하는 것을 포함한다.

최종적으로 모든 관계자들을 고려하여 시간과 장소를 준비해야 한다. 회의 전에 전화나 이메일로 회의를 상기시키는 메시지를 보내고, 회의 일정과 안건을 배포한다. 회의에 일찍 도착하여 필요한 대로 자리를 배치하는 것이 좋다.

❁ 회의 진행하기

참여자들을 환영하는 것으로 회의를 시작한다. 참석한 것에 대한 감사를 표하고, 학생을 돕기 위한 공동의 약속에 대해 언급한다. 공식적으로 참석자들의 노력을 구체적으로 인정해 주고 최소한 부모와 교사의 관심과 노력을 칭찬해 준다. 회의 초반에 학생의 강점에 대해서도 분명히 언급한다. 예를 들어 "우리는 모두 키모를 돕고자 하고 학교생활을 성공적으로 하는 모습을 보고 싶습니다. 그는 훌륭한 학생입니다. 한 팀으로서 우리는 그를 도와 다시 정상 궤도를 찾을 수 있는 가장 좋은 방법을 찾을 것입니다. 우리 중 그 누구도 혼자 이 일을 할 수 없습니다. 이 일이 되게 하려면 우리는 서로가 필요합니다."

참석자들에게 자신을 소개해 달라고 요청한 후 회의의 개관을 알리고 일정을 안내한다. 일정표는 인쇄물이나 보드에 쓰는 형태 모두 가능하다. 일정에 추가할 항목이 있는지 물어본다.

다음으로 회의의 기본 원칙을 소개하는데 기본 원칙은 아래의 내용을 포함할 것이다.

- 한 번에 한 사람만 말한다.
- 모든 사람은 자신의 견해를 가질 권리가 있다. 인신공격을 하지 않는다. 비난하지 않는다.
- 주제와 관련 없는 대화는 피한다.

- 불평에 집중하기보다 문제해결에 초점을 유지한다.
- 일정을 지킨다.

추가되어야 할 또 다른 규칙이 있는지 묻고 기본 규칙의 최종 목록에 동의를 구한다.

학생의 긍정적인 특성과 성장의 징후를 언급하는 것으로 일정(agenda)을 시작한다. 각각의 특성에 대한 구체적인 예시를 제공하고 다른 사람들에게 정보를 제공하도록 요청한다. 각 참석자들에게 학생과 회의를 위한 목표를 나눠 줄 것을 요청하고, 각각의 목표를 반영하고 요약한다. 목표들 간의 주제와 연결 관계를 확인하며 기억하고 고려하기 위해 이를 보드에 적어 둔다. 회의가 진행되는 동안 목표에 대해 다시 언급해 준다.

회의 진행 절차에 따라 의견을 반영하고 문제점을 확인하는 데 그룹 촉진과 동기강화상담 기법을 사용한다. 논의를 들으면서 발생할 수도 있는 장애물을 예상하려고 노력하고, 만약 대화가 표류하기 시작하면 안건으로 돌아가도록 조정한다. 만약 긴장이 발생하면 학생의 필요로 초점이 돌아가도록 방향을 돌린다.

모든 사람들의 참여를 독려하고 그룹을 지속적으로 살피면서 계속 얘기를 이어 나가도록 만든다. 만약 비언어적 단서가 부정적이고 혼란스러움을 가리킨다면 멈추고 개인적으로 점검하는 것이 좋다(예: "스미스 씨, 지금 인상을 쓰고 계신 것이 보이네요."). 만약 주제에 관해 부정적인 논의가 많다면 언제나 좋은 점이 있다고 언급하고 의견을 물어본다. 거꾸로 주제에 관한 반응이 전부 긍정적이라면 언급되지 않은 우려가 있는지 물어본다.

❀ 갈등 관리

회의가 진행되는 동안 한 참석자가 다른 사람들에게 언어 공격을 당하거나 곤경에 처하게 된다면 언제라도 즉시 개입하여 긴장을 풀고 안건과 목표에 집중하도록 방향을 전환한다. 과거나 다른 사람을 비난하기보다 대화를 다시 목표와 필요한 해결책으로 돌려야 한다. 만약 목표를 보드에 적어 놓았다면 그것은 자연스럽게 목표를 향하는 데 도움이 될 수 있다. 기본 규칙을 게시하는 것 또한 도움이 될 수 있고 대화의 방향을 전환하고자 할 때 반복적으로 언급할 수 있다(예: "나는 우리 모두가 경청과 다른 사람을 방해하지 않는 것에 대한 기본 규칙을 떠올리길 바랍니다."). 과거가 아닌 미래에 초점을 두고 논의를 계속한다.

갈등이나 논쟁이 발생할 때

- 경청한다. 방어적 행동을 줄일 수 있게 존중하고 공감한다.
- 바라는 결과를 명확히 한다.
- 양쪽의 의견을 명확히 한다. 입장은 기존의 생각만큼 다르지 않을 수도 있다.
- 두 의견 간의 공통점을 명확히 한다.
- 비난을 허용하지 않는다. 해결을 지향하고 모두에게 이로운 해결책을 향해 노력한다.

회의에서 일반적인 행동 문제 관리하기

회의가 진행되는 동안 일어날 수 있는 일반적인 문제를 예상해 보는 것이 도움이 될 수 있다. 하나의 흔한 패턴은 문제해결에 초점을 두기보다 불평하는 것을 선호하는 사람이 있는 것이다. 이러한 패턴에 대응하는 한 가지 방법은 처음에는 그 사람의 우려에 동의하면서 주제를 이해했는지 확인하는 것이다. 그런 다음 같은 기분인지 다른 사람들에게 물어본다. 어떤 응답이든 반영하고 요약한 후 마지막으로 주제에 대한 문제해결과 목표 계획을 위해 그룹의 대화 방향을 돌린다(만약 이야기가 될 중요한 주제가 있다면). 그렇지 않으면 가까이에 있는 화제로 초점을 돌릴 수 있다.

또 다른 일반적인 패턴은 대화를 장악하는 사람이 있다는 것이다. 이러한 일이 발생할 때, 우선 그 사람의 기여에 감사를 표한 다음 "다른 사람들이 주제에 대해 말하는 것을 들어 봅시다."라고 말한다. 다른 사람들에게 반응할 것을 권하고, 만약 그 행동이 지속된다면 그 사람에게 기본 규칙을 환기시킨다.

이러한 회의에서 불편한 감정이 생길 수도 있다. 다양한 감정이 발생할 것이라고 예상해야 하는데, 왜냐하면 회의에 참석한 모든 사람들은 종종 결과에 매우 민감하기 때문이다. 또한 가끔 회의에 놓인 문제는 장기간 해결되지 못한 주제이고, 많은 참석자가 깊고 오래된 절망과 불만을 가지고 있는 주제일 수 있다. 일반적이고 예측할 수 있는 감정을 알아차리는 것이 중요하다(예: 부모는 자녀에 대한 새로운 견해를 받아들일 때 절망, 슬픔, 비애를 표현할 것이다). 사람들의 언짢은 감정을 확인하고 다룸으로써 그들을 도울 수 있으며 그들로 하여금 최대한 편하게 느끼게 하는 것이 중요하다. 감정을 분명히 하고 기존에 했던 생각과 연결시키는 것이 도움이 될 수도 있다. 그들의 감정과 침체에 대해 새로운 통찰에 도달하도록 사람들을 도울 때 그들의 역량을 강화할 수 있다. 다른 한편으로는 감정적인 표현을 뿜어 내는 것이 회의를 장악하지 않도록 해야 하며, 일정이 계속 진행되도록 유지하는 것이 중요하다.

❀ 해결을 향한 작업

회의 진행의 과정으로서 개인의 입장보다는 공통의 관심사에 논의의 초점을 맞춘다. 한 번에 한 가지 주제를 다룬다. 가장 큰 주제와 맞붙기 전에 집단이 성공을 경험하도록 가장 도전적인 주제는 회의의 후반에 남겨 두는 것이 좋다. 모든 참가자가 사람을 그 문제 행동에서 분리하도록 계속해서 확인하고, 모든 사람들의 관점을 들을 수 있는 시간을 갖는다. 마지막으로 성공적인 행동 계획을 세운다.

❀ 회의 종결하기

회의가 곧 끝날 것이라고 공지하고(15분 전이나 끝나기 바로 전에) 아직 언급되지 않았지만 회의에서 반드시 검토해야 할 주제가 있는지 확인한다. 달성된 것과 이루어져야 하는 것(언제, 누구에 의해서)을 요약하고 행동 계획을 기록한다(다음의 예시 참조). 이야기되지 않은 주제가 있는지 재검토하고 미래에 이 주제를 해결하기 위한 계획을 세운다. 마지막으로 회의의 과정에 대한 참석자들의 피드백을 요청하고 모든 사람들에게 시간을 내어 참석해 준 것에 감사를 표하고, 필요하다면 다음 회의 일정을 잡는다.

❀ 회의 후속 조치

회의 이후에, 무엇을 달성했고 누가 무엇을 언제 할 것인지가 포함된 작성 형식에 논의된 것을 요약한다. 회의에 참석했던 구성원들에게 요약본을 나눠 주며 회의에서 내린 결정을 따르고 그것들이 제정되는지 확인한다. 또한 미해결 과제를 끝까지 살피고 그것들을 해결하기 위한 행동 계획을 세울 필요가 있다.

❀ 영원히 행복하게

언제나 합의에 도달할 수는 없지만 학생을 돕기 위한 전진을 할 수 있다는 것을 기억하자. 무엇이 효과가 있고 없는지 측정하는 것이 중요하며 추가적인 회의가 필요할지도 모른다. 어떤 회의는 명쾌한 해결책 없이 끝내야 할 수도 있다. 그러나 모든 회의는 다음 단계를 위한 분명한 행동 계획을 세운 후에 끝내야 한다.

사례 예시

아래에 제시된 것은 지속적인 행동 문제와 학업 문제를 겪고 있는 학생들에게 문제해결 팀 접근을 사용한 모범적 사례이다.

심각한 우울증과 학교 행동 문제를 가진 학생

가정환경

세라와 빌은 케니의 친부모이다. 케니는 8살이고, 부모와 아이는 함께 살고 있다. 케니는 시골 지역의 한 학교에 다니고 있는데 이제 3학년이 되었다.

나타난 문제

케니는 잦은 파괴적 행동 때문에 교무실에 불려 가는 등 부적응적인 행동 문제를 보이고 있는데, 이 때문에 케니의 가족이 의뢰되었다. 분명히 케니는 경솔하게 말하고, 선생님과 언쟁을 하며, 적절한 방법으로 과제를 완성하는 데 어려움을 겪고 있다.

가족 및 학교 평가

문제해결 팀의 가족 자문관은 케니의 부모와 연락했다. 그들은 케니의 학교생활을 돕는 데 관심을 가지고 있었다. 가족은 부모와 아이의 인터뷰, 부모, 교사, 학생, 그리고 교실 관찰을 위한 일련의 질문지로 구성된 가족 평가에 대해 동의했다. 가족 및 학교 평가를 위해 사용된 측정도구는 아래와 같다.

- 아동, 부모, 교사, 아동 행동문제 평가 척도(Behavior Assessment System for Children; Reynolds & Kamphaus, 2004)
- 학교 적응에 관한 교사 관찰(Teacher, Observation of Classroom Adaptation; Koth, Bradshaw, & Leaf, 2009)
- 구조화된 부모 인터뷰
- 구조화된 아동 인터뷰
- 구조화된 교사 인터뷰
- 60분 동안 직접 관찰한 교실 행동

가족 자문관은 부모 인터뷰와 가족 평가를 완료하기 위해 하교 후 그 가정에서 가족을 만났다. 케니와 부모는 평가에 응했다. 평가는 약 90분 정도 걸렸다. 평가를 진행하는 동안 부모는 적극적으로 참여했고, 학교와 그들이 케니를 돕기 위해 지금까지 사용했던 전략에 관련된 세부적인 정보를 제공했다. 구조화된 부모 인터뷰에서 확인된 주된 관심사에는 과제 수행에 대한 케니의 어려움(특히 학교 과제), 몇몇 교우 관계, 주의집중과 지시를 따르는 것에 대한 어려움 등이 포함되었다. 부모는 케니가 친절하고 집안일을 잘 도와주었다고 진술했다.

가족 자문관은 가족 인터뷰를 통해 담임교사가 미완성된 과제를 모두 집으로 보내 학교 과제를 완료하도록 해 왔다는 것을 알게 되었다. 학교에서 끝내지 못한 모든 과제를 밤에 집에서 완료했던 것으로 예상된다. 케니는 저녁식사 후 내내 책상에 앉아 있어야 하고, 부모는 과제를 완료하도록 촉구했을 것이다. 아버지는 케니가 학교에서 성공할 수 없기 때문에 우울한 것처럼 보인다고 보고했다. 게다가 그들은 집에서 케니가 과제를 완료할 수 있도록 돕는 과정에서 케니와 높은 수준의 갈등을 겪고 있다고 보고했다. 더 나아가 케니는 방과 후 자유시간이 없고, 친구들과 놀 수 있는 시간이 거의 없다는 것을 알았다.

케니는 적극적인 참여자였다. 첫 번째 가족 자문관이 부모를 만난 것처럼, 두 번째 가족 자문관이 케니를 만났다. 라포가 쉽게 형성되었고, 케니는 구조화된 아동 인터뷰와 행동 평가 시스템의 자기보고 질문지에 대답했다. 아동 행동 평가 시스템을 완성하는 동안 자문관은 케니가 구체적인 질문에 대한 답을 선택하는 데 어려움을 겪는다거나, 가끔 마음을 바꾼다거나, 또한 대답에 대해 생각할 필요가 있는 상태에 대해 관찰했다. 게다가 케니는 인터뷰하는 동안 내내 질문을 했다.

교실 관찰

학교 기반 팀은 교사가 인지하는 문제행동이 언제, 얼마나 자주, 누구와 함께 있을 때 나타나는지, 얼마나 심각한 문제행동인지 확인하기 위해 구조화된 교사 인터뷰를 실시했다. 또한 학교 기반 팀은 케니의 3학년 교실을 60분 동안 관찰했다. 관찰은 하루를 시작하는 시점부터 시작되었다. 케니는 교실에 15분 늦게 도착했다. 케니는 교사가 과제를 제출하라고 요구할 때마다 자료를 얻기 위해 여러 번 자리를 움직였다. 교사는 학생들이 손을 들고 응답할 수 있는 기회를 여러 번 제공했다. 교사가 교육하는 동안 케니의 관찰이 시작되고 처음 5분 동안 아홉 번 소리지르며 대답했다. 교사는 이런 행동에 44% 정도 주의를 집중했다. 교사가 케니의 이런 행동을 시종일관 무시하기 시작하자 그는 책상에 엎드렸고, 화장실에 가도 되는지 물었다. 교사는 화장실에 다녀오는 것을 허락했으며, 3분의 시간을 주고 그를 기다렸다. 케니는 화장실에 가서 10분이 지나도록 돌아오지 않았고, 교사가 그를 찾기 위해 나갔다. 관찰하는 동안 케니는 대부분의 시간을 과제와 무관하게 보냈다. 관찰이 끝났을 때 케니는 자신이 해야 하는 과제를 완료하지 못했다. 대조적으로 교실의 거의 모든 학생들은 활동지를 완료하고 다른 활동으로 넘어갔다.

평정척도

케니의 부모와 담임교사는 평가척도를 각각 작성했다. 평가에 주의가 쉽게 산만해지는 것, 잘 잊어버리는 것, 주의집중의 어려움 등으로 특징을 나타내는 주의 문제에 관한 의미 있는 우려가 나타났다. 추가적으로 케니 어머니의 반응은 과잉행동, 공격성, 행동 문제, 분노, 우울, 혹은 사회적 철회에 관련된 우려를 나타내지 않았다. 그러나 아버지와 교사의 반응은 과잉행동, 다른 사람의 활동 방해하기, 생각 없이 행동하기, 다른 사람이 말할 때 가로채기, 낮은 자제력 등에 관한 우려를 나타내고 있다. 또한 교사는 부모가 식별하지 못한 공격적 행동 문제, 논쟁, 다른 사람의 목표 방해, 교사에 대한 거부, 이성을 잃어버림 등을 포함한 여러 영역의 문제에 우려를 보였다. 교사는 또한 규칙 깨뜨리기, 기만하기, 말썽 일으키기, 반항하기와 같은 품행 문제에 대한 우려를 표현했다. 그리고 슬픔, 부정적인 생각, 비관주의, 외로움, 자신이 싫다는 케니의 말과 같은 우울증 관련 증상에 대해서도 우려를 나타냈다. 표 8.1에 어머니, 아버지, 교사의 평정 결과를 요약했다.

표 8.1 케니의 행동에 대한 어머니, 아버지, 교사의 평가 요약

아동 행동문제 평가 척도 임상척도	어머니의 평가	아버지의 평가	교사의 평가
과잉행동	54	67	78
공격성	40	42	70
품행 문제	48	48	69
불안	59	65	55
우울	43	45	74
신체화	36	53	43
주의집중 문제	67	64	66
A-Type	68	73	76
철회	47	51	76

주: 60점 이상은 영역의 우려를 나타내고, 70점 이상은 임상적 문제를 나타낸다.

케니의 부모는 적응 기능에 관련한 증상이 없다고 표시했다. 그러나 교사는 사회 기술, 리더십(압박감에서 일하지 않기, 쉽게 결정을 내리지 않기), 적응력(일상이 잘 조절되지 않음, 차질이 생긴 후 빠르게 복원되지 않음, 상황이 바뀐 것에 대해 화를 냄, 화가 났을 때 잘 가라앉지 않음) 영역에 증상이 있다고 표시했다.

케니에게 아동 행동문제 평가 척도 자기보고서를 완성하라고 요구했다. 이 평가서는 학교, 임상, 개인적 영역뿐만 아니라 정서적 증상 등에서 적응에 관한 자각을 검사한다. 가족 자문관은 케니의 이해력을 보장하기 위해 큰 소리로 질문을 읽었다. 케니의 자기평가서는 다른 사람들이 그가 도와줄 수 없는 상황을 그의 탓으로 돌리는 느낌, 심지어 그가 노력했지만 잘못된 상황, 그에게 어떤 일이 일어날지 통제할 수 없는 것, 불안으로 인한 어려움, 예를 들어 작은 일에 대한 걱정, 어떤 일이 일어날지에 대한 걱정, 그가 나쁜 일을 할 수도 있다는 걱정과 같은 통제 소재의 영역에서 어려움이 있다는 것을 나타냈다. 케니의 자기보고서의 우울증에 관해 그는 문제가 될 것이 없는 데도 늘 아무것도 아닌 느낌, 우울과 아무도 그를 이해하지 못한다는 느낌, 슬픔을 느낀다고 표시했다. 표 8.2와 8.3은 케니의 자기보고 평가를 요약한 것이다.

표 8.2 케니의 자기보고 행동 요약

아동 행동문제 평가 척도 임상척도	T 점수 자기평가	아동 행동문제 평가 척도 임상척도	T 점수 자기평가
학교에 대한 태도	50	교사에 대한 태도	55
학교 문제	53	A-Type	51
통제 소재	62	사회적 스트레스	52
불안	61	우울	61
부적절한 느낌	58	주의집중 문제	71
과잉행동	65	부주의/과잉행동	70

주: 60점 이상의 점수는 주의를 기울여야 하는 정도, 70점 이상의 점수는 임상 장면에서의 문제를 나타낸다.

표 8.3 케니의 적응적 행동에 대한 자기보고 요약

아동 행동문제 평가 척도 적응척도	T 점수 자기평가	아동 행동문제 평가 척도 적응척도	T 점수 자기평가
부모와의 관계	38	대인 관계	47
자아존중감	44	자립	50

주: 50점 아래의 점수는 증상에 주의를 기울여야 한다.

케니의 응답에서 가장 눈에 띈 어려움은 주의 문제와 과잉행동이었다. 케니는 주의집중시간이 짧고, 종종 잘 잊어버리고, 자신이 하는 일에 집중하거나 선생님에게 주의를 기울이는 데 어려움이 있고, 자주 생각 없이 행동하고, 가만히 앉아 있기가 어렵고, 다른 사람이 이야기하는 것을 기다리지 못하고 말한다고 표시했다. 케니는 학교나 교사에 대한 부정적인 태도, 학교 문제, 사회적 스트레스, 혹은 외적 통제 소재를 가리키는 항목에는 표시하지 않았다. 적응척도 항목에 대한 케니의 응답은 또래 관계, 자아존중감, 자립에서 좋은 것으로 나타난다. 그는 자신의 숙제를 도와주는 것에 대해 부모님이 좋아하지 않는다고 느낀다고 응답했다.

가족 피드백 회기

자문관은 피드백 회기를 거의 가족 평가 일주일 후에 진행했다. 피드백 회기는 가정에서 진행되었고, 부모가 모두 참석했다. 피드백 회기는 약 90분 동안 진행되었다. 이 만남에서 자문관은 평가에서 발견한 주요 내용을 이야기하고, 현재 마주한 문제의 함의에 대해 논의했다. 피드백은 가족의 긍정적 보호 요인과 위험 요인 혹은 관련된 범위에 대해 제공되었다. 평가에서 나타난 보호 요인에는 건강한 가족 관계와 부모에 의해 공유된 약속이 포함된다. 부모는 아이에게 집중하고 아이의 행동에 높은 관심도를 보이며 관찰한다. 이런 장점에도 불구하고 가족 평가는 몇몇 영역에서 염려(문제)를 드러냈다. 밝혀진 위험 요인에는 부모, 교사의 질책이 포함되고, 케니의 부주의 문제가 임상적 범위에 포함되었다. 게다가 학교에서의 파괴적인 행동과 과제 완료의 어려움이 다른 구체화된 행동 영역의 증상에 포함된다. 케니는 특히 불안이나 우울 등의 정서적 어려움과 좁은 또래 관계를 가지고 있는 것으로 파악되었다.

	피드백 회기 대화	비고
가족 자문관:	우리는 모든 정보를 취합하고 분석했습니다. 그리고 이 양식을 이용해서 부모님과 함께 공유할 것입니다. 매우 많은 정보를 가지고 있고, 진행하면서 생각하기를 원하는 것은 부모님에게 중요한 것과 우리가 초점을 맞추어야 한다고 생각하는 것, 다음 단계를 위한 아이디어입니다. 저는 그것들을 적어 내려갈 것이고, 끝으로 우리는 구체적인 계획을 작성할 수 있을 것입니다.	요약과 간단한 소개
	그런데 이 양식을 보면 여기 초록색에서 시작해서 빨간색으로 이동하는 것을 볼 수 있을 것입니다. 초록색 영역에 표시된 것은 좋은 것으로 계속해서 유지해 나가길 원하는 부분이에요. 하지만 빨간색 안에 있는 것은 우리가 주의해서 계획을 세우고 다루어야 할 부분이죠.	피드백 형식 소개
	첫 번째 카테고리는 반항입니다. 부모님은 문제라고 보시지 않지만 교사들은 그가 다소 무례하다고 느끼고 있습니다. 품행에 대해서도 마찬가지네요. 교장실에 많이 불려 가고 있어요. 집에서는 그렇게 보이지 않으니 이것은 주로 학교에서의 문제입니다. 자, 주의집중 문제는 빨간색에 있어요. 일률적입니다. 부모님도 케니도 선생님도 그렇게 보고 있습니다. 이야기를 좀 더 나누고 싶은 내용이	피드백
	분명하네요. 또 다른 두드러지는 것은 불안입니다. 부모님 모두 케니가 걱정을 많이 한다고 봅니다. 그래서 이것은 노란색에 있습니다. 그렇지만 케니의 우울은 매우 높아요.	선택적으로 핵심 결과 강조
아빠:	(끄덕인다)	
엄마:	저건 자아존중감 같은 건가요?	
가족 자문관:	그것은 슬픔, 외로움 상황이 나쁜 듯하고 좋아질 것 같지 않다고 느끼는 것을 말해요.	
아빠:	(자문관에게) 제가 그것에 대해 이야기했었죠.	
가족 자문관:	네.	확인
아빠:	선생님들은 끊임없이 그를 압박했어요. 4년 동안이나 말이에요.	
가족 자문관:	시간이 지나면서 계속 쌓여 갔군요. 아버님은 분명히 보고 계셨어요. 선생님도 케니도 이야기하고 있습니다. 우울에 대해	원하는 피드백 반영

	서는 놀라지 않으셨나요?	체크인
아빠:	저는 불안이 더 높을 것이라고 생각했습니다.	
가족 자문관:	네, 그것이 우울이었습니다. 둘은 함께할 때가 많아요.	
엄마:	걱정되네요. 케니가 학교에서 문제가 있다는 것은 알았지만 그것이 이런 영향을 줄지는 몰랐어요.	변화대화
가족 자문관:	그것이 어머님을 힘들게 하는군요. 어머님은 케니가 힘들어하고 있다는 이야기를 듣고 좋아할 수 없죠.	반영
엄마:	그렇습니다.	
가족 자문관:	다시 언급해야 할 것들의 목록에 둡시다(적어 둔다). 이제는 가족 이야기를 좀 해 보죠. 부모님은 잘하고 계십니다. 모두 참여적이고 의사소통도 잘하고 있습니다. 가정에서의 분명한 목표도 가지고 있습니다. 격려도 잘 해 주고 있군요. 초록색에 두었지만 다소 높아요. 왜냐하면 저에게 말씀하시기를 예전에는 강화물을 사용했는데 최근에는 그렇게 하지 않는다고 하셨습니다. 여기에 놀랄 만한 사실이 있나요?	목록 작성 피드백과 인정하기 체크인
아빠:	아니요.	
가족 자문관:	아주 잘하고 있다는 것을 알고 계시죠.	반영
아빠:	노력하고 있어요. 그렇게 희망했습니다.	
가족 자문관:	두 분 모두 3시에 정확히 학교에 와 주셨습니다. 대단히 협조적이고 지지적입니다. 많은 것을 노력하고 계시네요.	인정하기
엄마:	힘들어요. 우리가 가지고 있는 문제에 대해 도움을 주신다는데 어떻게 거절하겠어요? 저희도 방법을 못 찾았으니까요.	
가족 자문관:	그렇다고 해도 여러분은 한밤중에 저희와 함께하는 회의에도 호의적이고 피드백에도 정말 개방적이십니다. 정말로 도움을 원하고 있다는 것이 보여요. 우리는 그것을 강점으로 보고 활용할 것입니다. 놀라시지 않겠지만 학교에서는 주의집중이 빨간색입니다. 시간하고 관련이 있어요. 교실을 관찰했을 때 케니는 20분 정도 늦었습니다. 그래서 뒤에 서 있었는데 거기서 15분 정도 수업을 놓쳤습니다. 이미 하루를 뒤처진 채 시작하고 있었습니다. 주의집중 문제는 하루 생활에 부정적인 영향을 미칩니다.	인정하기 희망 고취 피드백
아빠:	이해할 수 없네요. 학교 구조가 어떻게 되어 있어서 어디서 늦는 것인지. 내가 학교 다닐 때는 교실로 바로 갔는데요.	

가족 자문관: 혹시 케니가 무엇을 하는지 아시나요? 열린 질문

엄마: 네, 그냥 복도에서 빈둥거리고 게으름을 피워요. 산만하지요. 제가 케니를 7시 30분에 데려다주는데 아마도 케니한테 너무 많은 시간을 주나 봐요. 만약 우리가 여기서 아침을 먹고 난 후 데려다주면 좀 더 시간을 맞출 수 있을지도 모르겠어요.

가족 자문관: 그게 바로 우리가 해결하고 싶었던 것입니다. 적어 두고, 이 일을 해내려면 학교와 어떻게 일할 수 있는지 봅시다.

부모가 참석한 팀 회의

회의를 통해 학교에서 계속되는 케니의 행동 문제를 다루기 위한 계획을 세웠다. 그들은 가정에서의 보상과 함께하는 학교 기반 개입을 개발했다. 더 나아가 부모는 케니의 임상적으로 심각한 주의집중 문제를 다루기 위해 소아정신과 의사가 진행하는 약물치료에 관심을 표현했다. 문제해결 팀은 케니와 함께하는 교사와 그가 매일 해야 하는 활동의 목록을 작성했다(예: 교실에 제시간에 도착하기, 겉옷 벗기, 공부 바로 시작하기). 각각의 항목을 달성하면 케니는 포인트를 얻었다. 이 포인트는 나중에 학교 기반의 보상으로 바꿀 수 있다. 케니는 교사와 함께 가능한 강화물 목록을 만들었다. 케니가 떠올린 보상의 하나는 관리인을 돕는 것이었다. 집에서 케니는 목록의 할 일 중에서 85%를 달성하면 보상을 받았다. 케니의 부모는 케니에게 숙제를 완성하기 전에 자유시간을 주거나, 가족과 함께 게임을 하거나, 좋아하는 쇼를 보여 주는 것으로 보상을 했다.

문제해결 팀은 교사와 케니의 진전을 관찰하고 받은 포인트를 확인하기 위해 체크리스트를 모으고, 체크리스트가 날마다 실행되고 있는지 확인함으로써 매일의 체크리스트 토큰 경제가 실행되고 있는지 점검했다. 문제해결 팀은 또한 언제, 얼마나 자주 케니가 학교 기반 보상을 위해 포인트를 사용할 수 있는지를 결정하기 위해 진행 사항을 점검했다. 학교에서의 개입은 충실하게 시행되었고, 과제를 완성하고 교실에서 업무를 지속하는 케니의 능력이 향상되었다.

가족 자문관은 개입에서 가족 영역의 효과성을 평가하기 위해 가족을 만났다. 한 가지 밝혀진 문제는 때때로 케니가 체크리스트를 잃어버리거나, 그가 집에 도착했을 때 부모가 체크리스트를 찾아낼 수 없다는 것이었다. 그들은 날마다 케니가 집에서 보상을 받을 수 있는지 결정하기 위해 체크리스트를 재검토해야 했다. 가족 자문관은 케니의 체크리스트를 폴더 안에 넣고, 폴더를 가방 안에 넣으면 그의 부모가 가방을 열어 폴더를 찾는 일상생활 규칙을 세우는 작업을 했다. 간단해 보일지라도 케니가 도움을 필요로 하는 조직화 기술은 프로그램 성공의 필수 요소이다. 가족은 가정에서의 개입에 성공적인 수행을 할 수 있었다. 그들은 케니가 더 성공적이라고 느꼈다고 보고했다. 뿐만 아니라 그가 얻은 보상에는 종종 가족과 함께하는 시간이 포함되었다. 그래서 결과적으로 가족의 유대감이 증가했다.

경미한 수준의 발달장애를 가진 학생

나타난 문제

세라는 8살의 3학년 학생으로 경도 정신지체 진단을 받았고 교실에서 파괴적인 행동을 보인다. 세라는 좌절감을 느꼈을 때 폭발적인 행동을 하며, 하고 싶지 않은 행동을 하도록 요청받았을 때 종종 물건을 던지거나 소리를 지른다. 이 때문에 세라는 종종 학교 관리자에게 불려 가기도 했다.

평가 및 피드백

가족 자문관은 하교 후 가정에서 부모와의 만남시간을 정했다. 가족과 함께하는 첫 회의에서 가족 자문관 중 한 사람이 부모를 면담했고, 부모는 각각 아동 행동문제 평가 척도-부모 보고(Reynolds & Kamphaus, 2004)를 실시했다. 두 번째 자문관은 세라와 만나서 화나기 직전과 직후에 보통 어떤 일이 일어나는지를 포함하여 그녀가 생각하는 학교에서의 문제가 무엇인지 물었다. 다음으로 학교 기반 팀은 교실 관찰 일정을 잡고 교사에게 개정된 TOCA(Koth, Bradshaw, & Leaf, 2009)와 아동 행동문제 평가 척도-교사 보고(Reynolds & Kamphaus, 2004)를 작성하도록 요청했다. 가족 자문관은 이러한 정보를 요약하고 가정에서의 두 번째 회기에서 피드백을 공유했다. 피드백 회기에서 가족 자문관은 가족들이 세라와 맺고 있는 강하고 긍정적인 관계뿐만 아니라 가정-학교의 원활한 의사소통에 대해 논의했다. 가족들은 세라의 대처 기술(coping skill), 분노 조절, 사회성 기술을 다루고 싶어 했다.

팀 회의 및 행동 계획

추가적으로 학교 회의에 교장, 담임교사, 특수교육교사, 학교 자문관, 세라의 부모, 가족 자문관이 참여하여 세라를 위한 행동 계획을 세웠다.

학교

회의가 진행되는 동안 팀은 학교에서 수행할 강화 계획을 세웠다. 만약 세라가 오전에 폭발하지 않았다면 세라의 어머니(학교에서 근무)가 점심시간에 잠깐 방문하고, 만약 세라가 오후에 폭발했다면 어머니가 끝날 때 데리러 오는 일정이 포함되어 있었다. 두 번째 시행 전략은 세라에게 학교생활에서의 이동과 일정 변화에 도움을 주기 위한 시각화된 일정표였다. 세라와 자문관은 학교생활 동안 세라가 하는 여러 가지 활동을 그림으로 그려 시각화된 일정표를 완성했다. 세 번째 시행 전략은 세라가 수업마다 자신의 행동에 대한 피드백을 받기 위해 가지고 다니는 매일의 행동 그래프였다. 행동 그래프는 세 가지 영역으로 이루어졌는데 학교의 행동 지원 모델(안전, 존중, 책임)을 따랐다. 세라는 각각의 수업에서 영역별로 웃는 얼굴, 무표정한 얼굴, 슬픈 얼굴 등 다양한 표정을 보였다.

부모

가족 자문관은 세라, 어머니와 함께 학교에서 만나 감정 조절과 사회성 기술의 향상을 위한 전략을 작업했다. 가족 자문관은 학교 개입의 효과에 대한 정보를 제공했고, 세라와 함께 집에서 할 수 있는 활동뿐만 아니라 아이디어를 주었다.

결과

학교는 세라의 행동변화를 설명해 주는 여러 개의 주목할 만한 사건을 보고했다. 첫 번째 사건은 세라가 교실에서 화가 났을 때 발생했다. 예전처럼 물건을 던지는 대신에 세라는 잠시 동안 자기 머리를 잡아당기고 난 후 회복되었다. 두 번째 사건은 세라가 학예회를 연습하기 위해 학교 버스를 타러 가지 않고 선생님과 남아 전에 아파서 빠진 수업의 보충을 선택한 것이었다. 과거에 세라는 버스 소리에도 흥분했기 때문에 뒤에 남기로 결정한 것은 세라에게 큰 진전이었다. 세 번째 사건은 세라가 담임선생님에게 처음으로 좋은 행동에 대한 주간 보상을 받은 것이었다. 하지만 비록 긍정적인 변화도 있었지만 세라는 학교에서 계속해서 몇 번 폭발을 했다.

세라의 어머니와 아버지는 시종일관 개입이 매우 효과적이라고 느낀다, 가족 자문관으로부터 제공받는 정보가 매우 도움이 된다, 미래에는 그들이 효과적으로 이 개입을 수행할 수 있을 것이라고 확신한다고 보고했다. 그리고 특수교사와 담임선생님 모두 개입의 목표가 매우 중요하다고 믿으며, 미래에 이러한 유형의 개입을 효과적으로 수행할 수 있으리라 확신한다고 보고했다.

요약

이 장의 목적은 문제해결 팀이 학교에서 특별히 복잡한 행동적 또는 학습적 어려움을 보이는 학생들을 위한 지원 계획을 세우고, 실행하고 감독하는 데 효과적인 정책과 동기강화상담 전략을 사용할 수 있는지 증명하는 것이었다. 여러 가지 면에서 우리가 설명하는 문제해결 팀 모델은 5장에서 설명한 교사에게 사용하는 동기강화상담과, 4장과 7장에서 설명한 가족에게 사용하는 동기강화상담 전략 사용 방법의 통합이다. 이 문제해결 모델은 학교 직원, 팀 구성원과 가족 구성원의 낮은 수준의 참여, 동기 부족을 포함한 진정으로 효과적인 계획을 방해할 수 있는 숨은 과정을 처리한다. 모순되는 가치, 기대, 기술 부족, 자원의 한계, 참여와 동기에 관한 사안, 상황적 어려움은 항상 존재한다. 문제해결 모델 안에서 이러한 요인들을 개입의 장으로 가지고 나와 극복하기 위한 방법을 찾는 것은 학생의 발전된 결과에 도움이 될 것이다.

학교에서의 동기강화상담

제3부

실행과 보급

CHAPTER 9

근거 중심 프로그램 및 실제와 동기강화상담의 통합

최근 학교 현장에서 근거 중심 실제의 활용에 대한 관심이 우후죽순처럼 확산되고 있다. 지난 몇 십 년 동안 학교에는 주정부와 국가에서 의무화하는 요구 사항을 충족시킬 수 있는 입증된 실제를 이행해야 하는 책임이 부여되었다. 근거 중심 실제에 대한 관심의 부상과 함께 떠오르는 질문은, 그렇다면 이제 어떻게 하는 것이 학교 관련자나 학부모들로 하여금 이 실제를 본래 의도에 맞게 제대로 사용하도록 할 수 있을까 하는 것이다. 실행 충실도나 실행의 질적 수준에 대한 의문 또한 생긴다. 충실도를 말할 때는 현실적인 어려움을 고려하지 않을 수 없는데, 가령 사용할 만한 수준 높은 실제를 학교에서 선별했다 하더라도학교 현장에서 실제로 사용할 때는 연구조사에서 말하는 긍정적인 결과를 확신할 수 있는 정확한 방법대로 활용할 것이라고는 장담하지 못한다.

> 특정 프로그램 및 실제를 지지하기 위한 접근의 연장으로 동기강화상담을 적용하는 것이 합리적이다.

이 외에도 학교 전문가와 학부모들이 근거 중심 실제를 실행하는 데 보다 유능해질 수 있도록 만드는 방법이 발전해 나갈 수 있는지 없는지에 대한 의문도 든다. 몇몇 연구자들은 이 과정을 돕는 수단으로 동기강화상담을 지목하면서 특정 프로그램 및 실제를 지지하기 위한 접근의 연장으로 동기강화상담을 적용하는 것이 합리적이라고 말한다. 이에 학급 교과과정은 물론 가정과 학교에서의 품행관리 프로그램 실시를 돕고자 동기강화상담을 사용한 몇 가지 학교 기반의 장면을 중점적으로 다루고자 한다.

교사의 실행연습에 동기강화상담 활용하기

학교에는 학생들의 사회·정서적 기술 교육을 위해 확립되어 있는 여러 프로그램이 있다. 그중에 어떤 것은 대안적 사고 제시 전략(Providing Alternative Thinking Strategies)과 같이 사회·정서 교육과정에 해당하는 프로그램이다. 대안적 사고 제시 전략은 교사가 학생들의 사회적 기술과 대처 기술을 가르치는 것에 초점을 둔 근거 중심의 교육과정이다(Domitrovich et al., 2010 참조). 그 외에도 좋은 행동 게임(Good Behavior Game), 팩스(PAX)라는 구조화된 학급관리 프로그램이 있다. 좋은 행동 게임의 전략은 다음과 같다. 먼저 교사가 학급을 두 팀 혹은 그 이상으로 나누고 일정기간을 정한다. 그 정해진 기간 동안 행동 위반 항목에 해당하는 일이 발생했을 때 그것을 기록해 두었다가 가장 적은 항목 수를 가진 팀이 게임에서 이기고 소정의 보상을 받는 것이다. 많은 연구는 좋은 행동 게임이 학생들의 사회·정서 발달에 성과가 있음을 지지한다(Domitrovich et al., 2010 참조). 팩스는 보다 포괄적인 접근인데, 학급관리의 기본으로 좋은 행동 게임을 활용하고 거기에 아이들의 사회·정서적 기술을 보강할 수 있는 다른 전략을 추가한다. 최근에는 대안적 사고 제시 전략과 팩스를 아울러 대안적 사고 제시 전략 to 팩스라는 하나의 프로그램으로 통합하였다.

> 교사들은 표준화된 학급 관찰과 자기보고서에 나타난 자신의 행동관리 실천 평가에 근거하여 피드백을 받는다.

지난 몇 년 동안 Reinke 박사와 Herman 박사는 존스홉킨스 대학의 예방과 초기중재센터(Center for Prevention and Early Intervention, CPEI)에서 대안적 사고 제시 전략 to 팩스의 실행을 지원하기 위해 동기강화상담 기반의 코칭 모델을 사용해 왔다(Reinke et al., 2012). 이를 통해 각 프로그램으로부터 상세한 절차(얼마나 자주 교육과 게임을 진행하는지)와 진행 기술(각 프로그램의 도구와 전략을 어떻게 잘 활용하는지)이 포함된 교사 실행연습 데이터를 수집하게 되었다. 높은 충실도를 가지고 프로그램을 실행하는 교사들에게는 수차례의 학급 방문과 필요한 경우 시범을 보여 줌으로써 기본적인 코칭 모델을 지원하였다. 한편 저조한 충실도나 낮은 빈도로 실행한 교사들에게는 구조화된 동기강화상담 중재를 제공하였다. 이 접근에서 코치는 직접관찰을 통해 실행의 상세한 정보를 모은 후에 구조화된 피드백 양식지(5장에서 제시한 것과 유사)를 활용하여 피드백을 제공한다. 그런 다음 코치는 교사들과 함께 목표를 정하고 보다 나은 실행을 위한 다음 단계를 논의하게 된다.

Reinke 박사와 Herman 박사는 몇몇 초등학교에서 이 접근의 예비 연구를 하였는데, 결과는 동기강화상담이 추가된 개입을 받은 교사들이 일반 코칭 모델을 받은 교사들보다 학급 분위기를 더 잘 개선하는 것으로 나타났다.

끝으로, Shepard 박사와 동료들은 놀라운 날들-교사용 학급관리(Incredible Years Teacher Classroom Management Program; Webster & Reid, 2010)와 같은 근거 중심 프로그램에 교직원들을 참여시키기 위해 프로그램과 학급 수준 검사지를 사용하였다. 놀라운 날들-교사용 학급관리는 학급 분위기를 개선하고 학급관리 전략을 강화하기 위한 것으로, 난폭한 행동이나 비판적인 말을 줄이고 대신 긍정적 행동을 지지함으로써 아이들의 사회적 능력, 정서 조절, 학업 참여와 학습 준비도는 증진시키고 교실에서의 공격적이고 방해가 되는 행동은 줄어들게 한다. 이 프로그램은 회기 중간에 놀라운 날들-교사용 학급관리 코치와 함께 교실에서 작업하고 엿새 동안 종일 워크숍에 참여해야 하는 등 각 단계마다 상당한 시간과 에너지를 요구한다. 학교 현장에서는 리더십을 갖춘다는 면에서 다른 경우가 많고 다수의 상충하는 요구가 있어 놀라운 날들-교사용 학급관리 프로그램을 채택하는 데 필요한 사항을 맞추기가 어려운 점도 있다(예: 워크숍에 직원들을 참여시킬 재량, 놀라운 날들-교사용 학급관리 코치와의 컨설팅 시간 확보, 적절한 프로그램 투입량과 중단 관리, 프로그램의 모든 구성 내용 진행, 학교 또는 학급 계획과 프로그램의 통합). 또한 교육에 참여하고 새로운 기술을 받아들이는 데 보이는 준비도나 동기 수준이 경험 많은 교사와 신입 교사 간에 다르게 나타난다는 점도 고려해야 한다.

Shepard 박사는 질문지를 통한 자기보고서와 표준화된 학급 관찰을 활용하여 근거 중심 프로그램을 차용할 수 있는지 없는지 그 조직의 역량을 사정한다(예: 기존의 하부조직과 필요 자원의 유효성, 서비스 시스템의 중요도, 지도력과 슈퍼비전, 학교 문화와 분위기, 스태프의 능력, 놀라운 날들-교사용 학급관리 채택에 대한 스태프들의 개방성과 준비도). 그런 다음 모아진 자료를 근거로 동기강화상담의 구도 안에서 행정관에게 피드백을 제공한다. 이는 진행 중인 놀라운 날들-교사용 학급관리를 지지하는 방법으로 의사결정과 목표 설정을 용이하게 하도록 돕고, 과정 중에 리더십이 발휘되도록 만든다. 동시에 교사들은 표준화된 학급 관찰과 자기보고서에 나타난 자신의 행동관리 실천 평가에 근거하여 피드백을 받는다. 구조화된 피드백 양식은 놀라운 날들-교사용 학급관리 코치와 함께 얻은 정보를 근거로 성장할 수 있는 영역과 강점을 부각하는 방법으로 작성되며, 교사들은 자신의 학급을 위해 목표를 설정할 수 있고 이는 놀라운 날들-교사용 학급관리의 학습 목표와도 연결된다. 교사들은 또한 놀라운 날들-교사용 학급관리 코치와 함께 선택 메뉴로부터 하루 동안 실천할 항목을 고를 수도 있다. Shepard 박사는 대규모 Head Start 에이전시를 통해 이와 같은 접근을 조사한 결과, 교실에서의 실행이 상당히 개선되고 직원들의 참여가 학기 동안 내내 유지되었으며 수집된 자료가 유용함을 밝혔다.

양육 프로그램에 학부모의 참여도를 증진시키기 위해 동기강화상담 활용하기

학부모 행동관리를 위해 확립된 양육 프로그램이 이미 많이 나와 있다. 지난 몇 십 년에걸쳐 행해진 방대한 연구는 학부모들이 이러한 프로그램에 참여함으로써 그들의 조절 기술이 향상되고 자녀가 얻는 유익도 증가하였음을 보고하고 있다(National Research Council & Institute of Medicine, 2009). 이러한 프로그램은 매우 심각한 방해행동 문제를 감소시키고 심지어 예방하기까지 하는 결과를 보여 준다. 따라서 우리의 과제는 더 많은 학부모들이 그러한 프로그램에 기꺼이 참여하도록 만드는 것으로, 이 목표를 달성하기 위해 기울인 우리의 노력 두 가지를 소개하고자 한다.

> 학부모 행동관리를 위해 확립된 양육 프로그램이 이미 많이 나와 있다.

❀ 동기강화상담과 대처 능력

지난 몇 년간 Herman 박사와 Reinke 박사는 대처 능력(Coping Power) 프로그램의 일환인 학부모 모임의 학부모 참여도를 증가시키기 위해 동기강화상담을 활용하였다. 대처 능력은 공격적이고 난폭한 행동의 초기 단계의 기미를 보이는 초등학생들을 위한 예방적 개입에 효과적인 프로그램으로 경험적으로 입증된 것이다(Lochman & Wells, 1996). 학교 기반 프로그램에서는 청소년의 공격성에 대한 사회정황적 위험 요소를 다루는데, 예를 들면 자녀와 부모 집단 개입과 같은 것이 있다. 대처 능력은 잘 정립된 개입법이지만 학부모를 참여시킨다는 것은 여전히 어렵고, 특히 도시에서는 더욱 그렇다. 이전

> 가족 체크업을 기초로 삼아 대처 능력의 내용을 전달하여 프로그램에 학부모의 참여를 증대시키고자 했다.

의 연구는 부모가 세 번 혹은 그 이상 모임에 참여할 때 자녀가 유의미한 성과를 보인다고 말한다. 그러나 부모들의 전체적인 참여 수준은 전반적으로 낮은 경향이 있다(Wells, Lochman, & Lenhart, 2008).

이 문제를 극복하기 위해 Herman 박사와 Reinke 박사는 동료들과 함께 학부모 대처 능력 프로그램과 가족 체크업을 통합하였다. 특별히 가족 체크업을 기초로 삼아 대처 능력의 내용을 전달하여 프로그램에 학부모의 참여를 증대시키고자 했다. 이 모델에서는 학부모가 먼저 가족 체크업의 두 회기에 참여하고 두 번째 미팅에서 각 학부모는 자신의 양육행동과 가족 의사소통에 관해 맞춤별 피드백을 받게 된다. 미팅은 피드백에 기초한 욕구와 학부모의 선호에 맞게 하나 혹은 그 이상의 대처 능력 모듈을 고르도록 안내하면서 마무리된다.

도시 지역 학군의 저소득층 가정을 대상으로 예비조사를 한 결과 학부모들과 학교 기반 자문관들은 통합된 모델이 효과적이고 유용하며 문화적으로 호응도가 높다는 것을 알게 되었다(Herman et al., 2012). 두 회기의 가족 체크업을 완수한 거의 모든 학부모들이 적어도 한 번의 대처 능력 모듈을 완수했던 것이다. 이는 가족 체크업 통합 이전에는 이 학부모들의 대처 능력 프로그램 참여가 없었다는 점과 비교해서 뚜렷한 차이를 나타내고 있다.

❁ 놀라운 날들-양육 시리즈와 동기강화상담

대처 능력과 마찬가지로 놀라운 날들-양육 시리즈(Incredibel Years Parenting Series) 또한 심각한 문제행동을 보이는 자녀를 가진 부모가 개입하도록 고안된 프로그램이다. 이뿐 아니라 놀라운 날들-양육 시리즈는 예방 중재로 채택, 활용되어 심각한 문제행동을 예방하는 데도 효과를 보이고 있다. Sherpard 박사는 놀라운 날들과 동기강화상담 접근을 통합하여(Shepard, Armstrong, Silver, Berger, & Seifer, 2012) 저조한 등록, 낮은 참석률, 프로그램 조기 탈퇴와 같이 학부모 프로그램을 힘들게 만드는 난제를 다루었다. Shepard 박사는 대처 능력 통합에서 했던 방식처럼 학부모의 선호에 따라 회기를 맞추기보다는 놀라운 날들 개입의 구성에 형식을 갖추고 핵심이 되는 요소를 유지하면서 순서나 양을 정해 두었다. 대신 그녀는 놀라운 날들이 집단 개입이기 때문에 개별적으로 전달할 수 있는 기회가 적고, 학부모들은 일부분 정해진 모듈에만 참석할 수 있어 치료적 이점이 감소될 수도 있다는 점을 감안하여 놀라운 날들-양육 시리즈 프로그램에 동기강화상담 전략을 활용하여 학부모의 참여를 뒷받침하였다. Shepard 박사가 제시하는 모델에서는 학부모들이 두 회기의 가족 체크업을 완수하게 된다. 이를 통해 학부모들은 변화 준비도를 사정받고 참여에 방해가 될 수도 있는 자신의 신념을 주의 깊게 평가받는다(예: 자녀에 대한 신념, 부모의 역할, 서비스에 대한 신념). 그리고 이와 같은 신념과 태도에 대해 다양한 피드백을 받게 된다. 일반적으로 가족 체크업에서는 학부모들이 자신이 받은 피드백에 기초하여 자녀와 가족을 위해 목표를 정하며, 이후 그러한 목표를 충족시키기 위해 그들이 선택할 수 있는 사항으로 놀라운 날들-양육 시리즈 집단이 소개된다. 실천을 위한 계획 단계에서는 놀라운 날들-양육 시리즈 참석이 그 하나가 되고 또 교통수단과 같이 참여를 방해하는 잠재적 장애물 밝히기, 상충되는 요구, 가족의 지원 부족과 같은 것들을 다루고, 이후 명시된 장애물들을 극복할 수 있는 계획을 세워 나간다. 무작위 예비 실험이 현재 진행 중에 있으며, 초기 근거는 일반 등록은 물론 통제집단과 비교하여 가족 체크업은 놀라운 날들에 참여하는 학부모 수를 유의미하게 증대시켰다고 말한다.

다중개입 과정에서의 동기강화상담 활용

❁ 성공에 이르는 첫걸음

앞에서 설명한 것을 포함해서 여러 개입에는 학부모, 교사, 학생과 같은 다양한 요소가 관여된다. 성공에 이르는 첫걸음과 같은 프로그램을 보면, 이는 학교에서 초기 문제행동을 보이는 저학년 아동을 위한 개입으로 경험적으로 입증된 것이다. 여기에는 학교 프로그램과 홈 프로그램이 포함된다. 성공에 이르는 첫걸음의 대표 저자인 Hill Walker 박사의 지도하에 Frey 박사와 동료들(2012)은 원래의 개입을 강화하여 학교와 가정 생태환경을 보다 효과적으로 바꾸어 학생들에게 강력한 영향을 미치고 변화의 유지 가능성을 높이고자 했다. 성공에 이르는 첫걸음은 원래 중등학교를 위한 예방 개입으로, 초등학생 중 심각한 문제행동으로 가정, 학교, 지역사회에까지 이미 단단히 자리 잡은 학생들보다는 경미한 문제행동을 보이는 초등학생을 대상으로 고안된 것이다. 성공에 이르는 첫걸음은 다음의 세 가지 요소로 나뉜다. (a) 보편적 선별 및 초기 발견 절차, (b) 학업 및 사회적 기술 학습 조항(Contingencies for Learning Academic and Social Skills; Walker & Hops, 1979 참조)라고 번안된 학교 개입 과정, (c) 가정 기반(homeBase), 이는 가족개입으로 자녀가 학교에서 성공하려면 가정에서 학부모가 자녀에게 어떻게 가르쳐야 하는지 그와 관련된 기술을 코치로부터 배우게 된다.

강화된 성공을 위한 첫걸음은 가정에서 할 수 있는 가정 기반 개입(Enhanced home-Base)이 포함되어 있고, 초기 학급 체크업(First Step Classroom Check-Up)이 포함된다. 코치가 실행하기 쉽도록 여기에는 설명서와 자료가 갖춰져 있다. 일반적으로 가정 기반 개입은 회기당 60분으로 2~5회기를 하고(예: 가정방문), 초기 학급 체크업 교실에서 교사와의 2, 3회 간략한 인터뷰를 통해 이루어진다. 가정 기반 개입 절차는 Dishion과 Stormshak(2007)의 가족 체크업에 따라 개발되었고, 초기 학급 체크업은 Reinke와 Lewis-Palmer, Merrell의 학급 체크업 모델에 기초한 것이다.

진행 과정 데이터에 의하면 가정 기반 개입은 충실도를 갖추고 실행될 수 있어 학부모와 코치들은 이것이 사회적으로 효과가 있을 것으로 본다. 또한 양육 스트레스의 감소, 양육 효능감과도 연관되어 있다(Frey, Lee, et al., 2013b). 초기 학급 체크업의 진행 과정 데이터도 충실도를 갖추고 실행될 수 있으며 교사와 코치들은 이를 사회적으로 유효하게 본다. 또한 긍정적 행동에 대한 교사의 관심을 증대시키고 교사-학생 간의 관계를 개선하는 것과 연관되어 있음을 보여 준다(Lee et al., 출판 중). 코치가 능숙하게 동기강화상담을 실행한다는 것은 충실도에서 중요한 부분이다. 동기강화상담 정신, 미세 기술의 사용과 관련하여 학부모나 교사, 행동코치의 동기강화상담 숙련도가 모두 용인할 만한 수준이었다(Frey, Lee, et al., 출판 중). 끝으로 예비조사에서는 성공에 이르는 첫걸음이 가정 기반 개입, 강화된 초기 학급 체크업(First Step Classroom Check-Up Enhancements)과 함께 이루어졌을 때 학생들의 사회적 행동 지수가 향상되고 문제행동은 감소하며 학업에 투자하는 시간도 늘어났음을 보여 준다(Frey, Small, et al., 2013).

❁ 동기강화상담 운영지침

가정 기반 개입과 초기 학급 체크업 개입의 구성에 동기강화상담을 적용하는 것은 모두 동기강화상담 운영지침에 기초하고 있다(Frey et al., 2013a; Lee et al., 출판 중). 동기강화상담 운영지침은 학교 현장에 근거 중심 실제를 적용하고 이행하려는 동기를 높이기 위한 과정으로, 그림 9.1에 나와 있듯이 다섯 단계로 진행된다. 이것은 성공을 위한 첫걸음 중재에서 의도하는 보편적 원리를 이행하고자 하는 학부모와 교사의 동기 증진을 목표로

> 동기강화상담 운영지침은 학교 현장에 근거 중심 실제를 적용하고 이행하려는 동기를 높이기 위한 과정이다.

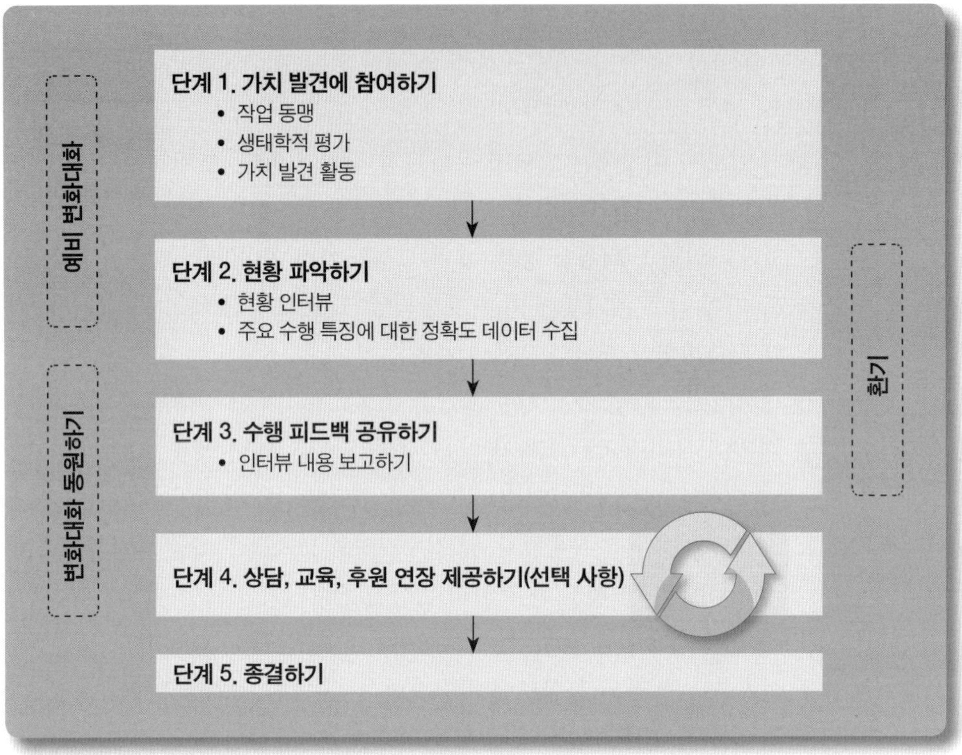

그림 9.1 동기강화상담 진행 가이드. Eddie McNamara 승인하에 재인쇄(Lee et al.)

삼는다. 다섯 단계의 동기강화상담 운영지침 과정은 코치가 동기강화상담 기법을 활용하는 데 어떤 절차와 자료, 도구를 제작해야 하는지를 알려 주며, 학부모와 교사들이 학교와 가정에서 기본적인 원리를 받아들이고 이행하려는 동기를 높이는 데 활용된다.

다른 개입 및 실제와 동기강화상담 통합에서의 원리

이상에서 다루었듯이 다른 프로그램과 실제의 서두로서 동기강화상담을 활용해 온 경험을 바탕으로 우리는 성공적인 통합을 위한 몇 가지 원리를 도출해 냈다. 그 중에서도 초기 단계 향상 과정(First Step Enhancements)를 상세히 기술함으로써 그 실례를 들고자 한다.

> 다른 실제를 더 잘 실행하기 위해 동기강화상담을 활용하고자 한다면, 현재의 어떤 문제가 동기강화상담으로 인해 극복될 수 있는지 숙고하고, 통합하려는 목적은 무엇인지 주의 깊게 고려해 보는 시간을 가져야 한다.

❀ 통합의 이유와 목적 확인하기

동기강화상담을 순응 또는 참여와 관련된 모든 문제의 만병통치약으로 보기 쉽지만 사실 그렇지 않다. 다른 실제를 더 잘 실행하기 위해 동기강화상담을 활용하고자 한다면, 현재의 어떤 문제가 동기강화상담으로 인해 극복될 수 있는지 숙고하고, 통합하려는 목적은 무엇인지 주의 깊게 고려해 보는 시간을 가져야 한다.

초기 단계 향상 개입의 효과는 보다 심각한 문제를 지닌 아동일수록 더 다양하게 나타난다는 점 그리고 효과의 유지를 위해 차후 1년간 보조 회기(booster session)가 때로 필요하다는 점이 드러났다. 이런 이유로 본래의 동기강화상담 활용 목적은 가족 구성을 튼튼히 하는 것, 그리고 가정 기반의 참가에 동의하지 않은 이유로 연구 데이터에 드러나지 않는 가족들에게 다가가기 위함이었다. 하지만 학부모들과 동기강화 전략을 사용하면서 만약 이를 교사들과 실행해 본다면 성공을 거두리라는 것이 명확해지자 통합의 두 번째 목적은 교사들의 실행 기술 향상이 되었고, 교사들의 실행연습이 프로그램의 기본이 되었다. 종합적으로 동기강화상담은 학부모와 교사가 성공을 위한 첫걸음의 원리를 실행하도록 돕는 도구이며, 이를 통해 가정과 학교 구조에 든든한 토대를 마련해 주게 되었다.

❀ 개입이나 실제의 핵심 요소 또는 원리 명시하기

동기강화상담을 기존의 개입에 연결할 때에는 그 개입을 통합의 한 부분으로 변경 가능한지 여부를 고려해서 결정해야 한다. 이는 동기강화상담이 궁극적으로 무엇과 연결될 것인가를 결정하는 데 기본적 토대가 된다. 예를 들어 앞에서 말한 Shepard의 놀라운 날들-양육 시리즈와 동기강화상담의 통합에서는 놀라운 날들을 변경시킬 수 없는 것으로 보고, 이 개입은 본래 그대로 유지하면서 동기강화상담 단독으로 참여와 출석을 증가시킬 목적으로 놀라운 날들-양육 시리즈 모델 안에서 활용하였다. 반면 Herman과 Reinke가 통합한 대처 능력과 동기강화상담에서는 대처 능력을 변경하여 모듈에 개별적으로 활용하도록 만들었다. 이후 그들은 여섯 모듈에서의 대처 능력 핵심 요소가 가정에서의 학습 지원, 스트레스 관리, 칭찬/긍정적 관심, 전례, 결과, 가족 응집력과 문제해결이라고 밝혔다. 여기서 동기강화상담은 학부모들의 선호와

> 동기강화상담에서 모아진 사정 정보는 피드백과 연관되며 무엇보다 이용할 수 있는 개입에 영향을 미친다.

표 9.1 대처 능력의 핵심 요소와 해당 척도

1. 가정에서의 학습 지원
   - 학부모를 위한 구조화된 인터뷰
     - 가정학습 환경(7항목)
     - 학부모-교사 관여(7항목)
2. 스트레스 관리
   - 생활 스트레스(20항목)
   - 주요 인생사건 질문지(12항목)
3. 긍정적 관심/칭찬
   - 학부모를 위한 구조화된 인터뷰
     - 칭찬하기(2항목)
     - 놀이와 참여(3항목)
   - 앨라배마 양육 설문지-9(Alabama Parenting Questionnaire-9)
     - 긍정적 양육(3항목)
4. 전례
   - 학부모를 위한 구조화된 인터뷰
     - 명확한 지침(2항목)
     - 모니터링/지식(6항목)
   - 앨라배마 양육 설문지-9
     - 슈퍼비전(3항목)
5. 결과
   - 학부모를 위한 구조화된 인터뷰
     - 일관성(4항목)
   - 앨라배마 양육 설문지-9
     - 모순된 훈육(3항목)
6. 가족 응집력과 문제해결
   - 학부모를 위한 구조화된 인터뷰
     - 자녀 관점(4항목)
   - 자녀와 부모 관계 척도(15항목)
   - 가족 관계 척도(5항목)

필요에 맞는 1~2개의 모듈에 참여할 수 있도록 그들을 격려하는 데 활용되는 것으로 볼 수 있다. 초기 단계 향상에서는 가정적 요소가 완전히 수정되고 학교 요인이나 프로그램 절차는 그대로 유지한 채 초기 학급 체크업을 추가적으로 선택할 수 있는 것으로 했다. 성공을 위한 첫걸음의 개입에서 말하는 긍정행동 지원을 위한 다섯 가지 일반 원리는 다음과 같다. (a) 기대행동을 분명하게 정립하기, (b) 기대행동을 직접적으로 가르치기, (c) 기대행동의 표현 강화하기, (d) 경미한 부적절 행동에 대한 관심 최소화하기, (e) 용인할 수 없는 행동의 결과에 대해 분명히 하기(Frey et al., 2013). Frey 박사는 이러한 사항을 그의 수정된 모델에 활용하였다.

❁ 통합의 구도와 평가 명시하기

동기강화상담에서 모아진 사정 정보는 피드백과 연관되며 무엇보다 이용할 수 있는 개입에 영향을 미친다. 대처 능력 통합을 보면, 대처 능력 모듈을 명확히 한 후 진행되는 평가를 통해 학부모들에게 어느 모듈에 참가하는 것이 좋은지 알려 줄 수 있다. 따라서 인터뷰와 평가척도, 관찰을 통해 가정-학교 간 의사소통은 물론 가족 간 대화, 학부모의 스트레스 관리, 학부모 행동관리를 수집하고 사정하게 된다. 표 9.1은 대처 능력 개입에서 수집하는 자료이다.

향상된 초기 단계에서의 평가는 다섯 가지 일반 원리와 연관이 있다. Frey와 동료들은 점수지를 만들어 학부모와 교사들에게 각각 적용한 후, 원리에 부합하는 내용의 피드백과 계획서를 작성하였다(활동지 9.1~9.6 참조). 개발자는 표준 및 규범적인 언급은 피하고 연구자들이 개발한 사정도구로 다섯 가지 일반 원리에 대한 자기평가에 근거하여 의사결정을 하도록 했다. 척도와 도구는 과정 매뉴얼 안에서 모두 제공된다(Frey et al., 2013). 가정 기반 개입과 초기 학급 체크업 평가는 먼저 학부모와 교사들에게 일반 원리 각각에 대해 그들이 얼마나 잘하고 있는지 자기평가를 하도록 한다(활동지 9.1과 9.2). 추가적으로 자문관이 활동지 9.3과 같은 도구를 사용하여 학급 관찰을 실시하고 일반 원리에 비추어 평가를 하게 된다. Frey와 동료들은 사례 개념화 양식지를 활용하기도 하는데(활동지 9.4), 이를 평가 자료와 합치하여 피드백 미팅을 준비한다. 이 미팅에서 그들은 활동지 9.5, 9.6과 같은 변화 계획서를 통해 학부모와 교사들의 계획 과정을 안내한다. 이러한 각 양식은 동기강화상담의 원리가 어떤 것인지 보여 준다. 또한 동기강화상담의 각 진행 단계 양식지는 어디에서든 새로운 적용에 맞게 조정, 사용될 수 있다.

❁ 통합이 목표 달성을 이끌어 냈는지 검토하기 위한 자료 수집하기

통합 모델을 실행한 후에는 통합이 당신의 목표 달성에 유익했는지 아닌지를 판가름할 절차를 위한 자료 수집이 필요하다. 흔히 이러한 것들은 중재가 효과가 있다는 주요 결과를 매개하는 것으로 보이는 가장 근접한 결과이다. 절차 데이터와 근접한 결과에는 다음과 같은 것들이 포함될 수 있을 것이다—(a) 학부모 참석, (b) 교사의 일반 원리 실행, (c) 코치-학부모 협력, (d) 부모로서의 효능감. 이 외에 참가자들(교사, 자문관, 학부모, 학생)로부터 통합 모델에 대한 관점을 수집하여 개입의 목적, 용인성, 절차의 실행 가능성, 효과성(도움이 되는지, 유용한지, 영향력이 있는지)에 대한 그들의 인식을 모아 사회적 유효성에 대한 자료를 수집하는 것 또한 바람직하다.

❁ 자료에 기초하여 통합 모델 개선하기

수집한 자료를 바탕으로 모델을 개선하는 데 활용한다. 앞서 보여 준 각 통합 모델의 평가, 인터뷰, 피드백과 같은 요소는 반복적인 과정을 거쳐 자문관과 피자문관의 피드백에 근거하여 계속적으로 개선된 것이다. 이러한 과정을 통해 만들어진 최종 양식과 절차가 구조화된 개입 매뉴얼에 기록되고 다른 이들 또한 활용하고 되풀이할 수 있게 되었다.

요약

동기강화상담은 학교 기반 개입이라면 어떤 새로운 것이든 그것의 실행 과정을 뒷받침해 줄 수 있다. 이 장에서 보여 주듯이 동기강화상담은 기존의 개입을 통합하는 데 탄탄한 기초와 틀을 제공해 준다. 또는 단순히 이미 확립된 프로그램이나 실제를 공고히 하는 데 활용될 수도 있다. 활용이나 실행에서 직접적으로 동기적 측면을 다루지 않는 실제가 있다면, 논리적이면서도 어느 실제와도 조화롭게 양립할 수 있는 접근인 동기강화상담을 통해 동기를 강화할 수 있을 것이다.

활동지 양식

활동지 9.1 초기 단계 향상: 일반 원칙과 자기평가(부모)

<table>
<tr><th colspan="2">분명한 기대 확립하기</th></tr>
<tr><td>✓ 분명한 기대(특정 행동에 대한).
✓ 기대를 긍정적으로 설명하고 자주 반복한다.
✓ 기대를 어려운 시간 바로 전에 되새겨 준다(상점 방문하기, 중요한 행사, 일의 초반).</td><td>스스로 평가하기:
분명한 기대를 얼마나 잘 사용하는가?
○ 전혀 아님 ○ 발전 가능함 ○ 잘함 ○ 매우 잘함</td></tr>
<tr><th colspan="2">직접적으로 기대 드러내기</th></tr>
<tr><td>✓ 기대는 매우 분명한 정의와 함께 작은 일들을 통해 습득된다.
✓ 역할놀이, 설명, 옳고 그른 방법에 대한 예시, 가장(假裝)놀이 등이 기대를 드러내는 데 사용된다.</td><td>스스로 평가하기:
자신의 기대를 얼마나 잘 표현하는가?
○ 전혀 아님 ○ 발전 가능함 ○ 잘함 ○ 매우 잘함</td></tr>
<tr><th colspan="2">기대 표현 강화하기</th></tr>
<tr><td>✓ 적절한 행동을 보았을 때 (작은 것일지라도) 칭찬을 해 줌으로써 기대를 강화한다.
✓ 보상 활동이 사용된다(일대일 시간, 특별한 행사, 즐거운 활동).
✓ 꾸중보다는 칭찬을 더 많이 한다.</td><td>스스로 평가하기:
기대를 얼마나 잘 강화하는가?
○ 전혀 아님 ○ 발전 가능함 ○ 잘함 ○ 매우 잘함</td></tr>
</table>

<table>
<tr><th colspan="2">사소한 부적절한 행동에 대한 집중 최소화하기</th></tr>
<tr><td>✓ 약한 정도의 짜증 나고 거슬리는 행동은 대체로 그냥 넘긴다.
✓ 부적절한 행동보다 적절한 행동에 더 집중한다.</td><td>스스로 평가하기:
부적절한 행동에 대해 집중하지 않는 편인가?
○ 전혀 아님 ○ 발전 가능함 ○ 잘함 ○ 매우 잘함</td></tr>
<tr><th colspan="2">부적절한 행동에 대한 분명한 결론 확립하기</th></tr>
<tr><td>✓ 행동에 대한 결과는 미리 계획해 둔다. 모두가 부적절한 행동에 대한 결과를 알 수 있다.
✓ 부적절한 행동을 어떻게 다루냐에 따라 다양한 결과가 있다.
✓ 결과는 논리적이고 사려 깊어야 한다. 감정이 치솟을 때 만들어 내면 안 된다.</td><td>스스로 평가하기:
분명한 결론을 얼마나 잘 사용하는가?
○ 전혀 아님 ○ 발전 가능함 ○ 잘함 ○ 매우 잘함</td></tr>
</table>

활동지 9.2 초기 단계 향상: 일반 원칙의 개관과 자기평가(교사)

<table>
<tr><th colspan="2">분명한 기대 확립하기</th></tr>
<tr><td>✓ 분명한 기대(특정 행동에 대한).
✓ 기대를 긍정적으로 언급하고 주기적으로 반복한다(예: 학급 모임).
✓ 기대를 잠재적인 어려운 시간(과도기, 특별한 행사) 이전에 다시 언급해 준다.</td><td>스스로 평가하기:
분명한 기대를 얼마나 잘 사용하는가?
○ 전혀 아님 ○ 발전 가능함 ○ 잘함 ○ 매우 잘함</td></tr>
<tr><th colspan="2">직접적으로 기대 표현하기</th></tr>
<tr><td>✓ 기대가 발생되는 상황에서 명확하고 직접적으로 표현한다.
✓ 역할놀이와 긍정적이고 부정적인 예를 들어 설명하는 것이 기대를 가르치는 데 사용된다.</td><td>스스로 평가하기:
자신의 기대를 얼마나 잘 가르치는가?
○ 전혀 아님 ○ 발전 가능함 ○ 잘함 ○ 매우 잘함</td></tr>
<tr><th colspan="2">기대 표현 강화하기</th></tr>
<tr><td>✓ 기대는 새로운 기술을 늘리기 위해 비공식적, 긍정적으로 증가된다(예: 개인 노트, 일대일, 노트 홈).
✓ 기대는 공식적으로 강화된다(예: 그래프, 표, 보상 활동).
✓ 꾸중보다는 칭찬을 더 많이 한다.</td><td>스스로 평가하기:
기대를 얼마나 잘 강화하는가?
○ 전혀 아님 ○ 발전 가능함 ○ 잘함 ○ 매우 잘함</td></tr>
<tr><th colspan="2">사소한 부적절한 행동에 대한 집중 최소화하기</th></tr>
<tr><td>✓ 작은 규칙 위반은 다시 기대를 표현함으로써 미리 교정한다.
✓ 약한 정도의 짜증 나고 거슬리는 행동은 대체로 그냥 넘긴다.
✓ 부적절한 행동보다 적절한 행동에 더 집중한다.</td><td>스스로 평가하기:
부적절한 행동에 대해 집중하지 않는 편인가?
○ 전혀 아님 ○ 발전 가능함 ○ 잘함 ○ 매우 잘함</td></tr>
</table>

분명한 결론 확립하기	
✓ 기대가 훼손되었을 경우 결과들의 위계를 구성하는 전체 학급을 위해 체계적 계획이 존재한다. ✓ 부적절한 행동에 대한 결과를 적절한 행동 결과와 개별화한다. ✓ 결과는 논리적이고 사려 깊어야 한다. 감정이 치솟을 때 만들어 내면 안 된다.	스스로 평가하기: 분명한 결론을 얼마나 잘 사용하는가? ○ 전혀 아님 ○ 발전 가능함 ○ 잘함 ○ 매우 잘함

활동지 9.3 초기 단계 향상: 일반 원칙 관찰 기록지(교사)

기대 표현 강화하기(적절한 행동에 집중하기)

<table>
<tr><th colspan="2"></th><th>관심 학생</th><th>동료</th><th>학급</th></tr>
<tr><td rowspan="2">일반적</td><td>언어적</td><td></td><td></td><td></td></tr>
<tr><td>비언어적</td><td></td><td></td><td></td></tr>
<tr><td>특수</td><td>언어적</td><td></td><td></td><td></td></tr>
</table>

사소한 부적절한 행동에 대한 집중을 최소화하는 것과 모순되는 행동(부적절한 행동에 집중하기)

<table>
<tr><th colspan="2"></th><th>관심 학생</th><th>동료</th><th>학급</th></tr>
<tr><td rowspan="2">일반적</td><td>언어적</td><td></td><td></td><td></td></tr>
<tr><td>비언어적</td><td></td><td></td><td></td></tr>
<tr><td>특수</td><td>언어적</td><td></td><td></td><td></td></tr>
</table>

분명한 기대 설정하기: ________예 ________아니요

평가:

직접적으로 기대 표현하기: ________예 ________아니요

평가:

수용하기 어려운 행동에 대한 분명한 결과 설정하기: ________예 ________아니요

평가:

학생 및 가족 이름: ______________________________

학교: ______________________________

교사: ______________________________

날짜: ____________

활동지 9.4 초기 단계 향상: 사례 개념화하기

<table>
<tr><td colspan="2">가정관:</td></tr>
<tr><td>학생의 강점:</td><td>가족의 강점:</td></tr>
<tr><td colspan="2">가족 진단 평가 결과/기록:

중요한 학생 행동에 대한 양육자의 평가:

중요한 학생 행동에 대한 교사의 평가:

중요한 양육자 행동에 대한 자기평가:</td></tr>
</table>

학생 및 가족 이름: ______________________________	
가능한 변화 계획 초점:	
중요성 평가: 1 2 3 4 5 6 7 8 9 10	자신감 평가: 1 2 3 4 5 6 7 8 9 10
장벽:	
자원:	

활동지 9.5 초기 단계 향상: 변화 계획(부모)

분명한 기대 설정하기	
직접적으로 기대 표현하기	
기대 표현 강화하기	
부적절한 행동에 대한 집중 최소화하기	
분명한 결과 설정하기	

활동지 9.6 초기 단계 향상: 변화 계획 활동 평가지(교사)

<table>
<tr><td colspan="2">교사관:

특정한 목표:</td></tr>
<tr><td colspan="2">유지 관찰(스케줄과 메모)</td></tr>
<tr><td>이런 변화를 만들고 목표를 실현하는 것의 가장 중요한 이유:

중요도 평가(1～10)</td><td>내가 자신 있는 한 가지 이유:

자신감 평가(1～10)</td></tr>
<tr><td>자원 지원:</td><td></td></tr>
</table>

CHAPTER 10

동기강화상담 배우기와 실행의 질적 수준 검토

동기강화상담을 하는 자신의 기술을 고찰해 볼 때 당신은 어떠한가? 장래에는 동기강화상담을 어떻게 하고, 어떻게 기술을 지속적으로 발전시키고 싶은가? 이 질문에 대부분의 사람들은 자신이 동기강화상담을 배우는 초기 단계에 있으며 일상대화에 그 기술 활용을 계속적으로 연습하길 원한다고 답할 것이다. 동기강화상담에 대해 이미 어느 정도 알고서 이 책을 접한 사람이나 보다 심화된 적용을 실행하고 있는 사람들은 동기강화상담에 더욱 능숙해지길 원한다는 식의 답을 할 것이다.

> 우리는 동기강화상담을 정확하게 혹은 적어도 변화를 가져오기에 충분할 정도로 잘하고 있다는 것을 어떻게 확신할 수 있는가?

동기강화상담과 같은 프로그램을 본래 의도대로 활용 또는 실천하는 것을 실행 충실도라고 한다. 충실도를 알아보는 데 핵심이 되는 질문은, 우리가 동기강화상담을 정확하게 혹은 적어도 변화를 가져오기에 충분할 정도로 잘하고 있다는 것을 어떻게 확신할 수 있느냐 하는 것이다. 이 장에서는 충실도를 사정하고 관찰할 수 있는 일련의 방법을 알아보고 당신의 기술이 진일보할 수 있도록 돕고자 한다.

변화를 위한 일상대화뿐 아니라 동기강화상담 방식에 능숙하고자 하는 학교 전문가들은 자신의 동기강화상담 기술을 모니터링할 수 있는 도구가 필요하다. 학교 행정관이라면 동기강화상담 실력의 향상을 위해 1~2명을 교내에 배정할 수도 있을 것이다. 학교 체계에서는 사회적으로 유효한 하위 구조를 구축하여 동기강화상담을 능숙하게 실행할 사람을 배출할 필요도 있다. 행동에 영향을 미칠 수 있는 이러한 실행 수준의 중요성 못지않게 다음과 같은 궁금점이 생긴다. 동기강화상담을 능숙하게 하기 위해서는 얼마나 많은 교육과 슈퍼비전, 연습이 필요한가? '충분히 좋다'라는 것은 어느 정도의 숙련도를 말하는가? 숙련도를 평가하기 위해서는 어떤 표준척도를 사용해야 하는가? 이러한 것들은 동기강화상담과 같은 근거 중심 개입 혹은 실제를 오랫동안 계속 따라다니는 질문이다.

동기강화상담을 배우고 실행의 질적 수준을 검토하기 위한 여러 자료가 기존에 있기는 하나 대부분의 자료는 물질 남용과 정신건강 자문관, 건강 관련 전문가들을 위해 개발 및 발달되어 온 것이 대부분이고, 학교 현장에 동기강화상담의 적용으로 특화된 것이 아니다. 다행히 10여 년간 물질 남용, 정신건강, 건강 관련 분야에서 행해진 연구로부터 수집된 많은 정보는 실행의 질적 수준을 검토하고 향상시키기에 유용하다. 더불어 몇 개의 학교 기반 연구 팀에 의해 동기강화상담 접근에 기초한 기존의 개입이 수정되고 발달해 가기 시작했다. 학교 관계자를 양성하기 위한 새로운 전문 발달 시스템이 부상하고 있으며, 슈퍼비전과 전문성 개발을 지원하고 실행의 질적 수준을 검토하는 자원이 되고 있다. 이 장에서는 동기강화상담 배우기 그리고 학교 기반 장면에서의 동기강화상담 능숙도 및 실행력 측정을 제시하고자 한다. 이와 관련된 도구들은 단순하고 간략한 자기진단에서부터 비디오에 기초한 리뷰, 동기강화상담 기술 코딩과 같은 보다 강도 높은 것들에 이른다. 당신은 자신의 동기강화상담 기술 단계에 따라 한 가지를 선택하거나 모두를 사용하여 지속적인 성장을 이룰 수 있을 것이다.

이 장을 읽으면서 자신의 동기강화상담 기술 발달 단계는 어느 정도인지 고려해 보길 바란다. 동기강화상담을 처음 접하거나 기초 단계라면 당신이 해야 할 것은 매일의 상호작용에 이 방법을 병합하는 것이다. 처음에는 동기강화상담 방법 중 한 가지의 사용을 목표로 정하는 것이 좋고, 시간이 지나면서는 그 이상을 할 수 있게 될 것이다. 자신의 목표 달성을 돕기 위해 추가적인 훈련이나 자료를 활용할 수 있고 도구를 통해 자신의 진보를 점검해 볼 수 있다. 만약 당신이 숙련된 동기강화상담 사용자라면 실행력을 점검할 수 있는 자기진단을 하거나 피드백 받는 것을 고려해 볼 수 있다. 활동지 10.1의 동기강화상담 전문가 개발 계획서를 활용하여 자신의 진보를 자기진단하고 향상을 위한 계획을 수립할 수 있을 것이다.

동기강화상담 배우기

개념적으로는 동기강화상담을 이해하기가 쉬울지라도, 동기강화상담을 능숙하게 실행하려면(예: 지시된 대로 정확하게) 지속적인 연습과 피드백이 필요하다. 학교 현장에서의 동기강화상담 활용은 비교적 새로운 것이라 전통적으로 이 접근이 활용되었던 의학, 임상-정신건강 분야의 맥락과는 크게 다른 점이 있다. Lee와 동료들(출판 중)은 학교 현장에서의 동기강화상담 적용과 관련하여 다음과 같은 난제를 명시하였다. (a) 교사가 목표로 하는 행동변화 확인, (b) 인간중심상담 기술의 훈련 부족, (c) 교사의 시간적 제약이 그것이다. 목표행동과 관련하여 표적으로 삼는 구체적 행동이 무엇인지 알아야 하는데, 교사로서는 어떤 행동에 초점을 두는 것이 적절한지 파악하기가 어려울 수 있다. 또한 자신이 말하고 싶은 문제나 본인에 대한 이야깃거리를 준비해서 찾아오는 의료 및 상담 장면과는 달리 학교에서의 성인들(교사와 학부모)은 일반적으로 자신의 행동변화에 관심이 있다기보다 학생(자녀)의 문제행동에 초점을 두고 싶어 한다. 게다가 이후에 논의될 기본 기술은 인간 서비스 장면에서 동기강화상담을 배우는 사람들이라면 공통적으로 숙달해야 할 기술이지만, 학교 관계자들에게는 이것이 그다지 일반적이지 않다. 끝으로 교사나 그 외 학교 전문가들은 주어진 시간 안에 해야 할 일이 많기에 변화 계획을 논의하기 위한 미팅의 횟수나 할애할 시간을 정하기가 거의 불가능하다. 따라서 동기강화상담을 능숙하게 사용하는 것만이 아니라 효율적으로 사용할 수 있는 능력이 중요하게 대두된다.

> 개념적으로는 동기강화상담을 이해하기가 쉬울지라도, 동기강화상담을 능숙하게 실행하려면(예: 지시된 대로 정확하게) 지속적인 연습과 피드백이 필요하다.

❀ 훈련 옵션

동기강화 훈련자 연합(Motivational Interviewing Network of Trainers)는 교육생 훈련 모델을 사용하기에 적격인 강사를 배출하는 일을 담당하고 있다. 동기강화상담 교육에 대한 연구를 훑어보면 일반적으로 의학계와 지역 정신건강, 물질 남용 관련 자문관들이 이 교육에 참석하는 것으로 나와 있다. 교육은 흔히 모델링, 집단 활동, 역할극과 같은 대화식 방법과 강의로 이루어진다. 동기강화상담 교육에 대한 체계적 검토에 대해서는 의견이 혼재하는데, 어떤 이들은 교육이 적절한 실습 기술을 습득하게는 하지만, 이후 동기강화상담 교육 워크숍에서 보면 이러한 기술이 급격히 저하되어 있다고 말하고(Madson, Loignon, & Lane, 2009; Walters, Matson, Baer, & Ziedonis, 2005 참조), 다른 이들은 결과가 대체적으로 양호하다고 말한다(Söderlund, Madson, Rubak, & Nilsen, 2011 참조). 기존의 문헌에 대한 모든 평가가 비판적인데, 이는 이전의 연구에는 최소한의 교육 방법만이 제시되어 있고, 시간이 지나면서 참가자들에게 어떠한 변화가 있는지 측정하기에는 한계가 있는 데다가 정신측정학상으로 입증할 만한 척도 없이 사전 사후지를 사용했기 때문이기도 하다. 어떤 연구는 갖춰야 할 임상 기술의 향상을 도모하기 위해 주어지는 개인별 수행 피드백과 코칭에 대해 언급하는데, 이는 습득한 동기강화상담 기술을 유지하고 실제 실행 장면에서 적용해야 하는 임상 기술의 향상을 위해서도 반드시 필요하다(Miller, Sorensen, Selzer, & Brigham, 2006). 개인별 수행 피드백과 코칭을 포함하여 이 시스템이 지닌 특징은 동기강화상담을 배운다는 것이 연습하고 숙고하며 실제 실행 장면에 기술을 적용하는 것과 같은 적극적인 과정임을 말해 준다.

자문관들이 자신감을 가지고 실험적으로 입증된 정신건강 치료를 활용할 수 있도록 학습의 가능성을 최대화하는 것이 방침(Miller et al., 2006; Reickmann, Kovas, Fussell, & Stettler, 2009)과 교육 평가(Beidas & Kendall, 2010; Madson et al., 2009)에서 중점을 두는 부분이다. 정신건강 치료의 실행을 배우기 위한 여러 교육 방법론에 관한 최신 문헌에는 효과적인 것과 그렇지 않은 것이 구분되어 있다. 일례로 독학과 종일 워크숍은 어떤 방법에 능숙해지기에는 불충분하다(Baer et al., 2004; Davis, 1998; Miller et al., 2004; Miller, Yahne, Moyers, Martinez, & Pirritano, 2004; Sholomskas et al., 2005; Walters et al., 2005). 이 방법은 지각이나 사고방식의 변화 그리고 원래 지니고 있던 기술을 발달시킬 수는 있을 테지만, 능수능란하고 전문가들이 주도하는 워크숍이 되기 위해서는 일반적으로 피드백이 담긴 슈퍼비전과 코칭이 필요하다(Andrzejewski, Kirby, Morral, & Inguchi, 2001; Miller et al., 2004; Morgenstern, Morgan, McCrady, Keller, & Carroll, 2001). 훈련가 교육(train the trainer) 또한 입증된 실제를 잘 가르치고 배우기에 유용한 한 방법이다(Addis, Wade, & Hatgis, 1999; Fixsen, Naoom, Blasé, Freidman, & Wallace, 2005). 이 방법은 어떤 기관에서 온 실무자들이 전문가에게 교육을 받은 다음 자기 기관으로 돌아가 교육과 슈퍼비전을 제공하고 직원들의 활용법을 검토하는 방식이다. 전문가에 의한 교육이나 훈련가 교육 모두 워크숍 형식으로 15시간의 교육을 받고, 이어 4~6시간 정도의 개인 교육과 코칭 회기를 갖는데, 이 방식은 지역사회 실무자들이 동기강화상담에 능숙해지도록 교육하는 데에 효과적인 것으로 드러났다(Martino et al., 2011).

현재까지는 교육자들을 훈련시킨 시스템을 평가한 연구 중에서 출간된 것이 없으나 기본 상담 기술을 구비한 교육자들이라면 정신건강 장면에서의 자문관과 마찬가지로 비슷한 분량의 훈련 양식이 필요할 것이라고 추정해 볼 수 있다. 물론 그들의 기본적 기술이 미비하다면 더 많은 양이 필요할 것이다. motivationalinterviewing.org에서 자료와 예제를 활용할 수 있는데, 학교 관계자들이 동기강화상담을 잘 배우도록 돕기 위해 몇 개의 교육 자료가 개발되었고 예비조사도 이루어진 상태이다. 일반적인 접근은 동기강화 훈련자 연합에서 장려하는 접근과 유사하지만, 상대적으로 이 교육에는 학교 기반의 자문과 코칭에 근거한 예시 및 활동이 포함되어 있다는 것이 특징이다. 이 자료는 참가자가 동기강화상담을 실행하는 데 필요한 기본 기술을 얼마나 가지고 있느냐에 따라 쉽게 개작할 수 있는 것들이다. 일례로, 최근 켄터키 주 루이빌에서는 Head Start Mental Health Consultation 계약을 통해 12명의 유년기 아동 자문관과 MITS(Motivational Interviewing Training and Support) 프로그램을 실행하였다. MITS는 학교 기반 자문관들의 동기강화상담 숙련도를 증대하기 위한 것으로 다음과 같은 요소로 구성된다—(a) 교육 활동 중간에 동기강화상담을 실행하는 개입을 녹화 오디오나 비디오를 통해 보고 논의한 후(Miller & Rollnick, 2002) 구조화된 역할극(Lane, Hood, & Rollnick, 2008)을 하는 15시간의 대화식 강의(예: 워크숍), (b) 전문가 자문 구도 안에서 세 번의 개인 자문(Martino et al., 2011), (c) 1회 집단 수행 보고시간. 참가자들은 학교에 기반을 둔 자문이라는 정황에 맞게 개정된 기술을 완수했는데, 이를 측정하는 것으로는 (a) MIKAT(Motivational Interviewing Knowledge and Attitudes Test; Leffingwell, 2006), (b) Written Assessment of Simulated Encounters-School-Based Applications(WASE-SBA; Lee, Frey, & Small, 2013), (c) Video Assessment of Simulated Encounters-School-Based Applications(VASE-SBA; Lee, Small, & Frey, 2013)가 있다. 개정된 동기강화상담 충실도 평가도구(Motivational Interviewing Treatment Integrity) 코드(Moyers et al., 2007)는 참가자들에게 이끌어 내기-제공하기-이끌어 내기 구도를 활용하여 개인 피드백을 제공하는 데 사용된다. 학교 관계자들이 숙련되는 데 필요한 훈련과 강도에 관해서는 더 많은 연구가 필요하나 우리의 이러한 시도를 통해 다음과 같은 사항을 보고할 수 있다. 즉 (a) 참가자들 사이의 동기강화상담 숙련도에 대한 기준이 매우 낮다는 점, (b) MITS가 사회적으로 유효하며, (c) 그 절차는 개정된 MIKAT, WASE-SBA, VASE-SBA의 기준과 사후 검사에 이르기까지 실제적인 증가를 야기했다는 점이다.

동기강화상담 실행 수준 모니터링

개인, 집단 슈퍼비전 시간 동안 피드백을 주고 숙련도를 검토할 수 있는 다양한 평가도구가 이미 많이 있다는 것은 반가운 일이다. 충실도, 다시 말해 개입이 의도한 대로 실행된다는 점에서 볼 때, 그동안에는 이것을 한 영역만을 지칭한다든지 혹은 방법이 정확하다, 정확하지 않다는 의미로 여겨 왔다. 그러나 지금은 충실도라는 것이 여러 다른 측면을 가진, 보다 미묘한 구성으로 인식되고 있다(Dane & Schneider, 1998; Fixsen et al., 2005; Jones, Clarke, & Power, 2008). 충실도를 이해하는 데 유효한 한 가지 방법은 다섯 가지 요소(처방 준수, 노출 수준, 질적 부분, 참가자 호응도, 프로그램 차별성)가 잘 구성되었는지 아닌지 보는 것이다(Dane & Schneider, 1998). 여기서 말하고자 하는 핵심은 자신의 동기강화상담 실행이 어떠했는지 고려해 보라는 것이다.

당신 자신이나 동료들의 기술 발달을 평가할 수 있도록 도구 자체와 그 방법에 집중하길 바란다.

아래에 자신의 동기강화상담 기술이 시간이 지나면서 어느 정도 성장했는지와 더불어 동기강화상담 지식과 질적 수준까지도 사정해 볼 수 있는 유용한 도구를 제시했다. 학교 현장에 활용하기 위해, 해당되는 도구들에 한해서는 그것들이 어떻게 수정되었는지도 자세히 서술하였다. 독자들이 기존의 동기강화상담 충실도 측정도구의 사용 여부에 대하여 근거 있는 결정을 내릴 수 있도록 각 도구에 관해 심리 측정적 속성과 함께 상세한 설명을 곁들였다(예: 연구에서 보여 주는 신뢰도와 타당성). 만약 심리 측정 설명에 관심이 없다면 편하게 건너뛰어도 괜찮다. 대신 당신 자신이나 동료들의 기술 발달을 평가할 수 있도록 도구 자체와 그 방법에 집중하길 바란다.

❀ 지식

MIKAT는 동기강화상담에 일치하는 원리와 개념, 오해를 배합해 놓고 참/거짓을 답하는 문제와 다지선다형 문제를 모아 14개 문항으로 구성된 간단한 지필검사이다. Martino, Haeseler, Belitsky, Pantalon과 Fortin Iv(2007)가 개발한 학생들의 지식, 태도, 자신감, 간략하게 동기강화상담 원리와 실제에 대한 헌신도를 평가할 수 있는 아홉 가지 항목과 다지선다형 문제가 학교 관련 전문가들에 맞게 수정되어 있다. 동기강화상담 지식척도의 예시로는 활동지 10.2와 10.3을 참고한다.

❀ 동기강화상담 실행 수준 또는 숙련도

동기강화상담 실행 수준의 평가는 일반 평점척도로 이루어져 왔으나 대부분은 자문관과 '피자문관'(예: 교사, 부모, 자녀) 간에 이루어지는 상호작용 장면을 실제로 관찰하거나 비디오테이프, 오디오테이프를 통해 사례를 코딩한다. 표준화된 프로토콜은 동기강화상담 실행 질적 수준에 영향을 미칠 수 있는 혼재변인(예: 내담자 특성)을 통제할 수 있다. 슈퍼비전을 받기 위한 비디오나 녹음 코딩 시에는 회기 전체를 코드화해야 하지만 연구를 위한 목적이라면 무작위로 고른 지점부터 20분간 코드화하는 것이 기준이다. 자가 채점을 활용할 수 있기는 하지만(Hartzler, Baer, Dunn, Rosengren, & Wells, 2007 참조), 1명 혹은 그 이상의 동기강화상담 전문가(연구와 무관한 사람 중)가 사례를 코드화하는 것이 이상적이라 할 수 있겠다. 실행 피드백인지, 연구를 위한 것인지에 상관없이 변화를 위한 일상대화에 동기강화상담의 정신과 기본 기술을 활용하고자 하는 사람들 또는 네 단계의 동기강화상담 진행 과정에서 전략적으로 기본 기술을 사용하여 심화된 적용을 하고자 하는 사람들을 위해 동기강화상담 숙련도를 사정, 평가하기에 최선이라고 여겨지는 도구를 다음에 제시하였다.

기본 기술과 동기강화상담 정신

우리는 동기강화상담 활용을 망라하는 특정 기본 기술과 정신을 다채로운 장면에서 교사와 행정관, 학부모, 학생들과의 변화에 관한 일상대화에 적용할 수 있음을 경험적으로 알게 되었다. 3장에서 논의한 기본 기술은 약자 OARS로 나타낸다—열린 질문(Open-ended questions), 인정하기(Affirmations), 반영하기(Reflections), 요약하기(Summaries). 그리고 여기에 정보 제공(Informing)과 조언(Advising)이 포함된다. 동기강화상담 정신은 파트너십, 수용, 연민, 유발성을 말한다. 단지 이러한 기술과 정신을 차용하는 것만으로 동기강화상담을 능숙하게 해낸다고 볼 수는 없지만, 이 접근에서 이 측면에 대한 중요도 없이는 동기강화상담을 잘 실행할 수 없다.

연구에서 말하고자 하는 바는 동기강화상담을 배우는 데 무엇보다도 중점을 두어야 할 것이 바로 당신의 기본적 경청과 관계 맺는 기술이라는 것이다.

동기강화상담 기본 기술과 정신의 중요성을 지지하는 몇 개의 경험적 근거가 있는데, 그중 무작위로 조작된 2개의 실험은 기본적 상담 기법이 동기강화상담을 배우는 것과 이후 그것을 활용하는 데 매우 유용하다는 사실을 말해 주고 있다(Miller, Yahne, Moyers, Martinez, & Pirritano, 2004; Moyers et al., 2009). 이 같은 결과는 교육 현장에서 중요할 듯하며, 더불어 우리의 경험과도 일치하는 바이다. 게다가 수용의 중요한 측면인 공감은 동기강화상담이 성공적으로 활용되는 것과 상당한 관련이 있다(Miller, Hedrick, & Orlofsky, 1991). 연구에서 말하고자 하는 바는 동기강화상담을 배우는 데 무엇보다도 중점을 두어야 할 것이 바로 당신의 기본적 경청과 관계 맺는 기술이라는 것이다.

동기강화상담 숙련도를 체크하기 위해 일반적으로 사용되는 3개의 확립된 도구로는 (a) 동기강화상담 충실도 평가도구(Motivational Interviewing Treatment Integrity Tool; Moyers, Martin, Manuel, Hendrickson, & Miller, 2005), (b) 모의대면 영상 평가-개정판(Video Assessment of Simulated Encounters-Revised; Bell & Cole, 2008), (c) 효과적인 반응 질문지(Helpful Response Questionnaire; Martino et al., 2007)가 있다.

동기강화상담 충실도 평가도구

동기강화상담 충실도 평가도구(Moyers et al., 2005)는 응용연구와 슈퍼비전 시 수행에 대한 평가적인 피드백을 제공하고 충실도를 측정하기 위해 고안되었다. 지시한 대로 사용되었는지 정확히 파악하고 보다 엄격히 규정하기 위해 설명, 예시, 채점 기준을 활용한다. 동기강화상담 충실도 평가도구는 다섯 가지의 전반적인 영역(유발성, 협동, 자율성/지시, 시시, 공감)을 가로지르는 동기강화상담의 독자적 코딩을 사용한다. 유발성과 협동, 자율성/지지는 흔히 전반적인 정신 평가에 합치되고, 자문관이 한 말은 다음 중 하나로 코딩된다-(a) 닫힌 질문, (b) 열린 질문, (c) 단순반영, (d) 복합반영, (e) 동기강화적, (f) 비동기강화적, (g) 정보 제공. 숙련도와 자신감의 영역은 다음의 다섯 가지 간단한 점수로 나타난다-(a) 전반적인 정신 평가, (b) 복합반영의 백분율, (c) 열린 질문의 백분율, (d) 반영 대 질문의 비율, (e) 동기강화상담 실행 준수 백분율. 이 경계 범위는 전문가의 의견에 기초하여 만들어졌다는 것에 주의해야 한다. 측정 기준은 규범적이지 않으며 이를 지지할 다른 타당도 있는 자료 또한 부족하다. 이 기준은 임상상담 현장이라는 맥락 안에서, 크게는 물질 남용 치료 분야에서 구축되었다. 동기강화상담 충실도 평가도구는 적절한 심리측정적 특성을 가지고 있다(Moyers et al., 2005).

모의대면 영상 평가-개정판

모의대면 영상 평가-개정판은 녹음이나 녹화와 같은 상호작용을 필요로 하지 않고 전체 점수만 준다. 대신에 모의대면 영상 평가-개정판은 동기강화상담 기술을 평가하는 데 있어 집단으로 진행할 수 있는 도구로 배우들이 약물 남용자를 연기하는 3개의 짧은 영상으로 구성되어 있다(Rosengren, Baer, Hartzler, Dunn, & Wells, 2005). 가상의 내담자가 몇 가지 진술을 하고 그 사이사이에 영상이 멈출 때 응답자가 6개의 질문에 답하는 형식이다. 이 질문은 동기강화상담 원리에 부합하는 내용으로 이루어져 있다. 작성한 응답은 선택한 답과 함께 3점 시스템으로 코드화된다-0은 직면하거나 저항을 불러일으킴, 1은 내담자가 말한 내용을 애매하거나 부정확하게 표현함, 2는 내담자가 말한 내용을 정확하게 반영함. Rosengren, Hartzler, Baer, Wells와 Dunn(2008)은 모의대면 영상 평가—개정판의 심리측정적 속성을 평가한 후, 영상 척도 해석과 세부 항목 요소를 신중하게 만들 것을 언급하며 5개 세부 항목(반영적 경청, 저항에 반응하기, 요약하기, 변화대화 이끌어 내기, 불일치감 일으키기)을 포함한 18개 항목 척도를 제안하였다. 최근에는 모의대면 영상 평가—개정판을 교직원용으로 수정하여 학교 기반의 자문 영상을 제작하고, 코딩 구도에서 기존에 빈약했던 평가자 간 신뢰도를 개선하고 동기강화상담의 가장 최근 개념을 반영, 수정하였다(Lee, Frey, & Small, 2013).

효과적인 반응 질문지

모의대면 영상 평가—개정판과 마찬가지로 효과적인 반응 질문지는 학습자의 실제 실행 녹음, 녹화를 요구하지 않는다. 효과적인 반응 질문지는 가상의 내담자 진술 6개를 제시하고, 이 말에 어떻게 응답할 것인지를 작성하도록 한다. 각 응답은 열린/닫힌 질문, 반영, 동기강화상담 지지적 진술의 유무를 기초로 점수가 매겨지고, 5점 척도를 사용하여 공감의 질, 대화 시 막힘이 있느냐 없느냐에 따라 채점된다. 척도는 채점자 간 높은 일치도를 보인다(Martino et al., 2007). 효과적인 반응 질문지 또한 최근에 개정되었다. 개정판인 WASE-SBA는 학교 자문관들에게 적절하도록 수정되었으며 동기강화상담의 가장 최근 개념이 반영되어 있다(Lee, Small, & Frey, 2013).

동기강화상담 심화 적용

다음에 제시하는 것은 보다 복잡하고 정교한 시스템으로, 동기강화상담 기법의 전략적 사용을 평가하기 위해 고안되었다. (a) 동기강화상담 기법 코드(Motivational Interviewing Skills Code; Moyers, Martin, Cately, Harris, & Ahluwalia, 2003), (b) 행동변화 상담 지표(Behaviour Change Counselling Index; Lane, 2002; Lane, Hood, & Rollnick, 2008), (c) 개별 녹취록 평가 척도(Independent Tape Rating Scale; Gibbons et al., 2010), (d) 동기강화상담평가: 수퍼바이저를 위한 훈련도구(Motivational Interviewing Assessment: Supervisory Tools for Enhancing Proficiency; Martino et al., 2006).

동기강화상담 기술 코드 2.1

동기강화상담 기술 코드는 자문관-내담자 간의 상호작용을 수량화하는 데 두 가지 방법을 사용하는데, 이는 음성 또는 영상 테이프의 일부분을 따로 평가하는 동안 사정된다. 첫 번째 평가에서 평가자는 자문관 행동 및 내담자 행동과 관련된 몇 가지 영역에 따라 전체 점수를 준다. 자문관은 세 가지 측면, 즉 수용, 공감, 전반적인 동기강화상담 정신과의 일치성으로 평가받고, 내담자는 내담자 중심 치료의 문헌에서 주시하는 경험의 구조와 밀접하게 관련된 자기탐색이라는 측면에 기초하여 점수가 매겨진다. 두 번째 평가에서는 특정 행동(각각 4개의 하위 유형을 가진 열다섯 가지 자문관 행동)의 빈도수와 내담자의 언어가 변화대화 및 유지대화 중 어느 범주에 속하는가에 따라 점수가 매겨진다. 상세해진 동기강화상담 기술 코드 2.1의 내담자 언어 코딩법은 내담자가 한 말을 분석하여 이유(열망, 능력, 필요), 공약(기타, 실천하기, 중립)이라는 하위 코드 중 어디에 속하는지 규정하고, 그 말의 강도(높음, 중간, 낮음)에 따라 점수가 가해진다. 두 번째 평가 또는 합격 시 행동을 코드화하는 것이 복잡하기 때문에 우선은 자문관의 말을 코딩하는 데 집중하고 그 후에 추가적으로 내담자의 언어를 범주화할 필요가 있다. Moyers, Martin, Catley, Harris와 Jasjit(2003)은 동기강화상담 기술 코드의 심리측정적 근거가 적절하다고 보고한다.

행동변화 상담 지표

행동변화 상담 지표는 2002년에 동기강화상담 실무자와 훈련가 집단에 의해 개발된 행동변화 상담 측정법으로 동기강화상담 전략을 사용하는 실무자의 능숙도를 간략하게 측정할 수 있는 도구이다. 이것은 본래 건강 돌봄 장면에서 이루어지는 자문을 평가하기 위해 만든 것이다. 행동변화 상담 지표는 동기강화상담 충실도 평가도구, 동기강화상담 기술 코드와는 다르게 전체 점수와 행동 횟수 모두를 보여 주지 않고 전체 점수만 낸다. 행동변화 상담 지표에는 0점 '전혀 그렇지 않음'부터 4점 '매우 그러함'까지 리커트(Likert-type) 척도로 평가되는 11개 항목이 들어 있으며 전체 합계 점수도 얻을 수 있다. 평가자는 실무자가 하는 말이 '시간의 반 이상', '반 정도', 혹은 '시간의 반 이하' 중 어느 정도를 차지하는지 판단한다. 행동변화 상담 지표를 사용하는 평가자는 행동변화 상담에 대한 지식을 갖추고 있어야 하며, 행동변화 상담 지표의 체크리스트, 매뉴얼에 나와 있는 필독서와 권장 비디오에 대해 능통해야 한다. 행동변화 상담 지표의 내적 일관성 정도는 용인할 만하다(Lane et al., 2008).

이 도구가 건강돌봄 기반 자문을 위해 개발되었다는 것은 이점이 될 수 있는데, 이는 이 환경이 임상상담 회기보다 학교 기반 자문에 더 일치하기 때문이다. 전체 점수만으로 구성된다는 점은 평가자 간 신뢰도 점수를 높게 할 가능성이 있다.

개별 녹취록 평가 척도

개별 녹취록 평가 척도(Martino, Ball, Nich, Frankforter, & Carroll, 2009)는 39개 항목 척도로 예일 협응 및 역량 척도(Yale Adherence and Competence Scale; Carroll, Nich, Sifry, Nuro, & Frankforter, 2000)을 번안한 것이다. 원래 이것은 지역사회 프로그램으로 동기증진치료(MET)를 실행하는 자문관의 실행 수준과 능숙도를 평가하고자 개발되었다. 동기증진치료는 동기강화상담(Miller & Rollnick, 2002)이 매뉴얼화된 버전으로 MATCH 프로젝트를 위해 개발된 것이다(Miller, Zweben, DiClemente, & Rychtarik, 1992). 개별 녹취록 평가 척도는 자문관의 동기강화상담 활용 빈도와 실행 능숙도를 측정하며(Ball, Martino, Corvino, Morganstern, & Carroll, 2002; Gibbons et al., 2010), 동기강화상담에 일치하는 10개 항목으로 구성되고 2개의 7점 리커트 척도를 사용한다. 하나는 자문관이 하는 개입(충실; 1='전혀 그렇지 않음'부터 7='매우 그러함'), 다른 하나는 개입 시 행하는 기술(능숙도; 1='매우 부족'부터 7='탁월함')에 대해 평가한다. 이전 연구(예: Ball et al., 2007; Carroll et al., 2006)는 5개 이상 항목에서 평균 또는 그 이상을 받은 자문관을 유능하다고 보았다.

동기강화상담평가: 수퍼바이저를 위한 훈련도구

동기강화상담평가: 수퍼바이저를 위한 훈련도구는 10개의 동기강화적(motivational interviewing-consistent) 행동과 6개의 비동기강화적(motivational interviewing-inconsistent) 행동에 대해 빈도/포괄성, 능숙도/기술이라는 두 가지 흐름에 따라 점수를 매긴다. 그 외 내담자의 동기에 대한 일반적인 점수도 포함된다. 매뉴얼에는 자문관의 수행에 따라 어떤 피드백을 줄 수 있는지에 대한 길잡이도 들어 있다.

학교 기반의 동기강화상담 충실도 척도

학교 기반에 맞게 수정된 동기강화상담 연구라는 측면에서 그것의 충실도를 측정할 수 있는 척도는 많지 않다. 그중의 하나로 동기강화상담 충실도 평가도구의 번안본이 있는데 이는 '성공에 이르는 첫걸음'이라는 초기 중재 프로그램의 개정판 제작의 일환으로 행동코치의 능숙도를 평가하는 데 사용되었다. 그 외 동기강화상담에 기초한 가족 체크업과 학급 체크업의 충실도 척도가 있다.

❀ First Step 코치를 위한 동기강화상담 숙련도

루이빌대학과 오리건연구소에서 진행된 연구는 3단계 성공에 이르는 첫 걸음 중재를 실행하는 행동코치의 동기강화상담 숙련도를 평가하는 데 동기강화상담 충실도 평가도구 개정판을 사용하였다. 이 중재에는 일명 3단계 홈베이스라고 불리는 새로운 가정 요소가 포함되고, First Step Classroom Check-Up이라는 추가적 학교 구성 요소도 들어간다. 행동코치의 동기강화상담 숙련도는 동기강화상담 충실도 평가도구1 수정판(Frey et al., 2013 참조)을 사용하여 평가한다. 학급 간 상관(interclass correlations, ICC)은 음성 녹음에서 20(67%)으로, 전체적 정신(spirit) 점수에 대한 학급 간 상관은 .47이었다. 닫힌 질문과 열린 질문의 학급 간 상관은 각각 .91과 .90이었다. 단순, 복합, 전체 반영의 학급 간 상관은 각각 .51, .27, .73으로 산출되었다.

전체 정신 점수에서 코치들의 능숙도는 기준을 초과하였다(M=4.33, SD=.57). 다섯 가지 영역에서의 평균값은 4.07(이해와 반영; SD=.74)에서 4.26(전문가 역할과 협동; SD=.76) 사이이다. 또한 녹음된 30회기를 통해 살펴본 바로는 코치들의 반영 대 질문의 비율이 평균 1.82(SD=1.49)로 숙련도 중 초보 단계였으며, 열린 질문의 비율은 평균 56%(SD=.24)인 것으로 드러났다.

❀ 체크업 수행 충실도

동기강화상담 수행에 대한 사정 외에도 체크업에는 코치들이 검사지에 명시되어 있는 요소를 완수했는지 아닌지 자기평가를 할 수 있도록 체크리스트가 따로 들어 있다. 최근에 Smith, Dishion, Shaw, Wilson은 가족 체크업의 충실도를 따져 볼 수 있는 보다 구체적인 접근법을 개발하여 가족 체크업 충실도를 위한 다섯 가지 필수 요소를 다음과 같이 정리하였다— (a) 모델에 대한 개념적 이해, (b) 내담자와의 상호작용에 대한 관찰과 민감성, (c) 역동적인 회기 구성, (c) 주의 깊은 가르침과 교정적 피드백 제공, (d) 동기와 희망 활용. 연구 팀은 이러한 각 요소의 질적 평가를 위해 이를 포괄하는 코딩 매뉴얼을 개발하였다. 코딩 시스템에는 미팅하는 동안 나올 수 있는 구체적인 언어 유형이 들어 있어서 각 요소에 부합하는지 아닌지를 알 수 있다. 예를 들어 가족 미팅 시 가족 체크업 모델에 대한 개념 이해를 나타내는 말은 "모아진 정보와 관찰에 입각해서 보자면, 후안을 대할 때 당신이 긍정적 전략을 더 많이 활용했다는 것이 이해가 됩니다."가 될 수 있을 것이다.

자기반영

Miller와 Moyers는 동기강화상담을 익히는 데 필요한 여덟 가지 과제를 규정하였다. 이 과제를 순차적으로 해야 한다는 의미는 아닌데, 여러분 중 누군가는 이 책을 읽기 전에 이미 이것들에 통달했을 수도 있기 때문이다. 하지만 동기강화상담에 능숙해지기 위해서는 다음의 각 과업을 잘 익힐 필요가 있다.

1. 동기강화상담 정신 전달하기
2. OARS 사용하기
3. 자기 생각을 보류하고 저항과 함께 구르기
4. 변화대화 알아차리기/강화하기
5. 변화대화 이끌어 내기
6. 변화 계획 세우기
7. 결심공약 공고히 하기
8. 다른 치료와 동기강화상담 통합하기

이러한 과제와 관련하여 자신의 기술을 지속적으로 향상하는 방법에는 많은 것들이 있을 수 있다. 첫째, 이미 나와 있는 동기강화상담 관련 자료를 광범위하게 찾아보는 것이다. 동기강화상담 관련 웹사이트는 전문가 교육 매뉴얼, 활동지, 비디오, 자기개발 도구와 같은 훌륭한 자료를 제공하고 있다(http://www.motivationalinterviewing.org, http://www.motivationalinterview.org). 동기강화상담을 주제로 다루는 우수한 책도 많은데, 아직 이를 접해 보지 못했다면 이 책을 한 번 더 읽으면서 여기에 제시되어 있는 연습 활동으로 기술 향상을 시작해 보는 것도 한 방법이 될 것이다. 둘째, 하루 혹은 이틀짜리 동기강화상담 교육에 참석해 보는 것도 고려할 만하다. 동기강화상담 웹사이트를 통해 해당 일정을 알 수 있다. 셋째, 동기강화상담에 대한 여러분의 관심과 흥미를 공유할 동료를 찾아서 함께 스터디그룹을 만드는 것도 한 방법이다. 이 모임에서 동기강화상담 책을 함께 읽고 토의하거나 서로의 동기강화상담 기술 향상에 대한 피드백을 주고받을 수 있을 것이다. 넷째, 자신의 자문 대화를 녹음하고 코딩하는 것을 생각해 볼 수 있다. 앞서 말했던 충실도 도구 중 한두 가지를 사용하여 자신의 동기강화상담 기술을 이해하고 코딩한다. 혼자 또는 동료들과 함께 해 보는 것도 좋다. 다섯째, 다른 사람들이 동기강화상담을 하는 모습을 보고 그들이 자신의 행동에서 동기강화적인 것과 비동기강화적인 반응을 코딩하는 것을 관찰한다. 동기강화상담 웹사이트에서 합리적인 가격의 비디오를 주문할 수 있고, Stephen Rollnick의 DVD인 〈The Method of Motivational Interviewing〉을 구매할 수도 있다. 또는 유튜브에서 동기강화상담을 검색하면 몇몇 예시를 볼 수 있다. 마지막으로 동기강화상담 전문가들에게 연락하여 조언을 듣는 것이다. 다양한 웹사이트에서 동기강화상담 슈퍼바이저들의 이름과 연락처를 찾을 수 있다.

이제 앞서 말한 각각의 동기강화상담 과제에 비추어 자신의 동기강화상담 기술을 되돌아보자. 활동지 10.1을 사용하여 자신의 강점과 성장한 부분을 확인하고 자신의 성장을 위해 가장 적합한 도움을 주는 교육을 찾아보자. 마지막으로 자신의 동기강화상담 기술을 계속적으로 향상할 수 있는 자신만의 목표를 설정하자.

주의해야 할 점: 기술의 향상을 위해 당신 자신의 목표를 설정했듯이, 사람들이 동기강화상담에 능숙해지기 위해서는 무엇이 필수적인지에 관한 연구에 유념해야 한다. 한 연구에서는 일일 워크숍이나 독서와 같은 전문성 개발을 위한 다양한 접근법을 통해 동기강화상담 정신을 배울 수 있고 기본 기술을 적용할 수 있다고 말한다. 그러나 높은 수준의 동기강화상담 활용을 위해서는 이 외에도 전문가에게 슈퍼비전을 받거나 계속적인 자문을 받는 기간이 필요하다. 상대적으로 간략한 훈련 경험을 통해서는 다수가 OARS와 같은 동기강화적 반응의 사용을 늘릴 수는 있었지만, 꾸준하게 피드백을 받지 않고서는 비동기강화적 반응(예: 교정반사, 교육하기, 지시하기)의 사용이 줄어드는 경우가 흔치 않았다. 이 연구가 시사하는 바는, 동기강화상담 기술을 개선하기 위해서는 자신의 직관이나 비동기강화적 반응을 하지 않는 법을 배워야 하고 이를 위해 혼신의 노력을 기울여야 한다는 것이다. 앞 장의 내용을 생각해 보면 유지대화(이전에는 저항이라 불림)에 대한 우리의 즉각적인 반응은 대부분 역효과를 낳거나 동기강화상담과 일치하지 않는다. 이를 고치기 위해서는 녹음한 대화를 듣는 등 지속적인 피드백 양식이 필요할 것이다. 우리는 이를 자신이 무엇을 하고 있는가를 알아차리고 멈추는 단계로서 동기강화상담 학습의 핵심 단계로 본다. 이는 대화 중 자신의 직관에 따른 반응이 동기강화상담에 일치하지 않는다는 것을 처음 알아차리기 시작하는 그때이다. 이렇게만

이 연구가 시사하는 바는, 동기강화상담 기술을 개선하기 위해 자신의 직관이나 비동기강화적 반응을 하지 않는 법을 배워야 하고 이를 위해 혼신의 노력을 기울여야 한다는 것이다.

> 이는 동기강화상담 책을 읽거나 연수에 참여한 후에 많은 사람들이 자신의 동기강화상담 기술을 과대평가하고 추가적인 훈련이나 연습의 필요성을 과소평가한다는 것을 나타낸다. 자신의 다음 단계를 생각해 보면서 이러한 함정에 빠지지 않도록 주의해야 할 것이다.

된다면 이제 당신은 불일치적인 반응을 멈출 수 있게 된다. 처음에는 겉으로 드러나 어색하겠지만(예: 큰 소리로 "잠시만.", "그 질문은 하지 말아야겠어." 혹은 적절한 반응이 무엇인가 결정하는 동안의 긴 침묵; 5장의 예시 참조) 이 또한 연습하다 보면 한결 쉬워질 것이고 내적인 과정이 될 것이다.

이전 연구에서 드러난 또 다른 주의점은 책이나 교육을 통해 동기강화상담을 경험하는 경우 한 가지 부정적인 면이 내재한다는 것인데, Miller 등(2004)은 일종의 동기강화상담 교육(책과 워크숍을 통해)을 받은 사람들이 실제로 교육을 받지 않은 사람들보다 차후 추가적인 동기강화상담 교육을 덜 찾는 경향이 있음을 발견하였다. 이는 동기강화상담 책을 읽거나 연수에 참여한 후에 많은 사람들이 자신의 동기강화상담 기술을 과대평가하고 추가적인 훈련이나 연습의 필요성을 과소평가한다는 것을 나타낸다. 자신의 다음 단계를 생각해 보면서 이러한 함정에 빠지지 않도록 주의해야 할 것이다.

요약

동기강화상담 접근법을 능숙하게 사용하기 위한 학교 당국의 역량은 향후 10년 이상 큰 주목을 받게 될 연구 분야이다. 결과적으로 학교 당국은 이런 접근법을 배우도록 지원할 수 있는 체계를 구축하는 데 신중하고 조직적인 관심을 두어야 한다. 동기강화상담의 심화 적용뿐만 아니라 기본적인 기술과 동기강화상담 정신을 학교 관계자들에게 가르치기 위한 체계가 얼마나 효율성이 있는지 평가하고 개발하는 노력이 현재 진행 중에 있으며, 이 장에서 설명한 충실도 측정법이 견실한 기초를 제공한다.

활동지 양식

활동지 10.1 동기강화상담 개인 성장 계획지

동기강화상담 분야 중 내 강점?	동기강화상담 분야 중 성장이 필요한 영역?
□ 동기강화상담 정신	□ 동기강화상담 정신
□ 협동성	□ 협동성
□ 수용	□ 수용
□ 연민	□ 연민
□ 유발성	□ 유발성
□ OARS	□ OARS
□ 열린 질문 하기	□ 열린 질문 하기
□ 인정하기	□ 인정하기
□ 반영하기	□ 반영하기
○ 단순	○ 단순
○ 복합	○ 복합
□ 요약하기	□ 요약하기
□ 변화대화	□ 변화대화
□ 변화대화 듣기	□ 변화대화 듣기
□ 변화대화 유도하기	□ 변화대화 유도하기
□ 불일치감 조성하기	□ 불일치감 조성하기
□ 동기강화상담 과정	□ 동기강화상담 과정
□ 관계 형성하기	□ 관계 형성하기
□ 초점 맞추기	□ 초점 맞추기
□ 유발하기	□ 유발하기
□ 계획하기	□ 계획하기

어떤 훈련과 경험이 성장이 필요한 영역에 발전을 가져다줄 수 있는가?

□ 이 책에 나온 성장 영역과 관련된 부분을 다시 읽어 보기
□ 성장 영역과 관련되어 이 책에 나온 연습과 활용 양식 완성하기
□ 11장에 나온 정확도 평가도구 중 하나 이상을 사용해 보기
□ 학교에서 동기강화상담과 관련된 독서와 자료 조사 모임 시작하기
□ 성장 영역과 관련한 자료를 motivationalinterviewing.com에서 찾아보기
□ 동기강화상담에 관한 다른 책 읽어보기
□ 동기강화상담 워크숍 참석하기
□ 기타

목표와 계획

나의 동기강화상담 기술을 발전시키기 위한 목표는 위 성장 영역 중 ________에 집중하는 것이다.
이 목표를 이루기 위해 나는 위에 제시된 훈련 방법으로 ________을 사용할 것이다.
이 목표를 ________(날짜)까지 달성하고, 다시 한 번 계획을 평가할 것이다.

활동지 10.2 MITS: 동기강화상담 퀴즈 – 개정판[2)]

다음 문장은 동기강화상담 접근법에 대한 설명으로 참 또는 거짓이다. 참인 문장을 골라 동그라미 표시를 하라.

1. 변화를 위한 교사의 능력에 대한 코치의 기대는 변화가 발생하든지 아니든지 아무런 영향력이 없다.
2. 만약 교사가 행동적 변화에 대해 이야기하기를 거부한다면 직접적인 직면과 설득이 필요하다.
3. 코치가 보기에 적합하지 않은 교사의 학급관리 행동을 말할 수는 있으나 자신의 행동에 대한 교사 개인의 선택을 강조해야 한다.
4. 교사는 변화에 대해 준비를 할 책임이 있다—교사가 준비되었음을 결심하기 전까지는 아무도 그를 도와줄 수 없다.
5. 동기강화상담에 능숙하다는 것은 코치가 질문보다 반영을 더 사용한다는 것을 말한다.
6. 성공적인 동기강화상담의 지표는 교사가 얼마나 많은 변화대화를 하는가이다.
7. 변화대화와 유지대화를 구별해서 반응하는 것은 동기강화상담의 마지막 단계에서만 필요하다.

다음 문제에 가장 알맞은 대답을 선택하라(복수 선택 가능).

8. 행동변화를 다루는 동기강화상담 접근법 중 정신에 해당하는 것을 모두 골라라.

	파트너십 조성하기		대화 방향 선정하기
	논리적으로 설득하기		수용하기
	연민		능력 평가하기
	생각 촉구하기		유발성 유지하기

9. 행동변화를 다루는 동기강화상담 접근법 중 과정에 해당하는 것을 모두 골라라.

	안심시키기		질문하기
	관계 형성하기		유발하기
	인정하기		지시하기
	초점 맞추기		계획하기

10. 행동변화를 다루는 동기강화상담 접근법 중 핵심 상담 기법에 해당하는 것을 모두 골라라.

	열린 질문 하기		훈계하기
	행동 분석		요약하기
	인정하기		방어하기
	분석하기		정보제공과 조언
	반영하기		위로하기

2) 동기강화상담 이론과 태도 검사(MIKAT; Leffingwell, 2006)에 기초하였다.

활동지 10.3 동기강화상담 퀴즈 – 개정판 정답

다음 문장은 동기강화상담 접근법에 대한 설명으로 참 또는 거짓이다. 참인 문장을 골라 동그라미 표시를 하라.

1. 변화를 위한 교사의 능력에 대한 코치의 기대는 변화가 발생하든지 아니든지 아무런 영향력이 없다. **거짓**
2. 만약 교사가 행동적 변화에 대해 이야기하기를 거부한다면 직접적인 직면과 설득이 필요하다. **거짓**
3. 코치가 보기에 적합하지 않은 교사의 학급관리 행동을 말할 수는 있으나 자신의 행동에 대한 교사 개인의 선택을 강조해야 한다. **참**
4. 교사는 변화에 대해 준비를 할 책임이 있다—교사가 준비되었음을 결심하기 전까지는 아무도 그를 도와줄 수 없다. **거짓**
5. 동기강화상담에 능숙하다는 것은 코치가 질문보다 반영을 더 사용한다는 것을 말한다. **참**
6. 성공적인 동기강화상담의 지표는 교사가 얼마나 많은 변화대화를 하는가이다. **참**
7. 변화대화와 유지대화를 구별해서 반응하는 것은 동기강화상담의 마지막 단계에서만 필요하다. **거짓**

다음 문제에 가장 알맞은 대답을 선택하라(복수 선택 가능).

8. 행동변화를 다루는 동기강화상담 접근법 중 정신에 해당하는 것을 모두 골라라.

x	파트너십 조성하기		대화 방향 선정하기
	논리적으로 설득하기	x	수용하기
x	연민		능력 평가하기
	생각 촉구하기	x	유발성 유지하기

9. 행동변화를 다루는 동기강화상담 접근법 중 과정에 해당하는 것을 모두 골라라.

	안심시키기		질문하기
x	관계 형성하기	x	유발하기
	인정하기		지시하기
x	초점 맞추기	x	계획하기

10. 행동변화를 다루는 동기강화상담 접근법 중 핵심 상담 기법에 해당하는 것을 모두 골라라.

x	열린 질문 하기		훈계하기
	행동 분석	x	요약하기
x	인정하기		방어하기
	분석하기	x	정보제공과 조언
x	반영하기		위로하기

CHAPTER 11

학교 장면에서 동기강화상담의 전망

가정과 학교에서 학업 지원이나 행동 지원의 동기적 측면을 다루는 것은 학교 기반 실제의 다음 측면을 나타낸다. 우리는 행동변화에서 이 중요한 측면을 너무 오랫동안 등한시하며 우리가 할 수 있는 능력 밖의 것이라고 여겨 왔다. 그러나 이 책을 비롯하여 동기강화상담에 관한 여러 문헌은 행동변화와 관련한 모든 활동의 하나로 바로 이 동기에 관심을 가지고 이를 다루어야 하며 또 이것이 가능함을 분명히 말하고 있다.

어떻게 하면 동기강화상담 실제를 학교 현장에서 보다 일반적으로 활용할 수 있을까? 다시 말해 학업과 품행 문제를 중재하는 데 안성맞춤인 이 새롭고 좋은 실제를 어떻게 하면 최선으로 보급할 수 있을까? 이 책은 이와 같은 광범위한 목표를 향해 나아가는 첫걸음이 되기를 바라며, 학교 전문가들이 동기강화상담을 더 잘 알고 실행하는 데 필요한 기본 지식과 전문 지식을 잘 구비하여 널리 확장되기를 바란다. 더 나아가 온라인 교육이나 타 지역의 슈퍼비전을 이용할 수 있는 동기강화상담 훈련 방법도 개선할 수 있었으면 좋겠다.

> 동기강화상담은 학교를 기반으로 하는 계획이나 방안을 보완하고 그것들의 효과를 최대화하고자 한다.

학교에서의 다른 계획과 동기강화상담의 조화

대부분의 학교가 여러 가지 견줄 만한 계획을 그때그때 가지고 있다는 것은 우리 모두가 익히 아는 바이다. 직원들의 개발은 물론 학생들의 학업, 품행과 관련하여 새로운 혹은 개선된 교과과정을 실행해야 하는 중압감은 계속 커져만 가고 있는 실정이다. 따라서 많은 계획이 있다 하더라도 집합적으로 뒤섞인 채로는 한정된 시간과 자료, 집중도 면에서 서로 경쟁하게 되어 좋은 효과를 얻을 수 없다. 동기강화상담은 이러한 계획을 보완하고 그것들의 효과를 최대화하는 데 활용될 수 있다.

어떤 동기강화상담 적용은 학업과 품행 지원으로 널리 보급된 단계별 모델에 잘 들어맞는데 구체적으로는 학급 체크업, 가족 체크업과 같은 것들이다. 이것들은 두 번째 또는 세 번째 단계의 예방 중재로 볼 수 있다. 8장에 나와 있듯이 가족 체크업 적용 요소는 행동 지원 팀의 효과성을 높일 수 있는 주요소이다. 학교 자원에 따라 학생들은 가족 체크업 유형의 개입으로 자신의 학업 및 품행을 검열받을 수 있고, 단순히 학부모가 추가적인 가족 서비스나 지원을 요청할 수도 있다.

이와 유사하게, 학급 체크업은 선택적으로 혹은 지시된 대로 따를 수 있는 중재로서 교사들 중 특히 코칭을 받기가 어려운 교사들에게 활용하거나 직원 개발의 기회로 삼을 수 있다. 만약 학급 체크업 이후에도 여전히 어려움을 겪는 교사가 있다면 목표로 삼는 행동을 향상시키기 위하여 개인 피드백이 포함된 코칭을 추가적으로 매일 받도록 하는 것이 좋다.

기타 적용점

조금만 생각해 보면 학교에서 동기강화상담 전략의 확장된 형태를 쉽게 상상해 볼 수 있다. 직원들의 도덕성 향상이나 가족 참여 증대, 수행에 대한 기대 충족, 교내 학업과 품행 지원 계획의 실행과 같은 중요 목표를 위해 행정관들을 사정하고 피드백을 줄 수 있는 학교 또는 지역구 검사지도 생각해 볼 수 있다. 이러한 적용은 동기강화상담에 일치해야 하며, 어떤 처벌의 차원이 아니라 개인의 복지 강화를 목표로 시작하는 연민어린 마음으로 해야 한다.

> 동기강화상담 적용이 가져온 혁신 중 하나는 교사들의 문화적 민감성이 향상되었다는 것이다.

동기강화상담 적용이 가져온 혁신 중 하나는 교사들의 문화적 민감성이 향상되었다는 점이다. 백인과 유색 학생들 간의 격차를 줄이는 것은 미국 내 교육 시스템에서 주요 관심거리였다. 게다가 유색 학생들은 유달리 특수교육을 대표하는 경우가 많고 학생처에 징계로 의뢰되는 비율 또한 높은데, 이는 양질의 품행 지원이 이루어지고 있는 학교에서도 마찬가지이다. 이러한 문제를 위한 한 가지 해결책은 문화적으로 민감한 교육을 촉진하는 한편, 교육자들로 하여금 문화적 다양성에 대한 가치를 이해, 발달시키고 자신의 편견을 인식할 수 있도록 그들을 교육하는 것이다.

지난 몇 년 동안 Catherine Bradshaw 박사와 동료들(2012)은 문화에 민감한 교육을 촉진하고 그것을 이해시키기 위해 이중검사라는 모델을 개발하였다. 문화적으로 호응하는 교육과 관련된 현존 문헌을 바탕으로 그들이 명시한 다섯 가지 요소는 다음과 같다 ―(a) 아동들과 그들의 '집단' 구성원에 대한 반영적 사고, (b) 효과적인 의사소통, (c) **진정한 관계**, (d) 교과과정과의 연계성, (e) 학생의 문화적, 상황적 메시지에 대한 민감성. 이와 같은 각 요소를 정의한 후에 그들은 교육자들의 전문성 신장을 위해 교사 연수 워크숍을 제공하여 각 요소에 대한 인식과 적용을 증진하였다.

Bradshaw 박사는 양질의 교사 연수에 코칭적 요소를 가미하여 모델과 관련 있는 행동과 태도를 교육자들이 실제로 구현할 수 있도록 도왔다. 그녀는 특히 동기강화상담과 학급 체크업을 가져와 교사들이 그러한 기술을 획득하도록 지원하였다. 교사 연수 후 교사들은 자신의 학급관리, 학급환경, 인터뷰를 통해 본 이중검사지의 다섯 요소, 척도 점수, 학급 관찰을 사정한 코치를 만나게 된다. 코치는 각 교사를 만나 사정한 범위에서 피드백을 하게 되는데, 이때 코치는 이 책 전반에서 기술한 태도로 피드백을 주고 목표 설정과 함께 피드백 미팅을 마무리짓는다.

초기 근거는 교사와 코치들이 이 모델을 매우 잘 받아들이고 있음을 보고한다. 현재는 무작위 실험을 통해 이 모델이 문화적 민감성을 지닌 교육을 촉진하는지, 뿐만 아니라 문화적 간극을 좁히고 불균형을 감소시키는지에 대한 검토가 진행 중이다.

앞으로의 연구

우리가 근거와 큰 가능성을 가지고 학교를 기반으로 하는 동기강화상담을 제시하기는 하였으나 이 연구가 이제 막 시작되었다는 것 역시 전달하였다. 사실 물질 남용 분야의 연구자들과 임상가들은 효과 있는 이 실제의 적용에 있어 미묘한 차이점을 이해하기 위해 30년이 넘게 연구해 왔다. 우리는 그들의 작업을 기반 삼아 이 실제가 학교 현장이라는 맥락에서도 기본 지식이 확장되고 효과성과 전망이 더욱 커지길 바란다. 이를 위해 우리가 중요하다고 여기는 연구의 방향을 다음과 같이 제시하고자 한다.

❀ 동기에 대한 이해 깊게 하기

현재의 연구 흐름은 자문을 통해 교사들의 행동을 지원하는 데 초점이 맞춰져 있기는 하지만(예: 교사 교육, 수업 자문, 동기강화상담), '활성 요소'가 무엇인지, 자문관-교사의 행동, 교사의 행동변화, 학생들이 보여 주는 결과 간의 연결로에 대해서는 밝혀진 바가 미흡하다. 동기강화상담 기저에 있는 변화과정이 자문관-교사 간 관계에 어떻게 작용하는지 검토해 보는 것이 중요한데, 이는 자문 서비스의 전달과 교사의 행동변화 그리고 학생의 행동변화 간의 연계성을 상세하게 파헤쳐 봄으로써 가능할 것이다. 이 연결점은 행정관의 전문성 고취와 특화된 수업 관련자를 위해서도 유익한 정보가 되며 학교 현장에서의 자문과 코칭 모델, 전략에 대해서도 의미하는 바가 있을 것이다. 학교 기반의 자문이라는 맥락에서 동기강화상담 적용을 연구할 때, 우리는 (a) 동기강화상담 요소 중 무엇이 핵심적이고 무엇이 부가적인지를 결정해야 하며(Noell, 2008), (b) 동기강화상담 요소 중 무엇을 확실하게 고수해야 하는지, 무엇을 유연하게 조정할 것인지를 알아야 한다(Durlack & DuPre, 2008). 그리고 어떤 신뢰롭고 타당한 절차를 사용하여 동기강화상담 기반의 자문 과정을 평가하고 기록할 것인지(Noell & Gansle, 2006), (c) 동기강화상담을 다르게 나타나게 하는 어떤 하위 집단이 있는지 확인해야 한다(Durlack & DuPre, 2008).

❀ 기존 개입 검토와 확대

이 책 전체에 걸쳐 우리는 몇 개의 독립형 개입(예: 학급 체크업, 학교용 가족 체크업)과 기존 개입의 보충(예: 초기 학급 체크업, 가정 기반 개입) 그리고 개입 시스템과 통합된 동기강화상담의 번안(예: 대안적 사고 제시 전략에서 좋은 행동 게임, 팩스)에 대한 근거를 제시하였다. 이 근거는 매우 고무적이기는 하나 몇 가지 더 확장되어야 할 부분이 있는데, 첫째는 이러한 접근의 효율성에 대한 더 많은 정보가 필요하다는 점이다. 기본적으로 연구를 통해 인과 귀인을 찾고, 동기강화상담의 무엇이 효과적이며 어떤 조건에서 그러한가를 판가름할 수 있도록 보다 과감한 연구설계가 필요하다. 얻고자 하는 결과를 획득하기 위해서는 코치와 실무자들이 능숙하게 동기강화상담을 실행해야 한다는 점에서 이는 특히 중요한 작업이 될 것이다.

❁ 학교 관계자 교육에 지속 가능한 기반 마련

학교 기반의 코치와 연구자가 동기강화상담을 효과적으로 활용하고자 한다면 교직원을 지원할 관련 교육과 슈퍼비전을 제공할 수 있는 구조가 마련되어야 한다. 그런 점에서, 코치가 될 수도 있는 학교 관련 전문가들을 대상으로 동기강화상담 기술을 효율적으로 향상시킬 만한 교육과 슈퍼비전이 요구된다. 학교 기반의 교육과정 개발에 대한 노력은 계속되고 있으며, 10장에서 말했듯이 현재 동기강화상담을 활용한 학교 기반 자문관들의 전문성 향상 시스템이 검토, 개발 중에 있으므로 이 과정에 대해 더 많이 알아야 할 필요가 있다. 추가적으로 학교 현장에서의 동기강화상담 활용을 위해 이러한 것들을 준비함으로써 그 외 가능한 실제의 적용으로는 무엇이 있는지 알게 될 것이다.

새로운 측면

우리는 학교 현장에서의 혁신적인 동기강화상담 적용의 표면을 이제 겨우 건드리기 시작했을 뿐이다. 이 책을 통해 기억해야 할 것은 우리는 인간의 성장과 발달에 있어 필수적인 동기를 너무나 자주 간과하고 우리 영향권 밖의 것으로 가정한다는 사실이다.

세계 곳곳의 폭넓고 다양한 장면에서 동기강화상담 적용은 날로 확산되고 있다. 다음 세대 학교에서의 학업적, 행동적 개입은 동기의 맥락에 중점을 기울일 것이 확실하다. 그동안 당신은 이 책에서 진술한 아이디어와 함께 어떻게 하면 학부모와 교사, 학생들의 변화와 성장을 최대한 도울 수 있을지 자신의 가설을 계속 검토해 나가길 바란다. 동기를 다룬다는 것이 쉽지 않은 일처럼 보이기는 하지만 동기강화상담이 동기에 개입하는 모델을 제시해 주고 있다. 이는 우리로 하여금 부담이 되거나 난감하게 만들기보다는 오히려 우리의 거대한 영향력과 잠재력을 상기시켜 우리의 능력을 강화해 준다. 이는 학업과 행동 문제, 순응과 참여를 바라보는 우리의 시각을 새롭게 한다. 또한 세상을 함께 만들어 가는 개인으로서 우리의 태도와 행동에 따라 동기가 자라나기도 하고 시들어 갈 수도 있다는 시각을 갖게 한다. 이러한 새로운 통찰이 있을 때, 우리는 다른 이들과 함께 변화를 향한 그들 고유의 동기를 불러일으킬 행동을 할 준비가 된 것이다.

> 우리는 인간 성장과 발달에 있어 필수적인 동기를 너무나 자주 간과하고 우리의 영향권 밖의 것이라고 가정한다. 동기강화상담은 우리의 거대한 영향력과 잠재력을 상기시켜 우리의 능력을 강화해 준다.

참고 문헌

Abidin, R. A. (1995). *Parenting Stress Index professional manual* (3rd ed.). Lutz, FL: Psychological Assessment Resources.

Achenbach, T. M. (2001). *Manual for the ASEBA school-age forms and profiles*. Burlington, VT: Department of Psychiatry, University of Vermont.

Achenbach, T. M., & Edelbrock, C. S. (1983). *Manual for the Child Behavior Checklist and Revised Child Behavior Profile*. Burlington, VT: University of Vermont Dept. of Psychiatry.

Adamson, R., & Mitchell, B. (2011). *Using FBA/BSP and ECU to increase appropriate behavior across academics settings for an escape-maintained student*. Poster presented at the 3rd Annual Educational, School, & Counseling Psychology Conference, Columbia, MO.

Addis, M. E., Wade, W. A., & Hatgis, C. (1999). Barriers to dissemination of evidence-based practices: Addressing practitioners' concerns about manual-based psychotherapies. *Clinical Psychology: Science & Practice*, *6*, 430-441.

Affronti, M. L., & Levison-Johnson, J. (2009). The future of family engagement in residential care settings. *Residential Treatment for Children and Youth*, *26*, 257-304.

Amador, X. F., & Johanson, A. L. (2000). *I am not sick I don't need help!: Helping the seriously mentally ill accept treatment*. Peconic, NY: Vida Press.

Amrhein, P. C., Miller, W. R., Yahne, C. E., Palmer, M., & Fulcher, L. (2003). Client commitment language during motivational interviewing predicts drug use outcomes. *Journal of Consulting and Clinical Psychology*, *71*, 862-878.

Andrzejewski, M. E., Kirby, K. C., Morral, A. R., & Inguchi, M. Y (2001). Technology transfer through performance management: The effects of graphical feedback and positive reinforcement on drug treatment counselors' behavior. *Drug and Alcohol Dependence*, *63*, 179-186.

Armitage, C. J., Harris, P. R., Hepton, G., & Napper, L. (2008). Self-affirmation increases acceptance of health-risk information among UK adult smokers with low socioeconomic status. *Psychology of Addictive Behaviors: Journal of the Society of Psychologists in Addictive Behaviors*, *22*(1), 88-95.

Baer, J. S., Rosengren, D. B., Dunn, C. W., Wells, E. A., Ogle, R. L., & Hartzler, B. (2004). An evaluation of workshop training in motivational interviewing for addiction and mental health clinicians. *Drug and Alcohol Dependence*, *73*, 99. doi:10.1016/j.drugalcdep.2003.10.001

Ball, S. A., Martino, S., Corvino, J., Morganstern, J., & Carroll, K. M. (2002). *Independent tape rat-*

er guide. Unpublished psychotherapy tape rating manual.

Ball, S. A., Martino, S., Nich, C., Frankforter, T. L., Van Horn, D., Crits-Christoph, P., ... Carroll, K. M. (2007). Site matters: Motivational enhancement therapy in community drug abuse clinics. *Journal of Consultation in Clinical Psychology*, *75*, 556-567.

Beidas, R. S., & Kendall, P. C. (2010). Training therapists in evidence-based practice: A critical review of studies from a systems-contextual perspective. *Clinical Psychology: Science & Practice*, *17*, 1-30. doi:10.1111/j.1468-2850.2009.01187.X

Bell, K., & Cole, B. (2008). Improving medical students' success in promoting health behavior change: A curriculum evaluation. *Journal of General Internal Medicine*, *23*, 1503-1506. doi:10.1007/s11606-008-0678-x

Bergin, A. E., & Garfield, S. L. (Eds.). (1994). *Handbook of psychotherapy and behavior change* (4th ed.). New York, NY: John Wiley & Sons.

Berry, J. O. (1995). The parental stress scale: Initial psychometric evidence. *Journal of Social and Personal Relationships*, *12*(3), 463-472.

Biglan, A., Flay, B. R., Embry, D. D., & Sandler, I. N. (2012). The critical role of nurturing environments for promoting human well-being. *American Psychologist*, *67*, 257-271.

Blom-Hoffman, J., & Rose, G. S. (2007). Applying motivational interviewing techniques to further the primary prevention potential of school-based consultation. *Journal of Educational & Psychological Consultation*, *17*, 151-156.

Borden, L. (2012). *Project arches: An evaluation of a modified Family Check-up intervention in an assessment setting* (Unpublished dissertation). University of Missouri.

Bradshaw, C., Rosenberg, M., Debnam, K., Hardee, S., Bates, L., & Hershfeldt, P. (2013). *Double Check: A model of cultural proficiency and student engagement*. Program Manual. Baltimore, MD: Johns Hopkins Center for the Prevention of Youth Violence.

Brown, R. A., Ramsey, S. E., & Sales, S. (2008). *Therapist manual: MI+ intervention* (Unpublished training manual). Providence, RI: Brown University.

Capaldi, D. M., & Patterson, G. R. (1994). Interrelated influences of contextual factors on antisocial behavior in childhood and adolescence for males. In D. Fowles, P. Sutker, & S. Goodman (Eds.), *Psychopathy and antisocial personality: A developmental perspective* (pp. 165-198). New York, NY: Springer Publishing Company.

Carroll, K. M., Ball, S. A., Nich, C., Martino, S., Frankforter, T. L., Farentinos, C., ... Woody, G. E. (2006). Motivational interviewing to improve treatment engagement and outcome in individuals seeking treatment for substance abuse: A multisite effectiveness study. *Drug and Alcohol Dependence*, *81*, 301-312.

Carroll, K. M., Nich, C., Sifry, R. L., Nuro, K. F., & Frankforter, T. L. (2000). A general system for evaluating therapist adherence and competence in psychotherapy research in the addictions. *Drug and Alcohol Dependence*, *57*, 225-238.

Center for the Study and Prevention of Violence. (2007). *Blueprints for violence prevention*. Boulder, CO: Institute of Behavioral Science, University of Colorado, Boulder.

Chaparro, E. (2011). *District-wide implementation of school-wide behavior support and reading models*. Keynote address presented at the 3rd Annual Educational, School, & Counseling Psychology Conference, Columbia, MO.

Cohen, G. L., Garcia, J., Apfel, N., & Master, A. (2006). Reducing the racial achievement gap: A social-psychological intervention. *Science, 313*(5791), 1307-1310.

Conduct Problems Prevention Research Group. (1999). Initial impact of the Fast Track prevention trial for conduct problems: II. Classroom effects. *Journal of Consulting and Clinical Psychology, 67*, 648-657.

Connell, A., & Dishion, T. (2008). Reducing depression among at-risk early adolescents: Three-year effects of a family-centered intervention embedded within schools. *Journal of Family Psychology, 22*, 574-585.

Connell, A., Dishion, T., Yasui, M., & Kavanaugh, K. (2007). An adaptive approach to family intervention: Linking engagement in family-centered intervention to reductions in adolescent behavior. *Journal of Consulting and Clinical Psychology, 75*(4), 568-579.

Corcoran, K., & Fischer, J. (2000). *Measures for clinical practice: A sourcebook* (2 Vols., 3rd ed.). New York, NY: Free Press.

Crnic, K. A., & Greenberg, M. T. (1990). Minor parenting stresses and young children. *Child Development, 61*, 1628-1637.

Dane, A. V., & Schneider, B. H. (1998). Program integrity in primary and early secondary prevention: Are implementation effects out of control? *Clinical Psychology Review, 18*, 23-45.

Davis, D. (1998). Does CME work? An analysis of the effect of educational activities on physician performance or health care outcomes. *International Journal of Psychiatry Medicine, 28*, 21-39.

Dishion, T., & Kavanagh, K. (2003). *Intervening in adolescent problem behavior: A family-centered approach*. New York, NY: Guilford Press.

Dishion, T., Shaw, D., Connell, A., Gardner, F., Weaver, C., & Wilson, M. (2008). The Family Check-Up with high-risk indigent families: Preventing problem behavior by increasing parents' positive behavior support in early childhood. *Child Development, 79*, 1395-1414.

Dishion, T. J., & Stormshak, E. A. E. (Eds.). (2007). *Intervening in children's lives: An ecological, family-centered approach to mental health care*. Washington, DC: American Psychological Association.

Dishion, T. J., Stormshak, E. A., & Kavanagh, K. A. (2007). *Everyday parenting: A professional's guide to building family management skills*. Champaign, IL: Research Press.

Dishion, T. J., Stormshak, E. A., & Kavanagh, K. A. (2011). *Everyday parenting: A professional's guide to building family management practices*. Champaign, IL: Research Press.

Dishion, T. J., Stormshak, E., & Siler, C. (2010). An ecological approach to interventions with high-risk students in schools: Using the Family Check-Up to motivate parents' positive behavior support. In M. R. Shinn & H. M. E. Walker (Eds.), *Interventions for achievement and behavior probelms in a three-tier model including RTI* (pp. 101-124). Bethesda, MD: National Association of School Psychologists.

Domitrovich, C. E., Bradshaw, C. P, Greenberg, M. T., Embry, D., Poduska, J. M., & Ialongo, N. S. (2010). Integrated models of school-based prevention: Logic and theory. *Psychology in the Schools, 47*, 71-88.

Driscoll, K., & Pianta, R. C. (2011). Mothers' and fathers' perceptions of conflict and closeness in parent-child relationships during early childhood. *Journal of Early Childhood and Infant Psychology, 7*, 1-24.

Duran, E., & Duran, B. (1995). *Native American postcolonial psychology*. Albany, NY: State University of New York.

Durlak, J. A., & DuPre, E. P. (2008). Implementation matters: A review of research on the influence of implementation on program outcomes and the factors affecting implementation. *American Journal of Community Psychology, 41*(3–4), 327–350.

Dusenbury, L., Brannigan, R., Hansen, W. B., Walsh, J., & Falco, M. (2005). Quality of implementation: Developing measures crucial to understanding the diffusion of preventive interventions. *Health Education Research, 18*, 308–313.

Elgar, F., Waschbusch, D., Dadds, M., & Sigvaldason, N. (2007). Development and validation of a short form of the Alabama Parenting Questionnaire. *Journal of Child and Family Studies, 16*(2), 243–259.

Epstein, J. (1995). School/family/community partnerships: Caring for the children we share. *Phi Delta Kappan, 76*, 701–712.

Epstein, J., & Lee, S. (1995). National patterns of school and family connections in the middle grades. In B. Ryan, G. Adams, T. Gullotta, R. Weissberg, & R. Hampton (Eds.), *The family-school connection: Theory, research, and practice* (pp. 108–154). Thousand Oaks, CA: Sage.

Fauber, R. L., & Long, N. (1991). Children in context: The role of the family in child psychotherapy. *Journal of Consulting and Clinical Psychology, 59*(6), 813–820.

Festinger, L. (1957). *A theory of cognitive dissonance*. Evanston, IL: Row, Peterson.

Fixsen, D. L., Naoom, S. F., Blase, K. A., Freidman, R. M., & Wallace, F. (2005). *Implementation research: A synthesis of the literature*. Tampa, FL: Louis de la Parte Florida Mental Health Institute.

Frey, A., Cloud, R., Lee, J., Small, J. W., Seeley, J. R., Feil, E. G., ... Golly, A. (2011). The promise of motivational interviewing in school mental health. *School Mental Health, 3*, 1–12. doi:10.1007/s12310-010-9048-z

Frey, A. J., Lee, J., Small, J. W., Seeley, J. R., Walker, H. M., & Feil, E. G. (2013a). Motivational Interviewing Navigation Guide: A process for enhancing teacher's motivation to adopt and implement school-based interventions. *Advances in School Mental Health Promotion*. doi:10.1080/1754730X.2013.804334

Frey, A. J., Lee, J., Small, J. W., Seeley, J. R., Walker, H. M., & Feil, E. G. (2013b). Transporting motivational interviewing to school settings to improve the engagement and fidelity of tier 2 interventions. *Journal of Applied School Psychology, 29*(2), 183–202.

Frey, A. J., Small, J., Lee, J., Walker, H. M., Seeley, J., Feil, E., & Golly, A. (2013). *Expanding the range of the First Step to Success intervention: Tertiary-level support for teachers and families*. Manuscript submitted for publication.

Frey, A. J., Walker, H. M., Seeley, J., Lee, J., Small, J., Golly, A., et al. (2013). *First step to success enhancements*. Retrieved from http://www.firststeptosuccess.org

Gibbons, C. J., Carroll, K. M., Ball, S. A., Nich, C., Frankforter, T. L., & Martino, S. (2010). Community program therapist adherence and competence in a motivational interviewing assessment intake session. *American Journal of Drug and Alcohol Abuse, 36*, 342–349. doi:10.3109/00952990.2010.500437

Gibson, J., Pennington, R., Stenhoff, D., & Hopper, J. (2010). Using desktop videoconferencing to deliver interventions to a preschool student with autism. *Topics in Early Childhood Special Education, 29*(4), 214–225.

Gill, A., Hyde, L., Shaw, D., Dishion, T., & Wilson, M. (2008). The Family Check-Up in early childhood: A case study of intervention process and change. *Journal of Clinical Child & Adolescent Psychology, 37*, 893–904.

Glynn, L. H., & Moyers, T. B. (2010). Chasing change talk: The clinician's role in evoking client language about change. *Journal of Substance Abuse Treatment, 39*, 65–70.

Greenberg, M. T., Domitrovich, C. E., & Bumbarger, B. (2001). The prevention of mental disorders in school-aged children: Current state of the field. *Prevention and Treatment, 4*(1), 1–62.

Hartzler, B., Baer, J. S., Dunn, C., Rosengren, D. B., & Wells, E. (2007). What is seen through the looking glass: The impact of training on practitioner self-rating of motivational interviewing skills. *Behavioural and Cognitive Psychotherapy, 35*, 431–445.

Hawkins, J. D., & Catalano, R. F. (2004). *Communities that care: Prevention strategies guide*. South Deerfield, MA: Channing Bete.

Herman, K. C., Borden, L., Schultz, T., Hsu, C., Brooks, C., Strawsine, M., & Reinke, W. (2011). Motivational interviewing applications with families. *Residential Treatment for Children and Youth, 28*, 102–119.

Herman, K. C., Bradshaw, C., Reinke, W. M., Lochman, J., Boxmeyer, C., Powell, N., ... Ialongo, N. (2012). Integrating the Family Check-Up and the Parent Coping Power Program. *Advances in School Mental Health Promotion, 5*, 208–219.

Herman, K. C., Lambert, S. F. Reinke, W. M., & Ialongo, N. S. (2008). Academic incompetence in first grade as a risk factor for depressive cognitions and symptoms in middle school. *Journal of Counseling Psychology, 55*, 400–410.

Herman, K. C., Reinke, W. M., Bradshaw, C., Lochman, J., Borden, L., & Darney, D. (2012). Increasing parental engagement in school-based preventive interventions: The integration of the Family Check-Up and the Parent Coping Power Program. In M. Weist, N. Lever, C. Bradshaw, & J. Owens (Eds.), *Handbook of school mental health* (2nd ed., pp. 223–236). New York, NY: Springer.

Hershfeldt, P. A., Pell, K., Sechrest, R., Pas, E. T., & Bradshaw, C. P. (2012). Lessons learned coaching teachers in behavior management: The PBISplus Coaching Model. *Journal of Educational and Psychological Consultation: The Official Journal of the Association for Educational and Psychological Consultants, 22*(4), 280–299.

Hirschstein, M. K., Estrom, L. V., Frey, K. S., Snell, J. L., & MacKenzie, E. P. (2007). Walking the talk in bully prevention: Teacher implementation variable related to initial impact of the Steps to Respect program. *School Psychology Review, 36*, 3–21.

Hohman, M. (2011). *Motivational interviewing in social work practice*. New York, NY: Guilford Press.

Jaccard, J., Dodge, T., & Dittus, P. (2002). Parent-adolescent communication about sex and birth control. *New Directions for Child & Adolescent Development, 97*, 9–41.

Jones, H. A., Clarke, A. T., & Power, T. J. (2008). Expanding the concept of intervention integrity: A multidimensional model of participant engagement. *In Balance, 23*, 4–5.

Kohl, G. O., Lengua, L. J., & McMahon, R. J. (2000). Parent involvement in school: Conceptualizing multiple dimensions and their relations with family and demographic risk factors. *Journal of School Psychology, 38*, 501–523.

Koth, C. W., Bradshaw, C. P. & Leaf, R. J. (2009). Teacher observation classroom adaptation-checklist: Development and factor structure. *Measurement and Evaluation in Counseling and Develop-*

ment, *42*, 15–30.

Kumpfer, K. L., & Collings, S. J. (2003). Effectiveness of family-focused interventions for school-based prevention. In K. Robinson (Ed.), *Advances in school-based mental health: Best practices and program models* (pp. 7.1–7.11). Kingston, NJ: Civic Research Institute.

Lane, C. (2002). *The Behaviour Change Counselling Index (BECCI): Manual for coding behaviour change counselling*. Cardiff, South Glam, UK: University of Wales. Retrieved from http://www.motivationalinterviewing.org/content/becci-manual

Lane, C., Hood, K., & Rollnick, S. (2008). Teaching motivational interviewing: Using role play is as effective as using simulated patients. *Medical Education*, *42*, 637–644. doi:10.1111/j.1365-2923.2007.02990.x

Lee, J., Frey, A. J., Seeley, J., Small, J., Walker, H. M., Golly, A., ... Rutledge, A. (in press). Adapting motivational interviewing to an early intervention addressing challenging behavior: Applications with teachers. In E. McNamara (Ed.), *Motivational interviewing with children and young people: Issues and further applications*. United Kingdom: Positive Behaviour Management.

Lee, J., Frey, A. J., & Small, J. W. (2013). *The Video Assessment of Simulated Encounters—School-Based Applications*. Cincinnati, OH: University of Cincinnati.

Lee, J., Small, J. W., & Frey, A. J. (2013). *Written Assessment of Simulated Encounters—School-Based Applications*. Cincinnati, OH: University of Cincinnati.

Leffingwell, T. R. (2006). Motivational Interviewing Knowledge and Attitudes Test (MIKAT) for evaluation for training outcomes. *MINUET*, *13*, 10–11.

Lochman, J. E., Boxmeyer, C., Powell, N., Qu, L., Wells, K., & Windle, M. (2009). Dissemination of the Coping Power Program: Importance of intensity of counselor training. *Journal of Consulting and Clinical Psychology*, *77*, 397–409.

Lochman, J. E., Boxmeyer, C., Powell, N., Roth, D. L., & Windle, M. (2006). Masked intervention effects: Analytic methods addressing low dosage of intervention. *New Directions for Evaluation*, *110*, 19–32.

Lochman, J. F., & Wells, K. (1996). A social-cognitive intervention with aggressive children: Prevention effects and contextual implementation issues. In R. D. Peters & R. J. McMahon (Eds.), *Preventing childhood disorders, substance abuse and delinquency* (pp. 111–143). Thousand Oaks, CA: Sage.

Lochman, J. E., & Wells, K. C. (2004). The Coping Power Program for preadolescent aggressive boys and their parents: Outcome effects at the one-year follow-up. *Journal of Consulting and Clinical Psychology*, *72*, 571–578.

Lochman, J. E., Wells, K., & Lenhart, S. (2008). *Coping power: Child facilitators guide*. New York, NY: Oxford University Press.

Lunkenheimer, F., Shaw, D., Gardner, F., Dishion, T., Connell, A., & Wilson, M. (2008). Collateral benefits of the Family Check-Up on early childhood school readiness: Indirect effects of parents' positive behavior support. *Developmental Psychology*, *44*, 1737–1752.

Madson, M. B., Loignon, A. C., & Laine, C. (2009). Training in motivational interviewing: A systematic review. *Journal of Substance Abuse Treatment*, *36*, 101–109.

Martino, S., Ball, S. A., Gallon, S. L., Hall, D., Garcia, M., Ceperich, S., ... Hausotter, W. (2006). *Motivational interviewing assessment: Supervisory tools for enhancing proficency*. Salem, OR: Northwest Addiction Technology Transfer Center, Oregon Health and Science University.

Martino, S., Ball, S. A., Nich, C., Canning-Ball, M., Rounsaville, B. J., & Carroll, K. M. (2011). Teaching community program clinicians motivational interviewing using expert and train-the-trainer strategies. *Addiction*, *106*, 428–441. doi:10.1111/j.1360-0443.2010.03135.x

Martino, S., Ball, S., Nich, C., Frankforter, T. L., & Carroll, K. M. (2009). Correspondence of motivational enhancement treatment integrity ratings among therapists, supervisors and observers. *Psychotherapy Research*, *19*, 181–193.

Martino, S., Haeseler, F., Belitsky, R., Pantalon, M., & Fortin 4th, A. H. (2007). Teaching brief motivational interviewing to year three medical students. *Medical Education*, *41*, 160–167. doi:10.1111/j.1365-2929.2006.02673.x

McKay, M., Atkins, M., Hawkins, T., Brown, C., & Lynn, C. (2003). Inner-city African American parental involvement in children's schooling: Racial socialization and social support from the parent community. *American Journal of Community Psychology*, *32*(1/2), 107–114.

McKay, M., & Bannon, W. (2004). Engaging families in child mental health services. *Child and Adolescent Psychiatric Clinics of North America*, *13*(4), 905–921.

McKay, M. M., Hibbert, R., Hoagwood, K., Rodriguez, J., Murray L., Legurski, J., & Fernandez, D. (2004). Increasing evidence-based engagement interventions into "real world" child mental health setting. *Brief Treatment and Crisis Intervention*, *4*, 177–186.

McMahon, R. J., & Forehand, R. L. (2005). *Helping the noncom pliant child: Family-based treatment for oppositional behavior* (2nd ed.). New York, NY: Guilford Press.

Mesa, J., Lewis-Palmer, T., & Reinke, W. M. (2005, Fall). Providing teachers with performance feedback on praise to reduce student problem behavior. *Beyond Behavior*, 45–55.

Miller, W., & Moyers, T. (2006). Eight stages in learning motivational interviewing. *Journal of Teaching in the Addictions*, *5*, 3–17.

Miller, W. R. (1983). Motivational interviewing with problem drinkers. *Behavioural Psychotherapy*, *11*, 147–172.

Miller, W. R., Benefield, R. G., & Tonigan, I. S. (1993). Enhancing motivation for change in problem drinking: A controlled comparison of two therapist styles. *Journal of Consulting and Clinical Psychology*, *61*, 455–461.

Miller, W. R., C'de Baca, J., Matthews, D. B., & Wilbourne, P. L. (2001). Alberquerque, NM: University of New Mexico. Retrieved from http://www.motivationalinterview.net/library/valuescard-sort.pdf

Miller, W. R., Hedrick, K. E., & Orlofsky, D. R. (1991). The Helpful Responses Questionnaire: A procedure for measuring therapeutic empathy. *Journal of Clinical Psychology*, *47*, 444–448.

Miller, W. R., & Moyers, T. (2012, April). *Advanced workshop in motivational interviewing*. Paper presented at Sheraton Albuquerque Uptown Hotel, Albuquerque, NM.

Miller, W. R., Moyers, T. B., Ernst, D., & Amrhein, P. (2008). *Manual for the Motivational Interviewing Skill Code (MISC), version 2.1*. Unpublished manuscript, University of New Mexico.

Miller, W. R., Moyers, T. B., & Rollnick, S. (2012). *Motivational interviewing: Helping people change* (DVD). Carson City, NV: The Change Companies.

Miller, W. R., & Rollnick, S. (2002). *Motivational interviewing: Preparing people for change* (2nd ed.). New York, NY: Guilford Press.

Miller, W. R., & Rollnick, S. (2013). *Motivational interviewing: Preparing people for change* (3rd ed.). New York, NY: Guilford Press.

Miller, W. R., & Rose, G. S. (2009). Toward of theory of motivational interviewing. *American Psychologist, 64*, 527–537.

Miller, W. R., Sorensen, J. L., Seizer, J. A., & Brigham, G. S. (2006). Disseminating evidence–based practices in substance abuse treatment: A review with suggestions. *Journal of Substance Abuse Treatment, 31*, 25–39.

Miller, W. R., Yahne, C. E., Moyers, T. B., Martinez, J., & Pirritano, M. (2004). A randomized trial of methods to help clinicians learn motivational interviewing. *Journal of Consulting and Clinical Psychology, 72*, 1050–1062. doi:10.1037/0022–006x.72.6.1050

Miller, W. R., Zweben, A., DiClemente, C. C., & Rychtaric, R. (1992). *Motivational enhancement therapy manual: A clinical research guide for therapists treating individuals with alcohol abuse and dependence* (Project MATCH Monograph Series, Vol. 2). Rockville, MD: National Institute on Alcohol Abuse and Alcoholism.

Minke, K. (2005). Family–school collaboration and positive behavior support. *Journal of Positive Behavior Interventions.*

Minke, K. M., & Anderson, K. J. (2005). Family–school collaboration and positive behavior support. *Journal of Positive Behavior Interventions, 7*(3), 181–185.

Moilanen, K., Shaw, D., Dishion, T., Gardner, F., & Wilson, M. (2010). Predictors of longitudinal growth in inhibitory control in early childhood. *Social Development, 19*(2), 326–347.

Morgenstern, J., Morgan, T. J., McCrady, B. S., Keller, D. S., & Carroll, K. M. (2001). Manual–guided cognitive behavioral therapy training: A promising method for disseminating empirically supported substance abuse treatments to the practice community. *Psychology of Addictive Behaviors, 15*, 83–88.

Moyers, T., Martin, T., Catley, D., Harris, K. J., & Ahluwalia, J. S. (2003). Assessing the integrity of motivational interviewing interventions: Reliability of the Motivational Interviewing Skills Code. *Behavioral and Cognitive Psychotherapy, 31*, 177–184.

Moyers, T., Martin, T., Manuel, J., Hendrickson, S., & Miller, W. (2005). Assessing competence in the use of motivational interviewing. *Journal of Substance Abuse Treatment, 28*, 19–26.

Moyers, T., Martin, T., Manuel, J., Miller, W., & Ernst, D. (2007). *The Motivational Interviewing Treatment Integrity (MITI) code manual: Version 3.0.* Retrieved from http://casaa.unm.edu/download/miti.pdf

Moyers, T. B., Martin, T., Christopher, P. J., Houck, J. M., & Tonigan, J. S. (2009). From in–session behavior to drinking outcomes: A causal chain for motivational interviewing. *Journal of Consulting and Clinical Psychology, 77*, 1113–1124.

Moyers, T. B., & Martino, S. (2006). *What's important in my life*. Alberquerque, NM: University of New Mexico. Retrieved from http://www.motivationalinterview.net/library/valuesschizophrenia.pdf

Naar–King, S., & Suarez, M. (2011). *Motivational interviewing with adolescents and young adults.* New York, NY: Guilford Press.

National Research Council & Institute of Medicine. (2009). *Preventing mental, emotional and behavioral disorders in young people.* Washington, DC: National Academies Press.

Nock, M. K., & Ferriter, C. (2005). Parent management of attendance and adherence in child and adolescent therapy: A conceptual and empirical review. *Clinical Child and Family Psychology Review, 8*, 149–166.

Nock, M., Ferriter, C., & Holmberg, E. (2006). Parent beliefs about treatment credibility and effectiveness: Assessment and relation to subsequent treatment participation. *Journal of Child and Family Studies*, *16*, 27–38.

Nock, M. K., & Kazdin, A. E. (2001). Parent expectancies for child therapy: Assessment and relation to participation in treatment. *Journal of Child and Family Studies*, *10*, 155–180.

Nock, M. K., & Kazdin, A. E. (2005). Randomized controlled trial of a brief intervention for increasing participation in parent management training. *Journal of Consulting and Clinical Psychology*, *73*, 872–879.

Nock, M. K., & Photos, V. (2006). Parent motivation to participate in treatment: Assessment and prediction of subsequent participation. *Journal of Child and Family Studies*, *15*, 345–358. doi:10.1007/s10826-0006-9022-4

Noell, G. H. (2008). Appraising and praising systematic work to support systems change: Where we might be and where we might go. *School Psychology Review*, *37*, 333–336.

Noell, G. H., & Gansle, K. A. (2006). Assuring the form has substance: Treatment plan implementation as the foundation of assessing response to intervention. *Assessment for Effective Intervention*, *32*, 32–39.

Olin, S., Hoagwood, K. E., Rodriguez, J., Ramos, B., Burton, G., Penn, M., ... Jensen, P. S. (2010). The application of behavior change theory to family-based services: Improving parent empowerment in children's mental health. *Journal of Child & Family Studies*, *19*, 462–470.

Park, F., Pullis, M., Reilly, T., & Townsend, B. (1994). Cultural biases in the identification of students with behavioral disorders. In R. L. Peterson & S. Ishii-Jordan (Eds.), *Multicultural issues in the education of students with behavioral disorders* (pp. 14–26). Cambridge, MA: Brookline Books.

Prokhorov, A. V., Pallonen, U. E., Fava, J. L., Ding, L., & Niaura, R. (1996). Measuring nicotine dependence among high-risk adolescent smokers. *Addictive Behaviors*, *21*(1), 117–127.

Reed, M. B., & Aspinwall, L. G. (1998). Self-affirmation reduces biased processing of health-risk information. *Motivation and Emotion*, *22*, 99–132.

Reid, J. B., Patterson, G. R., & Snyder, J. J. (2002). *Antisocial behavior in children and adolescents: A developmental analysis and the Oregon model for intervention*. Washington, DC: American Psychological Association.

Reinke, W. M., Herman, K. C., Darney, D., Pitchford, J., Becker, K., Domitrovich, C., & Ialongo, N. (2012). Using the Classroom Check-Up to support implementation of PATHS to PAX. *Advances in School Mental Health Promotion*, *5*, 220–232.

Reinke, W. M., Herman, K. C., & Sprick, R. (2011). *Motivational interviewing for effective classroom management: The Classroom Check-Up*. New York, NY: Guilford Press.

Reinke, W. M., Lewis-Palmer, T., & Martin, E. (2007). The effect of visual performance feedback on teacher use of behavior-specific praise. *Behavior Modification*, *31*(3), 247–263.

Reinke, W. M., Lewis-Palmer, T., & Merrell, R. (2008). The Classroom Check-Up: A classteacher consultation model for increasing praise and decreasing disruptive behavior. *School Psychology Review*, *37*(3), 315–332.

Reinke, W. M., Splett, J., Robeson, E., & Offutt, C. (2009). Combining school and family interventions for the prevention and early intervention of disruptive behavior problems in children: A public health perspective. *Psychology in the Schools*, *46*, 33–43.

Reinke, W. M., Sprick, R., & Knight, J. (2009). Coaching classroom management. In J. Knight (Ed.), *Coaching: Approaches & perspectives* (pp. 91–112). Thousand Oaks, CA: Corwin Press.

Reynolds, C., & Kamphaus, R. (2004). *Behavioral Assessment System for Children* (BASC–2). (2nd ed.). Circle Pines, MN: AGS.

Rieckmann, T. R., Kovas, A. E., Fussell, H. E., & Stettler, N. M. (2009). Implementation of evidence–based practices for treatment of alcohol and drug disorders: The role of the state authority. *Journal of Behavioral Health Services & Research*, *36*, 407–419.

Rogers, C. R. (1959). A theory of therapy, personality, and interpersonal relationships as developed in the client–centered framework. In S. Koch (Ed.), *Psychology: The study of a science: Formulations of the person and the social contexts* (Vol. 3., pp. 184–256). New York, NY: McGraw–Hill.

Rollnick, S., Miller, W., & Butler, C. C. (2007). *Motivational interviewing in health care: Helping patients change behavior*. New York, NY: The Guilford Press.

Romanelli, L. H., Ramos, B., & Burton, G. (2008). Listening, engagement, and collaboration skills. In P. S. Jensen & K. E. Hoagwood (Eds.), *Improving children's mental health through parent empowerment: A guide to assisting families* (pp. 23–34). New York, NY: Oxford University Press.

Rosengren, D. B., Baer, J. S., Hartzler, B., Dunn, C. W., & Wells, E. A. (2005). The Video Assessment of Simulated Encounters (VASE): Development and validation of a group–administered method for evaluating clinician skills in motivational interviewing. *Drug and Alcohol Dependence*, *79*, 321–330.

Rosengren, D. B., Hartzler, B., Baer, J. S., Wells, E. A., & Dunn, C. W. (2008). The Video Assessment of Simulated Encounters–Revised (VASE–R): Reliability and validity of a revised measure of motivational interviewing skills. *Drug and Alcohol Dependence*, *97*(1/2), 130–138. doi:10.1016/j.drugalcdep.2008.03.018

Sanetti Hagermoser, L., & Kratochwill, T. R. (2009). Toward developing a science of treatment integrity: Introduction of the special series. *School Psychology Review*, *38*, 445–459.

Schroeder, C. M., & Prentice, D. A. (1998). Exposing pluralistic ignorance to reduce alcohol use among college students. *Journal of Applied Social Psychology*, *28*, 2150–2180.

Sellman, J. D., MacEwan, I. K., Deering, D. D., & Adamson, S. J. (2007). A comparison of motivational interviewing with non–directive counseling. In G. Tober & D. Raistrick (Eds.), *Motivational dialogue: Preparing addiction professionals for motivational interviewing practice*. New York: Routledge.

Sellman, J. D., Sullivan, P. F., Dore, G. M., Adamson, S. J., & MacEwan, I. (2001). A randomized controlled trial of motivational enhancement therapy (MET) for mild to moderate alcohol dependence. *Journal of Studies on Alcohol*, *62*, 389–396.

Shaw, D. S., Dishion, T. J., Supplee, L., Gardner, F., & Arnds, K. (2006). Randomized trial of a family–centered approach to the prevention of early conduct problems: 2–year effects of the Family–Check–Up in early childhood. *Journal of Consulting and Clinical Psychology*, *74*(1), 1–9.

Shepard, S., Armstrong, L. M., Silver, R. B., Berger, R., & Seifer, R. (2012). Embedding the Family Check–Up and evidence–based parenting programs in Head Start to increase parent engagement and reduce conduct problems in young children. *Advances in School Mental Health Promotion*, *5*, 194–207.

Sholomskas, D. E., Syracuse–Siewert, G., Rounsaville, B. J., Ball, S. A., Nuro, K. F., & Carroll, K. M. (2005). We don't train in vain: A dissemination trial of three strategies of training clinicians in cognitive-Behavioral therapy. *Journal of Consulting and Clinical Psychology*, *73*, 106–115. doi:10.1037/0022-006x.73.1.106

Smith, J. D., Dishion, T. J., Shaw, D. S., & Wilson, M. N. (in press). Indirect effects of fidelity to the Family Check-Up on changes in parenting and early childhood behavior problems. *Journal of Consultation and Clinical Psychology*.

Söderlund, L. L., Madson, M. B., Rubak, S., & Nilsen, P. (2011). A systematic review of motivational interviewing training for general health care practitioners. *Patient Education & Counseling*, *84*, 16–26. doi:10.1016/j.pec.2010.06.025

Sprauge, J., & Golly, A. (2013). *Best behavior. Building positive behavior support in schools* (2nd ed.). Longmont, CO: Sopris Learning.

Sprick, R. (2008). *Discipline in the secondary classroom: A positive approach to behavior management* (2nd ed.). Eugene, OR: Pacific Northwest Publishing.

Sprick, R. (2010a). *CHAMPS: DVD inservice* (2nd ed.). Eugene, OR: Pacific Northwest Publishing.

Sprick, R. (2010b). *Teacher planner for the secondary classroom*. Eugene, OR: Pacific Northwest Publishing.

Sprick, R. (2010c). *When every second counts: Mini inservices for handling common classroom behavior problems*. Eugene, OR: Pacific Northwest Publishing.

Sprick, R., Garrison, M., & Howard, L. (1998). *CHAMPS: A proactive and positive approach to classroom management*. Longmont, CO: Sopris West.

Sprick, R., Garrison, M., & Howard, L. (2009). *CHAMPS: A proactive and positive approach to classroom management* (2nd ed.). Eugene, OR: Pacific Northwest Publishing.

Sprick, R., & Howard, L. (1996). *The teacher's encyclopedia of behavior management: 100 problems/500 plans*. Longmont, CO: Sopris West.

Sprick, R., Knight, J., Reinke, W. M., Skyles, T., & Barnes, L. (2010). *Coaching classroom management: Strategies and tools for administrators and coaches*. (2nd ed.). Eugene, OR: Pacific Northwest Publishing.

Sprick, R., Sprick, M., & Garrison, M. (1992). *Foundations: Developing positive school discipline policies*. Longmont, CO: Sopris West.

Stormshak, E. A., & Dishion, T. J. (2002). An ecological approach to child and family clinical and counseling psychology. *Clinical Child and Family Psychology Review*, *5*(3), 197–215.

Strait, G. G., Smith, B. H., McQuillin, S., Terry, J., Swan, S., & Malone, P. S. (2012). A randomized trial of motivational interviewing to improve middle school students' academic performance. *Journal of Community Psychology*, *40*, 1032–1039.

Tharinger, D. J., Finn, S. E., Hersh, B., Wilkinson, A., Christopher, G. B., & Tran, A. (2008). Assessment feedback with parents and preadolescent children: A collaborative approach. *Professional Psychology: Research and Practice*, *39*(6), 600–609. doi:10.1037/0735-7028.39.6.600

Thevos, A. K., Kaona, F. A. D., Siajunza, M. T., & Quick, R. E. (2000). Adoption of safe water behaviors in Zambia: Comparing educational and motivational approaches. *Education for Health*, *13*, 366–376.

Wagner, M., Friend, M., Bursuch, W., Kutash, K., Duchmowski, A., Sumi, W.C., et al. (2006). Educating students with emotional disturbance: A national perspective on school programs and services. *Journal of Emotional and Behavioral Disorders*, *14*, 12–30.

Wagner, M., Kutash, K., Duchnowski, A. J., Epstein, M. H., & Sumi, W. C. (2005). A national picture of the characteristics of students with emotional disturbances receiving special education. *Journal of Emotional and Behavioral Disorders*, *13*, 79–96.

Walker, H. M., & Hops, H. (1979). The class program for acting out children: R&D procedures, program outcomes, and implementation issues. *School Psychology Review*, *8*(4), 370–381.

Walters, S. T., Matson, S. A., Baer, J. S., & Ziedonis, D. M. (2005). Effectiveness of workshop training for psychosocial addiction treatments: A systematic review. *Journal of Substance Abuse Treatment*, *29*, 283–293.

Webster–Stratton, C. (1998a). Parent training with low–income families: Promoting parental engagement through a collaborative approach. In J. R. Lutzker (Ed.), *Handbook of child abuse research and treatment* (pp. 183–210). New York, NY: Plenum.

Webster–Stratton, C. (1998b). Preventing conduct problems in Head Start children: Strengthening parent competencies. *Journal of Consulting and Clinical Psychology*, *66*, 715–730.

Webster–Stratton, C., & Reid, M. J. (2010). The Incredible Years parents, teachers and child training series: A multifaceted treatment approach for young children with conduct problems. In A. F. Kazdin & I. R. Weisz (Eds.), *Evidence–based psychotherapies for children and adolescents* (pp. 194–210). New York, NY: Guilford Press.

Wells, K. C., Lochman, J. E., & Lenhart, L. (2008). *Coping power: Parent group facilitator's guide*. New York, NY: Oxford University Press.

Westra, H. A. (2011). *Motivational interviewing in the treatment of anxiety*. New York, NY: Guilford Press.

White, M. (1988, Summer). The externalization of the problem and the reauthoring of lives and relationships. *Dulwich Centre Newsletter*, 3–21.

White, M. (1995). *Re–authoring lives: Interviews and essays*. Adelaide, South Australia: Dulwich Centre.

White, M., & Epston, D. (1990). *Narrative means to therapeutic ends*. New York, NY: W. W. Norton.

Winslow, E. B., Poloskov, E., Begay, R., & Sandler, I. N. (2011). *Theory–based strategies for engaging parents into preventive parenting interventions: Results of a randomized experimental study*. Manuscript submitted for publication.

Wright, B. A., & Fletcher, B. L. (1982). Uncovering hidden resources: A challenge in assessment. *Professional Psychology*, *13*(2), 229–235. doi:10.1037/0735–7028.13.2.229

찾아보기

[ㄴ]

[ㄷ]

[ㄹ]

[ㅁ]

[ㅂ]

[ㅅ]

[ㅇ]

[ㅈ]

[ㅊ]

[ㅋ]

[ㅌ]

[ㅍ]

[ㅎ]

[기타]

역자 소개

■ 신성만

현재 한동대학교 상담심리학과 및 심리학 대학원 교수로 재직 중이다. 미국 위스콘신대학교에서 심리학 석사 학위를, 보스턴대학교에서 재활상담학 박사 학위를 받고 심리치료전문가로 일했으며, 하버드의과대학 정신과 병원에서도 연구를 했다. 한국상담학회, 한국심리학회, 한국가족상담협회 등에서 활동하면서 한국중독상담학회 학회장을 맡고 있으며 법무부 자문도 하고 있다.

저서 및 역서로 『동기강화상담』(공역, 시그마프레스, 2007), 『실존치료』(공역, 학지사, 2014), 『중독상담』(공역, 박학사, 2013) 등 다수가 있다. 현재는 중독상담, 인터넷 중독, 정신재활, 실존치료, 동기와 정서, 호스피스 상담 등에 관심을 두고 연구 중이다.

■ 김동일

현재 서울대학교 사범대학 교육학과 교육상담전공 교수 및 대학원 특수교육전공 주임교수, 서울대 학생상담센터 센터장, 장애학생지원센터 상담교수로 재직하고 있다. 서울대학교 교육학과를 졸업, 교육부 국비유학생으로 미네소타대학 교육심리학과에서 석사, 박사학위를 취득하였다. Developmental Studies Center, Research Associate, 한국청소년상담원 상담교수, 경인교육대학교 교육학과 교수, 한국학습장애학회 회장, 서울대 사범대 기획실장(부학장), 한국교육심리학회 부회장 겸 법인이사, 한국상담학회 법인이사, 한국청소년상담복지개발원 법인이사, 한국특수교육학회 이사를 역임하였다. 1995년 한국청소년상담원에서 국가수준(국무총리실) 부모교육 프로그램인 〈자녀의 힘을 북돋는 부모〉 개발 책임자로서 연구와 보급에 공헌하였고, 2002년부터는 국가수준의 인터넷중독 척도와 개입연구를 진행해왔으며 정보화역기능예방사업에 대한 공로로 행정안전부 장관표창을 수상하였다. 또한 현재, BK21 미래교육디자인 연구사업단 단장, 서울대 다중지능창의성연구센터(SNU MIMC Center) 소장 및 한국아동청소년상담학회 회장, 한국인터넷중독학회 부회장, 여성가족부 국가청소년보호위원회 위원 등으로 봉직하고 있다.

저서 및 역서로 『학습장애아동의 이해와 교육』, 『학습상담』, 『학교상담과 생활지도』, 『학교기반 위기대응 개입 매뉴얼』, 『특수아동상담』, 『청소년상담학개론』, 『ADHD 학교상담』(2009년 대한민국학술원 선정 우수학술도서)을 비롯하여 40여 권의 (공)저서가 있으며, 200여 편의 학술논문과 20개 표준화 심리검사, 20편의 상담사례 논문을 발표하였다.

■ 정여주

현재 한국교원대학교 교육학과 상담심리전공 부교수로 재직 중이다. 서울대학교 교육학과 상담전공에서 교육학 석사와 박사를 받았으며, 한국상담학회 상담전문가 1급, 한국상담심리학회 상담심리전문가, 한국중독심리학회 중독심리전문가 자격증 등을 소지하고 상담심리전문가로 일했으며, 특히 서울대학교 경력개발센터, 이음세움심리상담센터, Florida State University에서 Visiting Research Associate 등으로 근무하였다. 현재는 청소년상담 분야와 특히 인터넷 및 스마트폰 중독 관련 분야, 사이버폭력 분야 등에 집중하고 있으며 한국상담학회, 한국상담심리학회 등에서 활동 중이다. 한국아동청소년상담학회 이사, 한국중독상담학회 이사로 봉사하고 있다.

저서 및 역서로 『청소년상담학개론』(공저, 학지사, 2014), 『인터넷중독』(공역, 시그마프레스, 2013) 등이 있으며, 인터넷 중독, 스마트폰 중독 척도 개발, 상담 프로그램 개발, 사이버폭력 실험 연구 등의 다양한 연구를 진행한 바 있다. 또한 현재 중독상담, 인터넷 및 스마트폰 중독, 청소년 사이버폭력과 정서조절 문제에 관심을 두고 연구를 진행하고 있다.

■ 신정미

현재 연세대학교 연합신학대학원에서 상담코칭학 석사를 마친 후 동대학원 상담코칭학 박사과정에 있으면서 한동대학교 학생상담센터에서 상담을, 포항대학교 간호학과에서 상담심리학을 가르치고 있다.

역서로 『청소년을 위한 동기강화상담』(공역, 교보문고, 2014)이 있다.

학교에서의 동기강화상담

**Motivational Interviewing in Schools:
Strategies for Engaging Parents, Teachers, and Students**

발 행 일 | 2015년 12월 1일 초판 1쇄 발행
저 자 | Keith C. Herman · Wendy M. Reinke
Andy J. Frey · Stephanie A. Shepard
역 자 | 신성만 · 김동일 · 정여주 · 신정미
발 행 인 | 구본하
발 행 처 | 도서출판 **박학사**
주 소 | 서울시 마포구 월드컵북로5길 33 동아빌딩 2층
전 화 | (02)3142-3764~5
팩 스 | (02)3142-3766
웹 사 이 트 | www.pakhaksa.co.kr
등 록 번 호 | 제10-2230호

정가 20,000원 ISBN 978-89-98521-43-1